새로 쓰는 고조선 역사

새로 쓰는 고조선 역사

초판 1쇄 발행일 2017년 5월 1일
초판 2쇄 발행일 2018년 5월 14일

지은이 박경순

펴낸이 김완중
펴낸곳 내일을여는책
디자인 agentcat
관리실장 장수댁

인쇄 예림인쇄
제책 바다제책

출판등록 1993년 1월 6일(등록번호 제475-9301호)
주소 전라북도 장수군 장수읍 송학로 93-9(19호)
전화 063) 353-2289
팩스 063) 353-2290
전자우편 wan-doll@hanmail.net
블로그 blog.naver.com/dddoll
ISBN 978-89-7746-070-6 03910

새로 쓰는
고조선 역사

| 박경순 지음 |

내일을여는책

저자 서문

역사는 죽은 것이 아니라, 오늘의 현실에서 살아 숨쉰다. 우리는 역사에 발을 딛고 현실을 살아갈 수밖에 없다. 현실은 항상 역사이며, 역사에 대한 평가를 토대로 현실을 진단한다.

역사교과서 국정화를 둘러싼 논란과 싸움이 왜 치열한가? 그것은 지나간 과거에 대한 단순한 해석 싸움이 아니라, 살아 있는 현실에 대한 진단 싸움이기 때문이다. 역사를 어떻게 진단하느냐에 따라 정의와 가치가 규정되고, 바람직한 미래의 방향이 좌우된다. 그렇기에 잘못되고 왜곡된 역사를 바로잡기 위한 투쟁 없이 민주주의는 앞으로 나아갈 수 없다. 역으로 식민지 지배와 독재는 잘못된 역사, 왜곡된 역사 위에서 기생한다. 그렇기 때문에 일제 식민지 지배세력은 우리나라 역사를 왜곡날조하기 위해 혈안이 되었고, 현재 독재정권은 친일 독재세력들을 미화 분식하려고 난리를 친다. 1948년 분단정부 수립을 건국으로 미화하려 하고, 독재자 이승만을 건국의 아버지로 변질시키려 하고, 5·16 군사쿠데타와 유신독재를 정당화하고 미화하려 한다.

해방 이후 우리나라 역사를 바로 세우기 위한 민중들의 투쟁은 지속되었다. 민중들은 일제 식민지 지배세력과 독재정권에 의해 왜곡되고 뒤틀린 역사를 바로 세우기 위한 지난한 투쟁을 벌였으며, 이를 통해 많은 성과를 거두었다. 특히 87년 6월 항쟁 이후 한국 근현대사를 올바로 정립하기 위한 노력들은 괄목할 만한 성과를 거두었다. 그럼에도 불구하고 일제가 심어놓은 식민사관의 독소가 완전히 가시지 않았다. 아니, 어떤 면에서는 이러한 독소들이 왜곡된 형태로 더욱 악화되기도 했다.

일제 식민사관의 핵심적 목표가 우리의 민족자긍심과 자부심을 꺾어버리고, 민족적 열등감과 패배의식을 심어줌으로써 식민지 지배에 순종하도록 하는 것이었다. 그리고 이를 위해 우리나라 고대사 왜곡에 집중했다. 그들은 우리 민족을 머나먼 이국땅 시베리아 벌판에서 흘러들어온 외래인으로 둔갑시켜, 뿌리 없는 민족으로 만들었다. 또한 우리 민족을 여러 족들이 혼혈된 혼혈민족으로 만들어버리고, 고조선의 역사를 신화라고 치부해버렸다. 한국문명은 중국문명의 아류로 전락시켰다. 임나일본부설을 퍼뜨려 삼국시대 한반도 남부지방을 야마토 정권이 지배했다고 우겨댔다. 우리 민족을 뿌리가 없고, 민족적 자긍심으로 내세울 만한 것도 없고, 독자적 문화 창조능력도 결여된 열등민족으로 만들어버렸다.

그런데 해방 후 70여 년이 지난 오늘의 현실은 어떠한가? 물론 고조선의 역사를 새롭게 정립하고, 임나일본부설의 허구성을 과학적으로 입증하는 등 일정한 성과가 없는 것은 아니지만, 고대사 영역에 관한 한 일제 식민사관에서 그다지 바뀐 게 없다고 봐도 과언이 아니다. 대다수의 사람들은 아직도 우리 민족은 다른 나라에서 흘러들어온 외래인들의 혼혈로 구성되었고, 우리나라 신석기·청동기문화는 시베리아 등 다른 지역으로부터 유입된 외래문화이며, 고조선은 여전히 고대국가가 아닌 그저 최초의 국가에 불과하다고 생각한다. 우리나라 역사시대는 삼국시대부터, 그것도 원삼국시대를 지난 기원후 3~4세기에나 고대국가가 형성되었다고 보는 게 역사학계의 주류이다. 과연 일제 식민사관과 무엇이 다른가?

　고대사는 민족사의 출발, 민족의 뿌리에 관한 문제이며, 민족의 긍지와 자부심의 원천이다. '우리는 누구인가?' 이 문제에 대한 해답 없이 그 어떤 민족적 긍지와 자부심도 형성될 수 없으며, 민족적 긍지와 자부심이 없다면 역사를 힘있게 개척해 나갈 수 없다. 자기 자신에 대한 긍지와 자부심, 자기의 창조적 힘에 대한 믿음은 '우리는 누구인가'에 대한 해답으로부터 나온다. 이것이 바로 우리나라 고대사가 갖는 역사의 현재성이다. 그러므로 고대사는 지나가버린 과거의 문제가 아니라, 살아 있는 오늘의 현실인 것이다.

　우리 역사를 바로 세우기 위한 노력은 이제 일제가 심어놓은 식민사관의 핵심적 뿌리인 우리나라 고대사를 바로 세우는 데로 나아가야 한다. 그렇지 않는다면 일제 식민지 지배와 수십 년간의 독재체제에서 형성된 온갖 부정과 불의, 적폐를 청산하고 국민주권이 보장된 새로운 민주공화국을 세울 수 없다.

　고조선의 역사에서 규명되어야 할 문제는 매우 많다. 무엇보다도 먼저 고조선 역사의 주체에 관한 문제가 규명되어야 한다. 우리나라 근대 역사학이 확립된 지 100년이 지났건만, 아직까지 '우리는 누구인가' 하는 문제가 똑바로 규명되지 않고 있다는 것은 역사의 비극이다.

　또한 고조선 역사에서 규명되어야 할 문제는 고조선문명의 성격에 관한 문제이다. 고조선문명의 성격은 곧 한반도 고대문명의 탄생에 관한 문제이다. 흔히 한반도문명의 탄생은 황하문명의 영향권에서 형성되고 배태된 문명이라는 생각이 지배적이다. 이는 동아시아의 모든 문명은 황하문명으로부터 시작되었다는 것이 상식적 견해로 고착된 결과이다. 결론부터 말하자면 고조선문명은 황하문명의 영향 하에서 형성된 중국문명의 아류가 아니라, 이보다 앞서 독자적으로 형성되고 발전된 가장 선진적인 고대문명이다. 이러한 사실을 일방적 주장이 아니라 과학적으로 밝히는 것, 이것이 우리가 할 일이다.

　고조선의 건국 시기 문제도 핵심 쟁점이다. 고조선이 건국됨으로써 우리나라는 기나긴 선사시대를 마감하고 역사시대로 접어들게 되었는데, 동아시아에서 가장 빠른 시기에 해당된다. 즉, 우리나라는 동아시아에서 가장 일찍 고대문명을 창조하고 문명시대로 접어들었다. 이는 기존의 우리나라 역사서들에서 밝혀져 있을 뿐만 아니라 단군릉 발굴로 과학적으로 확증되었다. 그럼에도 불구하고 우리나라 역사학계에서는 여전히 우리나라의 역사가 중국의 역사보다 빠를 수 없다는 황하문명론의 고정관념에 빠져 이를 인정하려 하지 않고 있다. 우리나라 역사학계에서는 고조선의 건국 시점을 기원전 4~5세기경으로 보거나 기껏해야 기원전 10세기를 넘지 못한 것으로 보는 견해가 지배적이다. 따라서 고조선의 건국 시점을 명확히 밝히는 문제가 고조선 역사에서 핵심적인 과제가 되고 있다. 그뿐만 아니라 고조선의 고대 국가적 성격 문제와 고조선의 강역 문제 역시 치열한 논쟁거리가 되고 있다.

　이 책은 이상과 같은 문제의식에 기초해서 정리한 글이다. 지금까지 고조선에 관한 역사서들이 많이 나왔지만, 이러한 문제의식에 기초해서 서술된 책을 찾아볼 수 없었다. 이것이 역사학도가 아닌 저자가 이 책을 쓰게 된 동기이다. 이 책을 쓰기 시작하면서 가장 먼저 부딪친 장애물은 분단문제였다. 어느 정도 예상했었지만, 남과 북의 역사학 사이에 가로놓인 벽은 높아도 너무 높았다. 근현대사의 영역이 아닌 고대사의 영역에서조차 상호 소통과 교류는커녕 불신과 대결의식이 지배하고 있었다. 분단문제가 역사학의 영역에까지 깊숙하게 스며들어 분단사학을 낳았고, 이것이 식민사학의 잔재와 더불어 우리나라 역사학의 발전을 가로막고 있다.

　그 대표적인 사례가 고조선 역사 문제였다. 우리나라 역사학계에서는 북한의 단군릉 발굴에 대해 진지한 학문적 접근과 연구를 하지 않고 있다. 그 결과 단군릉 발굴을 계기로 북한 학계에서 거둔 고조선 관계 연구성과들에 대해 진지하게 검토하기보다 백안시로 일관하고 있다. 북한은 당시 단군릉만 달랑 발굴한 것이 아니라, 평양 주변의 고조선 관련 유적유물들을 집중적으로 재발굴하고, 기존의 연구물들을 전면적으로 재검토해 고조선 역사를 새롭게 정립했다.

이 책은 분단사학이 아닌 통일사학의 관점에서 단군릉 발굴 이후 북한 학계에서 거둔 연구성과들을 진지하게 접근하고 과감하게 수용했다. 우리가 역사를 올바로 정립하고 그 뿌리를 찾고자 하는 것은, 결국 5천 년 역사를 함께해 온 우리 민족이 70년 이상 지속되고 있는 분단역사에 종지부를 찍고 통일로 나아가기 위함이고, 그 출발은 분단의식의 극복과 민족자긍심의 제고에서부터 시작된다. 그리고 이것은 바로 역사의 영역에서 분단사학을 극복하는 데로부터 시작해야 한다. 이를 위해서는 북한 학계에서 거둔 성과들을 과학적으로 접근하고 과감하게 수용해야 한다.

마지막으로 강단사학과 재야사학으로 갈라져, 과학적인 토론과 연구보다 대립과 갈등만을 빚어 왔던 한국 사학계에 건설적인 논쟁을 위해 새로운 화두를 던진다. 처음 하는 작업이라 부족한 점과 한계가 많이 노정될 것이다. 전문학자이든 일반 독자이든 과감한 비판과 대안 제시를 기대한다.

차례

3장 고조선 시대 이해 185

4장 우리 민족의 형성과 고조선 337

1장

한반도는
고대문명의 발상지

·
·
·

　우리가 살고 있는 한반도는 인류의 발상지이자, 고대문명의 발상지이다. 이 땅에 인류가 살기 시작한 것은 지금으로부터 100만 년 전이다. 평양 상원군 흑우리에서 발견된 검은모루유적에서는 당시 사람들이 쓰던 석기와 더불어 수십 점의 짐승머리 화석과 뼈들이 나왔는데, 연대 측정 결과 지금으로부터 100만 년 전의 것으로 밝혀졌다. 이로써 한반도는 세계적으로도 가장 이른 시기에 사람들이 살기 시작한 인류발상지 가운데 하나라는 사실이 새롭게 밝혀진 셈이다.

　이 지구상에 인류가 탄생한 것은 100만 년이 훨씬 넘지만 오랫동안 동물적 삶을 갓 벗어난 원시적 단계에 머물러 있었고, 문명 단계로 접어든 것은 불과 반만년밖에 되지 않는다. 인류사회의 원시적 단계를 마감하고 문명 단계로 전환시킨 역사적 대전환은 고대문명의 탄생으로부터 시작된다.

지구상에서 맨 처음 고대문명을 탄생시킨 역사적 중심지를 가리켜 인류 문명의 발상지라고 부르는데, 소위 인류 4대 문명이 이에 해당된다. 이집트문명, 메소포타미아문명, 인더스문명, 황하문명을 가리켜 인류 4대 문명이라고 한다. 이들은 각각 이집트의 나일강 지역, 티그리스강과 유프라테스강 사이의 메소포타미아 지역, 인도의 인더스강 유역, 중국의 황하 유역에서 탄생했다. 이들 지역에서 발생한 문명은 지역마다 차이는 있지만 대체로 기원전 30세기를 전후로 형성된 고대 문명이다. 인류 4대 문명의 발상지는 신석기 농업혁명을 통해 잉여생산이 가능해진 점, 농업과 수공업이 분화된 점, 계급계층이 발생했다는 점, 청동기문화에 기초해 고대국가를 건설한 점, 고대 문자를 창조했다는 점 등의 공통된 특징을 갖고 있다.

인류 4대 문명이 큰 강 주변에서 발생한 이유는 무엇일까? 큰 강 유역은 교통이 편리할 뿐 아니라 관개농업에 유리한 물이 풍부하다. 고대문명은 물이 풍부해서 농사짓기 편리한 지역에서 발생했다. 여기에서 농사와 고대문명의 발생 사이에 밀접한 연관성이 있다는 것을 발견할 수 있다.

인류가 농사를 짓기 시작하면서 노동의 성격은 질적으로 바뀌었다. 최초의 노동은 사냥을 하거나 채취를 통해 삶에 필요한 것들을 얻는 채집노동이었다. 그러나 농사를 짓기 시작하면서 이러한 노동의 성격은 근본적으로 변화했다. 이제는 자연에 있는 것들을 그대로 채집하는 노동이 아니라, 토지를 개간해 논과 밭을 만들었다. 여기에다 씨앗을 뿌리고 곡식을 길러 자연에 있는 것들을 채취할 때보다 몇 배나 많은 양의 곡식을 수확하는 생산노동으로 바뀌었다. 이로부터 생산력의 비약적 발전을 이룩했다. 가축을 길러 필요한 고기를 직접 생산하고, 가죽들은 의복이나 신발의 재료로 활용했다. 삼베나 모시를 심거나 누에를 쳐서 옷감의 재료를 직접 생산하는 데로 나아갔다. 또한 농사를 짓기 시작하면서부터는 공고한 정착생활을 하게 되었다. 그리고 농사를 짓기 위한 도구들을 만드는 과정에서 농업과 수공업이 분리되고, 돌을 가공해 도구를 만드는 단계를 넘어 청동기문화를 창조하기에 이르렀다.

잉여생산물의 분배를 둘러싸고 계급이 발생했다. 계급의 발생으로 사회는 원시적 공동체 사회로부터 지배계급과 피지배계급으로 분열되는 계급사회로 발전해 나갔으며, 계급 지배를 위한 수단으로서 국가권력이 탄생하기에 이르렀다. 이것이 바로 고대문명의 발생과정인데, 이 모든 과정의 출발점은 농업이었다. 농업은 물과 직접적인 관계가 있으므로 주로 큰 강 주변에서부터 농업이 시작되었던 것이다. 바로 이것이 인류 최초의 산업혁명에 해당되며, 이를 신석기 농업혁명이라고 부른다. 신석기 농업혁명으로부터 인류는 원시적 채집경제 단계에서 잉여가치를 생산하는 생산경제 단계로 발전했다.

인류 4대 문명의 발상지 중에서 동아시아에서는 황하문명이 포함되어 있다. 인류 4대 문명 발상지라는 개념이 인류의 모든 문명은 4대 문명을 원류로 해서 발생발전해 왔다는 뜻이기 때문에 여타 지역들의 문명은 모두 4대 문명의 직간접적 영향 하에서 형성 발전되었다고 본다. 당연히 동아시아의 모든 문명들은 황하문명을 뿌리로 해서 형성되었으며, 황하문명의 영향 하에서 발전해 왔다고 본다.

그렇다면 한반도문명은 어떠한가? 인류 4대 문명론을 인정한다면 응당 중국 황하문명을 원류로 해서, 황하문명의 영향 하에 발생발전해 왔다고 보는 게 합리적이다. 우리들은 지금까지 그렇게 배웠으며 움직일 수 없는 상식으로 자리 잡게 되었다. 그러다 보니 항상 우리나라는 중국보다 뒤진 문명, 중국으로부터 문물을 배워온 나라라는 고정관념이 깊이 뿌리박혀 있다.

과연 그러한가? 중국의 황하문명이 한반도문명보다 훨씬 앞섰으며, 한반도문명은 황하문명의 영향 하에서 발생발전해 왔는가? 과거에는 여기에 문제를 제기하는 사람이 없었다. 하지만 이러한 역사적 상식이 서서히 무너져 가고 있다. 특히 '황하문명이 동아시아 문명의 원류'라는 기존 학설에 대해 다양한 문제가 제기되고 있다. 여기에는 크게 중국 내부적 문제제기와 중국 밖으로부터의 도전이라는 양대 줄기가 있다.

먼저 중국 내부적 문제제기란 무엇인가? 한마디로 중국 내부적으로 황하문명이 중국문명의 범주에서 가장 앞선 문명이라고 볼 수 없다는 것이다. 1973~74년에 양자강 하류 절강성 동북부 하모도 유적에서 기원전 5000년 이전의 벼농사 유적이 발굴되었는데, 지금까지 가장 이른 시기의 것으로 인식되었던 반파유적 등 화북의 신석기 유적보다 1천 년 이상 앞선 것으로 보인다. 중국의 초기 신석기문화를 황하문명이라는 말로 표현하는 것은 불충분하며, 하강(황하와 양자강)문명 또는 중국문명이라고 부르는 것이 타당하다는 학설이 제기되고 있다. 또한 중국 동북지역에서는 황화문명보다 시기적으로 훨씬 앞선 홍산문화가 존재했었다는 사실들이 속속 밝혀지고 있다.

결론적으로 중국 내부적으로도 황하문명이 가장 앞선 중국문명의 원류가 될 수 없다는 것이다. 그러다 보니 중국 정부는 다민족국가론에 의거해 과거에는 오랑캐 지역이라고 타매했던 요하문명을 황하문명보다 빠른 중국문명의 뿌리로 규정하기에 이르렀다. 이처럼 중국의 내부적 문제제기야 황하문명이라는 표현을 중국 정부처럼 중국문명이라는 표현으로 확대하면 해결된다. 보다 심각한 문제는 다른 데 있다.

과연 황하문명, 혹은 중국 정부의 주장처럼 중국문명이 동아시아 고대문명에서 가장 선진적이고 앞선 문명이었는가? 중국문명이 여타 동아시아 지역 문명의 발생과 발전에 직간접적 영향을 주었으며, 동아시아 고대문명을 선도했는가? 아니면 황하문명 또는 중국문명보다 더 앞선 고대문명이 존재했으며, 이 문명이 동아시아 고대문명의 발생과 발전에 직간접적 영향을 끼쳤는가? 동아시아 고대문명을 선도했던 문명은 어떤 문명이며, 이 문명을 창조한 주체는 누구인가라는 문제들이 새롭게 부각되고 있다.

여기에서 특히 주목되고 있는 점은 한반도문명과 중국문명의 상호관계이다. 최근 고고학적 발굴의 성과에 힘입어 한반도의 구석기 · 신석기 유적들이 많이 발굴되었는데, 그 발전수준과 시기에 있어서 중국에 뒤지지 않는다는 사실이 속속 밝혀지고 있다. 즉, 신석기 농업혁명이 황하문명에 뒤지지 않으며, 황하문명과 무관하게 발생발전해 독자적인 고대문명의 창조로 나아갔다는 것이다.

더욱 놀라운 것은, 고대문명 발상지의 핵심적 징표가 되고 있는 청동기문화가 중국보다 앞섰다는 사실이다. 최근 북한 학계의 단군릉 발굴과 평양지역을 중심으로 하는 한반도 청동기문화의 발굴 결과에 따르면, 우리나라 청동기문화는 중국의 청동기문화보다 1천 년 이상 앞섰다고 한다. 이러한 고고학적 발굴을 인정한다면, 한반도문명은 황하문명의 영향으로 탄생된 문명이 아니라 황하문명보다 앞선 독자적 문명, 황하문명보다 선진적인 문명인 것이다.

그렇다면 우리나라의 고대 문화가 중국 황하문명의 직간접적 영향 하에서 발생발전해 왔다는 동아시아 고대문명의 발생과 발전에 대한 기존 상식은 근본에서부터 재검토되어야 한다. 이 사실들을 인정한다면 한반도문명을 인류 4대 문명과 어깨를 나란히 하는 5대 문명의 하나로 규정하거나, 아니면 황하문명 대신 한반도문명을 인류 4대 문명에 포함시켜야 할 것이다.

이러한 현실을 놓고 볼 때 무엇보다도 시급한 것은 '한반도문명론'을 재정립하는 것이다. 한반도문명을 중국문명의 아류로 인식하거나 중국문명의 하위종속적 문명으로 인식해 오던 타성을 과감히 벗어던지고, 한반도문명의 뿌리와 성격, 주체에 대해 새롭게 밝혀내야 한다. 이것은 단순히 과거의 문제가 아니라, 미래의 문제이다. 역사는 어떤 경우에도 과거에만 머무르지 않는다. 역사는 현재의 문제를 바라보는 빛을 던져주며, 미래를 열어나갈 수 있는 힘을 준다.

오늘날 우리에게 가장 절박한 것은 우리 민족의 자주적 힘에 대한 과학적 확신이며, 민족적 자긍심과 자존심을 갖는 것이다. 그리고 이것들을 과학적으로 밝혀주는 핵심적 종자는 한반도문명의 뿌리 찾기이다. 한반도문명의 뿌리를 과학적으로 밝혀 우리 민족이 다른 민족보다 못하지 않으며, 나아가 스스로의 힘으로 고대문명을 창조할 수 있는 힘과 능력을 갖추었다는 사실을 역사적으로 증명해야 한다. 한반도문명의 뿌리와 성격을 규명하자면 한반도문명 창조의 주체, 한반도 고대문명 창조 과정, 한반도 고대국가 성립 시점을 밝혀야 한다. 여기에 기초해 한반도문명과 황하문명의 상호관계를 밝혀야 한다. 그리고 한반도가 인류 문명의 발상지 가운데 하나인가에 대해 결론을 내려야 한다.

한반도문명이 황하문명보다 뒤에 발생발전하였다면 황하문명의 영향 하에서 한반도문명이 탄생했다는 지금까지 상식이 여전히 유효할 것이다. 반대로 한반도문명이 중국 황하문명보다 앞서 발생발전했다면 한반도문명은 자체의 뿌리를 갖고 독자적으로 발생발전해 온 독자 문명이며, 한반도는 인류 문명 발상지의 하나라고 말할 수 있다. 이것이 사실이라면 우리 민족은 자기 힘으로 독자적인 문명을 창조하고 발전시켜 나갈 수 있는 힘과 능력을 가진 민족이라는 것이 역사적으로 증명된다. 그리고 이것은 자기 자신의 힘과 능력에 대한 믿음을 낳으며, 민족적 긍지와 자부심의 원천이 된다.

—— 한반도는 인류의 발상지 ——

우리나라의 역사를 연구하기에 앞서 인류의 기원 문제를 먼저 풀어야 한다. 인류의 기원 문제는 역사의 영역이라기보다는 인류학의 영역에 가깝다. 하지만 인류의 탄생과 발전과정을 어떻게 보느냐 하는 문제는 순수 자연과학적인 문제가 아니다. 그것은 곧 사람을 어떤 존재로 보느냐 하는 철학적 문제이자, 사람이 창조해온 역사의 본질을 어떻게 보느냐 하는 역사관의 문제이기도 하다. 따라서 역사를 연구하려는 사람들에게 인류의 기원 문제는 회피할 수 없는 문제로 대두된다.

인류의 기원에 대해서는 그동안 아프리카에서 인류가 기원했다는 '단일기원설'과 유럽·아시아 등 여러 지역에서 발생했다는 '다지역기원설'이 팽팽하게 맞서고 있다. 현재 우리나라 학계는 아프리카에서 현생인류가 발생했다는 단일기원설에 많이 기울어져 있는 실정이다.

단일기원설의 대표적인 견해는 소위 '미토콘드리아 이브 가설'이다. 이 설에 따르면 우리 민족은 원래 아프리카에서 건너온 신인들의 후손이라는 것이다. 그렇다면 한반도에서 발굴되는 전기구석기, 중기구석기 유적·유물들은 우리 민족의 삶과는 아무런 연관이 없는 것이 된다. 과연 그렇게 봐야 하는가?

1. '아프리카 이브'는 허구적 상상의 산물

1987년 미국 캘리포니아 버클리대학의 알란 윌슨이 세계적 권위를 자랑하는 〈네이처〉지에 기고한 한 편의 논문이 세계를 경악하게 만들었다. 알란 윌슨의 연구팀은 분자유전학적 방법으로 세계 각지 147명의 미토콘드리아 DNA를 조사하여 계통수를 그린 결과, 현재 지구상에 살고 있는 인류의 조상은 단 한 명이라고 발표한 것이다. 즉, 현대인류가 14만 년에서 29만 년 전(이하 20만 년 전으로 적음)에 동아프리카의 사바나 지역에서 돌연변이를 일으켜 발생한 후, 그 후손들이 세계 각 지역으로 이주하여 모든 인류의 부모가 되었다는 것이다. 이를 '아프리카 가설(Out of Africa theory)' 또는 '미토콘드리아 이브 가설'이라 한다.

인류의 '아프리카 기원설'에 따르면 현생인류인 호모사피엔스의 조상은 약 7만 년 전 아프리카를 떠나 다른 지역으로 퍼졌으며, 이들은 기존에 유럽 등지에 살고 있던 고인류인 네안데르탈인 등을 차차 밀어내며 전 세계 모든 현생인류의 단일 조상이 되었다는 것이다. 이 논문은 처음에는 거센 반발을 받았지만 점차 지지 대열이 확대되어 현재는 학계의 대세로 인정받기에 이르렀다. 그렇다면 과연 모든 인류의 발상지는 아프리카이며, 우리의 조상은 아프리카로부터 왔는가?

결론부터 말하자면 그 답은 '아니올시다!'이다. 최근 아프리카 기원설을 뿌리째 뒤흔드는 연구들이 쏟아져 나오고 있다. 아프리카 기원설은 호모사피엔스가 호모에렉투스나 네안데르탈인과 피가 섞이지 않았다는 기본전제에서 출발한 이론이다. 왜냐하면 이 이론은 이들을 아예 다른 종으로 보기 때문이다. 생물학적으로 서로 다른 종 사이에는 자손이 생기지 않는다. 비슷한 종끼리 만나 자손을 낳더라도 그 자손은 번식을 하지 못하기 때문에 유전자가 후세에까지 전해지지 않는다. 말과 당나귀 사이에서 나온 노새가 그 좋은 예이다.

그런데 최근 연구 결과 양자의 피가 섞였다는 것이 밝혀졌다. 독일 막스 플랑크 연구소 연구진이 2010년 5월 7일 〈사이언스〉지에 밝힌 바에 따르면 "지금의 인류가 갖고 있는 유전자의 1~4%가 네안데르탈인에서 왔으며, 네안데르탈인의 뼛조각 일부를 갈아 추출해 DNA 염기서열을 해독한 결과 현대인과 99.7%가 동일했다"는 것이다. 중국과 프랑스, 파푸아뉴기니, 아프리카 사람과 4만여 년 전에 살았던 네안데르탈인의 유전자를 비교해 얻은 결론이었다.

2014년 미국 워싱턴대학의 벤자민 베르놋 박사와 조슈아 아케이 박사 공동연구팀은 그해 1월 30일 과학저널 〈사이언스〉지에 게재한 논문에서 "호모사피엔스와 네안데르탈인의 게놈을 비교분석한 결과 1~3%의 유전자를 공유하고 있는 것으로 확인됐다"고 밝혔다. 같은 날 〈네이처〉도 호모사피엔스와 네안데르탈인에게서 머리카락과 피부를 생성하는 유전자, 크론병이나 낭창(결핵성 피부염)을 일으키는 유전자가 공통적으로 발견됐다는 미국 하버드의대 스리람 산카라라만 교수 연구팀의 연구결과를 게재했다.

2008년 이스라엘 북서부 갈릴리 지역에서 발굴된 유골의 두개골을 분석한 결과 5만 5천 년 전에 살았던 여성으로 추정되는 인물이라고 밝혔는데, 놀랍게도 현생인류의 조상인 크로마뇽인의 특징을 가지고 있었지만 다른 부분은 원시인류인 네안데르탈인의 특징을 보였다고 텔아비브 고고학자들이 2015년 〈네이처〉지에 밝혔다.

또 2007년 미국 세인트루이스 워싱턴대학 발굴팀이 〈미국 국립과학원 회보〉에 제출한 연구보고서에 따르면, 베이징 부근 톈위안 동굴에서 한 사람의 뼈로 보이는 34개의 뼛조각을 발굴했는데 방사선동위원소 연대 측정 결과 약 4만 2천~3만 9천 년 전에 살았던 현생인류로 나타났다고 밝혔다. 이 보고서의 공동 저자인 에릭 트린코스 교수는 "이번 화석은 유라시아에서 발굴된 최초의 현생인류 화석으로, 대부분은 현대인과 일치했으나 일부는 유라시아 대륙 말기 원시인류의 특징을 갖고 있다"고 밝혔다. 즉, 톈위안 화석은 현생인류의 전형적인 특징을 갖고 있었지만, 상대적으로 큰 앞니 등 원시인류의 전형적인 특징 또한 보인다고 밝혔다. 연구진들은 "이러한 특징은 현생인류가 아프리카에서만 기원한 게 아니고 아시아와 유럽 등 각지에서 기원했음을 시사한다"고 밝혔다.

2015년 10월 15일 〈세계일보〉 인터넷판에는 "14일(현지 시간) 영국 BBC 방송에 따르면 런던대학 연구진은 중국 남부 후난성 융저우 다오현에서 현생인류와 비슷하게 치아를 47개 가진 8만 년 전 인류화석을 찾아냈다. 아시아에서 통설로 굳어진 인류의 확산 시점(약 6만 년 전)보다 무려 2만 년 앞선 시기에 이미 요즘 인간과 비슷한 치아를 가진 인류의 화석이 나타난 것이다"라는 기사가 실렸다.

이런 연구 결과들이 의미하는 바는 과연 무엇인가? 여기서 중요한 것은 '올바른 해석'이다. 자칫 엉뚱하게 해석하면 아프리카에서 출발한 현생인류 호모사피엔스가 각 지역의 원시인류 네안데르탈인과 짝짓기를 했을 뿐이며, 아프리카 기원설을 부정하는 것은 아니라는 식으로 결론을 내리기 쉽다. 그렇지 않다. 이러한 연구 결과들이 의미하는 바는 명백하다. 그것은 '미토콘드리아 이브 학설'의 핵심전제인 현생인류 호모사피엔스와 원시인류 네안데르탈인이 다른 종이라는 가설이 틀렸다는 것이며, 따라서 그 가설에서 출발한 모든 연구 결과들은 틀렸다는 것이다. 현생인류 호모사피엔스와 원시인류 네안데르탈인의 피가 섞였다면 서로 다른 종이 아니라 같은 종인 것이다.

같은 종이라는 의미는 무엇인가? 현생인류 호모사피엔스와 원시인류 네안데르탈인은 같은 종의 다른 역사적 발전단계의 산물이라는 것이다. 다시 말해서 유년기 인류의 모습과 청년기 인류의 모습이라는 차이에 불과할 뿐인 것이다. '아프리카 이브' 역시 원시인류의 진화 발전의 산물이며, 다른 지역의 현생인류 호모사피엔스 역시 아프리카로부터 온 것이 아니라 그 지역 원시인류에서 독자적으로 진화·발전해 왔을 뿐이다. 수십 만 년 동안 자연과의 지난한 투쟁을 통해 현생인류의 생물학적 특질들을 하나하나 획득해 나가면서 성장발전해 온 것이다.

물론 그렇다고 모든 원시인류가 현생인류로 진화했다는 것은 아니다. 현생인류로 진화하지 못한 곁가지 원시인류 집단이 존재했을 것이며, 이 집단은 현생인류로 진화하지 못한 채 역사의 무대에서 사라졌을 것이다. 네안데르탈인 역시 이러한 운명의 담당자였을 가능성이 크다. 각 지역에서 살았던 원시인류들 중에는 네안데르탈인처럼 신인으로 진화하지 못한 채 역사의 무대에서 사라졌지만, 중국과 우리나라 등 여러 지역에서는 인류 진화의 곁가지로 사라져간 것이 아니라 자연과의 거친 투쟁과정에서 현생인류의 유전학적 특질을 획득해 현생인류로 독자적 발전을 이룩해 왔다. 이것은 제반 역사적 증거들에 의해 입증되고 있다. 즉, 현생인류가 아프리카에서 발생해 전 세계로 퍼져 나간 것이 아니라, 각 지역에서 독자적으로 발생발전해 현생인류에 이르렀다는 '다지역기원설'이 옳다. 이것은 그동안 밝혀진 고고학적 증거로 충분이 입증된다.

인류는 태초에 한 뿌리였지만 150만 년 전에 여러 갈래로 나뉘어져 세계 곳곳에서 각자의 특성에 따라 발달했다. 현재 인류가 갖고 있는 인종적 특징은 각 지역에서 오랫동안 진화해 온 결과이다. 이것은 현생인류가 유럽과 동시에 아프리카, 중동 및 아시아에도 동시적으로 존재했으며, 황인종의 조상은 황인종이라는 것을 의미한다.

2009년 중국 베이징에서 있었던 베이징원인 발견 80돌 국제학술대회에서 중국과학원의 원사인 우신즈는 "70만 년 전 베이징원인, 50만 년 전 난징원인, 4만 년 전 베이징 인근 톈위안 동굴 유골로 이어지는 일련의 유적으로 볼 때 중국은 독자적인 인류의 기원을 갖고 있습니다"라며 인류 다기원설을 주장했다. 또 아나톨리 데레비안코 러시아 고고인류학연구소 소장은 "아프리카 단일기원론은 100만 년 전 전후로 아프리카에서 인류가 이동했다고 주장하지만 중국, 인도, 러시아 등에서 100만 년 이상 된 고인류 화석이 발견된다"고 말했다. 중국의 학자들은 베이징원인(70만 년 전), 20만 년 전 유골, 현대인들의 유골을 분석한 결과 아시아인의 특성이라고 할 수 있는 평평한 얼굴 등이 계속 전수됐다고 밝히고 있다. 또 돌칼을 근거로 호주와 뉴기니의 원주민들은 베이징원인이 이주한 부류라고 본다. 호주의 찰스 도치 교수는 호주에서 6만 년 전의 유골을 측정한 DNA가 아프리카 이브와 매우 다르다고 밝혔다.

중국 사회과학원 왕웨이 교수는 아프리카 가설이 갖고 있는 결정적인 결함을 다음과 같이 지적했다. "서양의 구석기문화를 보면 약 10만여 년 전 어떤 곳에서 기하형의 세석기들, 예를 들면 삼각형기, 신월형기, 제형기 등이 출현하며 2만 년 전에는 더욱 정밀한 기하형의 세석기가 출현했다. 그 당시에 이런 석기를 제작하려면 상당한 기술이 요구되었다고 볼 수 있다. 그러나 중국의 구석기문화 중에는 이런 기하형의 세석기를 전혀 찾아볼 수 없으며 세석기 제작기술의 흔적도 없다. 이런 차이점은 중국의 구석기문화와 서양의 구석기문화가 서로 다른 문화계통에 속하고 있다는 것을 알려준다."

왕 교수는 또 "아프리카 가설에 의하면 '아프리카 이브'의 후예들이 중국으로 옮겨 왔을 때 분명히 그들이 갖고 있던 선진 석기 제작기술과 일상에서 사용하는 석기들을 가져왔어야 한다"고 주장했다. 그렇다면 중국의 구석기문화는 격변을 맞이해야 하는데도 중국에서 3만여 년 전 신인(호모사피엔스사피엔스)에게서는 어떠한 변화의 징조도 없으며 중국 구석기문화가 중단된 적도 없다. 적어도 외래문화에 의해 대체되는 현상도 없는 것을 볼 때, 서양의 구석기문화와 중국의 구석기문화는 각각 독립적으로 발전한 것이라는 설명이다.

중국 학자들의 상당수는 다지역기원론을 지지하고 있으며, 그 기원은 중국에 살던 고원(古猿)으로부터 진화한 것으로 보고 있다. 1958년 운남성의 소용택에서 800만 년 전의 드리오피테쿠스가 발견되었다. 1975년 운남성 녹풍현에서는 800만 년 전의 녹풍고원화석이 발견되었다. 1987년 운남성의 원모(元謀)에서도 480만 년 전의 일련의 고원화석이 출현하였고, 기간토피테쿠스 화석도 다수 발견되었다. 운남성 원모에서 발굴된 원모인은 170만 년 전의 인류화석으로 확인되었다.

그 밖에 남전원인 유적, 저우저우텐 유적, 금우산 유적, 원모 유적, 화현 유적, 양산 유적 등에서 170만 년 전부터 수십만 년 전의 인류화석들이 다량 확인되었다. 이러한 증거들은 중국 자체 내에서 인류가 발생했으며, 자연과의 투쟁과정에서 연속적인 변화과정을 겪으며 진화한 결과 오늘날의 현생인류로 발전해 왔다는 것을 보여주고 있다.

'아프리카 이브' 학설은 그것이 제기될 때부터 논리 설정과 샘플 채택 등에 큰 문제가 있다고 지적되었다. 그럼에도 불구하고 학계의 주류로 부상할 수 있었던 까닭은 무엇일까? 그것은 기존 학계가 그릇된 관점과 입장에 빠져 있었기 때문이다. 인류 아프리카 기원설은 사람의 발생 문제를 단순히 동물학적 자연도태설에 기초해서 세운 그릇된 이론이다. 동물은 환경의 산물이며, 환경에 순응하고 적응하지 못하게 되면 도태된다는 것이 자연도태설의 핵심이다.

이것은 동물에게는 어느 정도 타당성이 있는 과학적 이론이지만 사람에게 그대로 적용해서는 안 되는 것이다. 사람은 동물과 본질적으로 다른 존재이다. 동물은 자연환경에 적응하지 못하게 되면 살아남을 수 없지만, 사람은 동물과 달리 창조적 지혜와 힘을 통해 불리한 환경과 조건을 극복해 나갈 수 있는 능력을 갖고 있다. 불리한 환경과 조건을 극복할 수 있는 지혜와 힘을 갖고 있는 존재, 그럼으로써 자신의 생존과 발전을 이룩해 나갈 수 있는 존재, 그것이 바로 사람이다. 이러한 능력의 차이는 사람과 동물의 본질적 차이인 것이다. 그렇기 때문에 동물에게나 적용되는 자연도태설 이론을 갖고 인류의 발전 문제에 접근하는 것은 출발부터 잘못된 것이다.

유인원의 단계를 뛰어넘어 최초의 인류가 된 원인이 고인의 단계를 거쳐 현생인류로 발전해 온 과정은 인류가 세계를 지배하고 개조해 나가면서 스스로의 육체적 특질을 진화 발전시켜 온 과정이었으며, 그것은 그 어떤 단절이나 절멸도 없는 연속적인 승리의 과정이었다. 현생인류에게는 원인부터 고인들의 피가 스며 있으며, 자연과의 피어린 투쟁과정에서 승리한 결과로 현대인류가 탄생한 것이다. 물론 그렇다고 모든 인종들이 원인-고인-신인의 단계를 거쳐 현생인류로 발전해 왔다고 주장하는 것은 아니다. 이 투쟁의 과정에서 승리하지 못한 인종들도 많았으며, 그들은 후손을 남기지 못하고 인류의 역사에서 사라져 갔다.

'아프리카 이브' 학설은 논리 설정 자체가 너무 황당하고 부당하다. 그렇게 주장하는 근거는 첫째, 아프리카에서 최초의 현생인류는 어떻게 탄생했는가에 대해 침묵하고 있다는 점이다. 아프리카에서 최초의 현생인류(미토콘드리아 이브)는 아프리카 원시인류의 진화의 산물일 수밖에 없다. 그렇다면 현생인류와 원시인류는 다른 종이라고 볼 수 없으며, 같은 종의 역사적 발전단계 차이에 불과하다고 봐야 한다. 그렇다면 이러한 발전은 아프리카 이외의 지역에서도 반드시 발생할 수밖에 없다. 아프리카 이외 유럽과 아시아에서도 그 지역 현생인류는 원신인류로부터 진화해 왔을 것이다. 이것이 과학적인 사고이다.

둘째, '아프리카 탈출'과 전 지구로의 이동은 그 자체가 현실에 기초하지 않은 공상적 사고에 불과하다. '무엇 때문에 아프리카를 탈출했으며, 무엇 때문에 삶의 조건이 더욱 열악한 지역으로 이동했는가' 하는 문제를 설명할 수 있는 아무런 근거가 없다. 그리고 상식적으로 보아도 비합리적이다. 아프리카 탈출 시기는 인류 빙하기에 해당되는 시기이며, 아프리카 이외의 다른 지역은 아프리카보다 사람이 살아가기 어려운 지역이었다. 인류가 보다 유리한 환경을 찾아 이동했다면 모를까, 불리한 환경을 찾아 이동했다는 것은 말이 되지 않는 가설이다. 모든 생물들은 자신의 삶의 터전을 갖고 있고, 그에 대한 애착을 갖고 있는 법이다. 동물들 역시 자신이 살아왔던 지역을 특별한 경우 외에는 잘 떠나지 않는다. 그런데 왜 인류만이 그렇게 아무런 이유 없이 전혀 낯선 곳으로 끊임없이 이동했겠는가.

셋째, 현생인류가 원시인류를 몰아냈다는 가설 역시 전혀 타당성이 없는 주장이다. 수만 년 전 원시시대에는 인구밀도와 조직성이 부족해 한 세력이 다른 세력들을 몰아내고(죽이고) 대체하는 것이 물리적으로 불가능했다. 구석기시대 인구밀도는 놀라울 정도로 낮았는데, 일반적으로 1km²당 1인 이하로 추정한다. 또한 각 집단들은 서로 하루 이상의 거리를 두고 생활한데다가 구성원은 대체로 20~30명에서 최대 100~150명 정도였다. 한 집단이 100~150명을 넘으면 그들 중 일부가 자연스럽게 다른 지역으로 이동했다. 그러므로 정착된 한 집단에 소수인이 들어와서 생활할 수는 있지만, 현재의 개념처럼 다수의 집단이 쳐들어와 과거의 집단을 완전히 절멸시키고 자신들의 영역으로 만든다는 것은 불가능하다는 것이다. 물리적으로 불가능할 뿐만 아니라 그렇게 해야 할 합리적 이유가 전혀 없다. 즉, 사냥감이나 채집감 때문에 싸움이 붙을 만큼의 인구밀도도 되지 못했고, 따라서 그 당시 사람들 사이의 집단적 경쟁이나 대립이나 전쟁은 없었으며, 오직 자연과의 힘겨운 투쟁이 있었을 뿐이다.

이상과 같이 '아프리카 이브' 학설은 그 전제와 논리설정 자체가 비과학적이며 황당할 뿐만 아니라, 사람에 대한 비과학적인 견해에 입각한 그릇된 이론이다. 그리고 과학적 검증을 통해 오류임이 밝혀졌다. 오늘날 각 지역의 현대인들은 그 지역에서 오랜 세월 동안 자연과의 힘겨운 투쟁에서 승리해 스스로 진화해 온 결과인 것이다. 현대형의 호모사피엔스는 각 지역에 흩어져 살던 호모에렉투스로부터 진화해 유전자 교환이나 유사진화를 거쳐 오늘날에 이르게 됐다. 우리 한반도에서도 인류 발생 초기 구석기시대부터 사람이 살기 시작해, 중기구석기와 후기구석기를 거치면서 끊임없이 발전해 오늘날 한국인으로 발전해 온 것이다.

2. 한반도는 인류의 발상지

고대 한반도문명을 창조한 주체가 과연 누구인가라는 문제는 아직까지 해결되지 못한 과제이다. 우리나라 역사학계는 일제시대부터 '한반도 주민 2단계 교체설'이 지배했는데, 이 이론이 과학적으로 부인되었음에도 불구하고 아직 고대 한반도문명 창조의 주체에 대한 확고한 견해가 없다. 그러다 보니 '주민 2단계 교체설'의 잔재들이 살아남아 변형된 형태로 나타나고 있는 실정이다.

아직까지 역사학계는 현대 한반도에 살고 있는 우리 민족의 선조는 누구이며, 그들이 어떻게 한반도문명을 일구었는지를 제대로 규명하지 못하고 있다. 이 문제를 규명하려면 먼저 한반도가 인류발상지 중의 하나라는 것, 한반도에 뿌리를 두고 있는 후기구석기인들이 한반도 신석기문명을 창조하면서 고대문명 창조의 주체로 등장했다는 점이 밝혀져야 한다.

현생인류가 아프리카에서 기원했다는 아프리카 단일기원설은 앞에서 검토한 바 있듯이 틀렸으며, 다지역기원설이 올바르다는 것이 입증되고 있다. 이러한 현실에서 한반도는 인류발상지 중의 하나라는 것을 밝혀야 한다. 한반도가 인류발상지라는 근거는 무엇인가?

첫째, 인류가 지구상이 갓 태어난 구석기 전기에서도 매우 이른 시기에 한반도에 사람이 살고 있었고, 둘째, 한반도 구석기 유적유물들이 전기, 중기, 후기에 이르기까지 체계적으로 존재하고 있으며, 셋째, 구석기 사람들의 화석이 고인에서 신인에 이르기까지 체계적으로 발굴되었는데 인류학적 특징에서 계승성이 확고하며, 넷째, 한반도 구석기문화 종태가 중국과는 확연히 다르다는 점이다. 이렇게 볼 때 한반도가 인류발상지 중의 하나라는 점을 부인할 수 없다.

(1) 세계에서 가장 이른 시기에 속하는 검은모루유적

한반도가 인류의 발상지라는 것은 인류의 첫 여명기에 해당되는 100만 년 전 구석기 유적이 이 땅에서 발견되었다는 것으로 증명된다. 끝없는 고요 속에 잠겨 있던 지구상에 인류의 탄생을 알리는 고고성이 울린 때로부터 인류의 역사가 시작된다. 지금은 지구상 어디에나 사람의 발자취가 미치지 않은 곳이 없지만, 인류의 역사가 시작되던 초기의 세계는 적막강산이나 다름이 없었다. 그것은 인류가 세계 각지에서 동시에 생겨난 것이 아니라, 자연기후 조건이 좋은 몇 개 지역에서 먼저 기원했기 때문이다.

한반도는 인류 발생의 첫 시기부터 사람이 살기 시작한 지역이다. 이는 한반도에서 인류 역사의 여명기에 속하는 구석기 초기 유적이 발견됨으로써 밝혀졌다. 1966년 평양시 상원군 흑우리에서 검은모루 유적이 발견되었는데, 지금으로부터 100만 년 전 유적으로 확인되었다. 이로부터 한반도에서는 100만 년 전부터 사람이 살기 시작했다는 것을 알 수 있는데, 이는 세계적으로도 매우 빠른 시기에 해당된다.

한반도에서는 검은모루유적 말고도 88만 년 전에 해당되는 평안남도 순천시 동암동 1기층 유적과 72만 년 전에 해당되는 동암동 2기층 유적이 발견되었으며, 70만 년 전에 해당되는 충북 단양의 금굴 유적, 30~40만 년 전에 해당되는 경기도 연천군 전곡리 유적 등 다수의 구석기 전기 유적들이 발견되었다. 이와 같은 구석기 전기 유적들은 한반도에서 인류의 여명기부터 사람이 살았으며, 세계에서 몇 안 되는 인류의 발상지 가운데 하나라는 것을 증명해준다.

평양시 상원군 검은모루유적에서는 원인단계의 사람들이 만들어 쓴 가장 원시적인 석기들과 함께 지나간 지질시대의 짐승뼈 화석들이 많이 나왔다. 석기들로서는 주먹도끼형 석기, 제형 석기, 뾰족끝 석기, 조각 석기 등이 있는데, 이것들은 사람들이 처음으로 일정한 수법을 적용하여 만든 가장 원시적인 유형의 석기라고 말할 수 있다.

예를 들어 검은모루유적에서 발견된 주먹도끼형 석기는 경기도 연천군 전곡리에서 발굴된 아슐리안 주먹도끼처럼 양면을 손질하고 의도적으로 모양을 만든 것이 아니라 석재를 깨뜨렸을 때 자연적으로 얻어진 돌의 생김새를 그대로 사용했다. 그러다 보니 일부에서는 그것이 자연의 돌인지, 인위적으로 가공한 석기인지 애매모호하다고 평할 정도이다.

이처럼 주먹도끼형 석기, 제형 석기 등 검은모루유적의 석기들은 구석기시대 전기의 석기 중에서도 가장 원시적인 유형에 속하는 것이었다. 즉, 구석기시대 석기 제작기술의 발전에서 일정한 규칙성이 없는 무정형적인 석기 제작단계를 갓 벗어난 정도의 석기였다. 이렇게 볼 때 검은모루유적은 구석기 전기의 첫 시기에 해당된다는 것을 알 수 있다.

또한 검은모루유적에서는 분류학적으로 7목 17과 22속에 해당하는

29종의 크고 작은 짐승뼈 화석이 발굴되었다. 그 가운데는 쥐와 같이 매우 작은 짐승의 뼈가 있는가 하면 코끼리나 코뿔이와 같이 굉장히 큰 짐승의 뼈도 있다. 그들 중 많은 짐승들이 지금은 지구상에서 종적 없이 사라진 사멸종이거나 한반도에서 이미 없어진 지 오랜 종들이다. 습들쥐, 간단이발쥐, 큰갈밭쥐, 상원갈밭쥐, 검은모루땅쥐, 짧은턱 히에나, 코끼리, 큰쌍코뿔이, 상원말, 큰꽃사슴, 넙적큰뿔사슴, 상원큰 뿔사슴, 물소, 옛소, 원숭이 등 17종은 이미 사멸한 종이며, 상원갈밭 쥐, 상원말, 상원큰뿔사슴 등은 고동물학에서 처음으로 발견된 종이 다. 또 물소, 원숭이, 코끼리, 큰쌍코뿔이 등은 더운 기후에서 사는 짐 승들이며 습들쥐, 들쥐, 해리, 물소 등은 강가나 늪가와 같이 물이 많 고 습기가 있는 곳에서 사는 짐승들이다. 멧돼지, 승냥이, 곰 등은 나 무가 무성한 지대에서 살며, 말은 초원 혹은 산림성 초원지대에서 사 는 짐승이다. 검은모루유적의 동물상에서는 지금으로부터 100만 년 전 상원 일대에는 여러 가지 종류의 짐승들이 살고 있었으며, 당시 상 원 일대의 기후도 지금보다 훨씬 덥고 습기가 많았으며 수풀이 무성 했다는 것을 알 수 있다.

석기의 형태학적 특징, 그 제작수법의 원시성이 시사해주는 시대적 배경과 잘 어울리는 유적의 짐승뼈 화석들은 이 유적의 연대를 뚜렷이 밝혀주고 있다. 이 유적은 지금으로부터 100만 년 전 유적이다. 100만 년 전부터 사람들이 살기 시작했던 곳은 전 세계적으로도 몇 군데에 불과하며, 이곳들이 바로 인류의 최초 발원지들인데, 검은모루유적으 로 볼 때 한반도 역시 그러한 인류 발원지 중의 하나에 속한다.

(2) 전기·중기·후기구석기 유적들의 체계적 발굴

한반도가 인류의 발상지라는 근거는, 100만 년 전에 사람이 살았던 발자취가 남겨진 이래 끊이지 않고 사람이 살았으며 한반도 전 지역으로 확산되었다는 것을 통해 알 수 있다. 상원 검은모루유적만 보더라도 거기에 남겨진 동물들의 화석은 100만 년 전의 동물 뼈가 있는가 하면 40만 년 전의 동물 뼈도 있다는 것이다. 예를 들어 큰쌍코뿔이, 상원말, 넙적큰뿔사슴, 짧은턱히에나와 같은 종들은 하부갱신대(약 180만~40만 년 전)와 중부갱신대(약 40만~15만 년 전)에 살았던 종들이며, 상원큰뿔사슴, 숲들쥐 등은 그보다 더 이른 시기부터 살았던 종이다. 이처럼 하부갱신대와 중부갱신대에 특징적인 동물들, 그보다 앞선 시기의 동물들이 함께 나왔다는 것은 그 동굴에서 수십만 년 동안 사람들이 지속적으로 살았다는 것을 말해준다.

또한 구석기 전기 유적만 하더라도 동암동 유적(1기층 88만 년 전, 2기층 72만 년 전), 금굴 유적(70만 년 전), 전곡리 유적(40만 년 전) 등 다수가 발굴되었다. 이것은 구석기시대 전기에 산 원인들은 평양 일대의 대동강 기슭에서 첫 생활의 보금자리를 꾸린 다음 임진강이나 금강유역에 가서도 살았다는 것을 보여준다. 임진강의 한 지류인 한탄천 북쪽 기슭에 있는 경기도 연천군 전곡면 전곡리 유적에서는 구석기시대 전기의 것으로 보이는 석기들이 적지 않게 발굴되었다. 그 석기의 대부분은 석영암으로 만든 것인데 그 가운데는 주먹도끼, 찍개(외날 및 쌍날), 자르개, 사냥돌(원구), 망치, 격지, 조각 등이 있다.

전곡리 유적에서 특징적인 것은 주먹도끼가 일정한 비율을 차지하고 있다는 점이다. 지금까지 동아시아에서는 양면을 가공한 전형적인 주먹도끼가 드물게 보이는 것으로 알려져 있다. 동아시아는 찍개가 전형적이고, 주먹도끼는 주로 아프리카나 유럽에 특유한 것으로 인정되어 왔다. 그런데 동아시아에서 한 유적에서 이렇게 많은 주먹도끼가 나오기는 처음인 것으로 알려졌다. 구석기 전기의 원인들은 이 밖에 충청북도 단양군 매포면 도담리의 금굴 유적, 충청남도 공주군 장기면 석장리 유적 등 한강이나 금강 유역까지 자신의 삶의 범위를 넓혀갔다.

검은모루유적에 원류를 둔 구석기시대 사람들은 구석기 중기에 이르러 더 넓은 지역에 분포되어 살았다. 평양시 역포구역 대현동 유적과 평안남도 덕천시 승리산 동굴 아래층의 유적이 보여주는 바와 같이 검은모루유적 주민들의 후예는 구석기시대 중기에도 평양을 중심으로 하는 대동강 유역에서 연면히 살아오면서 한반도의 넓은 지역에 생활의 보금자리를 꾸렸다. 그것은 나진-선봉지구(이전의 선봉군 굴포리)에서 발굴된 굴포문화 1기층, 충청복도 단양군 도담리 금굴 3문화층, 단양군 수양개 유적 5기층, 요녕성의 본계현 산성자촌 묘후산 동굴 유적과 영구현 금우산 동굴 유적, 제주 빌레못 유적 등이 말해주고 있다.

이 밖에도 구석기 중기 유적들은 전국적으로 수십 군데 이상에서 발견되었다. 즉, 구석기 중기에 들어서면서 한반도와 중국 동북지방에는 핏줄의 연원을 같이하는 사람들이 퍼져 곳곳에서 살기 시작했다. 100만 년 전에는 적막강산이었던 한반도에 구석기 중기에 접어들면서 사람이 살지 않은 곳이 없을 정도로 곳곳에서 사람의 삶의 흔적들이 발견된다.

그리고 구석기 후기에 접어들면 전국적으로 수백 군데 이상의 후기 구석기 유적이 발견될 정도로 많은 지역에서 사람이 살았다. 구석기 시대 후기에도 평양 일대에서는 계속 사람들이 살아왔다. 평양시 승호구역 만달리 동굴 유적과 상원군 중리 및 용곡리의 동굴 유적들, 그리고 평안남도 덕천시 승리산 동굴의 가운데층, 북창군 검은넝 동굴의 유적들이 그것을 입증해준다.

후기구석기시대에는 평양은 말할 것도 없고, 굴포리 유적 2기층, 공주 석장리 유적, 단양 도담리 금굴 4문화층을 비롯해, 전북 신평 하가 유적, 장흥 신북 유적, 대전 동호동 유적, 전북 진안 진그늘 유적, 경남 밀양 고례리 유적 등등 셀 수 없이 많은 유적들이 발견되었다. 이러한 사실들에 비추어 보아도 한반도는 인류의 발상지라고 말할 수 있다.

(3) 한반도에서 발견된 인류화석들의 계승성

한반도가 인류의 발상지라는 것은 한반도에서 발견된 구석기인들의 화석을 통해서도 입증된다. 인류의 발전과정은 원인-고인-신인의 단계적 발전과정을 거친다. 그런데 한반도에서는 원인-고인-신인의 유적유물들이 체계적으로 발견되고 있다. 특히 인류의 화석들이 다수 발견되어 한반도 인류 발생과정을 체계적으로 이해할 수 있게 해주고 있다. 한반도에서 발견된 인류의 화석들을 분석해보면 시대에 따라 차이가 있지만 이를 뛰어넘어 공통의 요소들이 존재하고 있으며, 이는 한반도에 살았던 전기구석기시대의 원인들이 중기구석기시대의 고인을 거쳐 후기구석기시대의 신인으로 이행해 갔다는 것을 실증해준다.

한반도에서 발굴된 인류화석 가운데 가장 오래된 것으로 알려진 것은 '화대사람'이다. 화대사람은 지금으로부터 30만 년 전에 살았던 중기구석기시대 사람으로 알려졌으며, 함경북도 화대군에서 발견되었다고 해서 화대사람으로 명명되었다. 2002년 함경북도 화대군 석성리 일대 5개의 화산 분화구에서 여성과 미성년 및 어린이 등 3인의 머리, 골반, 대퇴, 팔뼈가 발견되었는데, 특이하게 용암 속에서 발굴되었다. 분석한 바에 따르면 이 화석은 원시적인 특징과 함께 발전된 특징도 있으며, 진화 정도나 절대연대로 보아 가장 이른 시기에 속하는 고인단계의 사람이라는 것이다. 이 화석은 검은모루 동굴에서 살았던 한반도 인류가 고인단계로 발전했다는 것을 확증해주는 중요한 증거이다.

화대사람 외에도 1972~73년 평남 덕천 승리산 동굴에서 10만 년 전 구석기 중기 고인에 해당되는 '덕천사람'이 발굴됐으며, 1977년 9월 평양 역포구역 대현동 동굴에서도 역시 약 10만 년 전 고인단계의 '역포사람'이 발굴되었다. 역포사람은 7~8살 어린아이 화석으로 앞머리뼈, 윗머리뼈, 옆머리뼈 조각이 남아 있었다.

역포사람은 고인단계의 화석으로 밝혀졌는데, 고인단계의 화석이니만큼 아직도 원시적인 특징을 다분히 갖고 있었다. 원시적인 특징으로는 눈두덩주름이 강하게 발달된 것이다. 마치 이마에 둑을 쌓은 것과 같이 눈두덩 부위가 전반적으로 앞으로 쑥 삐어져 나왔다. 이마는 현대인보다 몹시 뒤로 젖혀졌고 정수리 부위도 납작하다. 따라서 머리뼈 높이는 낮고, 얼굴 부위가 뇌(머리뼈) 부위에 비하여 더 크다. 그러므로 얼굴의 높이와 너비는 다 같이 크다. 현대인에게 특징적인

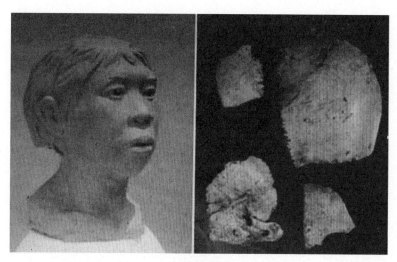
역포사람

송곳니 형태와 턱 매듭은 아직 형성되지 않았다. 역포사람은 고인단
계의 인류화석으로 이처럼 원시적인 특징을 다분히 갖고 있지만, 고
인치고는 진보적인 특징도 갖고 있어 멸종된 유형의 고인이 아니라
신인으로 직접 이행해 진화의 명맥을 이어 간 신인의 직계 선조에 해
당되는 유형이다.

그러면 역포사람이 갖고 있는 진보적인 특징이란 무엇인가? 그것은
고인의 특징적인 뇌수구조를 갖고 있기는 하지만, 고인치고는 상당히
발달된 뇌수를 갖고 있다는 점이다. 즉, 신인으로 이어지는 발달된 뇌
수의 특징을 갖고 있기 때문에 신인으로 이행해 간 고인이라고 말할
수 있다. 역포사람의 뇌수구조를 살펴보면, 전두부의 구조가 신인처
럼 발달되어 있으며 두정엽 역시 발달되어 있다. 이처럼 역포사람은
전두엽이나 두정엽이 현대인 못지않게 잘 발달되어 있을 정도로 진보
적인 특징을 갖고 있다.

이상의 사실로 다음과 같은 결론을 내릴 수 있다. 역포사람은 원시적인 특징을 많이 갖고 있는 것으로 볼 때 한반도에서 살았던 그 이전 시기 원인들과 분명 연결되어 있다. 이와 함께 진보적인 특징을 동시에 갖고 있는 것으로 볼 때 전멸된 고인이 아니라 신인으로 이행해 간 신인들의 직계 선조 유형이다.

우리나라에서 중기구석기시대의 역포사람과 덕천사람의 뒤를 이어 평양을 중심으로 각지에서 후기구석기시대의 신인들의 화석들이 다수 발견됨으로써 한반도가 인류의 발상지 중의 하나라는 사실을 확증해주고 있다. 한반도에서 발굴된 신인들의 화석은 '승리산사람', '용곡사람', '홍수아이', '금천사람', '풍곡사람', '만달사람' 등이 있는데, 승리산사람은 이 중에서 가장 이른 시기의 신인에 속한다.

승리산사람은 덕천사람이 발굴된 승리산 유적 가운데층에서 발견되었다. 승리산 유적은 평안남도 덕천시 승리산 기슭에 있는 석회암 동굴 유적으로 세 개 층으로 이루어져 있다. 맨 아래층은 덕천사람이 나온 중기구석기시대 유적이며, 가운데층이 후기구석기시대 유적층으로 여기에서 신인의 아래턱뼈가 나왔다. 그리고 맨 위층은 청동기시대 문화층에 해당된다.

후기구석기 층에서 나온 신인의 아래턱뼈가 바로 승리산사람이다. 승리산사람은 이빨의 마모 정도로 볼 때 35세 정도의 남자로서, 아래턱뼈의 크기와 턱 구멍의 위치, 턱이 나온 정도 등 형태학적 특징으로 보나 그것이 드러난 지층관계로 볼 때 4~5만 년 전의 신인에 속하는 인류화석임이 분명하다. 발굴된 아래턱뼈를 살펴보면, 턱이 원인이나 고인과 같이 뒤로 기울어지지 않고 현대인과 같이 앞으로 비어져 나왔다.

승리산사람   만달사람

승리산사람은 분명 신인에 해당되는 인류화석이지만 한반도에 살았던 고인을 연상시키는 원시적인 특징 역시 갖고 있다. 이것은 승리산사람이 이른 시기의 신인이었을 뿐만 아니라, 고인과 신인 사이를 이어준 중간 고리였음을 말해준다. 이것은 한반도의 신인들이 다른 나라에서 흘러들어온 것이 아니라, 한반도에서 살았던 고인과 혈연적으로 연결되어 있다는 것을 증명해준다. 즉, 한반도에서 살았던 고인이 직접 신인으로 진화했다는 것을 잘 보여주는 것이다.

평양 승호구역 만달리 동굴 유적에서 거의 완전한 머리통뼈 1개, 아래턱뼈 2개, 팔뼈 1개, 골반뼈 2개, 넓적다리뼈 1개가 석기, 골기, 짐승뼈 화석과 함께 발굴됐다. 여기에서 발견된 머리통뼈는 25~30살 되는 남자의 것으로 판명되었는데, 이를 만달사람이라고 명명했다. 만달사람은 머리뼈가 둥그스름하고 이마가 상대적으로 높고 곧은 것 등 현대인의 특징을 기본적으로 갖추고 있어, 후기구석기시대 중에서도 매우 늦은 중석기시대에 살았던 사람으로 추정된다. 그렇지만 아직까지 전형적인 장두형, 뼈물림의 단순성, 두정엽이 불룩한 점, 두터운 아래턱뼈, 작은 아래턱 각 등의 약간 원시적 특징 역시 남아 있다.

만달사람의 발견은 검은모루유적을 남긴 원인이 역포사람, 덕천사람을 거쳐 승리산사람으로 발전했고, 승리산사람이 만달사람을 거쳐 한반도 신석기시대 사람으로 발전해 갔다는 것을 보여주는 역사적 증거가 된다. 이처럼 한반도에서 발견된 인류화석 자료들은 한반도가 인류발상지 중의 하나라는 것을 웅변해주고 있다.

(4) 구석기문화의 지역별 차이

한반도가 인류발상지의 하나라는 근거는 한반도 전기구석기시대 문화와 주변 지역의 전기구석기시대 문화가 다르다는 데 있다. 이는 양 지역에서 인류 발생의 여명기에 살았던 사람들이 인류학적으로 서로 다른 갈래의 사람들이라는 뜻이다. 즉, 한반도 전기구석기시대 사람들이 다른 지역으로부터 이주해 온 것이 아니라 이 땅에서 독자적으로 생겨났다는 것을 말해준다.

유인원에서 갓 분리된 최초의 사람 가운데서도 이른 시기의 원인들이 평양 일대의 검은모루유적에서 처음 생활을 시작할 때 동아시아 일대에서는 중국의 하북성 양원현 상간하 분지에 해당되는 니하만 분지에서 사람들이 출현해 삶의 흔적을 남겼는데, 소장랑과 동곡타 유적이 바로 그것이다. 이 유적들은 지금으로부터 100만 년 전의 유적으로 추정되며, 검은모루유적과 같은 시기의 유적에 해당된다. 그런데 검은모루유적의 문화는 소장랑이나 동곡타 유적의 문화와 뚜렷이 구별된다. 이는 그것을 남긴 사람들이 서로 다른 계열의 사람들이라는 것을 의미한다.

소장랑과 동곡타 유적은 서로 1km 정도의 거리를 두고 나란히 있는 니하만 분지의 대표적인 전기구석기시대 유적이다. 여기에서 많은 석기와 동물 화석들이 발견되었는데, 형태적으로 세석기를 닮았다고 볼 수 있는 소형 석기들이 다수 발굴되었다. 소장랑 유적에서는 소형의 박편석기와 속돌이 나왔으며, 동곡타 유적에서도 소형의 박편석기가 발굴되었다. 이로써 니하만 분지의 전기구석기시대 석기의 전통이 소형 석기라는 것이 확인되었다. 시대가 올라갈수록 거친 형태의 큰 석기가 압도적 다수를 차지하는 것이 일반적 경향인데, 이 유적에서는 작은 석기가 많이 나왔다. 이는 그곳의 문화적 성격과 관련된다.

소장랑 유적에서 출토된 유물의 대부분은 크기가 작다는 점에서 독특한데, 이는 이 유적이 북중국의 소형 석기 전통의 시조라는 것을 의미한다. 또한 소장랑 유적에서 발굴된 양극박편도 주의를 끌고 있다. 북중국에서는 구석기시대의 매우 이른 시기부터 일종의 공통적인 문화전통이 존재한다고 보고 있는데, 바로 이 양극박편이 그것을 실증해준다.

이러한 문화적 특징은 검은모루유적의 석기와 뚜렷이 구별된다. 석기를 크기의 측면에서 비교하자면 검은모루유적의 석기들은 대형 석기라고 말할 수 있다. 검은모루유적의 뾰족끝 석기는 1,400g에 달하는 일종의 거대 석기인데, 이것은 질량이 주는 중력의 힘으로 작업효과를 노린 대형 석기의 하나였던 것이다. 이것 말고도 검은모루유적의 주먹도끼형 석기나 제형 석기도 의심할 바 없이 대형 석기였다. 또한 석기의 제작수법 측면에서도 양자는 차이가 난다.

검은모루유적의 석기 제작기법은 직접 타격을 가해 돌덩이를 쪼개는 기술공정이고, 소장량 유적의 양극박편은 양극타법을 적용한 기술공정이다. 이 둘은 질적으로 완전히 다른 것이다. 이처럼 평양 일대의 검은모루유적과 중국 니하만 분지의 소장량 유적은 출토된 석기의 특징과 그 석기 제작에 적용된 수법들이 판이하게 다르다. 또한 검은모루유적은 북중국의 또 다른 하나의 구석기시대 문화 갈래인 암하-정촌 전통과도 뚜렷이 구별된다. 암하-정촌 전통의 특징적인 석기는 삼릉 첨상기인데, 이 석기의 그 어떠한 시초적인 요소도 검은모루유적의 석기에서는 흔적조차 보이지 않는다.

구석기시대 전기는 인류 역사상 문화의 발전수준이 가장 낮으므로 그 시대의 문화가 전통으로 구별되는 경향이 있다고 하지만, 문화의 구성요소가 극히 단순하기 때문에 차이점보다 공통점이 더 많은 것이 특징이다. 그런데 구석기시대 전기에서도 가장 이른 시기의 유적인 검은모루유적의 문화가 같은 시기의 동북아시아 이웃 문화와 뚜렷하게 구별되는 것은, 검은모루유적이 있는 평양 일대가 동북아시아에서 중국 니하만 일대와 구별되는 독자적인 인류문화 발원지의 하나였다는 것을 의미한다.

—— 현대 한국인의 기원 ——

우리 민족의 기원 문제는 곧 나의 뿌리에 관한 문제로써, 이에 대해 관심을 갖지 않은 사람들은 거의 없을 것이다. 사람들은 누구나 한 번

쯤은 '나는 어디로부터 왔는가?'라는 질문을 스스로에게 던져봤을 것이다. 모든 민족이 예외 없이 다 그렇지만 특히 우리 민족은 조상에 대한 숭배의식이 매우 높은 민족이다. 조상에 대한 숭배를 가장 중요한 미풍양속의 하나로 여겨왔으며, 선조의 기원 문제를 매우 중요시해왔다.

또 민족의 기원 문제는 민족의 존엄, 자신의 존엄과 깊이 관련된 문제이기도 하다. 지난날 일본 제국주의자들이 한반도에 대한 식민지 지배를 합리화하기 위해 눈독을 들인 문제 중의 하나가 바로 우리 민족의 기원 문제였다. 그들은 일제 어용학자들을 내세워 우리 민족의 기원 문제를 심각하게 왜곡했다. 왜 그랬을까? 그것은 우리 민족을 뿌리 없는 열등민족으로 만들어 자주의식을 말살하고 민족적 긍지와 자부심을 깎아내리기 위해서였다. 그리하여 민족허무주의를 조장해 저들의 식민지배를 합리화하고 저항을 거세하기 위해서였다.

이제라도 일제가 왜곡시켜놓은 우리 민족의 뿌리를 되찾아야 한다. 현재 한반도인의 뿌리를 찾기 위해서는 한반도 신석기문화의 담당자가 누구이며 어디로부터 기원했는가를 밝혀야 한다. 인류는 신석기시대에 들어서면서 오랜 발전과정에 이루어진 고유한 유전학적 계승성과 일정한 지역을 포괄하는 문화적 공통성 등에 의하여 제각기 하나의 인류학적 유형으로 묶여졌다. 따라서 신석기문화의 창조자가 어떤 사람들인가를 밝히면 현대 한국인들의 직접적인 선조가 누구인가를 밝힐 수 있으며, 우리 민족의 뿌리를 명료히 규정할 수 있다.

1. 한국인의 기원을 왜곡시킨 일제 식민사학

일제 식민지 시대, 일제 어용사가들은 그 당시 한반도 구석기 유적
이 발견되지 않고 있었던 점을 악용했다. 그들은 인류 역사의 여명기
에 해당되는 아득한 먼 옛날에는 한반도에 사람이 살지 않았고, 신석
기시대(기원전 2000년경)에 와서야 한반도 밖(북방 또는 남방)으로부터
신석기 문명을 가진 이주민들이 몰려와 살기 시작했다고 주장했다.
또 청동기시대에 접어들면서 새로운 청동기문화를 가진 이주민들이
이전부터 살고 있던 주민집단을 몰아내고 한반도문명을 이룩했다고
떠들어댔다. 소위 '외부유입설'과 '주민교체설'이 바로 그것이다. 그들
은 자신들의 궤변을 고수하기 위해 1935년 함경북도 종성군 동관리
에서 구석기 유물이 발견되었음에도 불구하고 그 유물의 구석기적 성
격을 부정했다.

또 현대 한반도인의 기원 문제를 다루면서 우리 민족의 원조상이
퉁구스라고 주장한 외입론의 첫 주창자들 역시 일제 어용사가들이었
다. 그들은 우리 민족 형성에서 주축을 이루는 것은 퉁구스족이라고
주장했는데, 당시 그 근거로 제시한 것은 고대 어휘 몇 자에 대한 단
순한 언어학적 분석에 불과했다. 그들은 예맥의 언어에는 많은 양의
퉁구스어와 약간의 몽골어가 혼입되어 있다는 억지 이론을 만들어내
고 그에 기초해 예맥의 종족 구성을 논했다. 즉, 고대 한민족의 하나
인 예맥을 퉁구스를 골자로 하고 거기에 몽골족이 섞여 들어 형성된
혈족이라고 주장한 것이다. 그들은 이러한 뼈대에 기초해 서로 다른
이론들을 착종시켜 우리 민족의 기원 문제를 심각하게 혼란시켰다.

그렇다면 그들이 우리 민족의 기원 문제를 이토록 왜곡한 까닭은

무엇이겠는가? 그것은 앞서 말한 바 있듯이, 우리 민족에게 열등성을 심어주기 위해서였다. 더 나아가 스스로 자신의 문화를 창조하고 발전시켜 나갈 수 있는 능력이 없는 열등민족이기 때문에 식민지 지배를 받아야만 잘 살 수 있다는 생각을 주입시키기 위한 것이었다. 한마디로 우리 민족의 민족혼을 말살시키기 위한 것이었다.

민족의 기원 문제야말로 민족의 자긍심과 민족혼의 핵이며 뿌리이다. 민족혼이란 무엇인가? 그것은 자기 민족의 존엄에 대한 관념, 자주적 문화 창조능력에 대한 믿음이다. 우리 민족 스스로의 힘으로 문화를 창조하고 발전시켜 나가면서, 자기 힘으로 자기를 발전시켜 나갈 수 있는 능력을 갖춘 민족이라는 생각, 이것이 바로 민족혼의 실체이다. 민족혼은 민족의 생존과 발전의 핵심적 요소로써, 민족혼이 사라지면 민족도 종국에는 사라지고 만다. 그 대표적 사례가 바로 만주족이다. 그들을 청나라를 세워 중화족을 지배하는데 성공했지만, 중화문화를 일방적으로 수용한 결과 어느 순간부터 정체성을 상실하고 쇠퇴와 몰락의 길을 걷고 말았다.

2. 식민사학에서 벗어나지 못하고 있는 한국인의 기원 문제

우리나라가 일제 식민지로부터 해방된 다음 가장 먼저 해야 할 일은 식민지 잔재를 청산하고 민족정기와 민족혼을 바로 세우는 것이었다. 그 중에서도 일제에 의해 자행된 역사왜곡을 바로잡고 민족사를 바로 세우는 게 급선무였다. 민족사는 민족혼이 담겨 있는 그릇이며, 민족혼은 민족사를 통해 후대에게 전해진다. 유구한 우리 민족사의 다양한 주제 가운데서도 가장 중요한 것이 일제에 의해 왜곡된 우리 민족의 시원 문제를 바로 세우는 것이었다.

민족의 시원 문제는 민족사의 뿌리에 관한 문제이다. 뿌리를 바로 세워야 민족사가 제대로 설 수 있다는 것은 하나의 상식이다. 그런데 일제 잔재 청산이 가장 잘 이뤄지지 않은 분야가 바로 민족의 기원 문제이다. 우리 학계에서는 해방 이후에도 일제시대의 관행에서 벗어나지 못해 우리 민족의 뿌리가 한반도가 아닌 밖으로부터 흘러들어온 것이라는 고정관념에 깊숙이 물들어 있었다. 그리고 자연스럽게 '우리 민족은 어느 지역으로부터 이동해 왔고, 우리 문화는 어디에서 도래했는가?'라는 것을 밝히는 연구에만 매몰되었다.

우리 역사학계에서 한국인의 기원 문제를 본격적으로 논의하기 시작한 것은 해방 이후인 1960년대부터였다. 1964년부터 1972년까지만 8년에 걸쳐 고려대학교 부설 민족문화연구소에서 〈한국 문화의 대계〉라는 전 7권짜리 책을 간행했다. 식민사관을 극복하고 한국사를 세계사적 보편성 속에서 이해하면서 우리 역사의 독자성을 찾는다는 취지 아래 집필된 책이었다. 하지만 이 책에서 필자들은 예외 없이 우리 민족의 외래기원설에 입각해 논지를 펼침으로써 일제시대에 형성된 연구 틀에서 한 치도 벗어나지 못했다. 이 책은 기본적으로 우리 민족의 북방기원설에 입각해 서술하고 있다.

예를 들어 이 책의 한 필자는 "한민족은 그 혈연적 배경이 북방계 중심으로 이루어진 복합민족"이라고 규정했다. 이후 우리 민족은 원시 퉁구스족을 비롯해 몽골인, 한인, 터키인, 왜인 및 남방계와 소수 백인종이 포함되어 있는 복합민족이라는 주장들이 횡행했는데, 이러한 다양한 주장들은 대체로 남방도래설과 북방도래설, 혼합도래설로 나뉜다. 하지만 이들 주장은 모두 우리 민족의 외래기원설이라는 차원에서는 다를 바 없었다. 그런데 이러한 견해들을 좀 더 자세히 들여다보면 허무맹랑하거나 과학적으로 이미 부정된 것들이 대부분이다.

먼저 1970년대 이후 외래기원설의 대표적 이론으로 유포되고 있는 '한반도 주민 2단계 교체설'을 검토해보자. '한반도 주민 2단계 교체설'이 처음 등장한 것은 일제 식민지 시절인 1920년경이다. 처음 이 학설이 등장할 때 일제 어용학자들은 한반도에 구석기 유물이 발견되지 않은 사정을 악용해, 한반도에는 구석기시대가 없었으며 한반도는 사람이 살지 않는 무인지경이었다고 주장했다. 한반도에 사람이 처음 살기 시작한 것은 기원전 2000년경인 신석기시대였고, 시베리아 지역에 살던 고아시아족의 일부가 한반도로 내려오면서부터였다고 본다. 그리고 청동기시대에 접어들면서 청동기로 무장한 퉁구스 계통의 주민들이 한반도 지역에 살고 있던 신석기인들을 몰아내고 새롭게 주민으로 거주하기 시작했다는 것이다.

일제가 만들어낸 '한반도 주민 2단계 교체설'은 해방 이후 한반도에서 수많은 구석기 유적이 발견됨에 따라 그 근거가 무너졌다. 그럼에도 불구하고 우리 학계에서는 '한반도 주민 2단계 교체설'에 대한 비판적 검토 없이 변형된 형태로 이 주장을 되풀이하고 있다. 이 설의 요체는 구석기시대 주민은 빙하시대가 끝나자 어디론가 떠나갔고 수천 년 뒤 신석기문화를 지닌 고아시아족의 한 집단이 한반도에 들어왔으며, 이후 청동기문화를 지닌 퉁구스 내지 알타이 계열의 집단이 한반도에 이주해 와 신석기인들을 흡수, 동화하거나 몰아내서 한국인들이 만들어졌다는 것이다. 일제가 조작한 주장과 한 치도 달라지지 않았다. 한반도에서 구석기 유적이 발견되었지만 그들은 빙하기가 끝나자 어디론가 가버렸다는 것, 그리고 이 땅은 다시는 사람이 살지 않는 무인지경이 되었다는 것만 덧붙였을 뿐이다.

이러한 견해를 담고 있는 대표적인 주장을 예로 들어보자. 이화여대 출판문화원에서 나온 〈한국사의 새로운 이해〉를 보면 다음과 같이 주장하고 있다.

"남한 학계에서는 종족이동설을 중심으로 민족의 기원을 논하고 있다. 한반도와 만주지역에 인간의 최초의 흔적을 남긴 것은 구석기시대였다. …(중략)… 그러나 지질학상 후빙기라는 기후변동과 더불어 이동생활을 하였던 상황으로 인해 한반도 내 구석기 주민들의 흔적은 찾아볼 수 없게 되었다. 따라서 구석기 주민들은 이후 한민족의 형성과 관련해 혈연적 연속성, 문화적 계승성을 찾아보기 어렵다.

오랜 기간을 거쳐 한반도와 만주지역에 새로운 종족이 출현한 것은 기원전 4000년경이었다. 이때는 지질학상 충적세에 해당되는 시기로 화산활동이 점차 중지되었고, 이와 함께 기온이 점차 상승하게 되었다. 따라서 한반도는 오늘날과 같은 지형이 형성되었던 것이다. 따라서 북방에 거주하고 있던 종족들이 자연환경의 변화와 더불어 점차로 만주-한반도 지역으로 이동해 정착생활을 했던 것으로 추정하고 있다. 이와 같이 신석기시대 이후 지각변동의 중지와 함께 정착한 종족들이 점차 여러 종족들과 관계를 맺으면서 한민족의 원류를 형성하게 되었던 것이다. 그리하여 학계에서는 한민족의 기원을 언급할 때 대체로 신석기시대를 그 기점으로 삼고 있다.

신석기문화의 담당 주민계통은 고아시아족이라는 데 거의가 의견을 같이해 왔다. 이들은 시베리아 선사문화의 담당자로서 후기 구석기시대와 신석기시대를 걸쳐 시베리아 넓은 지역에 분포하고 있었다. 이들이 점차 온난한 만주와 한반도 지역으로 이동해 한반도 신석기문화의 담당 주인공이 되었던 것이다. …(중략)…

기원전 12~13세기를 전후해 청동기를 소유한 보다 선진적인 종족들이 한반도 지역으로 이주하게 되었다. …(중략)… 한국의 청동기문화는 시베리아 카라수크 청동기문화를 가졌던 사람들이 이동해 형성되기 시작했다. …(중략)… 이 시기가 대체로 기원전 13세기였다"

3. 외래기원론의 허구성

'한반도 주민 2단계 교체설'을 필두로 하는 다양한 외래기원론은 오로지 주관적 추측과 일방적 주장에 불과할 뿐 아무런 과학적 근거도 없다. 그간의 인류학, 고고학의 새로운 발견과 발전을 통해 외부기원론들이 제기한 대부분의 가정과 전제들이 잘못됐다는 것이 명확히 입증됐다. 맨 처음 '한반도 주민 2단계 교체설'의 근거가 된 한반도에는 구석기시대가 없었다는 견해는 이미 혁파되었다.

그런데 그 자리에 한반도에 구석기인들은 있었지만 어디론가 사라져버려 현대 한국인과는 무관하다는 주장으로 이를 대체했다. 객관적이고 과학적인 근거는 전혀 제시하지도 않은 채 사라졌다는 주장을 펼치고 있다. 얼마나 해괴한 주장인가?

한반도 구석구석 살던 구석기인들은 왜 이 땅을 버리고 아무런 흔적도 없이 사라졌을까? 사라졌다는 주장의 논거는 이러하다. 구석기시대는 기원전 10000년 전에 끝났는데 한반도의 신석기시대는 기껏해야 기원전 3000년에 시작되었으므로, 7천 년의 공백이 있으니 그 구석기인들이 현대 한반도인의 조상일 수 없다는 것이다. 참으로 그럴듯하다. 그런데 어쩌나? 이제 기원전 8000~10000년의 신석기 유적(제주 고산리 유적)들이 발견되고 있으니 한반도 구석기와 신석기의 공백은 사라져버렸다. 현재 한반도에서 후기구석기시대, 중석기시대, 신석기시대의 유적과 유물들이 공백 없이 발굴되었다. 여기에는 그 어떤 시대적 공백도 없으며, 그 어떤 문화적 이질성도 발견되지 않았다.

그럼에도 일부 학자들은 또다시 한반도 구석기인들은 머리 형태가 장두형인 데 반해, 현대 한반도인들은 단두형이기 때문에 조상이 될수 없다는 주장으로 맞서고 있다. 그런데 이 주장은 전혀 과학적 설득력이 없다. 인류학적 연구에 따르면 사람의 머리뼈 형태가 인류학적 징표 가운데서 시대에 따르는 변화의 경향이 가장 큰 징표의 하나라는 사실이 밝혀졌다. 그 후로 이 징표는 인종 분류 징표로도, 그리고 집단들 사이의 친연관계를 반영하는 징표로도 되지 못한다는 것이 하나의 공인된 견해, 인류학적 상식으로까지 되었다.

그리고 단두화 과정은 모든 인종이 겪게 되는 공통된 특징이며, 원시 한반도인들은 단두화 경향이 어느 집단보다 강했다는 게 밝혀졌다. 이렇게 볼 때 한반도 구석기인들과 현대인들의 차이는 이처럼 단두화 과정의 역사적 결과일 뿐이다. 한국인의 퉁구스 도래설도 한국인들과 퉁구스인들이 하나의 기원을 삼을 만한 그 어떤 과학적 근거도, 인류학적 공통성도 없다는 점에서 전혀 과학적 설득력이 없다.

또한 신석기시대와 청동기시대의 주민이 교체되었다는 설 역시 사실무근이다. 두 시대의 주민이 다를 것이라는 주장은 각 시대에 사용된 특징적인 토기의 차이가 바로 주민의 차이를 뜻한다고 본 데서 나왔을 뿐, 어떤 과학적이고 객관적인 근거가 있어서가 아니었다. 문화의 발전을 종족의 교체로 해석하는 것이야말로 너무도 억지스럽다. 기원전 12~13세기를 전후해 청동기를 소유한 보다 선진적인 종족들이 한반도 지역으로 이주하게 되었다는 논거 역시 한반도의 청동기시대 개시 연대가 기원전 13세기보다 훨씬 앞선다는 것이 밝혀진 이상설 자리가 없다. 보수적으로 기술되기 마련인 고등학교 국사 교과서에도 한반도의 청동기시대는 기원전 2000경부터 시작되었다고 실려 있을 정도로 개시 연대가 올라가고 있다.

사실이 이러함에도 불구하고 '한반도 주민 2단계 교체설'을 필두로 하여 지금까지 남한 사회에서 제시된 거의 모든 설명은 외부기원론에서 한 치도 벗어나지 못하고 있다. 이것은 한국사연구회에서 출판한 〈새로운 한국사 길잡이〉 제3판 '한국사 연구 입문'에 적나라하게 고백되어 있다.

"남한에서 제시된 거의 모든 설명은, '주민 2단계 교체설'이 잘 보여주듯 외래기원의 입장을 취하고 있다. 한반도의 선사시대가 신석기시대 주민의 이주와 더불어 시작되었다는 주장이 1920년대에 제시된 이래, 이것은 관련 분야 연구에서 구석기 유적 발견 이후에도 큰 영향을 끼쳐, 무슨 증거가 있는 것이 아님에도 한국인은 신석기시대 이후 외부에서 들어왔음이 마치 사실인 양 받아들여졌다. 더불어 한반도 신석기시대의 토기와 유라시아 북부지장 토기에서 보이는 유사성은 주민구성의 동질성을 의미한다는 1920년대 이래의 생각도 그대로 굳어지게 되었다. 이러한 영향 때문에 한국에서는 북방기원설이 유력한 학설이 되었으며, 한국인의 기원에 대한 주요한 설명은 이주의 출발지와 경유지를 어디로 설정하는가의 차이를 보인다 하더라도 기본적으로 대동소이한 내용이 되었다. 그러나 선사시대에 대한 사정이 알려져, 북방기원설에서 추정되었던 한국인의 기원지와 이동경유지나 고고학 자료의 양상이 한국 선사시대와 크게 다른 내용임이 밝혀진 지금, 이제 그런 주장들의 근거는 사라지게 됐다."

왜 이렇게 되었을까? 이는 일제가 간교하게 심어놓은 '조선 민족 열등론'의 함정에서 벗어나지 못하고 있기 때문이다. 일제는 우리 민족의 민족혼을 죽이고 식민지 지배를 합리화하기 위해 우리 민족의 기원 문제를 어용사가들을 내세워 왜곡했다. 그것이 소위 '주민 2단계 교체설'인 것이다. 그런데 해방 이후 우리나라 학자들은 과학적 근거가 사라졌음에도 불구하고 식민지 시대 일제가 심어놓은 왜곡된 식민지 지배논리를 계속 붙들고 있다.

이러한 경향은 최근까지 계속되고 있다. 인류학적 · 고고학적 발견과 발전으로 그간의 논거가 무너지자 최근에는 유전자 분석을 통해 한국인의 기원을 밝히려는 새로운 흐름들이 나타나고 있다. 여기에서도 예외 없이 한국인들의 외부기원설을 합리화하는 많은 연구결과들을 쏟아내고 있다. 하지만 이 모든 것들은 아직 1930년대 혼혈기원설 정도의 위태로운 수준의 근거에 바탕을 두고 있다. 〈새로운 한국사 길잡이〉에서 저자 이선복은 다음과 같이 고백하고 있다.

> "그런 주장들은 예외 없이 유전자 분석의 제약조건과 한계를 고려하지 않은 채, 단편적으로 밝혀진 바를 과장되게 해석해 세간의 관심을 끌고 있을 뿐이다. 분석 자체와 관계된 기술적 차원의 논의는 차치하고라도, 시료의 통계적 의미와 대표성에 대한 고려가 없거나 해석에서 잘못된 전제를 채택하거나 또는 관련 자료를 임의적, 편의적으로 해석하는 등 학술적 검토를 통해 결론의 타당성을 인정받을 만한 수준과 내용이 되고 있지 못하다."

외래기원론의 논거로 흔히 활용되고 있는 것 중의 하나가 '한반도에는 빙하기에 사람이 살 수 없었다'는 가설이다. 즉, 한반도에는 빙하기 동안에 사람이 살 수 없었으며, 빙하기가 끝나갈 무렵 북동지역(시베리아 바이칼호)으로부터 사람들이 이동해 거주하기 시작했다는 것이다. 그런데 이 설의 결정적 맹점은, 빙하기에 한반도보다 상대적으로 추운 지역에서 사람이 살고 있었다고 주장한다는 점이다. 그리고 제반 고고학적 자료로 볼 때 빙하기에도 한반도에 사람이 살고 있었다는 사실이 명백히 밝혀지고 있다.

이 주장은 빙하기에 대한 그릇된 인식에서 비롯되었다. 엄격히 말해 빙하기에 대한 과학적 정의는 없다. 하지만 과거 수백만 년간 온도 변화곡선을 보면 현재의 기온을 기준으로 일정 기간(적어도 수만~10만년) 동안 주기적으로 온도가 2~10℃ 정도 낮았다가 빠르게 현재의 수준으로 올라간다. 여기서 온도가 상대적으로 낮은 시기를 빙하기, 상대적으로 높은 시기를 간빙기라 부른다. 즉, 빙하기의 평균온도는 오늘날의 온도보다 2~10℃ 정도가 낮았을 뿐이다. 또한 지구를 덮고 있는 빙하의 부피가 약 16% 이상일 때를 빙하기라 부르며, 그 이하일 때를 간빙기라고도 한다. 참고로 현재는 빙하의 부피가 약 14% 정도이다. 지구 역사상 빙하가 최대로 덮여 있었을 때를 빙하최대기(Last Glacial Maximum)라 하며 지표의 약 35%를 덮고 있었다. 이때 전 지구의 평균기온은 현재보다 약 5~7℃ 낮았으며, 아시아 대륙은 빙하기에도 얼음으로 뒤덮이지 않았다.

이러한 점들을 종합해볼 때 한반도에는 빙하기에도 사람들이 충분히 살아갈 수 있었고, 또 살아왔다. 여러 가지 고고학적 자료에 따르면 한반도는 빙하기임에도 불구하고 따뜻한 기온을 유지했다. 재미있는 것은, 한반도가 빙하기 때 동물들의 피난처였다는 연구논문이 국제학술지에 실렸다는 점이다.

4. 현대 한국인의 기원

이처럼 외부기원설은 수많은 고고학적 발견과 인류학적 연구를 통해 과학적 증거와 근거가 전혀 없다는 것이 객관적으로 입증됐다. 그렇다면 현대 한국인들은 외부로부터 흘러들어온 게 아니라, 한반도와 그 주변 지역(만주·연해주 지역)에서 원래부터 살았던 사람들이 자체로 문화를 만들고 발전시켜 오면서 씨족과 부족의 단계를 거쳐 한민족으로 발전해 왔다고 보는 게 합리적이고 타당한 견해이다.

그런데 이렇게 말하면 일제시대부터의 관행에 얽매여 있었던 학자나 사람들은 한국인의 기원 문제가 그렇게 단순할 리 없다는 이유로 이를 받아들이지 않는다. 아이러니가 아닐 수 없다. 왜 이렇게 사고가 전도되었을까? 무릇 역사 연구란 자신의 조상들이 자기 땅에서 출발했다는 가정과 전제 하에서 이를 밝히는 것을 목표로 한다. 거의 모든 나라의 역사 연구자들이 이렇게 시작한다.

그런데 왜 유독 우리나라 연구자들만 우리 민족이 외부로부터 도래했다는 것을 기어이 밝히고야 말겠다는 태도를 취하는 걸까? 왜 우리 민족은 독자적으로 문화를 창조할 수 없다는 것을 밝히고야 말겠다는 태도를 취할까? 우리 땅을 여기에 두고 그 먼 타향 땅에서 고향을 찾으려 그처럼 애를 쓸까? 참으로 슬픈 현실이다. 우리 민족이 외부로부터 이주해 온 집단이라는 외래유입론이 파산한 지금, 연구방향을 바꿔 우리 민족의 뿌리를 이 땅에서 찾는 새로운 길을 찾아야 한다.

인류는 신석기시대에 들어서면서 오랜 발전과정에서 이루어진 유전학적 계승성과 일정한 지역을 포괄하는 문화적 공통성 등에 의해 제각기 하나의 인류학적 유형으로 묶이게 되었다. 이것은 오늘날 민족과 같은 동질적인 사회적 집단이 형성되기 시작한 것이 신석기시대에 접어들면서부터라는 것을 의미한다. 그렇기 때문에 현대 한국인들의 기원 문제는 한반도 신석기문화와 청동기문화의 창조자들이 어떤 사람들인가 하는 문제로 직결된다. 한반도에서 신석기문화와 청동기문화를 창조했던 사람들이 한반도문명을 창조하고, 고대와 중세를 거쳐 현대 한국인으로까지 발전해 왔다.

그런데 앞에서 검토했던 바대로 한반도 신석기와 청동기시대의 2단계 주민이동설은 아무런 과학적 근거가 없다. 이것은 한반도 신석기문화와 청동기문화를 창조했던 주체들이 외부로부터 이주해 온 사람들이 아니라는 것이다. 그렇다면 답은 하나이다. 그 이전부터 한반도에 살고 있던 사람들은 후기구석기시대 신인들일 수밖에 없다. 한반도에서 신석기문화를 창조했던 주인공들은 외부에서 흘러들어온 이주자들이 아니라, 구석기시대부터 한반도에서 살았던 사람들의 직계 후예들이다. 과연 그러한가? 끊임없는 의문이 제기된다. 이처럼 우리들이 이미 알고 있던 역사적 상식의 틀에서 벗어나기란 무척이나 힘든 일이다.

고유한 인종으로서 현대 한국인들의 시초가 형성되는 과정은 오랜 역사적 시기를 거쳐 한 갈래의 핏줄이 이어지고, 한반도와 그 주변 지역에 정착해 대를 이어 살아오면서 문화적 공통성이 이루어진 결과이다. 그리고 그 첫 출발점은 한반도 신석기시대이다. 구석기시대 후기 문화를 창조한 이른 시기의 신인인 용곡사람, 승리산사람이 늦은 시기의 신인인 만달사람, 풍곡사람을 거쳐 신석기시대에 이르러 현대 한국인의 직계 선조로 이행했다. 신인에 근원을 둔 한반도인의 직접적 선조를 현대 한국인과 구별해 '옛 유형의 한반도인'이라고 칭하기로 하자. 바로 이 옛 유형의 한반도인들이 한반도 신석기문화를 창조했으며, 이 과정에서 우리 겨레로 발전해 나갔다.

한반도 신석기문화를 창조한 주인공이 한반도에서 살았던 구석기시대 후기 신인들의 직계 후손들이라고 주장하는 근거는 무엇인가?

첫째, 가장 강력한 증거는 소위 2단계 주민이동설과 같이 외부로부터의 대규모 주민이동은 없었다는 점이다. 외부로부터 왔다는 그 어떤 증거도 없다면, 이 땅밖에 없다. 이 땅에서 수없이 많은 구석기시대 후기의 신인들이 터를 잡고 살고 있었고, 이들이 신석기문명을 창조하면서 옛 유형의 한반도인으로 발전해 갔을 수밖에 없다.

둘째, 한반도 구석기 후기 신인들과 현대 한국인들과 인류학적 특징에서 다른 나라나 지역과 차별성을 갖는 공통성이 존재한다는 점이다. 우리나라의 여러 곳에서 신인들의 뼈화석이 발견됐는데, 거기에서 발굴된 신인 화석들은 몸 구조상 특성에서 오늘의 한국인과 공통성이 있는 반면에 같은 시기 다른 지역의 신인들과는 뚜렷한 차이가 있다는 게 밝혀졌다. 이것은 현대 한국인의 원형이 이미 이 시기에 형성되었으며, 한반도 신석기문화를 창조했던 주인공은 한반도 구석기시대 신인들이라는 점을 보여준다.

고인류학적 연구에 따르면 승리산사람, 만달사람, 용곡사람을 비롯해 한반도에서 발견된 신인(호모사피엔스사피엔스)들은 동아시아 이웃 지역에서 발견된 신인들과 구별되는 일련의 특성을 갖고 있다. 그것은 한반도 고인들과 연결되는 원시적 특징을 갖고 있다는 점과, 현대 한국인들의 독특한 인류학적 특징을 갖고 있다는 점이다. 이러한 양대 특징으로 인해 우리나라 신인들이 다른 지역으로부터 온 이주집단이 아니라 한반도 고인들의 후손이라는 점이 드러났고, 또한 현대 한국인들의 직계 선조에 해당된다는 것이 입증되었다.

한반도 후기구석기시대 신인, 신석기시대 한반도인, 현대 한국인, 이들 삼자 사이에는 중국인들이나 몽고인, 일본인, 퉁구스족이나 고아시아족과는 다른 독특한 인류학적 특징을 공통으로 갖고 있다. 머리뼈가 높은 것, 이마가 높고 곧은 것, 그 너비는 중간 정도로 넓은 것, 얼굴의 크기가 중간 정도인 것 등이 그것이다. 이러한 공통성은 삼자 사이에 인류학적 계승 관계가 명확하다는 것을 실증해주고 있다.

삼자 사이에서 인류학적 차이가 가장 두드러진 부분은 현대 한국인은 단두형인 데 반해, 후기구석기시대 신인들은 장두형이라는 점이다. 일부 학자들은 이러한 점을 들어 현대 한반도에서 발굴된 구석기시대 신인들은 현대 한반도 사람들의 직계 선조로 될 수 없다고 주장하기도 한다. 하지만 앞에서 설명했듯이 머리뼈의 원시적인 특징이 사라지기 직전의 구석기시대 신인들의 장두형은 신석기시대를 거치면서 매우 빠른 속도로 단두화 과정을 겪었다는 점을 감안하면 별로 근거가 없는 주장이다. 신석기시대 유적에서 발견된 머리뼈들 중에 장두형과 단두형이 같은 곳에서 발굴되는 것으로 볼 때 머리뼈가 단두화 과정을 거쳤다는 것이 입증된다.

이처럼 타 지역 사람들과 다른 한반도 신인과 신석기인, 현대인의 인류학적 공통성은 삼자의 기원이 동일하며 역사적으로 계승관계가 명확하다는 것을 말해준다. 즉, 현대 한국인들의 직계 선조는 신석기시대 한반도인이며, 신석기시대 한반도인들의 직계 선조는 한반도 구석기시대 신인이다.

셋째, 한반도 구석기시대와 신석기시대의 시대적 공백이 없으며, 한반도 초기 신석기 유적에서 구석기 유물이 함께 나온 것으로 볼 때 한반도 신석기문화의 창조자들은 한반도 구석기시대 신인들일 수밖에 없다.

현대 한반도인의 원형은 기원전 10000년경에 출현한 한반도 신석기인들이다. 이들이 오늘날 우리들의 직계 조상이다. 그리고 한반도 신석기인들은 다른 지역으로부터 흘러들어온 게 아니라, 약 100만 년 전 무렵부터 이 땅에 살았던 구석기인들, 그 중에서도 신인(호모사피엔스)들로부터 유래되었다. 현대 한반도인들은 태초부터 이 땅에서 태어났으며, 구석기시대를 거쳐 세계에서도 가장 빠른 시기에 신석기문화를 창조하고 발전시켜 오늘날 한민족의 뿌리를 형성했다. 따라서 한민족은 신석기시대에 형성되었다고 말할 수 있으며, 우리의 고향은 머나먼 시베리아가 아니라 바로 이 땅 한반도인 것이다.

우리의 직계 조상인 한반도 신석기인들은 기원전 10000년경부터 신석기문화를 새롭게 창조하면서 한반도와 주변 지역(만주, 연해주) 신석기시대를 열었는데, 이는 전 세계적으로도 가장 빠른 경우에 해당된다. 참고로 중국에서는 신석기시대의 시작을 기원전 7500년경으로 보고 있다.

우리나라에서 가장 빠른 시기의 신석기 유적으로는 제주 고산리 유적을 들 수 있다. 이 밖에도 고성 문암리 유적, 양양 오산리 유적, 평남 궁산 유적, 황해도 지탑리 유적, 평양 남경 유적 등 기원전 12000년~기원전 6000년에 걸친 시기의 신석기 유적들이 다수 발굴되었다.

특히 제주 고산리 유적은 공백기로 남아 있던 한국 신석기문화의 시작을 8천 년 전에서 1만 2천 년 전까지 끌어올린 매우 중요한 유적으로써 수차례의 발굴조사를 통해 좀돌날 몸돌, 좀돌날, 찌르개, 뚜르

개, 밀개, 긁개, 홈날석기, 양면석기, 가공흔 석기, 화살대 연마기, 망치돌 등 후기구석기 전통의 석기와 함께 신석기시대의 식물성 섬유질이 혼입된 고토기가 확인되었다. 토기는 모두 1만 2천~1만 년 전에 생산된 고토기이다. 종류별로는 토기 성형 시 식물줄기가 혼입된 섬유질토기(일명 '고산리식 토기')를 비롯해 원시무문양토기, 덧무늬토기, 누른무늬토기, 눌러그은무늬토기, 지자문토기가 출토되었다. 이들 유물 세트는 후기구석기 최말기(중석기)에서 신석기 초기 문화로 이행하는 전환기의 문화양상을 보여주고 있다. 특히 후기구석기시대의 좀돌날문화가 지속되면서도 초기신석기의 산물인 양면을 눌러 뗀 석촉과 원시형 고토기가 출현하는 복합적인 문화양상을 띠고 있다. 제주 고산리 유적은 우리나라 신석기인들이 외부로부터 유입된 것이 아니라 이 땅의 구석기인들로부터 유래되었다는 것이 명확히 입증하고 있다.

이처럼 한반도문명의 창조자들은 구석기시대 이래 한반도에 살았던 구석기인, 특히 후기구석기인들의 직접적인 후손들이 한반도와 중국 동북지방(만주), 연해주 일대에 흩어져 살면서 이 지역의 신석기문화를 이끈 주인공들이었다. 한마디로 구석기 이래로 한반도에 살던 토착주민이 한반도 신석기문화 창조의 주체였던 것이다. 이들은 우랄알타이어족, 퉁구스족, 고아시아족과는 전혀 관계가 없다.

인류는 신석기시대에 들어서면서 오랜 발전과정에 이루어진 고유한 유전학적 계승성과 일정한 지역을 포괄하는 문화적 공통성 등에 의해 제가끔 하나의 인류학적 유형으로 묶이게 된다. 우리나라에서도 한반도 구석기인들이 신석기문화를 창조하면서 신석기시대를 열었다. 그리고 오랜 역사적 시기에 걸쳐 한 갈래의 핏줄이 이어졌고, 지역에 고착되어 대를 이어 살아오면서 문화적 공통성을 형성했다. 그 결과 현대 한반도인의 원형이 만들어졌고, 단일민족 형성의 기초가 세워졌다. 한반도는 우리 민족의 원고향이며, 우리 민족은 한반도의 아들딸들이다.

현대 한국인들은 우리나라와 중국 동북지방 및 러시아 연해주 일대에서 하나의 핏줄을 이어가며 자기의 고유한 원시문화를 창조했다. 이 특징들은 신석기시대로부터 시작해 현대 한반도인의 독특한 체질유형과 문화전통을 이룩한 고대에 이르는 오랜 기간을 통해 형성되어 공고해졌고 지속적으로 발전하여 오늘에 이르게 됐다. 한국인들은 인종적으로 자체의 고유한 특징을 갖고 있으며 한족(중국), 퉁구스족, 고아시아족, 몽고족, 일본족 등 이웃 지역의 민족들이나 인종집단들과 뚜렷이 구별된다.

—— 한반도문명의 탄생과정 ——

앞에서 살펴본 대로 한반도문명 창조의 주역은 외부에서 흘러들어온 주민집단이 아니라 한반도 후기구석기시대 신인의 직계후손들인 옛 유형의 한반도인, 즉 신석기시대 한반도인들이다. 검은모루유적에서 살았던 한반도 원인들이 중기구석기시대 고인으로 이행했고, 고인들이 한반도 후기구석기시대 신인으로 이행해 갔다. 그리고 이 신인들이 한반도 신석기문화를 창조하면서 오늘날 한국인들의 직계선조인 옛 유형의 한반도인으로 이행해 갔다.

세계적으로 1만 년 전부터 시작된 신석기시대는 원시시대와 문명 시대의 징검다리 역할을 했으며, 문명 탄생의 제 요소들이 싹트고 성장 발전했던 대변혁의 시대였다. 인류 문명의 탄생은 신석기 농업혁명으로부터 출발했다.

신석기 농업혁명은 100만 년 이상이나 지속된 구석기시대 이래의 채집경제 시대에 종지부를 찍고 생산경제 시대를 열었으며, 잉여생산을 가능케 해 잉여생산물의 전취를 둘러싸고 계급의 발생 가능성을 열어놓았다. 또한 잉여생산은 농업과 수공업의 분리라는 사회적 분업을 가능케 해 사회적 생산력의 비약적 성장을 가져왔으며, 청동기문화의 탄생을 가능케 했다. 이와 함께 사회적 관계 역시 씨족사회 단계로 발전했고, 씨족사회는 다시 종족연합 단계로 발전하면서 국가 탄생의 사회정치적 조건을 성숙시켜 갔다.

종족연합 단계에 이르게 되면 사회는 노예 계급과 노예소유주 계급이라는 피지배계급과 지배계급으로 분열되고, 각 종족 간에는 노예를 획득하고 잉여생산물을 전취하기 위해 대전쟁기에 돌입하게 된다. 이를 원시군사민주주의 단계라고 하는데, 이러한 사회적 혼란을 극복하고 지배계급의 계급적 지배를 보장하기 위한 새로운 권력기구로서 국가권력이 탄생한다. 그리고 이것이 바로 고대문명 탄생의 종착점이다.

한반도 고대문명은 신석기문화와 청동기문화를 소유한 외부인들이 이주함으로써 시작된 것이 아니라, 한반도에 살고 있던 후기구석기시대 신인들이 동아시아에서 가장 빠른 시기에 신석기문화를 창조하면서 시작되었다. 한반도 신석기문화는 지금부터 1만~1만 2천 년 전에 시작됨으로써 중석기시대(기원전 15000년~기원전 9000년)와 시간적 간격이 없다. 이는 한반도 고인들이 신석기문화를 창조하면서 신석기시대를 열었다는 것을 말해주며, 한반도 신석기문화는 다른 나라나 지역으로부터 영향을 받거나 이식된 문화가 아니라 이 땅에서 독창적으로 창조된 문화라는 것을 웅변해주고 있다.

한반도 고대문명의 창조과정은 옛 유형의 한반도인(한반도 신석기인)들에 의한 신석기 농업혁명 단계로부터 시작된다. 그리고 한반도 농업혁명의 중심은 한강과 대동강 유역을 중심으로 한 궁산문화 지역이다. 한반도 고대문명은 신석기 농업혁명을 거쳐 동아시아에서는 가장 빠르게 청동기문화를 창조하면서 새로운 문명창조의 길을 개척해 나갔다.

한반도 청동기문화의 시작은 기원전 35세기경으로 중국보다 적어도 1천 년 이상 앞섰으며, 동아시아에서 가장 빠르게 청동기문화 시대를 열었다. 한반도에 청동기문화가 시작되면서 사회는 노예 계급과 노예소유주 계급으로 분화되고, 농업과 수공업이 분리되었으며, 사회는 군장시대로 접어들었다. 군장시대란 원시적 군사민주주의에 기초한 종족연합의 정치조직 단위로 사회가 운영되며, 종족들 사이에 끊임없는 전쟁이 펼쳐지던 시대이다.

이러한 혼란 시대를 끝내고 노예소유주 계급의 계급적 지배를 안정적으로 보장하기 위한 새로운 권력기구로서 고대국가가 탄생하는데, 이것이 바로 단군조선이다. 단군조선의 성립으로 한반도 고대문명은 새로운 발전단계로 접어들게 된다.

1. 신석기 농업혁명

농업은 인류 문명의 어머니이다. 인류의 문명은 농사를 짓기 시작하면서부터 시작됐다. 인류가 농사를 짓기 시작하면서부터 그 이전까지의 삶의 방식이 근본적으로 바뀌었다. 노동의 방식이 바뀌었고, 노동의 도구가 바뀌었으며, 생활의 방식이 바뀌었고, 사회적 조직이 바뀌었다. 인류의 삶에서 근본적 변혁을 초래한 첫 번째 혁명이 일어났으니, 이것이 바로 신석기 농업혁명이다.

신석기 농업혁명은 크게 나누어 볼 때 농사와 목축 중심의 생산경제체제로 전환, 타제석기에서 마제석기로 노동도구의 질적 변화, 농업과 수공업의 사회적 분업 시작, 공고한 정착생활을 통한 마을의 형성이라는 네 개의 축을 중심으로 진행되었으며, 이로부터 사회적 생산력이 크게 발전했다. 그 결과 인구가 급속히 증가하고 잉여생산물이 축적되었으며, 사회적 분업이 확대되고 마을 공동체의 발전을 가져왔다.

출발은 농사의 시작이었다. 농사와 목축은 인류가 지구상에서 처음 발생한 이래 줄곧 지켜왔던 삶의 방식, 구체적으로 노동의 방식에 근본적 변화를 가져왔다. 지금까지의 노동은 자연에 있는 그대로의 것을 채취하거나 사냥하는 행위에 그쳤다. 이것을 채집노동이라 하고, 채집노동이 지배하던 경제를 채집경제라고 한다.

하지만 농사와 목축이 시작되면서 노동의 성격이 바뀌었다. 이제는 자연에 있는 것 그대로를 채취하거나 사냥하는 것이 아니라, 노동을 통해 자연에 없는 것들을 새롭게 만들어내게 됐다. 이것을 생산노동이라고 하고, 이로부터 채집경제 시대는 끝나고 생산경제 시대가 시작되었다. 농사와 목축은 채집경제를 생산경제로 변화시켜 자연의 한계를 깨뜨렸다는 점에서 인류 역사에 있어 혁명적 변화라고 할 수 있다.

농사의 시작과 함께 노동도구도 혁명적으로 변화했다. 노동도구의 변화는 도구 제작기법과 용도의 질적 변화로 이어졌다. 인류가 구석기시대를 마감하고 농사를 짓기 시작하면서부터 신석기시대로 바뀌었는데, 신석기시대라는 이름은 타제석기를 쓰던 구석기시대를 마감하고 새로운 석기 시대로 접어들었다는 뜻이다. 그렇다면 새로운 석기는 어떤 석기인가? 새로운 석기는 '간 석기'(마제석기)인데, 구석기시대에는 돌을 깨뜨려 필요한 도구를 만들었다면, 신석기시대에는 돌을 갈아서 필요한 도구를 만들었다. 당연히 돌을 깨뜨려 도구를 만들었던 때보다 더 정교한 도구를 만들 수 있었고, 노동도구의 효율성이 훨씬 높아졌다. 이처럼 노동도구의 제작기법에서 혁명적 변화가 있었을 뿐 아니라, 노동도구의 용도에서도 획기적인 변화가 일어났다.

농사를 짓지 않았던 구석기시대에는 주로 채집과 사냥에 필요한 도구들을 만들었다면, 농사를 주업으로 하던 신석기시대에는 농사에 필요한 노동도구를 주로 만들었다. 신석기시대의 노동도구를 보면 돌도끼, 돌괭이, 돌보습, 돌낫, 갈돌, 돌삽, 가락바퀴 등 농사와 수공업에 필요한 노동도구들이 주를 이루고 있다.

농업의 발전은 농업과 수공업의 분업을 가져왔다. 초기에는 가내수공업 형태로 진행되었지만, 시간이 지남에 따라 수공업이 전문화되어 농업과 수공업이라는 사회적 분업이 발생했다. 신석기시대의 대표적인 수공업으로는 질그릇(토기) 제작이 있다. 신석기시대 사람들은 돌

만이 아닌 흙으로 새로운 형상을 만들어냈다. 흙을 빚고 구워 만든 질그릇은 신석기시대에 접어들면서 처음 발명되었기 때문에, 신석기시대를 대표하는 상징유물이 되었다.

신석기시대는 질그릇의 시대이다. 질그릇에는 신석기시대 사람들의 예술적 정서와 취향, 사고방식이 담겨져 있어, 신석기시대 각 지역 문화의 특징 및 성격과 양태를 비교할 수 있다. 질그릇은 초기에는 가내수공업 형태로 제작되었으나, 오랜 시간이 지나면서 질그릇만을 전문으로 만드는 수공업자가 등장하게 되면서 농업과 수공업이라는 사회적 분업이 발생하였다.

질그릇과 함께 실낳이(방적)도 신석기시대 수공업의 하나였다. 신석기시대 유물들 중에 가락바퀴가 많이 나오고 누에를 형상한 질그릇도 많이 나오는데, 이것은 실낳이가 신석기시대에 시작되었다는 것과 사람들이 옷감을 만들어 옷을 해 입기 시작했다는 것을 말해준다.

사람들은 농사를 짓기 시작하면서부터 공고한 정착생활을 하게 되었다. 물론 정착생활은 신석기시대에 비로소 시작된 것은 아니지만 사냥과 채취, 물고기 잡이 등 채집경제 시대에는 먹을거리를 찾아다녀야 했으며, 자연히 이리저리 이동생활을 할 수밖에 없었다. 그렇기 때문에 정착생활이 안정되지 않았다. 하지만 농사를 짓기 시작하면서부터는 농사지을 땅을 개간해야 했다. 한 번 개간한 땅에서 지속적으로 농사를 지어야 했기 때문에 이리저리 떠돌이 생활을 할 수 없었고, 한 곳에서 영구적으로 정착생활을 해야만 했다.

신석기시대에 사람들은 대체로 씨족 단위로 마을을 형성해서 공고한 정착생활을 시작했고, 인구가 증대함에 따라 씨족들이 분화되면서 마을의 숫자가 기하급수적으로 확대되었다. 그 결과 전국 곳곳 사람들이 살지 않는 곳이 없게 됐고, 마을과 마을 사이의 연계도 더욱 밀접하게 됐다.

인류 최초의 혁명이라 할 수 있는 신석기 농업혁명은 여느 혁명과 달리 수천 년에 걸쳐 매우 서서히 그리고 완만하게 일어났다. 보통 혁명이란 매우 빠르고 급격하게 질적 변혁과 도약이 발생하는 것을 지칭하는데, 이러한 기준에서 보면 신석기 농업혁명은 혁명이라는 용어에 걸맞지 않아 보인다. 그럼에도 불구하고 신석기 농업혁명은 혁명이다. 뿐만 아니라 그 어떤 다른 혁명보다 인류의 삶을 근본적으로 뒤바꿔 놓았으며, 인류의 문명시대를 여는 마중물의 역할을 성실히 수행했다.

고대문명 발생의 출발점이 된 신석기 농업혁명은 세계 모든 지역에서 동시적으로 발생하지 않았다. 고대문명의 발상지라고 불리는 몇몇 지역에서 먼저 신석기 농업혁명이 발생했다. 다른 지역에서는 이곳에서 발생한 신석기문화가 보급 전파되면서 농사와 목축이 시작됐으며, 일부 지역에서는 농사 대신 유목생활을 영위하기도 했다. 신석기시대 유목생활만을 했던 지역에서는 고대문명이 발생하지 못했다. 이렇게 놓고 볼 때 신석기 농업혁명이야말로 고대문명 발생의 핵심요소라고 말할 수 있다.

한반도는 신석기 농업혁명이 일어난 세계에서 몇 안 되는 지역의 하나이다. 그것도 동아시아에서 가장 이른 시기에 신석기 농업혁명이 일어났다. 한반도 신석기 농업혁명의 주체는 한반도 후기구석기시대 신인의 직계후손들이며, 한반도에서 신석기시대가 열린 것은 기원전

10000년경이다. 이 시점은 구석기시대가 끝나는 시점과 맞물린다. 이것은 이 땅에 살고 있던 후기구석기시대 신인들이 신석기문화를 스스로의 힘으로 창조하면서 신석기시대를 열었다는 것을 뜻한다. 그들은 스스로의 힘으로 신석기시대를 창조하면서 현대 한국인들의 원형으로 되는 옛 유형의 한반도인(한반도 신석기인)으로 이행해 갔다. 이는 후기구석기시대 유물과 신석기시대 질그릇이 함께 출토된 제주 고산리 유적을 통해 밝혀졌다.

고산리 유적에서는 후기구석기시대의 석기들과 신석기시대의 질그릇(고산리식 토기)이 함께 출토되었다. 이는 후기구석기시대의 직계후손들이 토기를 발명하면서부터 신석기시대로 이행해 갔다는 것을 잘 보여준다. 고산리 유적은 한반도 구석기시대와 신석기시대 사이에는 그 어떤 시간적·문화적·인적인 단절도 없었다는 것을 말해주며, 한반도 구석기문화와 신석기문화의 연속성과 계승성을 웅변해주고 있다. 고산리 유적을 통해 한반도 신석기문화가 외부로부터 유입된 것이 아니라 한반도 구석기문화를 계승 발전시켜 자력으로 창조되었다는 것을 확언할 수 있다.

이른 시기의 신석기 유적은 강원도 고성 문암리에서도 발굴되었다. 문암리 신석기 유적은 기원전 10000년까지 올라가며, 기원전 3000년경 밭 경작지 유구도 발굴되었다. 신용하의 〈고조선 국가 형성의 사회사〉에서는 국립문화재청 조사단이 2002년 문암리 제10층 바닥층에서 나온 5편의 무문양 토기 조각과 목탄을 방사성 탄소연대 측정한 결과 정확히 기원전 10000년이 나왔다고 보고됐다. 지금까지 우리나라에서는 기원전 6000년을 신석기시대의 상한으로 봤으나, 최근 발굴된

고산리 유적에서 나온 구석기시대 전통의 석기들

신석기 유적들을 보면 기원전 10000~기원전 8000년으로 그 상한을
올려야 한다.

우리나라 신석기 유적으로 대표적인 것은 제주도 고산리 유적, 고
성 문암리 유적, 양양 오산리 유적, 서울 암사동 유적, 부산 동삼동 유
적, 황해북도 봉산군 지탑리 유적, 평안남도 온천군 운하리 궁산 유적,
평양시 삼석구역 호남리 남경 유적과 표대 유적, 나선시 굴포리 서포
항 유적, 요녕성 단동시 후와 유적, 심양시 신락 유적, 길림시 좌가산
유적, 흑룡강성 영안현 앵가령 유적, 남연해주 그라드카야 1유적 등을
들 수 있으며, 전국적으로 수백 곳에서 신석기 유적이 발굴되었다.

앞에서도 말했듯이 세계 모든 지역의 신석기문화에서 신석기 농업
혁명이 발생한 것은 아니다. 일본에서도 기원전 10000년부터 신석기
시대로 접어들었다고 하지만, 신석기 농업혁명은 발생하지 않았으며

고대문명도 창조되지 못했다. 일본에서 신석기 농업혁명이 일어나지 않은 까닭은 신석기시대에도 여전히 수렵과 어로 등 채집경제 단계에 머물러 있었기 때문이다. 하지만 한반도에서는 신석기시대가 기원전 10000년부터 시작되어 기원전 4000년기(기원전 4000년~기원전 3001년) 전반기에 막을 내렸는데, 이 과정에 신석기 농업혁명이 발생했다. 일본과의 근본적인 차이는 한반도에서는 신석기 초기부터 농사를 짓기 시작하고 항구적 정착생활을 시작했다는 점에 있다.

그렇다면 한반도 신석기 농업혁명의 전개과정과 특징은 어떠한가? 한반도 신석기 농업혁명은 신석기시대 전기로부터 후기에 이르기까지 매우 긴 시간 동안 서서히 일어났으며, 외부의 영향 없이 독자적으로 농사방법과 노동도구를 창조해냈다. 또한 농사를 중심으로 하면서도 다각적인 생산활동을 벌여 나갔으며, 시간이 흐름에 따라 노동도구와 농사방법의 획기적 발전을 이룩하여 생산력이 급격히 늘어났다. 또한 한강과 대동강을 중심으로 한반도 신석기 농업혁명이 먼저 발생했고, 이것이 같은 핏줄기를 갖고 있는 한반도와 만주, 연해주 등 옛 유형의 한반도인들이 살고 있는 지역으로 급속히 확대되었다. 또한 수공업이 발달했으며, 농업과 수공업의 사회적 분업이 이루어졌다. 한반도와 만주를 중심으로 핏줄기를 같이하는 옛 유형의 한반도인들이 살고 있는 지역을 중심으로 문화적 공통성이 형성되었다.

한반도 신석기 농업혁명의 특징은 농사를 중심으로 다각적인 생산활동을 벌였다는 데에 있다. 또한 노동도구와 농사방법의 획기적 발전은 급격한 생산력 증대를 가져왔다. 한반도와 만주를 중심으로 살고 있는 옛 유형의 한반도인들은 신석기시대 초기부터 농사를 짓기 시작했고, 마을을 이루어 항구적인 정착생활을 했다. 그들은 원시농업과 함께 집짐승 기르기(축산), 사냥, 물고기 잡이(어로)를 함께 하는 다각적인 생산활동을 벌였다. 이를 위해 돌을 갈아서 마제석기를 만들었고, 뼈와 나무로 농사용 도구를 만들었다. 그들은 농사, 물고기 잡이, 집짐승 기르기, 사냥 등 다각적인 생산 활동을 벌였지만, 어디까지나 농사가 생산활동의 중심이었다.

그들이 처음 벌인 원시농업은 괭이 농사였다. 돌괭이로 땅을 파고 파종을 해서 농사를 짓는 매우 원시적 형태의 농사부터 시작했으며, 그들이 처음 기른 곡물은 조였다. 이는 당시 유적에서 발견된 여러 가지 농사와 관련된 유물들을 통해 확인된다. 또한 흙으로 질그릇을 만드는 기술을 발명해 각종 생활도구를 만들어 썼으며, 실낳이(방적)을 통해 옷을 만들어 입기도 했다.

신석기 중기에 접어들면서 괭이 농사는 보습 농사로 발전했다. 보습 농사는 보습으로 땅을 갈아엎고 이랑을 짓는 갈이 농사이다. 신석기시대 중기 유적에서 발굴된 돌삽과 돌보습 등은 돌괭이보다 훨씬 효율적인 노동도구들로, 이 시기에 이르러 괭이 농사에 비할 바 없이 우월한 보습 농사가 이루어졌음을 보여준다. 괭이 농사에서 보습 농사로 발전함에 따라 농업생산에서 커다란 진보가 이룩되었으며, 농업생산력의 비약적 발전을 가져왔다. 여기서 특기할 점은 보습 농사로 발전함에 따라 농사에서 남성들이 주도적 역할을 담당하게 됐으며, 그에 따라 남성들의 사회적 발언권이 높아지면서 모계사회로부터 부계사회로 바뀌어 갔다는 점이다. 농업이 발전함에 따라 기르는 곡식도 늘어났다. 신석기 초기에는 조를 주로 재배했지만, 신석기 말기로

가면서 조뿐만 아니라, 벼·조·기장·수수·콩 등 오곡을 재배하는 오곡농사로 발전했다.

신석기시대 후기에 접어들게 되면 농업생산력의 발전으로 잉여생산물을 축적할 수 있는 단계로까지 발전했다. 이는 이 시기의 유적에서 발굴된 자료를 통해 알 수 있다. 평양 호남리 남경 유적 31호 집터에서는 12쌍의 갈돌과 숯이 된 좁쌀과 더불어 120여 개의 질그릇이 나왔는데, 그 가운데는 높이가 84cm나 되는 큰 독을 비롯해 곡식을 담아두는 데 쓰였을 것으로 보이는 질그릇이 10여 개나 나왔다. 또한 표대 유적의 2개 집터에서는 대형 갈돌과 함께 200여 개체분의 질그릇이 발견되었는데, 그 가운데는 높이가 1m인 큰 독도 있었다. 이러한 자료들이 보여주는 의미는 두 가지이다.

첫째, 이 시기 질그릇 만들기가 부업의 단계를 뛰어넘어 전문적인 수공업자들에 의해 만들어졌다는 것을 의미한다. 이 시기에 이르게 되면 질그릇 만들기가 가내수공업의 단계를 뛰어넘어 이를 전문으로 하는 수공업자들이 생겨남으로써 농업과 수공업이라는 사회적 분업이 확고하게 자리 잡게 되었다.

둘째, 잉여생산물의 축적이 가능해졌다는 점을 보여준다. 잉여생산물이 축적된다는 것은 사회적 계급이 발생할 가능성이 생겨났다는 것을 말해준다. 물론 잉여생산물이 축적된다고 해서 곧바로 계급사회라고 단정할 수는 없다. 잉여생산물의 축적은 계급발생의 가능성을 의미할 뿐이며, 이 가능성이 현실성으로 전화되려면 여러 가지 사회적 조건이 충족되어야 한다. 하지만 잉여생산물의 축적단계에 이르게 되면 필연적으로 사회적 계급발생 단계로 역사는 발전해 나가는 법이다.

한반도 신석기 농업혁명의 특징은 또한 한강과 대동강 유역이 한반도 신석기 농업혁명의 발원지이자 중심지이며, 여기에서 발원해서 옛 유형의 한반도인들이 살고 있던 한반도와 만주, 연해주 지역으로 급속하게 전파되었다는 데 있다.

한반도 신석기문화의 중심지는 한강 유역에서 대동강 유역에 이르는 한반도 중서부 지역이다. 한강 유역이 한반도 신석기문화의 중심지라는 것은 이 지역에 구석기 유적들이 다수 존재했으며, 암사동 유적을 비롯한 다수의 신석기 유적들이 몰려 있는 것으로 증명된다. 그 중에서도 특히 동아시아에서 가장 빠른 시기에 쌀을 재배했다는 사실이 최근 고고학적 발굴을 통해 드러나고 있다. 최근 고고학적 발굴에 따르면 동아시아에서 벼농사를 가장 먼저 시작한 지역은 한강(남한강, 금강 상류, 한탄강 포함) 유역과 양자강 유역이라고 한다.

한강 유역의 신석기인들은 동아시아에서 가장 먼저 농경사회로 진입했으며, 동아시아에서 맨 처음 벼를 재배하기 시작했다. 구체적으로 살펴보면 청원 소로리에서는 기원전 10500년경 고대 볍씨가 발굴되었는데, 이것은 지금까지 발굴된 볍씨 중에서 전 세계적으로 가장 오래된 볍씨이다. 그리고 충주 조동리 유적의 기원전 4200년경 신석기문화층 두 곳에서 볍씨가 출토됐으며, 옥천 대천리 집터 유적에서 불탄 탄화미·보리·밀·기장·조 등 다섯 종류의 곡물이 출토됐는데, 탄소 측정 결과 기원전 3500~기원전 3000년경의 곡물로 밝혀졌다. 또 경기도 고양시 가와지 1지구에서도 기원전 3300년경의 볍씨가 출토됐고, 김포 가현리에서도 기원전 2070년경 볍씨가 출토됐다. 여주 흔암리에서는 기원전 15세기 경 볍씨가 다량으로 출토됐다.

이러한 증거들로 볼 때 한반도는 벼의 원산지 중의 하나이자 신석기시대부터 벼농사가 시작됐다고 볼 수 있다. 한강 유역의 신석기인들은 야생벼를 순화시켜 재배벼로 발전시켜 갔으며, 한반도에서 가장 일찍 신석기시대부터 벼농사를 시작해 한반도 전역으로 벼농사를 보급시켰다.

한강 유역과 함께 대동강 유역도 한반도 신석기문화의 중심지이다. 북한에서는 이를 궁산문화(弓山文化)라 명명하고 있다. 북한의 연구에 따르면 궁산문화 유적들은 달천강으로부터 한강 유역에 이르기까지 서해안 일대에 분포되어 있으며, 유물을 통해 4시기로 구분할 수 있다.

궁산문화 1기는 신석기시대 전기에 해당되며, 대표적 유적으로는 궁산 유적 아래층, 지탑리 유적 1지구 아래층 등을 들 수 있다. 해당 유적 주민들은 정착생활을 하면서 괭이 농사를 짓고 수렵, 어로, 질그릇 제작, 실낳이(실타래, 실 짜는 일) 등의 생산활동을 했을 것으로 추정된다.

다음 궁산문화 2기와 3기는 신석기시대 중기에 해당하며, 대표적인 유적으로는 지탑리 유적 2지구, 마산리, 오덕리 유적, 지탑리 유적 1지구 퇴적층 등이 있다. 이 시기 주민들은 1기보다 발전된 농사방식인 보습 농사를 지었으며, 지탑리 유적 집자리에서 돌보습, 돌삽, 돌낫과 함께 피 혹은 조로 보이는 탄화된 낟알들이 질그릇에 담긴 채 발견된 것으로 보아 농업이 상당히 활성화되었던 것으로 볼 수 있다.

마지막으로 궁산문화 4기는 신석기시대 후기에 해당되며, 대표적인 유적으로는 당산 유적, 금탄리 유적 2기층, 용당포 유적 등이 있다고 한다.

한반도 신석기 농업혁명의 특징 중 하나는 독자적인 문화를 형성했다는 점이다. 한반도 신석기 농업혁명은 시기적으로 동아시아 지역에서 가장 앞섰다. 따라서 다른 어떤 지역으로부터 전수받거나 영향을 받은 것이 아니라, 오로지 자신들의 지혜와 노동으로 창조해낸 독자적인 것이다.

옛 유형의 한반도인(한반도 신석기인)들은 신석기 농업혁명을 독창적으로 일궈 나가면서 독자적인 신석기문화를 창조해냈다. 한반도 신석기문화의 독자성은 질그릇을 통해 가장 잘 드러난다. 흔히 신석기시대를 질그릇의 시대라고 한다. 이 말은 질그릇이 신석기시대의 발명품이자, 신석기시대를 대표하는 과학기술과 문화의 상징이라는 뜻이다. 신석기시대 질그릇 가운데는 형태도 세련되고 그것을 여러 가지 무늬로 장식함으로써 하나의 공예품으로 볼 수 있는 것들이 적지 않다. 이것은 신석기시대 질그릇이 생활의 필요를 충족시켜주는 생활수단이자 미적 요구와 감정, 취미와 기호를 담아내는 문화수단이기도 했다. 즉, 질그릇을 통해 신석기시대의 문화적 코드를 이해할 수 있다는 의미이다.

한반도 신석기문화의 독자성은 질그릇의 제작방법과 표면장식에서 잘 드러난다. 뿐만 아니라 한반도와 만주, 연해주 등 옛 유형의 한반도인이 거주하고 있던 지역에서는 문화적 공통성이 존재한다. 다른 나라나 지역과는 서로 다르며, 우리나라에서는 서로 같다면 그것이 바로 문화적 독자성이다.

우리나라 신석기시대 질그릇은 그 형태와 겉면장식에서 우리 민족의 정서적·미학적 취향을 잘 보여주고 있다. 중국을 비롯한 다른 나

시베리아 신석기 질그릇　　우리나라 신석기 질그릇　　　중국의 신석기 질그릇

라 신석기시대 질그릇은 아가리와 손잡이를 사람 또는 짐승 모양으로 만들어 형태가 심하게 굴곡지고, 복잡하게 만들어 조잡한 느낌을 주는 특징을 갖고 있다. 반면 우리나라 신석기시대 질그릇은 형태를 비교적 단조롭게 만들고 직경과 높이의 비례를 안정감 있게 조화시켜 세련되고 간결하면서도 우아한 느낌을 준다. 그리고 겉면장식 역시 간결하고 선명하게 장식해 부드럽고 연하며, 담담하고도 아담한 느낌을 주는 새김무늬를 즐겨 썼다.

　여기에서 새김무늬는 흔히 빗살무늬라고도 불리는데, 지금까지 빗살무늬 그릇은 시베리아에서 노르웨이에 이르기까지 북위 50도 이상의 지역에서 나타나는 신석기시대 특징적 문화양태라고 알려졌고, 우리나라의 빗살무늬 그릇은 이러한 문화의 영향을 받은 것이라고 알려져 왔다. 하지만 최근의 연구에 따르면 시베리아 지역의 빗살무늬 그릇과 우리나라 빗살무늬 그릇은 형태나 무늬의 제작방법이나 양식에서 질적인 차이가 있음이 밝혀졌다.

　뿐만 아니라 우리나라 빗살무늬 그릇이 시베리아의 빗살무늬 그릇보다 시기적으로 더 빠르다는 것이 드러나고 있다. 이로써 우리나라 신석기시대 빗살무늬 그릇이 시베리아로부터 전해졌다는 것은 사실이 아니며, 우리나라의 독자적 신석기문화 양식이라는 것이 밝혀졌다.

2. 한반도 청동기문화의 뿌리와 성격

신석기 농업혁명이 고대문명 탄생의 어머니라고 한다면, 청동기문화는 고대문명 창조의 아버지라고 할 수 있다. 일반적으로 고대국가는 청동기문화에 기초해서 건설되며, 고대국가 건설로 고대문명이 탄생된다고 알려져 있다. 하지만 고대국가의 형성이 반드시 청동기문화에 기초해서만 이루어지는 것은 아니다. 이집트 문명의 여명이라 할 수 있는 이집트 첫 왕조의 탄생도 신석기문화 시대에 이뤄졌다.

이렇게 볼 때 청동기문화는 고대국가 탄생에 반드시 선행하거나 전제가 되는 것은 아니다. 청동기문화보다도 앞서 서술한 신석기 농업혁명이야말로 계급의 발생과 국가의 탄생에 필수전제가 된다고 할 수 있다. 하지만 청동기가 고대문명의 핵심적 요소임에는 분명하다. 이런 의미에서 고대문명은 곧 청동기문명이라고 얘기해도 지나치지 않을 것이다.

한반도가 고대문명의 발상지라는 것을 입증하려면, 첫째 한반도 지역에서 신석기 농업혁명이 발생했다는 것을 밝혀야 하고, 둘째 한반도 청동기문화가 외부에서 유입된 문화가 아니라 한반도 내에서 자체적으로 창조된 문화라는 것을 밝혀야 한다. 그리고 고대국가의 형성과정과 고대문명의 발전과정을 밝혀야 한다. 이러한 점에서 한반도 청동기문화의 뿌리와 성격을 밝히는 것은 고대문명의 발상지 문제를 해명하는 데 있어서 중요한 관건이다.

그런데 지금까지 우리 학계에서는 한반도 청동기문화의 연원을 놓고 아직까지 외부유입론의 입장에서 벗어나지 못하고 있다. 우리나라 청동기문화에 대해 중국 유입론, 오르도스 청동기 문화 유입론, 시베리아 카라수크 문화 유입론으로 나뉘어 서로 각기 다른 주장을 펼치고 있지만, 모두 외부에서 유입된 수입문화라는 데에는 이의를 달지 않는다.

대표적으로 국립중앙박물관에서 펴낸 〈선사 유물과 유적〉에 "우리나라의 청동기문화는 BC 10세기께 중국의 동북지역을 비롯하여 북방문화의 영향을 받아 시작한 것으로 알려졌다. 시베리아 예니세이강 상류의 미누신스크 문화와 서쪽에서 퍼져오는 스키타이 문화, 그리고 내몽골의 오르도스 문화를 조합한 이른바 미누신스크-스키타이-오르도스 복합문화와도 일부 관계가 있다"고 밝히고 있다. 우리나라 청동기문화가 이처럼 다른 나라로부터 이식된 문화라고 하면, 한반도가 고대문명의 발상지라고 말할 수 없다.

과연 한반도 청동기문화는 외부에서 이식된 수입문화일까? 아니면 이 땅에서 신석기 농업혁명을 수행했던 옛 유형의 한반도인들에 의해 독창적으로 창조된 자주문화일까? 이를 판별하는 것은 그리 어렵지 않다. 수입문화일 경우 원생산지보다 늦게 발생발전할 수밖에 없으며, 원생산지 청동기문화의 성격이 담겨 있지 않을 수 없다.

따라서 한반도 청동기문화의 개시연대와 성격을 규명하면 수입문화인지 자생적으로 창조된 독창적 문화인지를 밝혀낼 수 있다. 그렇기 때문에 외부유입론을 주장하는 학자들은 한반도 청동기문화의 상한을 기원전 12~13세기 이상으로 올려 잡지 않는다. 왜냐하면 오르도스든 카라수크든 스키타이든 청동기문화 개시연대가 기원전 12~13세기를 넘어서지 못하기 때문이다.

구체적으로 보면 오르도스 청동기시대가 시작된 것은 대체로 기원전 12~13세기를 넘지 못하며, 카라수크 청동기문화는 기원전 13세기경, 스키타이 문화는 기원전 8세기경에 나타났다. 만약 한반도 청동기문화가 기원전 15세기 이전에 시작되었다면 우리 청동기문화가 이들보다 훨씬 앞섰기 때문에 외부유입론은 설득력을 상실하고 만다.

한반도 청동기문화는 언제 시작되었을까? 한반도 청동기시대의 개시연대에 대해서는 다양한 견해들이 난무하고 있어 아직 확정된 견해는 없다. 하지만 한반도 지역에서 기원전 12~13세기를 훨씬 뛰어넘는 청동기 유적들이 속속 발굴되고 있다. 이러한 추세를 반영해 역사교과서인 〈고등학교 한국사〉에도 "우리나라 청동기시대는 기원전 2000년경에서 기원전 1500년경에 신석기시대 빗살무늬토기 문화와 공존하면서 점차 본격화되었다"고 기술하고 있다. 고등학교 교과서는 최대한 반발을 사지 않기 위해 대체로 보수적으로 기술하기 마련이다. 하지만 기원전 20세기를 훌쩍 뛰어넘는 청동기 유적들이 다수 발굴되고 있어, 한반도 청동기시대 개시연대는 갈수록 올라갈 수밖에 없다.

구체적으로 살펴보면 전남 영암군 장천리에 있는 두 곳의 청동기시대 주거지 유적에서 수집된 숯에 대한 방사성 탄소 측정 결과 그 연대가 각각 기원전 27세기, 기원전 24세기경으로 나왔으며, 경기도 양평군 양수리 5기의 고인돌 유적에서 채취한 숯에 대한 방사성 탄소 측정 결과 기원전 24세기경으로 나왔다. 또 대동강 유역에서 발굴된 청동기 유적들은 기원전 35세기까지 소급되며, 한반도 청동기문화의 영역에 포함되어 있는 중국 동북지방(만주)의 청동기문화 역시 기원전 20세기 이전으로 소급된다. 이처럼 한반도에서 발굴된 청동기 유적의 연대로 볼 때 청동기문화의 외부유입론은 설득력이 없다. 이러한 자료들은 한반도 청동기문화가 오르도스 청동기문화나 스키타이 청동기문화보다 훨씬 앞서 창조된 독창적 문화라는 것을 말해주고 있다.

한반도 청동기문화는 동아시아나 시베리아의 청동기문화보다 훨씬 앞서 창조되었을 뿐만 아니라, 그 성격이 매우 독특하다. 그 대표적인 것이 비파형동검이다. 비파형동검은 한반도 청동기문화를 대표하는 유물인데, 그 형태와 제작방법이 다른 지역에서는 찾아볼 수 없는 독창적인 것으로, 중국의 동주식 동검이나 오르도스 동검과는 전혀 다른 문화유형에 속한다. 중국의 동주식 동검이나 오르도스 동검은 검몸과 손잡이가 일체형이지만, 비파형동검은 검몸과 손잡이가 분리형으로 되어 있다. 또한 비파형동검은 다른 지역에서는 볼 수 없는 아름다운 형태를 띠고 있어 독창적으로 만들어졌다는 것을 확연히 알 수 있다.

한국의 청동기문화를 대표하는 유적유물들로는 고인돌, 비파형동검, 세형동검, 팽이형 토기와 미송리형 토기 등이 있는데, 이 모든 유적유물들은 비파형동검처럼 다른 지역의 청동기문화 유형과는 전혀 다른 독창적인 것들이다. 이는 우리나라 청동기문화가 중국이나 오르도스 지역, 스키타이 문화나 카라수크 문화의 영향을 받거나 청동기문화를 소유한 외래인들이 도래함으로써 시작된 것이 아니라는 것을 말해

우리나라의 비파형동검   중국의 동주식 동검

주고 있다. 우리나라 청동기문화는 신석기 농업혁명을 이룩한 옛 유형의 한반도인들이 이 땅에서 독자적으로 창조한 독창적인 문화이다.

그렇다면 한반도 청동기문화의 중심지는 어디인가? 지금까지 옛 유형의 한반도인들이 살고 있던 한반도와 만주, 연해주 지역 중에 요동반도에서 가장 이른 시기의 청동기 유적이 발굴되었기 때문에 요동반도 지역이 한반도 청동기문화의 발원지로 알려져 있었다. 하지만 최근 북한에서 평양 주변의 청동기 유적을 대대적으로 발굴한 결과, 대동강 유역에서 한반도 청동기문화가 창조되어 한반도 전역과 만주, 연해주 지역으로 확산되었음이 밝혀졌다.

한반도에 청동기시대가 도래했음을 알리는 유물은 팽이그릇(팽이형 민무늬토기)이다. 팽이그릇은 생긴 모양이 팽이와 비슷한 청동기시대 민무늬질그릇으로, 대동강 일대의 청동기시대 집자리에서 많이 나왔으며, 남쪽 한계선은 한강 하류 유역이다. 그릇의 모양은 팽이처럼 생겼으며, 아가리를 반드시 밖으로 말아 붙이고 그릇 아랫부분이 윗부분보다 퍼졌으며, 밑창에는 3cm 안팎의 좁은 밑굽이 달려 있어 가마

팽이그릇

솥 밑창처럼 생긴 것이 특징이다. 색깔은 갈색이 기본이며 바탕흙에
는 모래나 활석 같은 것을 섞었다. 팽이그릇의 기원은 확실하지 않으
나 신석기시대의 밑창이 뾰족한 빗살무늬토기의 전통에서 유래한 것
으로 볼 수 있다.

팽이그릇은 대동강 일대 고인돌에서도 자주 나오며, 대동강 일대의
청동기시대 집터에서는 반드시 출토된다. 이렇게 볼 때 팽이그릇을
남긴 집터의 주인공은 바로 같은 지역 청동기문화의 주민이었음을 알
수 있다. 일반적으로 대동강 지역의 청동기문화를 팽이형 토기문화라
고도 부르는 이유가 바로 여기에서 연유한다. 따라서 팽이그릇은 초
기 고조선의 역사와 관련하여 크게는 요동-한반도의 서북지방 일대
가 하나의 문화권이었음을 시사해주는 중요한 표지유물이며, 대동강
지역만의 토착문화를 대표하는 유물이다.

또한 팽이그릇의 특징 가운데 하나인 질그릇 몸체에 무늬를 새기지
않는 현상은 대동강 유역뿐만 아니라 청동기시대 고대 한반도인들 사

용산리 고인돌

이에서 보게 되는 일반적 현상이다. 따라서 무늬 없는 갈색그릇을 기본으로 하는 질그릇 갖춤새가 형성되던 시기에 청동야금도 보급되었다고 볼 수 있다.

그렇다면 대동강 유역에서 청동기문화가 창조된 시점은 언제일까? 대동강 유역에서 청동기시대가 시작된 시점은 기원전 4000년기 후반(기원전 35세기경)이다. 이는 대동강 유역에서 발굴된 청동기 유적유물에 대한 여러 가지 자연과학적 방법에 의한 연대 측정, 그리고 층위학적 고찰에 따른 결과이다. 지금까지 출토된 팽이그릇 유적 중에서 대표적인 것은 평안남도 덕천시 남양 유적과 평양시 삼석구역 표대 유적인데, 표대 유적 8호 집터에서 출토된 질그릇에 대해 핵분열흔적법(FT)에 의한 절대연대 측정 결과 5,238±777년 전(기원전 4000년기 후반)의 것으로 확증되었다. 또한 청동 조각이 출토된 성천군 용산리 1호 고인돌 무덤의 경우 뼈를 시료로 하여 전자스핀공명법(ESR)으로 측정한 연대는 측정 당시로부터 5,069±426년 전(기원전 31세기)이며, 핵분열흔적법으로 질그릇을 시료로 하여 측정한 연대는 측정 당시로부터 5,037±853년(기원전 31세기)이다. 이러한 사실로 놓고 볼 때 대동강 지역의 청동기문화는 기원전 4000년기에 시작되었다고 확증할 수 있다. 이것은 한반도 청동기시대가 기원전 15세기를 넘지 않는다고 본 기존 견해가 틀렸음을 말해준다.

한반도 청동기시대 대표적인 초기 유적들로는 평양시 와산동 유적, 평양시 삼석구역 호남리 남경 유적 1기층, 황해북도 봉산군 신흥동 2호 집자리(팽이그릇과 함께 청동단추 출토), 평안남도 덕천시 남양 유적 1기층, 자강도 강계시 공귀리 돌관무덤, 침촌형 1, 2형식의 고인돌 무덤과 평양시 삼석구역 표대 유적 1기층 등을 들 수 있다. 이러한 유적들은 미송리형 단지를 동반하는 팽이그릇 관계 유적 아래 문화층에 해당되는 순수 팽이그릇 관계 유적들인데, 고고학적으로 기원전 30세기 초에 형성된 단군조선 성립 직전 단계에 해당된다.

평안남도 성천군 용산리에 위치한 고인돌 유적은 청동기시대 무덤인데, 침촌형 고인돌 유적으로 단군릉에서 동북쪽으로 11.5km 떨어진 비류강 가에 있다. 무덤은 반지하로 구덩이를 파고 평평한 바닥에 편마암으로 된 판돌로 몇 개의 무덤칸을 나누어 그 위에 뚜껑을 덮은 것이다. 그 한가운데에 지배층의 무덤으로 추정되는 큰 무덤칸이 있고, 동서 양쪽에 각각 3개씩, 남북 쪽에 각각 2개씩 작은 무덤칸이 있어서 총 11개의 무덤칸이 한 공간에 있다. 가장 넓은 가운데 무덤칸은 길이 2.17m, 너비 1.04m, 높이 1.46m 정도 되고 그 외의 무덤칸들은 그보다 작다.

무덤 안에서는 사람의 유골이 발견되었는데, 가운데 무덤칸에서 2개체분, 다른 무덤칸에서는 3~4개체분씩 모두 38명분이다. 작은 무덤칸에는 어린이 유골도 섞여 있었다. 무덤은 이미 도굴당해 유물은 큰

	유적 이름	유적 종류	출토 유물	측정 연대
1	평남 성천군 용산무덤	고인돌 무덤	청동조각	BC 31세기
2	평남 상원군 용곡 4호	고인돌 무덤	청동단추	BC 26세기
3	덕천시 남양 유적	16호 집자리	비파형창끝	BC 26세기
4	덕천시 남양 유적	16호 집자리	청동단추	BC 26세기
5	덕천시 남양 유적	16호 집자리	청동방울거푸집	BC 26세기
6	상원군 장리	고인돌 무덤	청동교예장식품	BC 26세기
7	상원군 장리	고인돌 무덤	청동방울 2개	BC 26세기
8	상원군 장리	고인돌 무덤	청동끌 1개	BC 26세기
9	평남 강동군 순창리	고인돌 무덤	비파형 청동창끝	BC 25세기
10	평남 강동군 순창리	글바위 5호 무덤	금동귀걸이	BC 25세기
11	평남 강동군 송석리	문성당 8호 무덤	금동귀걸이	BC 25세기
12	평남 강동군 순창리	글바위 2호 무덤	금동귀걸이	BC 24세기
13	평남 강동군 송석리	문성당 3호 무덤	금동귀걸이	BC 24세기
14	평남 강동군 송석리	문성당 8호 무덤	금동귀걸이	BC 24세기
15	경기도 양평군 양수리	고인돌 무덤	청동기시대 공반유물	BC 24세기
16	전남 영암군 장천리	집자리 ①	청동기시대 유적	BC 27세기
17	전남 영암군 장천리	집자리 ②	청동기시대 유적	BC24세기

• 한반도에서 발굴된 기원전 31~24세기 청동기 유물유적 (신용하 〈고조선 국가 형성의 사회사〉 136쪽)

무덤칸에서 청동조각이, 작은 무덤칸들에서는 돌도끼와 팽이그릇 조각이 나왔을 뿐이다. 무덤 구조와 규모, 무덤칸의 배치형식, 유골과 유물의 출토상태로 보아 가운데 무덤칸의 주인은 지배계급이며, 그 외 작은 무덤칸들은 노예 등 피지배계급들을 순장한 것으로 해석된다. 이 고인돌을 통해 북한의 고인돌 묘제에도 순장이 있었다는 사실이 증명된 셈이다. 연대 측정을 한 결과 절대연대는 기원전 31세기 중엽으로, 단군 유골의 연대보다 얼마간 앞섰다.

한반도 청동기시대를 증명해주는 다양한 유적유물들이 발굴되고 있는데, 그 대표적인 것들을 소개하면 다음과 같다.

이상에서 살펴본 것과 같이 한반도 청동기문화는 다른 지역으로부터 유래된 것이 아니라 한반도 땅에서 기원전 4000년기 후반에 자체적으로 창조된 독창적 문화이며, 그 담당자들은 대동강과 한강 유역을 중심으로 원시시대부터 살아오면서 신석기 후기 문화를 창조했던 고대 한반도인들이다.

한반도 청동기문화는 동아시아 최초의 청동기문화이며, 전 세계적으로도 가장 앞선 시기에 속하는 선진문명이었다. 황하 유역에서 청동기문화가 시작된 것은 기껏해야 기원전 20세기경이다. 중국 역사학계는 기원전 2070년에 하나라가 성립했으며, 하나라부터 청동기문화 시기로 보고 있다. 물론 그 이전에도 청동기문화가 있었을 것으로 보지만 아직까지 그 증거가 발견되지 않고 있다.

한반도 청동기문화의 기원으로 알려져 있었던 시베리아 카라수크 문화는 기원전 12세기경에 시작됐다. 또한 한때 한반도 청동기의 기원지로 주장됐던 오르도스 청동기문화 역시 기원전 12세기경에 시작됐다. 이처럼 동아시아 지역에서 기원전 4000년기 후반에 청동기문화가 시작된 지역은 없으며, 한반도에서는 중국보다 1천 년 이상 앞서 청동기문화가 시작됐다.

한반도 청동기문화는 전 세계적으로 가장 앞선 시기의 청동기문화이다. 일반적으로 청동기문화는 기원전 5000년기(기원전 5000년~기원전 4001년)에 아나톨리아 지역에서 자연동이 발견되어 기원전 4000년기에 실용화되고, 기원전 3000년기(기원전 3000년~기원전 2001년)에

청동교예장식품과 청동방울

코카서스-이란고원에서 청동기가 주조되기 시작했다고 알려졌다. 일부에서는 기원전 31세기경 메소포타미아 지역에서 최초의 청동기문화가 발생했다고 주장하고 있다. 이는 메소포타미아 청동기문화와 한반도 청동기문화가 거의 동시대에 시작되었다는 것을 말해주고 있다.

한반도 청동기문화는 그 시기도 다른 지역보다 앞섰을 뿐 아니라 문화기술 수준 또한 뛰어났다. 장리 1호 고인돌 무덤에서 나온 청동 2인 교예장식품과 청동방울은 기원전 26세기 것임에도 불구하고 높은 주조기술을 보여주고 있다. 용곡리 4호와 5호 고인돌 무덤에서 나온 청동제품들에 대한 분석 결과 동합금에서 석과 연의 기능과 역할을 파악하고 그 비율을 합리적으로 조절해 동·석·연 3원소 합금에 속하는 상당히 질이 높은 청동합금을 만들어냈다. 이것은 메소포타미아 지역의 청동기보다 훨씬 선진적인 기술을 사용했다는 것을 말해주고 있다.

이제는 한반도 청동기문화의 뿌리를 시베리아 지역에서 찾을 것이 아니라, 거꾸로 한반도에서 창조된 청동기문화가 동아시아와 시베리아 청동기문화에 어떤 영향을 주었는가를 연구해야 할 때이다. 그럼에도 불구하고 여전히 한반도문명의 기원을 시베리아, 미누신스크, 카라수크, 스키타이, 오르도스, 몽골 등 외래적 요소에서만 찾으려는 시각은 지난 시기의 낡은 유산으로밖에 볼 수 없다.

한반도의 빗살무늬토기는 물론 청동기까지도 시베리아에서 전래되었다고 보는 '시베리아 기원설'의 계기는 일본 학자들이 만든 것이다. 후지다 료사쿠가 한반도 빗살무늬토기의 '시베리아 기원설'을 처음으로 발표한 때는 일본 제국주의 시대였다. 그리고 한반도 청동기시대의 동경 및 청동기 동물 문양의 '시베리아 기원설'을 주장했던 에가미 나미오의 주장은 그 자체로 식민사관이나 다름없다. 아직까지 우리나라 학계는 일제가 뿌려놓은, 우리 민족과 문화의 기원을 밖으로부터 찾으려는 식민지 잔재에서 완전히 벗어나지 못하고 있다. 이제는 이를 청산하고 한반도문명을 폭넓고 깊이 있게 이해해야 할 때이다.

3. 한반도문명의 탄생

인류 문명의 발상지를 얘기할 때, 신석기 농업혁명을 통한 농경문화의 탄생, 청동기문화의 탄생과 농업과 수공업의 사회적 분업의 발생, 잉여생산물의 발생과 계급사회로의 진입, 고대국가의 성립과 문자의 발명을 핵심적 징표로 삼고 있다. 지금까지 한반도에서 신석기 농업혁명을 통한 농경문화의 탄생, 청동기문화의 탄생과 사회적 분업의 발생 문제를 살펴봤으며, 이를 통해 한반도에서 세계에서 가장 앞선 시기에 농업혁명과 청동기문화가 발생했다는 것을 밝혔다.

이를 통해 인류 문명의 발상지로서의 전제조건을 갖추었다는 것이 증명됐다. 남은 것은 한반도에서의 계급분화와 고대국가의 성립과정을 살펴보는 것인데, 결론부터 말하자면 한반도에서는 기원전 4000년기 후반(기원전 35세기경)에 계급이 발생하였으며, 기원전 30세기 초에 고대국가인 고조선이 수립됨으로써 한반도문명이 탄생했다.

한반도 최초의 고대국가인 고조선은 건국연대로 볼 때 동아시아 최초의 고대국가이며, 세계적으로도 가장 앞선 시기에 성립된 고대국가이다. 이로써 한반도문명은 중국 황하문명보다 훨씬 앞선 선진문명으로 세계 문명의 주요 발상지 중의 하나라고 당당히 말할 수 있다.

한반도에서 첫 고대국가는 대동강 유역에서 탄생했다. 이 지역에서는 신석기시대 후기인 기원전 4000년기 전반기에 이르러 농업생산이 증대되어 잉여생산물을 축적하는 단계로 발전했다. 이는 이 시기의 유적인 남경 유적 31호 집터에서 높이 84cm나 되는 독을 비롯해 낟알을 담아두는 데 쓰인 것으로 보이는 그릇이 10여 개나 나온 것으로 증명된다.

한편 이 시기에 접어들어 질그릇 제작 수공업이 발전해 사회적 분업이 시작됐다. 질그릇을 소성하기 전 단계의 건조공정이 진행된 흔적으로 보이는 120개의 질그릇이 나온 남경 유적 31호 집터 유적은 질그릇 제작이 농업에서 분화되었음을 보여주고 있다. 기원전 4000년기 후반기에 이르러 청동기를 사용하게 되면서 수공업은 하나의 독자적인 생산분야로서의 지위를 확고히 차지하게 되었다. 청동기 생산은 전문적인 수공업자들에 의해서만 수행될 수 있었다는 것은 굳이 설명할 필요가 없다. 농업과 수공업이 발전함에 따라 교역도 발전해 기원전 4000년기 후반기에 순수 팽이그릇 집터에서 '돌돈'과 같은 원시화

폐가 출현했다.

사회적 생산의 발전을 토대로 당시 사람들의 생활단위였던 가족형
태도 달라지게 됐으며, 사회관계에서도 변화가 발생했다. 생산의 기
본단위가 가족농으로 바뀌고 이에 따라 일부일처제의 가족형태가 지
배하게 됐으며, 사회관계도 모계 씨족공동체에서 부계 씨족공동체로
바뀌었다. 또 공동체 경리도 가부장적 공동체로부터 촌락공동체로의
분화과정이 시작되고 사적 소유가 발생했다. 혈연적 유대의 좁은 울
타리에서 벗어난 촌락공동체(마을공동체)에서는 집과 텃밭은 개별 가
족이 소유하고 농경지와 벌목지, 산림 같은 것은 공동소유로 하는 것
이 일반적 현상이 되었다. 촌락공동체에서 재부의 축적은 집단의 공
동경리와 종교행사 등을 주관한 족장(추장)들에게 집중되었으며, 족
장을 중심으로 한 그의 친족들은 그들이 차지한 특권을 이용해 공동
체 소유의 토지를 자신들의 사적 소유로 만들었고, 더 많은 재부와 영
토를 차지하기 위해 이웃 부락 종족들과 분쟁(전쟁)을 일으켰다.

기원전 4000년기 후반기에 접어들면서 전쟁이 치열하게 벌어졌다
는 것은 금탄리 유적과 남경 유적을 비롯하여 불에 탄 집자리들이 뚜
렷이 보여준다. 전쟁에서 승리한 종족은 패배한 종족을 노예로 삼았
다. 전쟁이 빈번히 진행되면서 종족집단은 일종의 군사조직으로 전환
됐고, 전쟁 승리를 위해 종족들이 통합되어 종족연합으로 발전했다.
이 종족연합이 점차 자기 세력을 넓혀 나가기 위한 정복전쟁을 확대
하였는데, 이 시기에 접어들어 종족연합의 혈연적·씨족적 유대가 전
면적으로 붕괴되면서 사회는 계급과 계층으로 분리된 계급사회로 이
행했고 계급지배의 도구로서 국가가 발생했는데, 고조선은 바로 이러

한 원시공동체 사회의 붕괴과정을 거쳐 세워졌다.

고조선은 한반도에 세워진 첫 고대국가로서 기원전 30세기 초에 수립되었다. 이는 평양시 강동군 강동읍 대박산 기슭에 있던 단군릉의 발굴을 통해 확증됐다. 단군릉은 1993년도에 발굴됐다. 단군릉을 발굴한 결과 단군과 그 아내의 유골이 나왔다. 단군의 뼈를 갖고 연대 측정한 결과 5,011±267년 전(1993년 측정)으로 판명되었다. 이것은 단군이 발굴 당시로부터 5천 년 전에 출생한 사람이었다는 것을 말해준다. 단군과 그 측근들은 원시사회 말기의 정치조직을 보다 강력한 폭넓은 정치조직으로 발전시켜 나가면서 그것을 지배계급의 요구와 이해관계에 맞게 폭력과 결합시켜 하나의 권력기구로 전환시켰다. 이렇게 첫 국가를 세우고 국호를 '조선'이라고 하였다.

기원전 30세기 초에 출현한 고조선의 국가적 성격은 그 시기 여러 유적유물들을 가지고 설명할 수 있다.

먼저, 고대 성곽들을 통해 확인할 수 있다. 성곽은 국가시대로 접어들면서 만들어진 외적 방위시설이므로, 성곽의 존재 유무야말로 국가권력의 형성을 판단할 수 있는 중요 유적이다. 평양시 강동군에 있는 황대성은 강돌과 진흙으로 규모 있게 다져 쌓은 국가시대 방위시설인데, 성벽 위에 축조된 오덕형 고인돌 무덤을 통해 단군조선 초기의 성곽이라는 것을 알 수 있다. 또한 단군조선 초기에 쌓은 평양시 대성구역 청암동 토성(아래성), 평안남도 온천군 성현리 토성(아래성) 황해북도 봉산군 지탑리 토성(아래성)은 기원전 3000년기 초엽에 축조된 것으로, 계급적 지배와 외적 방위를 위한 성곽시설이 평양을 중심으로 사방에 축조되어 있었다는 것을 보여준다.

다음으로, 계급사회의 성격을 보여주는 유적유물들을 통해 고대국가적 성격을 확인할 수 있다. 황해북도 신평군 선암리와 황해남도 배천군 대아리 돌관무덤에서는 기원전 3000년기 전반기에 해당되는 비파형동검이 나왔으며, 단군조선 초기의 계급사회 성격을 보여주는 용산리 순장무덤도 발굴되었다. 또한 평양과 그 주변 일대에는 왕릉급의 대형 고인돌 무덤을 비롯해 1만 4천여 기의 고인돌 무덤이 집중적으로 분포되어 있는데, 기원전 3000년기 전반기로 편년되는 침촌형 3, 4형식, 오덕형 1형식, 묵방형 1형식의 고인돌 무덤이 많다. 이 밖에도 기원전 3000년기 전반기에 단군을 숭배하는 의례행사를 거행하던 제단 유적인 용성구역 화성동 제단을 비롯해 여러 곳이 발굴됐다. 이 모든 것들은 기원전 30세기 초에 고대국가가 건설되어 발전하고 있었음을 잘 보여주고 있다.

단군조선, 고조선의 성립은 한반도와 동북아시아 지역의 역사발전에서 커다란 의의를 갖는다. 고조선의 건국으로 한반도 원주민들에의한 고대문명이 탄생됐다. 고대문명의 시대는 국가의 성립과 함께 시작된다. 우리 선조들은 동아시아 최초의 고대국가인 고조선을 건설함으로써 남보다 빨리 원시시대에서 벗어나 고대문명 시대를 열어 나갔다. 중국에서 첫 고대국가라고 하는 하나라의 건국연대가 기원전 2070년인 것과 비교해보면 우리 민족이 거의 1천 년이나 빨리 문명시대로 접어들었다는 것을 알 수 있다.

고조선은 동아시아 최초의 국가를 건설함으로써 주변 지역의 문화발전에 커다란 영향을 주었다. 고조선이 동아시아 지역에서 최초의 고대국가로 등장했다는 것은 한반도문명이 동아시아 최초의 고대

문명으로 탄생했다는 것을 뜻하며, 동아시아 주변 지역의 문명탄생에 직간접적 영향을 끼쳤을 것이라고 유추해볼 수 있다. 이제 동아시아 지역의 청동기문화의 뿌리를 다른 지역이 아닌 한반도에서 찾아야 하며, 한반도의 청동기문화가 어떻게 주변 지역의 청동기문화 형성과 발전에 영향을 끼쳤는가를 밝혀야 할 때이다.

고조선의 성립은 한반도문명 시대를 열었을 뿐 아니라, 한반도와 만주, 연해주 등 넓은 지역에 흩어져 살고 있던 고대 한반도인들을 하나의 국가 통치 밑에 포괄해 가면서 핏줄의 공통성을 이어 가고 언어와 핏줄, 문화의 공통성을 유지하고 강화발전시켜 나가도록 함으로써 오늘날 우리 민족의 원형을 형성하는 데도 결정적 역할을 했다.

2장

동아시아 최초의
고대국가 단군조선

·

·

·

　우리 민족사를 올바로 정립하자면 우선 고대국가의 성립에 관한 문제부터 해결해야 한다. 중·고등학교 역사교과서를 보면 고조선이 우리나라 역사상 최초의 국가라고 기술하고 있음에도 불구하고, 고대국가의 성립은 3~4세기 삼국시대라고 규정해 놓은 것은 모순이다. 물론 기원전 2333년에 우리나라 최초의 국가인 고조선이 탄생했다고 서술하고 있다는 점에서는 과거보다 진일보한 측면이 있다. 하지만 여전히 고조선의 고대국가적 성격을 인정하지 않고 우리나라 고대국가의 성립시기를 3~4세기 삼국시대로 보는 것은 일제가 심어놓은 식민사학의 뿌리가 아직까지 완고하게 남아 있다는 것을 뜻한다.

　고대국가의 성립 문제는 선사시대와 역사시대, 원시시대와 문명시대의 경계선에 관한 문제이다. 인류는 고대국가 성립 시점에서부터 선사시대에서 역사시대로, 원시시대로부터 문명시대로 접어들었다. 그렇기 때문에 고대국가 성립시점은 역사시대와 문명시대의 첫 출발점이 된다. 따라서 우리나라의 첫 고대국가 성립 문제는 우리 민족사의 시원과 뿌리에 관한 문제이며, 민족사의 유구성과 긍지에 관한 핵심적 문제이다.

● ── 고대국가란 무엇인가? ──●

고대국가의 성립 문제가 쟁점이 것은 그것이 원시사회에서 고대사회로의 역사적 전환의 징표이자 귀결점이기 때문이다. 모든 나라의 역사는 고대국가가 성립된 시점에서부터 역사시대가 출발한 것으로 본다. 그렇기 때문에 우리나라 고대국가의 성립시점은 곧 우리 민족사의 출발점이 된다. 역사학에서 국가는 원시공동체(씨족공동체, 부족공동체)에 대립되는 개념이다. 원시공동체는 씨족이나 부족 등 혈연적 관계에 기초해 사회가 조직되고 운영된다.

반면에 국가는 씨족이나 부족 등 혈연적 관계가 아니라, 계급이나 계층 등의 계급적 관계에 기초해 사회가 조직되고 운영된다. 또한 씨족이나 부족은 혈연공동체 사회이지만, 국가는 지역공동체 사회이다. 인류 역사는 원시시대로부터 고대사회로 전환하면서 씨족이나 부족 등 혈연집단의 원시공동체적 관계가 해체되고, 불평등한 계급계층적 사회관계에 바탕을 둔 지역집단이나 정치체가 나타나며, 이들 사이의 치열한 대립과 통합을 거쳐 일정한 지역을 범위로 해서 지배권력을 행사하는 국가가 형성되는데, 바로 이것이 고대국가이다.

고대국가의 성립 문제가 중요한 것은 그것이 원시시대로부터 문명시대로 역사적 대전환을 이룬 사건이기 때문이다. 국가성립의 징표는 합법적으로 권력을 행사하기 위한 군대, 법률, 감옥 등 물리적 권력기구와 함께 조세를 징수하고 행정을 집행하는 관료조직, 지배이념, 그리고 최고통치권자(전제군주) 등을 갖추는 것이다.

그런데 우리 역사학계에서는 일제 식민지 시대부터 고대국가 성립시기를 3~4세기로 못 박아놓고 이를 아직까지 고수하고 있다. 그 결과 여러 가지 유적유물, 역사자료에 의해 그 실체성이 확인되고 있는 고조선을 고대국가로 인정하지 않고 있으며, 심지어 '삼국사기 초기 기록 불신론'에 입각해 《삼국사기》에 실려 있는 고구려·백제·신라의 국가 건설시기마저도 부인하고, 소위 '원삼국시대'란 해괴한 개념까지 만들어냈다.

원래 '삼국사기 초기 기록 불신론'은 일제시대 식민사학의 본산인 조선사편수회의 식민사학자가 처음 제기한 것으로, 대표적인 식민사학의 잔재이다. 그런데 오늘에 와서는 노골적으로 《삼국사기》 기록을 부정하지 못하면서도 내용적으로는 여러 가지 이유를 내세워 고구려·백제·신라가 국가단계로 접어든 것은 3~4세기경이라는 입장을 계속 고수하고 있다. 한국 고대사회의 출발점이 되는 고대국가의 형성 문제가 이처럼 복잡하게 된 것은 일제의 단군조선 말살책동 때문이다. 일제는 단군조선을 말살하기 위해 단군조선사를 완전히 빼버리고 앞머리를 몽땅 잘라버린 왜곡된 조선사를 조작했다.

일본 총독 데라우치는 1915년 총독부 중추원에 편찬과를 설치하고

〈조선반도사〉를 편찬하도록 지시했는데, 〈조선반도사〉 편찬은 편년체로 한다는 것, 시대구분을 상고삼한, 삼국, 통일 후의 신라, 고려, 조선, 조선근대사 6편으로 한다는 것, 민족의 기원과 그 발전에 관한 사화와 사설 등은 일체 무시하고 오로지 기록에 있는 사료에만 의거한다는 것을 기본내용으로 하는 편찬원칙을 제시하고 이를 관철해 나갔다. 그리고 이를 더욱 교활하게 하기 위해 중추원 조선사편찬과를 정무총감을 위원장으로 하는 조선사편찬위원회로 확대하였는데, 여기에서는 그 이전 〈조선반도사〉 제1편 상고삼한 부분을 '삼국이전'으로 바꿔놓았다. 더 나아가 1925년에는 조선사편찬위원회를 조선총독의 직속기관인 조선사편수회로 승격시키고, 여기에서 제1편을 통일신라이전으로 또다시 끌어내렸다. 이렇게 하여 우리나라 역사에서 고조선은 역사에서 신화로 변질되어버렸다. 이렇게 일제가 저질러놓은 고대사 왜곡 문제는 해방 이후에도 근본적으로 해결되지 못한 채 오늘에까지 이어지고 있다.

해방 이후 우리나라 역사학계에서는 부족국가론, 부족연맹체론, 성읍국가론, 치프덤론, 부체제론, 초기국가론 등 다양한 이론들을 내세워 고조선과 초기 삼국시대의 고대국가적 성격을 부정하고 있는데, 그 근거가 너무도 황당하기 이를 데 없다. 예를 들어 부족국가론을 살펴보면, 부족사회는 혈연적 사회이며 국가는 계급계층 관계에 기초해 지역적 범위에서 지배력을 행사하는 정치권력 기구이기 때문에 부족이라는 개념과 국가라는 개념은 서로 대립되는 개념이다. 그런데 서로 대립되는 개념을 결합해서 부족국가라는 개념을 만들어 사용하고 있다. 이것은 자체 모순이며, 성립될 수 없는 개념이다. 그렇기 때문에 역사학계에서도 이러한 모순을 인정하고 더 이상 이 개념을 사용하지 않고 있다.

　부족연맹체론은 부족국가들이 누층적으로 결합된 것이 부족연맹체라고 보고, 이는 왕위세습적 귀족국가의 과도적 국가형태라고 보는 견해이다. 그러나 부족국가라는 개념을 사용할 수 없다면 부족연맹체라는 개념도 사용할 수 없다. 부족연맹체론은 또한 그것이 원시단계와 국가단계에서 어디에 속하는가를 분명하게 규정하지 못하고 있다. 성읍국가론은 서양의 도시국가나 중국의 읍제국가를 모델로 삼은 것인데, 혈연집단인 부족이 아니라 영역(지역)적 지배에 주목했지만, 부족장의 권위에 따라 지배되었다고 주장함으로써 내용적으로는 부족국가론과 전혀 다를 바 없다. 이처럼 국가라는 개념은 혈연적 집단에 의해 운영되고 관리되는 원시공동체 사회와 양립될 수 없기 때문에 부족국가론, 부족연맹체론, 성읍국가론은 이론적으로 성립될 수 없다.

　치프덤론에서 '치프덤'이란 용어는 추장사회, 군장사회, 군장국가 등 다양하게 번역되고 있으며, 적용시기도 청동기부터 삼한까지 광범위하게 적용되고 있다. 그런데 원래 인류학에서 치프덤론이란 고대국가의 형성과정을 설명하는 이론으로 원시시대 말기에서 고대국가가 형성되던 과도적 사회를 연구분석하는 개념이다. 그런데 우리나라의 경우 고조선이란 국가를 어떻게 볼 것인가, 고조선이 군장사회인가 아니면 고대국가인가에 대해서는 침묵하고 있다.

　이러한 문제점들 때문에 최근 역사학계에서는 부체제론를 비롯한 초기국가론이 부각되고 있다. 부체제론이나 초기국가론은 고조선이나 삼국시대 초기를 더 이상 과도기 국가가 아니라 고대국가라고 인정했다는 점에서는 진일보한 견해이다. 그럼에도 불구하고 고조선이나 삼국시대 초기를 강력한 중앙집권적 지배력이 행사되지 못하고 있기 때문에 단일한 국가체가 형성되기 이전인 초기 국가단계에 머물러 있다고 봄으로써 고조선의 국가적 실체성에 대해 애매한 태도를 취하고 있다. 또한 고대국가와 구별되는 초기 국가단계를 설정함으로써 내용적으로는 부족국가론 등 과도기 국가론과 다를 바 없게 됐다. 즉, 그러한 견해에 따르면 고대국가의 범주에 초기 국가와 고대국가가 존재한다고 함으로써 형용모순에 빠져버리게 된다. 왜 이런 혼란이 발생했는가? 그것은 일제가 만들어놓은 '3~4세기에 이르러서야 고대국가가 성립했다'는 기본 틀에서 벗어나지 못하기 때문이다.

원래 고대국가라는 개념 자체가 국가 발전단계로 볼 때 초기 국가단계에 해당되는 역사적 개념이다. 인류가 세상에서 처음 국가라는 정치기구를 만들어냈을 때 그 국가는 매우 엉성하고 초기 단계의 국가일 수밖에 없을 것이며, 낡은 사회(원시공동체적 요소)의 잔재를 많이 담고 있을 수밖에 없다. 인류가 맨 처음 만든 국가는 관료기구나 무장력, 법률제도, 조세제도 등 지배구조와 체제가 고도화되지 못한 채 매우 어설픈 형태였을 것임은 명백하다. 바로 이것이 고대국가의 기본적 형태인 것이다.

그런데 우리 역사학계에서는 매우 높은 잣대로 고대국가의 개념을 규정하고, 그 이전의 것들은 국가가 아닌 그 무엇이라고 보고 이를 억지로 짜 맞추고 있다. 강력한 왕권의 확립에 바탕을 둔 중앙집권적 귀족국가, 이것이 우리나라 역사학자들이 말하는 고대국가의 개념이다. 그리고 율령의 반포, 신분제 확립, 왕권의 부자상속 확립 등을 구체적 징표로 내세우고 있다. 이러한 높은 잣대는 다른 나라에는 없으며 오로지 우리나라에만 적용되는 잣대이다.

그런데 일반적으로 율령의 반포와 신분제 확립은 고대국가의 징표라기보다 중세국가의 징표에 가깝다. 중세사회는 그야말로 신분제 사회이기 때문에 까다로운 신분제 질서체제와 그를 보장해주는 율령체제를 요구하고 있으며, 이것이 동아시아 중세사회의 기본 특징이라고 할 수 있다. 강력한 중앙집권적 지배체제가 완비되었다면, 국가 발생 발전의 초기 단계인 고대국가의 틀을 뛰어넘어 중세국가로 전환되었다고 보아야 하지 않을까? 이제 막 태어난 국가체제인 고대국가는 그야말로 어설프기 그지없는 국가형태일 것이며, 그럼에도 불구하고 그것이 고대국가인 까닭은 사회의 조직과 운영원리가 기존 원시공동체 사회처럼 혈연집단에 기초해 조직되고 운영되는 것이 아니라, 일정한 지역적 영역(영토)내에서 사회적 분업체제와 계급계층 관계에 기초해서 사회가 조직되고 운영되며, 특히 지배계급과 피지배계급으로 사회가 분열되어 지배계급의 지배도구로서의 국가권력 기구를 통해 사회가 조직되고 운영되기 때문이다.

고대국가론의 핵심쟁점은 중앙집권체제가 언제 완성되었는가가 아니라, 미개(원시)와 문명(역사)의 계선을 나누는 잣대에 관한 문제이다. 즉, '언제 원시시대로부터 역사시대로 전환되었는가?'이며, 이는 그 나라의 첫 국가가 '언제 어떻게 탄생했는가?'이다.

•—— 고대국가 성립의 역사적 전제 ——•

일제가 고조선의 역사를 신화로 바꿔버린 이후 고조선사는 수많은 우여곡절을 겪어왔으며, 아직까지 다양한 논란에 휩싸여 있다. 최근 중·고등학교 역사교과서에도 고조선이 우리나라 최초의 국가로 기술되어 있고, 역사학계에서도 대체적으로 고대국가로 인정하는 추세이다. 하지만 아직도 우리 민족 고대국가의 형성 시기를 3~4세기로 보는 기본 틀이 전혀 바뀌지 않아 대부분 애매한 태도를 취하고 있다.

일부에서는 민족사의 연속성과 계승성을 애매하게 한 채 "고조선은 고대국가로 성장했지만 고조선의 영역은 대동강을 중심으로 한 서북한 지역 또는 서북한 지역과 요동반도에 국한될 뿐 대부분의 한반도 지역은 여전히 원시시대 말기 상태에 머물러 있었다"고 본다. 그리고 고조선이 한나라와의 전쟁에서 패망했기 때문에 이후 우리 민족은 새롭게 고대국가 건설단계를 밟아 나가야 했다고 보면서 고대국가 형성 시기를 3~4세기로 보는 견해를 고수하기도 한다.

다행히 최근에는 고조선을 고대국가로 인정하는 추세가 확산되고 있지만 여전히 고대국가의 형성에 관한 잘못된 논리의 함정에서 벗어나지 못한 채, 그렇다면 "고조선이 언제부터 고대국가로 되었는가?"라는 식의 논쟁을 벌이고 있다. 그리고 왕이라 칭할 때부터 고대국가가 성립했다는 식의 논리가 횡행하고 있다. 그런데 고조선에서 왕이라는 칭호가 쓰인 것은 그때부터 왕이 생겨나고 왕의 권력이 형성된 것이 아니라, 왕을 의미하는 고유한 우리나라 말을 쓰다가 중국과의 교류가 확대되면서 중국식 용어인 왕이라는 용어를 수용한 것일 뿐이다.

국가는 저절로 탄생하지 않는다. 고대국가는 역사상 최초의 국가형태로서, 고대국가의 탄생은 문명시대의 개막을 선포한 역사적 대사건이다. 보통 고대국가의 형성은 그 전제가 갖추어져야 하며, 고대국가 건설을 추진해 나가는 정치적 주체세력이 형성되어야 한다. 고대국가 형성의 전제란 무엇인가?

고대국가란 혈연적 공동체가 해체되고 계급계층적 사회관계에 기초해서 건설된다. 그렇기 때문에 고대국가가 건설되려면 계급계층적 사회관계로의 전환을 나타내주는 구체적 조건들이 갖추어져야 한다. 잉여생산물의 축적, 사회적 분업과 교환관계의 발생발전, 사적 소유와 계급의 발생, 원시공동체 사회관계의 붕괴와 지역공동체 사회관계로서 종족연합의 형성이 그것이다.

이러한 구체적 조건들은 대체로 청동기시대에 접어들어 무르익기 때문에 청동기시대의 시작은 고대국가 성립의 전제조건이 갖춰지는 시기라고 볼 수 있다. 물론 고대 이집트 왕조, 중국의 하왕조처럼 아직 청동기시대가 시작되기도 전에 고대국가로 발전한 나라도 있다. 그렇지만 이 경우에도 곧이어 청동기문화가 발생하고, 청동기문화에 의해 고대국가의 발전이 추동된다. 그렇기 때문에 청동기문화는 국가 발생의 전제조건이라고 말할 수 있다.

고조선이 고대국가인가 아닌가 하는 문제는 고조선의 성립과 한반도 청동기문화와의 상호관계를 살피면 어느 정도 윤곽을 잡을 수 있다. 고조선이 성립되기 전에 한반도 청동기시대가 시작되었다면, 고대국가 성립의 전제조건이 무르익었다는 것을 뜻하며, 그 토대 위에 성립된 고조선은 고대국가라고 규정할 수 있다. 그렇지 않고 고조선이 성립된 이후 한참 지나서야 청동기시대가 시작되었다면, 고대국가 성립의 전제조건이 미처 갖춰지지 않았다고 볼 수 있기 때문에 고조선을 고대국가라고 규정하기 어렵다.

한반도 청동기시대의 시작과 고조선 성립과의 관계 문제는 이미 앞장에서 서술해놓았기 때문에 중복되는 느낌이 있지만, 재론하자면 고조선은 청동기문화에 기초해서 성립되었다. 앞장에서 밝혀놓은 바대로 한반도 청동기시대의 시작은 기원전 4000년기 후반(기원전 35세기경)이며, 고조선의 성립은 기원전 30세기 초이다. 고조선이 성립되기 수백 년 전에 청동기시대가 열린 것이다.

우리나라 청동기시대가 기원전 4000년기 후반이라는 사실에 대해 아직까지 많은 논란이 제기되고 있다. 우리 역사학계에서는 기원전 20세기를 청동기시대의 상한으로 보는 견해가 많다. 하지만 앞에서 살펴봤듯이 기원전 20세기를 훌쩍 넘는 청동기 유적들이 한강 이남 지역에서도 다수 나타나고 있다. 또한 한반도에서 청동기문화가 처음 시작된 지역이 대동강 유역이라는 점에 대해서는 크게 반론이 제기되지 않기 때문에 대동강 유역 청동기문화의 시작 연대는 한강 이남보다 적어도 수백 년 이상 앞선 것이다. 이렇게 볼 때 한반도 청동기시대가 기원전 35세기경에 시작되었다는 견해를 배척할 필요가 없다. 특히 구체적 증거들이 제시되고 있는 터에 이것들을 막무가내로 배척하는 것은 학문적 태도가 아니다.

대동강 유역에서 처음 시작된 한반도 청동기시대의 상한을 나타내주는 유물은 팽이그릇이다. 팽이그릇은 신석기시대 그릇들과는 질적으로 다른 청동기시대 그릇이며, 고조선 성립 이후의 유적에서는 팽이그릇만 나오는 경우는 거의 없고 대체로 팽이그릇과 미송리형 단지가 함께 나온다. 따라서 팽이그릇만 나오는 경우는 고조선 성립 이전의 유적이라고 볼 수 있다. 즉, 팽이그릇은 우리나라에서 청동기시대가 시작될 때부터 단군조선이 건국되기 이전까지의 시기를 대표하는 유적유물이다. 평양 와산동 유적, 평양 삼석구역 호남리 남경 유적 1기층, 황해북도 봉산군 신흥동 2호 집터 유적, 평안남도 덕천시 남양 유적 1기층, 침촌형 1, 2형식의 고인돌 무덤, 평양시 삼석구역 표대 유적 1기층이 이에 해당된다.

그 중에서 우리가 눈여겨봐야 할 유적은 용산리 고인돌 무덤이다. 이 고인돌 무덤은 평안남도 성천군 용산리에 있으며, 단군릉으로부터 북동쪽으로 11.5km 떨어진 비류강 가에 있다. 고인돌 무덤의 형식은 침촌형 집합식 고인돌 무덤인데, 연대 측정 결과 5,069±426년(발굴 당시 기준)이 나와 기원전 4000년기 후반기에 축조된 것으로 확증되었다. 이 무덤이 중요한 것은 여기에서 청동 조각과 팽이그릇이 출토되었기 때문이다. 이로써 팽이그릇이 청동기시대 그릇이라는 것이 확정되었으며, 팽이그릇의 상한이 한반도 청동기시대의 상한이라는 점이 확실해졌다.

그렇다면 팽이그릇의 상한은 언제인가? 이를 알려면 남양 유적 팽이그릇 집터 유적들의 층위관계를 따져봐야 한다. 청동창끝이 출토된 남양 유적 팽이그릇 집터 3기층 제16호에서 출토된 팽이그릇을 시료로 핵분열흔적법으로 연대 측정한 결과 발굴 당시로부터 4,769±788년 전의 것으로 확증되었는데, 이는 기원전 28세기에 해당된다. 팽이그릇 집터 1기층이 3기층보다 1천 년 정도 앞선 시대라는 층위분석에 따르면 기원전 4000년기 초·중엽에 이른다. 또한 표대 유적 팽이그릇 집터에서 나온 질그릇에 대한 연대 측정 결과도 주목할 만하다.

팽이그릇만 나온 8호 집터에서 나온 질그릇을 핵분열흔적법으로 연대 측정해 보니 5,283±777년(측정 당시 기준)이 나왔다. 그리고 팽이그릇과 미송리형 단지가 함께 나온 3호 집터의 질그릇을 연대 측정한 결과 4,980±540년(열형광측정법), 4,668±649년(핵분열흔적법)이 각각 나와 기원전 4000년기 후반기에 청동기시대가 시작되었다는 것이 확증되었다. 이처럼 한반도 청동기시대는 대동강을 중심으로 기원전 4000년기 후반기에 시작됐다.

고조선이 건국하기 수백 년 전에 한반도에서 청동기시대가 열렸다는 것은 고조선이 청동기문화에 기초해서 성립되었다는 것을 뜻하며, 고대국가 성립의 전제조건들이 갖춰진 후에 고조선이 건국되었다는 것을 말한다. 물론 여기에서 한반도 전역이 동시에 청동기시대로 접어든 것은 아니다. 고조선이 성립된 이후에도 수백 년 동안 혈연적 공동체로 남아, 신석기문화 속에서 살아갔던 지역이 많이 있었다. 하지만 고대국가 고조선은 분명 청동기문화에 기초해서 성립되었고, 고조선의 성립으로 청동기문화는 더욱더 발전하여 한반도와 만주, 연해주 전 지역으로 급속히 확산될 수 있었다.

앞장에서 살펴봤듯이, 신석기 농업혁명을 통해 농업생산력이 증대되고 신석기 후기에 접어들면서 잉여생산물이 축적되기에 이르렀고, 농업과 수공업이 분리되었다. 기원전 4000년기 후반기에 이르러서는 농업생산력 증대, 사회적 분업의 확대, 청동 가공업의 발생 등으로 사회적 생산력이 크게 발전했다. 이러한 발전에 힘입어 교역이 발생발전하였고 일반적 등가물로서 화폐가 출현했다.

황해북도 봉산군 신흥동 유적에서는 거의 모든 집터에서 돌돈이 20여 점씩이나 나온 것은 당시 교환관계의 발전상을 실물로 확증해준다. 이와 같이 대동강 유역에서는 기원전 4000년기 후반기에 이르러 사회적 생산력 발전, 잉여생산물 축적, 사회적 분업의 발생과 교환관계가 발전했다. 이러한 사회적 변화는 혈연공동체 사회의 붕괴를 촉진시킨 객관적 조건이 되었으며, 원시공동체 사회의 붕괴를 촉진시킨 직접적 요인은 생산수단의 사적 소유와 계급의 발생이다.

생산력이 발전하지 못했던 시기에는 씨족공동체라는 집단을 이루어 생산수단을 공동으로 소유하고 공동노동을 통해 생산물을 공동으로 분배하고 소비하지 않으면 안 되었다. 그러나 청동기시대에 이르러서는 생산력이 발전된 조건에서 가족 단위의 개별 노동으로도 생활수단을 보장할 수 있게 되었고, 노동생산성에서 개인들의 역할 차이가 비교적 현저해졌으며, 사람들은 공동체의 이익과 구별되는 자기 개인의 이익을 자각하고 개인적인 물질적 관심을 갖게 되었다. 그 결과 공동소유, 공동노동, 공동분배에 기초한 사회제도를 허물 것을 요구하는 사람들이 생기고, 그들이 점차 우세한 세력을 형성함으로써 공동체 안에서 사적 소유 제도를 발생시키고 원시공동체 관계의 붕괴를 촉진시켰다.

공동체 안에서 생산수단의 사적 소유에 기초해 물질적 재부가 생산되게 되자 사유재산을 많이 가진 자들과 적게 가진 자들이 생기게 되었고, 생산수단의 소유 차이는 빈부 차이를 낳게 되어 재산상 불평등 관계가 생기게 되었다. 이리하여 사회는 부유한 자와 가난한 자로 분화되었다. 이러한 분화는 원시공동체 사회의 붕괴를 더욱 촉진시켰고, 부유한 자들은 자기의 소유권을 옹호하면서 가난한 자들을 점차 예속시키고 노예화하는 데로 나갔다. 이렇게 해서 노예가 발생하고 사회는 노예소유주와 노예라는 적대적 계급으로 나눠지는 최초의 계급분화가 이루어졌다. 이는 앞서 설명한 고조선 건국 직전 시기의 순장무덤(용산리 고인돌)을 통해 알 수 있다.

단군조선 성립 직전인 기원전 4000년기 후반기는 사회적으로 대혼란의 시기였다. 당시 공동체 내에서 특권적 지위(사적 소유에 기초한 지배계급)를 차지한 씨족적 귀족들은 자기들의 특권을 이용하여 권력과 재부를 독점했을 뿐 아니라 더 많은 재부와 영토를 차지하기 위해 이웃 부락과 전쟁을 빈번히 벌였다. 대동강 유역 청동기시대 집터들에서는 그 이전에는 볼 수 없었던 뿌리나래활촉, 단검 등 전투용 무기들이 나왔다. 이는 전쟁이 빈번했고, 집집마다 무기류를 갖춰놓고 있었다는 것을 말해주고 있다. 또한 전쟁에 승리한 종족은 패배한 종족들을 노예화하고 재물을 약탈하였으며, 촌락을 불태워버렸다. 이는 금탄리 유적, 남경 유적, 표대 유적, 남양리 유적, 신흥동 유적 등 불탄 집터들을 통해 잘 알 수 있다. 이러한 과정을 통해 대동강 유역에서는 기원전 4000년기 후반기에 종족연합이 형성되고, 종족연합체 내에서는 권력과 재부를 독점한 계급과 그것을 갖지 못한 계급이 확고히 갈라지게 되었다.

그렇다면 고조선 건국 이전인 청동기시대에 계급이 발생했다는 것을 어떻게 입증할 수 있는가? 그것은 대동강 유역에서 많이 발견되는 기원전 4000년기 후반기의 고인돌 무덤을 통해 입증된다. 한반도에서는 청동기시대에 접어들면서 고인돌 무덤을 쓰기 시작하여, 단군조선 성립 이후에 더욱 확산되었다. 단군조선 성립 이전에 쓰였던 고인돌 무덤들은 침촌형 1기, 2기에 해당되는 초기 고인돌 무덤이다.

고인돌 제작에는 많은 인력이 동원되었다. 따라서 고인돌 무덤은 많은 사람들을 강제적으로 동원할 수 있는 힘과 능력을 가진 지배계급이 생겨나면서부터 쓰이기 시작한 무덤양식이다. 혈연적 공동체 관계에서는 그러한 무덤을 쓸 수 없다. 그렇기 때문에 고인돌 무덤은 사회가 지배계급과 피지배계급으로 분화되었다는 것을 실물로 보여주는 유적이다.

고조선 성립 이전에 한반도가 노예제 사회로 접어들었다는 것은 용산리 순장무덤을 통해서도 확증할 수 있다. 용산리 고인돌 무덤은 단군조선 직전 시기의 무덤으로 알려졌는데, 집합식 침촌형 고인돌 무덤으로 수십 명의 사람들이 순장된 무덤 형태이다. 여기에 순장된 사람들이 노예였을 것은 불문가지이다.

•— 단군조선의 성립 시기 —•

우리나라 첫 고대국가인 단군조선은 언제 건국되었을까? 단군조선의 성립시기 문제는 아직까지 학계에서 해결되지 못한 문제 중의 하나이다. 단군조선은 최초의 고대국가로서 청동기문화를 바탕으로 성립되었다는 점에 대해서는 이구동성으로 동의하고 있다. 그런데 문제는 한반도 청동기문화가 언제 시작되었는가를 두고 아직도 논쟁이 진행되고 있다는 점이다. 북한의 단군릉 발굴 이전까지는 남북한 학계 공히 한반도 청동기문화의 시작이 기원전 15세기를 넘지 못한다는 견해를 갖고 있었기 때문에 단군조선의 성립 역시 기원전 10세기를 넘지 못할 것이라고 봤다. 그렇다면 고조선은 단군왕검이 기원전 2333년에 건국하였다는 역사기록들은 어떻게 해석해야 할까?

1. 단군신화를 어떻게 볼 것인가?

우리 민족사에서 최초의 계급국가인 고조선을 세운 건국시조는 단군이다. 단군이 고조선을 세웠다는 사실을 전하고 있는 것이 단군신화이다. 단군신화는 〈삼국유사〉, 〈제왕운기〉, 〈세종실록지리지〉, 〈응제시주〉 등에 실려 있다. 역사서에 나온 단군신화를 토대로 구한말 민족주의 역사학자들은 고조선의 건국연대를 기원전 2333년으로 보았다. 이것은 〈삼국유사〉의 〈위서〉 인용 부분과 〈제왕운기〉의 기록을 참고해 요임금의 즉위년인 무진년을 취한 것이다.

그러나 식민지 시기 우리의 민족사를 말살하려는 일제의 책동으로 인해 고조선 건국사는 한낱 신화로 전락했고, 이러한 고조선의 건국연대는 부정당했다. 뿐만 아니라 일제는 고조선의 고대국가적 성격 자체를 부정함으로써 고조선의 전 역사를 깡그리 지워버렸다. 해방 이후에도 청동기시대를 바탕으로 고대국가가 성립한다는 전제를 내세워 고조선의 고대국가적 성격을 아예 부정하거나, 기껏해야 기원전 7세기경에야 고조선이 성립되었다고 봤다. 그리고 단군신화는 역사적 사실에 기초하지 않은 신화에 불과하다고 봤다. 해방 이후 남북의 학자들이 단군신화를 단순한 신화로만 봤던 것은, 고대국가는 청동기문화를 바탕으로 성립되는데 한반도에서 청동기문화가 시작된 것은 기껏해야 기원전 10세기 이상을 넘지 못할 것이라는 판단에 기초한 것이다.

그런데 지금은 상황이 바뀌었다. 우선 한반도 청동기시대 시작연대가 훌쩍 올라가고 있다. 아직 남북한 학계가 통일된 견해를 정립하지는 못하고 있지만, 한반도에서 발굴된 청동기 유적 중에 기원전 26세기의 것이 나오고 있으며, 북한에서 발굴된 청동기 유적은 기원전 35세기까지 거슬러 올라간다. 이러한 추세를 반영해서 우리 학계에서도 기원전 20세기경부터 청동기시대가 시작되었다는 견해가 확산되고 있다. 한반도 청동기시대가 기원전 20세기 이상으로까지 올라가고 있는 현실에서 한낱 신화로만 취급당했던 단군신화를 재검토할 필요가 있다.

원래 대부분 나라들에서 건국신화는 건국시조의 위대성과 건국의 정당성을 고취하기 위해 역사적 사실에 신화적 요소를 덧붙이는 법이다. 게다가 수천 년이라는 오랜 세월 동안 전해져 오는 과정에서 후세 사람들의 취향와 감정, 이해관계에 맞게 윤색되고 변형되는 경우가 허다하다. 그렇기 때문에 건국신화를 한낱 신화로만 치부하게 될 경우, 그 속에 담겨 있는 소중한 역사적 사실을 놓치게 된다. 그렇기 때문에 단군신화에 대한 재해석이 요구된다.

단군신화를 기록한 역사서들 중에서 가장 오래된 것이 〈삼국유사〉(권1 기이 고조선조)에 실려 있는 〈고기〉의 기록이다. 그 내용을 요약하면 다음과 같다.

〈고기〉에 이르기를 옛날 환인의 아들 환웅이 있어 자주 천하에 뜻을 두면서 인간세상을 몹시 바라고 있었는데, 환인은 이를 알고 아래로 삼위태백을 보니 인간에게 커다란 이익을 줄 것 같아 천부인 세 개를 주어서 내려 보내 다스리게 했다.

① 웅이 무리 3,000을 거느리고 태백산 꼭대기(바로 태백은 지금의 묘향산이다) 신단수 아래로 내려오니 이를 신시라 이르고 그를 환웅천왕이라고 일렀다. 풍백·우사·운사를 데리고 곡식과 생명, 병과 형벌, 선과 악을 맡아 인간살이의 360가지의 일을 주관하면서 세상을 다스리고 교화했다.

② 때마침 곰 한 마리와 범 한 마리가 있어 한 굴에 같이 살면서 신인 웅에게 사람으로 변하게 해달라고 늘 빌었다. 이때 신이 신령스러운 쑥 한 타래와 마늘 스무 개를 주면서 말하기를 "너희들이 이걸 먹고 백 날 동안 햇빛을 보지 않으면 쉽사리 사람의 모양으로 될 수 있으리라"고 하였다. 곰은 그걸 얻어먹고 스무하루 동안 참아 여인의 몸으로 되었으나 범은 참지 못해 사람의 몸으로 되지 못했다. 곰 여인은 혼인할 자리가 없었으므로 매번 신단수 아래에서 애기를 배게 해달라고 빌었다. 웅이 이에 잠시 사람으로 변해 그와 혼인해 애기를 배게 하여 아들을 낳으니 이게 바로 단군왕검이다.

③ 당나라 요임금이 왕위에 오른 지 50년이 되는 경인(당나라 요임금이 왕위에 오른 첫 해가 무진인즉 50년은 정사요 경인은 아니라. 확실한 여부가 의심스럽다)에 평양성(지금의 서경이다)에 도읍하고 조선이라 칭했다. 또 도읍을 백악산 아사달로 옮기었

는데 그곳을 또한 궁홀산(궁을 달리는 방이라고도 쓴다)이라고
도 하고 금마달이라고도 한다.

나라를 1,500년 동안 다스렸다. 주나라 무왕이 왕위에 오른 기
묘에 기자를 조선에 봉하니 단군은 장당경으로 옮겼다가 후에 돌
아와 아사달에 숨어서 산신이 되었는데 나이는 1,908살이었다고
한다(괄호 안은 〈삼국유사〉의 저자 일연의 주석이다).

신화의 내용 중에서 환인이 아들 환웅을 인간세상에 내려보냈다는
것은 후세 사람들에 의해 덧붙여진 것일 것이며, 마지막 부분 역시 후
세에 첨가하거나 기존 신화 내용에 끼워 넣은 것들이다. 이러한 것들
을 제외한 나머지 부분은 신화가 창조되던 시기의 원형에 가까운 것
이라고 할 수 있다. 이 신화의 원형은 구성상 ① 환웅신화 ② 단군의
출생신화 ③ 단군의 건국기사로 구분할 수 있다.

먼저 환웅신화 부분을 보자. 내용 중에 덧붙여지거나 윤색한 부분
을 빼고 나면, 단군이 고조선을 건국하기 이전 사회상황을 잘 묘사하
고 있다. 단군이 건국하기 이전 사회는 원시군사민주주의 단계의 종
족연합에 기초한 군장사회이다. 아직까지 국가기구를 세우지는 못했
지만, 원시적인 정치조직을 꾸리고 원시민주주의 방식으로 사회를 관
리하던 사회상황을 비교적 잘 묘사하고 있다. 환웅은 태양신을 믿던
종족의 추장을 형상한 것이고, 무리 3,000을 거느렸다는 것은 공동체
추장으로서 많은 수의 성원들을 통솔하고 있었음으로 표현한 것이며,
태백산 꼭대기 신단수 아래에 내렸다는 것은 그가 태양신의 의사를
대변한 존재임을 말한 것이다.

신화에 나오는 풍백·우사·운사는 환웅이 거느린 씨족적 귀족들을 자연신으로 형상한 것이며, 곡식·생명·병·형벌·선악 등 360가지 일을 주관하면서 세상을 다스렸다는 것은 추장으로서 공동체의 모든 일을 주관했음을 표현한 것이다. 원시사회 말기, 계급이 막 형성되면서 종족들 사이에 끊임없이 전쟁이 벌어지고 있던 당시의 사회상황과 정치조직의 형태를 비교적 잘 표현하고 있다.

다음으로 단군 탄생신화를 살펴보자. 먼저 곰과 범이 한 굴에서 살았다는 것은 무슨 의미일까? 이것을 둘러싸고 여러 가지 해석이 나오고 있다. 일부에서는 곰족과 범족이 있었는데, 곰족은 환웅의 태양족과 결합하고 범족은 배제되었다고 해석하기도 한다. 그런데 이렇게 해석하게 되면 "한 굴에 살았다"는 점을 놓치게 된다. "한 굴에 살았다"는 것은 하나의 종족을 이루고 살았다는 것을 표현한 것이다. "곰만 사람으로 되었다"는 것은 이 종족에서 곰씨족이 지배적 지위에 있었음을 신화적으로 표현한 것이다. 또한 곰 여인이 환웅과 혼인하였다는 것은 곰씨족의 추장이 태양신을 숭배한 종족의 추장과 혼인한 사실을 그린 것이며, 이 두 종족이 종족연합을 형성했던 역사적 사실을 표현한 것이다.

끝으로 단군의 건국기사를 살펴보자. 단군의 건국기사는 사실을 그대로 반영한 것이다. 단군이 평양에 도읍을 정하고 조선이라는 나라를 세웠다는 것을 사실대로 담아놓았다. 다만 건국연대를 요임금 시기로 해놓은 것은 우리 선조들이 단군의 건국연대에 대한 정확한 기록이 없었던 조건에서 구전으로 전하는 연대를 중국 역사에서 요임금 시기에 비교해서 우리 역사의 유구성을 내세우려고 한 것이다.

단군신화에 담겨 있는 역사적 사실을 종합하면, 환웅시대는 농업중심 사회, 종족연합 사회, 원시군사민주주의 단계의 군장사회였으며, 사회구성원들 사이에서 계급분화가 진행되고 있었다는 것, 공동체 추장을 비롯한 씨족적 귀족들과 일반 공동체 성원으로 구분되어 있었다는 것, 지배계급과 피지배계급에 대한 계급적 지배가 실현되던 원시 말기 사회라는 것을 잘 그려놓고 있다. 그리고 그런 사회상황에서 단군이 평양성에 도읍을 정하고 조선이라는 나라를 세워 통치했다는 것을 표현해놓고 있다.

2. 단군릉 발굴을 어떻게 볼 것인가?

북한은 1993년 10월 〈단군릉 발굴보고〉를 통해 단군이 5,011년 전의 실존인물이라고 발표했다. 이 발표가 사실이라면 지금까지 우리나라 고대사는 전면적으로 재정립되어야 한다. 그럼에도 아직까지 우리 역사학계에서는 평양 단군릉 발굴에 대한 이렇다 할 입장이 없으며, 대다수 주류 사학계에서는 전략적 무시로 일관하고 있다. 아직까지 분단이데올로기로부터 자유롭지 못한데다가, 북한에 대한 지독한 편견에 젖어 있어 그들의 역사학 연구성과에 대해 의도적으로 무시한 결과로 보인다. 그러나 단군릉 문제에 대한 우리 학계의 이러한 태도는 분명 잘못되었다. 왜냐하면 단군릉 문제는 우리나라 역사에서 지엽적이거나 부분적인 문제가 아니라 핵심 중에서도 핵심적인 문제이기 때문이다.

북한의 단군릉 발굴보고에 대해 남쪽 역사학계에서는 체계적이고 이론적인 연구와 비판은 거의 없으나 대체로 단군릉의 존재, 단군 유골의 실체성, 연대 측정방식, 고분 형식, 유물 문제 등의 이유를 들어 회의적으로 보는 시각이 지배적이다. 뚜렷한 과학적 반론이 없다면, 과학적 근거에 의해 제시된 연구결과는 인정되어야 한다. 단군릉에 대한 문제도 이러한 관점에서 합리적으로 검토해야 한다.

(1) 단군릉은 과연 단군의 무덤이 맞을까?

평양 단군릉의 존재에 대해 처음 역사서에 나온 것은 1530년에 완성된 〈신증동국여지승람〉이다. 이 책 권55 '강동현 고적조'에서는 "현의 서쪽 3리에 둘레가 410자나 되는 큰 무덤이 있는데 민간에서 단군묘라고 한다"는 기사가 적혀 있다. 그리고 1626년에 편찬된 〈강동지〉에도 이와 똑같은 기록이 적혀 있다. 그 밖에 〈조선왕조실록〉에도 여러 군데에 기록되어 있다. 〈숙종실록〉에는 1697년 7월 14일에 숙종이 강동의 단군묘와 평양의 동명왕묘를 해마다 수리할 것을 상주한 이인엽의 제의를 승인했다고 적혀 있다. 〈영조실록〉에도 평양감사에게 단군묘를 잘 보수관리하도록 지시한 내용이 기록되어 있으며, 〈정조실록〉에도 기록되어 있다. 이러한 역사 자료들은 조선시대 우리 조상들이 단군묘의 존재를 알고 있었고, 국가적으로 관리하고 있었다는 것을 보여준다.

(2) 왜 고구려 무덤 양식으로 되어 있을까?

남쪽 학계에서는 많은 사람들이 무덤 양식을 보고 단군릉의 실재성에 대해 의심한다. 이는 무덤 안에 안치된 유골에 대한 연대 측정 결과를 신뢰하느냐 하는 문제와 직결된다. 유골의 연대 측정이 맞는다면, 고구려시대에 단군릉을 개건했다고 봐야 한다. 그리고 이것은 조선시대뿐만 아니라 고구려시대에도 단군묘를 국가적으로 관리해 왔다는 것을 뜻한다.

왜 고구려 사람들이 단군묘를 국가적으로 관리했을까? 그것은 고구려 사람들 역시 단군을 우리 민족의 시조로 추앙하고 있었기 때문이다. 이는 〈삼국유사〉의 왕력에 고주몽이 단군의 아들이라 기록되어있고, 〈제왕운기〉에는 고구려 사람들을 단군의 후손이라고 써놓은 것에서도 잘 알 수 있다.

역시 핵심은 단군 유골의 실체성과 연대 측정에 대한 신뢰의 문제이다. 단군 유골의 실체성 문제 역시 연대 측정 문제와 직결된다. 연대 측정 결과가 맞다면, 그것은 단군의 묘일 수밖에 없기 때문이다. 남쪽 역사학계에서 제기하는 의문의 핵심은 보통 인골의 측정은 방사성 탄소연대 측정방법을 쓰는데, 왜 수만 년 혹은 수십만 년 전의 유적유물 연대 측정에 활용되는 전자상자성공명(EPR) 연대 측정방법을 썼느냐는 것이다. 그러한 연대 측정방법을 5천 년 전의 유골을 측정하는 데 쓰게 되면 오차범위가 너무 커서 신뢰하기 어렵다는 것이다. 이 견해를 지지하는 어떤 학자는 자기 논문에서 "이론적 제약과 기술적 한계로 인해 기본적으로 500년 정도의 오차가 발생하기 때문에 설득력이 없다"며 단군릉의 연대 측정방식에 문제를 제기하였다.

500년 정도의 오차라면, 이미 단군릉 발굴팀에서 발표한 5,011±267년이라는 측정치에서 밝힌 오차범위에 포함된다. 그리고 대체로 모든 측정방법에는 불가피하게 오차범위가 존재하며, 그 범위가 5%

정도라면 그래도 신뢰성 있는 측정치로 본다. 단군릉 유골의 연대 측정방법으로 쓴 전자상자성공명 연대 측정방법은 200만 년 전의 지질학적 대상과 몇 만 년 전의 고인류학적 대상 등으로부터 몇 천 년 혹은 몇 백 년 전의 인골과 토기 등의 연대를 측정할 수 있는 최신 연대 측정방법이다. 따라서 연대 측정방법에 대한 문제제기는 타당성이 없는 것으로 알려졌다.

실제로 성천군 용산리 순장무덤의 연대를 전자상자성공명법과 핵분열흔적법 두 가지 방법으로 연대 측정한 결과 각각 5,069±426년, 5,037±852년이 나와 거의 차이가 없다는 것이 밝혀졌다. 그리고 방사성 탄소연대 측정방법은 시료를 너무 많이 사용해야 하기 때문에 단군 유골을 최대한 보호하기 위해서는 적합하지 않다는 것이다.

단군 유골 연대측정팀에서 밝힌 바에 따르면, 북한 사회과학원 고고학연구소 연대측정실에서는 24번을 측정한 결과 5,011±267이라는 측정치를 얻어냈다. 이를 상부에 보고하자, 보다 신중해야 한다면서 최신형 전자상자성공명기를 다시 들여오고, 외부 전문가들로 연대 측정팀을 더 보강해서 또다시 30회를 측정해 같은 답을 얻어냈다고 한다.

이처럼 단군릉 발굴팀의 발표에 대한 여러 가지 문제제기에 대해 과학적인 답변이 주어졌으며, 그 밖에 더 이상 과학적으로 타당성 있는 문제제기는 없다. 막연한 의심에 기초한 회의론에 젖어 과학적 결론을 전략적으로 무시하는 것은 과학적 태도라 볼 수 없다. 일단 과학적인 결론을 인정하고, 그에 기초해서 단군조선 문제에 접근해 나가는 게 옳은 태도이다. 이제 우리 역사학계도 막연한 전략적 무시에서 벗어나 단군릉 발굴의 성과를 긍정적으로 받아들이고, 이에 기초해서 우리나라 고대사를 풀어 나가야 할 것이다.

3. 단군조선은 기원전 30세기 초에 성립되었다

권위를 인정받은 역사서들에 분명하게 기록되어 있고 왕릉급 무덤이며 그 능에서 발굴된 유골의 연대 측정 결과 5천 년 전의 것이라면, 그것은 단군의 유골이라고 확증할 수밖에 없다. 단군릉 발굴에 의해 우리 민족의 원시조인 단군의 출생연대가 5,011±267년(1993년 기준)이라는 것이 확인되었다.

단군은 반만년 전에 평양 지역의 강동 땅에서 태어났다. 단군이 출생하던 무렵 평양 지역에는 태양신을 조상신으로 믿고 있던 종족이 동물을 신성한 존재로 믿고 있던 종족을 통합해 하나의 종족연합체를 이루고 있었다. 이 종족연합체의 추장이 단군의 아버지인 환웅이었다. 환웅은 이웃 종족의 우두머리 딸과 결혼해 아들을 낳았는데, 그가 바로 단군이었다.

단군이 출생하던 당시 사회는 원시시대 말기로서 이미 계급분화가 진행되어 계급적 모순이 심화되어 가던 시기였다. 이러한 시기에 종족연합체 추장의 아들로 태어나 성장한 단군은 아버지의 뒤를 이어 추장이 된 후 원시적인 정치기구들을 점차 계급 간, 종족 간 대립을 억제하기 위한 권력기구로 개편해 나갔으며, 이러한 사회적 변혁에 기초해 기원전 30세기 초 평양에 도읍을 정하고 동아시아에서 처음으로 고대국가를 세웠다.

민족사에 있어서 첫 국가의 건국연대 문제는 매우 심각한 문제이다. 이는 민족사를 과학적으로 체계화하는 데에 중요한 문제일 뿐 아니라 민족사의 유구성과 민족의 문명성을 논증하는 데서 선차적인 과제가 된다. 그렇기 때문에 우리 역사학계에서도 고조선의 건국기년을 바로 정하기 위해 많은 학자들이 고심해 왔다. 그 결과 해방 전에는 대체로 고조선의 건국기년을 반만년 전으로, 구체적으로는 당요 무진년설에 의거해 단기원년을 기원전 2333년으로 봤다.

　하지만 일제강점기에는 일제의 단군 말살책동으로 인해 고조선의 역사를 과학적으로 체계화하지 못했다. 뿐만 아니라 단군을 신화로 치부해버리고, 단군은 실재 인물이 아니라 신화적 존재에 지나지 않는다는 그릇된 인식이 확산되었다. 그 결과 해방 이후에도 고조선의 건국연대를 과학적으로 정하지 못한 채 기원전 8~7세기, 또는 기원전 10세기경에야 고조선이 성립되었다는 견해에 머물렀다.

　단군릉이 발굴되고 단군의 출생연대가 과학적으로 밝혀진 오늘의 상황에서는 그것을 기준으로 단군조선의 건국연대를 과학적으로 확정해야 한다. 단군이 단군릉 발굴 당시로부터 5,011년 전에 출생한 것으로 보아 그가 고조선을 창건한 것은 기원전 30세기 초로 보는 것이 가장 합리적일 것이다.

　각 나라의 건국연대를 논함에 있어 그 나라를 세운 건국자의 생존연대보다 더 신뢰성 있는 자료는 없다. 따라서 단군의 출생연대를 기준으로 고조선의 건국연대를 확정하는 것이 가장 과학적이다. 단군은 고조선을 세운 건국시조이고 그 출생연대가 현대 과학기술에 의해 밝혀진 만큼, 고조선의 성립시기는 기원전 30세기 초가 확실하다. 이러한 사실은 여러 가지 유적유물들과 일부 역사자료들을 통해서도 확인할 수 있다.

고조선의 건국연대를 알 수 있게 해주는 유적유물들로는 고대 성곽들, 순장무덤, 고조선 초기 고인돌 무덤 들이 있다. 이 중에서 성곽의 존재 유무는 고대국가의 존재 유무를 실증해주는 강력한 물질적 자료로 된다. 왜냐하면 성곽은 외적의 침입으로부터 나라를 지키기 위한 국가 방어시설로서, 고대국가 단계로 접어들어야 비로소 나타나기 때문이다. 성곽을 축조하는 데에는 수많은 인력이 필요하며, 이러한 인력을 동원할 수 있는 강력한 권력이 없이는 성곽을 건설할 수 없다.

단군조선이 기원전 30세기 초에 성립되었다는 것을 보여주는 고대 성곽들이 평양 주변에서 많이 발굴되었다. 평양시 강동군 남강구에 있는 황대성, 대성구역 청암동 토성 아래성, 남포시 온천군 성현리 토성 아래성, 황해북도 봉산군 지탑리 토성 아래성 등은 기원전 3000년기 초엽 평양 일대에 국가가 존재했다는 것을 명백히 실증해준다. 특히 청암동 토성 아래성을 중심으로 100여 리를 사이에 두고 동·서·남 요충지마다 성곽이 축조되어 있었다는 것은 바로 여기에 고대국가의 수도가 있었음을 실증해준다.

이런 점에서 주목되는 것은 평양시 강동구 남강구에 있는 황대성이다. 황대성의 성벽은 강돌로 성심을 쌓고 거기에 흙을 씌운 토석혼축 형식인데, 현재 300m 정도만 남아 있다. 지금 남아 있는 성벽의 축조 형식으로 보아 성의 평면은 동서로 긴 타원형이었던 것으로 보인다. 성터에서는 2기의 고인돌 무덤과 1기의 돌관무덤, 1개의 배수시설이 발견되었다. 그 가운데 고인돌 무덤 1기는 동쪽 성벽위에 자리 잡고 있다. 이것은 성이 축조되던 시기보다 훨씬 늦게 고인돌 무덤이 쓰여 졌다는 것을 뜻한다.

성벽 위에 자리 잡고 있는 오덕형 고인돌 무덤은 황대성이 폐성이 된 다음 오랜 세월이 지난 후에 축조된 무덤이라는 점에서 학자들의 주목을 받았지만, 연대를 측정할 수 있는 직접적인 유물은 발견되지 않았다. 그런데 다행히 같은 시대에 축조된 것으로 확인된 돌관무덤에서 유물이 나와 연대 측정한 결과 4,795±215년(1993년 기준) 전으로 확인됐다. 황대성이 폐성이 된 후 만든 돌관무덤과 고인돌 무덤이 기원전 28세기에 해당된다면, 황대성은 기원전 30세기경에 축조된 것이 확실하다. 이 연대는 단군조선의 건국연대와 거의 일치하며, 단군조선이 기원전 30세기 초에 건국되었다는 것을 실물적으로 보여주고 있다.

고조선의 건국연대가 기원전 30세기 초에 해당된다는 것을 실증해주는 또 다른 유적은 앞에서 소개한 바 있는 용산리 순장무덤이다. 이 무덤은 단군조선 성립 직전에 해당되는 무덤으로, 그 당시에 30여 명의 노예를 단번에 생매장할 수 있는 권력과 재부를 가진 노예주들이 존재했다는 것과 노예제 국가가 실재했다는 사실을 확인해준다.

또한 평양 지방과 그 주변 일대에서 발견되는 여러 유형의 고인돌 무덤도 평양 일대에서 기원전 3000년기 전반기에 이미 고대국가 시대로 확고히 접어들었다는 것을 실증해준다. 무덤의 형식과 짜임새, 부장품들에는 매장자의 계급 신분관계가 반영되며, 특히 고인돌 무덤의 경우에는 유형과 형식이 다양하고 크기가 서로 다르므로 계급 신분관계가 더욱 뚜렷하게 드러나게 되어 있다.

평양과 그 주변 일대에는 왕릉급의 특대형 고인돌 무덤을 비롯해 1만 4천여 기의 고인돌 무덤이 집중적으로 분포되어 있을 뿐 아니라, 그 중에서는 기원전 3000년기 전반기에 해당되는 침촌형 3, 4형식, 오덕형 1형식, 묵방형 1형식 고인돌 무덤들이 많이 발굴되었다. 특히 황해북도 상원군 장리 1호 고인돌 무덤을 비롯한 특대형 고인돌 무덤이 나타나는 것은, 기원전 30세기 초 단군조선의 성립을 계기로 재부와 권력을 가진 자들이 많이 생겨난 사실을 실증해준다.

또한 기원전 3000년기 전반기에 해당되는 황해북도 신평군 선암리 고인돌 무덤, 황해남도 봉천군 대아리 돌관무덤에서 나온 비파형동검, 기원전 3000년기 중기 말 무렵의 평양 삼석구역 호남리 표대 유적터, 황해북도 상원군 용곡리 5호 고인돌 무덤, 평양남도 덕천시 남양리 유적 집터에서 나온 비파형 창끝은 전투 전용으로 발전된 금속제 무기로서 이 지역들이 당시 계급사회였다는 것을 보여준다.

단군릉 발굴을 비롯한 제반 고고학적 자료들은 단군조선이 기원전 30세기 초에 성립되었다는 것을 말해주고 있다. 그런데 기존의 역사자료들에서는 왜 기원전 2333년에 단군조선이 건국되었다고 기록하고 있는가?

〈삼국유사〉를 비롯한 대다수 사료들은 단군조선 건국시기를 중국의 요임금과 결부시켜 서술하고 있다. 기원전 2333년 설은 〈제왕운기〉에서 이승휴가 단군조선의 건국연대를 중국 요임금의 건국연대와 대비하여 무진년이라고 하면서부터 생겨났다.

그가 이렇게 본 것은 그 어떤 구체적 자료에 기초한 것이 아니라, 단군이 우리나라에서 처음으로 나라를 세운 민족의 원시조라면 중국에서는 요임금이 처음으로 나라를 세운 한족의 원시조라고 본 데서 그러한 논법을 세웠던 것 같다. 이승휴는 민족사에 대한 관심이 많은 편이었지만 그 역시 중국의 천자중심주의 사관에서 완전히 벗어나지 못했기 때문에, 조선의 원시조를 중국의 원시조보다 앞세워 놓지 못했다고 본다. 기원전 2333년이 이처럼 구체적 근거에 기초한 것이 아니라, 우리 역사의 유구성을 중국 역사에 빗대어 서술해놓은 것이니만큼 단군릉 발굴로 단군의 출생이 과학적으로 밝혀진 조건에서는 응당 수정되어야 할 것이다.

단군조선의 건국연대가 기원전 30세기 초에 해당된다는 것을 시사해주는 역사자료들도 존재한다. 단군조선의 건국 사실을 담고 있는 제반 역사자료들은 공통적으로 당요 무진년에 고조선이 건국된 것으로 되어 있다. 원래는 당요 무진년이 당요 건국연대에 해당된다고 믿고 그렇게 썼으나, 중국에서 당요 건국 갑진년설이 우세해진 후에도 우리나라에서는 단군의 건국연대를 당요 즉위 25년 무진년 설이 통용되었다. 이는 당요 건국연대와 상관없이 단군에 의한 건국연대 무진년이 우리 조상들 속에서 오랜 기간 전승되어 온 것이라고 볼 수 있다.

이와 마찬가지로 단군조선 왕조의 존속기간 1,500년 설이 우리 조상들로부터 대대로 전승되어 온 것이라고 단정할 수 있다. 즉, 단군조선 건국년 무진년, 단군조선 존속기간 1,500년이 확고히 우리의 피 속에 녹아 흐르는 것이다. 이것을 기초로 해서 기존 역사서들에서 단군조선 건국연대를 계산해보면 재미있는 결론이 나온다.

〈삼국유사〉에 인용된 〈고기〉에서는 단군조선 왕조가 1,500년 존속했으며 주나라 무왕이 즉위한 기묘년(기원전 1122년)에 기자가 조선에 왔다고 전한다. 그렇다면 단군조선이 기자 이전에 1,500년간 존속했다는 것인데, 그렇다면 기원전 1122년보다 1,500년 전인 기원전 27세기 말에 성립되었다는 것으로 된다. 그리고 〈제왕운기〉 등에 나와 있는 단군조선 종말연대인 무정 8년 을미년(기원전 1286년) 설을 기준으로 해서 거꾸로 1,500년을 올라가면 기원전 2786년이 된다.

조선시대 학자 이종휘(1731~1786년)는 자기의 문집인 〈수산집〉에서 단군조선 존속연대 1,508년 설을 주장하면서 단군은 중국으로 말하면 복희씨, 신농씨(대략 기원전 30세기~기원전 29세기)와 같은 인물이라는 추론을 제시했다. 이종휘보다 앞선 시기 학자인 홍만종(1643~1725년)의 〈해동이적〉에서도 역시 단군이 1,508년 통치했다고 하면서 그는 복희씨와 비슷하다고 했다. 이러한 주장들은 단군의 건국연대를 기원전 2333년보다 수백 년 더 앞섰다고 봤으며, 실제 건국연대인 기원전 30세기 초에 거의 근사하게 접근했다는 점에서 특색 있다.

●── 고조선의 고대국가적 성격 ──●

우리나라 역사학계에서는 고조선을 우리나라 최초의 국가로는 인정하고 있지만 아직까지 고대국가로 보려 하지 않으며, 일부에서는 마지못해 기원전 5세기를 전후로 고대국가로 발전해 갔다고 인정하고 있다. 더구나 기원전 30세기 초에 건국되었다는 것은 불가능하다고 보고 있다.

그런데 어느 한 나라에서 최초의 국가이면서 고대국가가 아닌 국가란 존재할 수 없다. 역사적으로 지구상에 등장한 최초의 국가는 고대국가이다. 인류 문명의 4대 발상지는 모두 인류 역사상 처음으로 고대국가를 건설해 국가시대, 역사시대의 문을 연 지역을 가리킨다. 이 지역들은 대체로 기원전 3500~기원전 2000년 사이에 고대국가를 건설했다. 그 당시 건설된 고대국가는 우리나라 역사학자들이 고대국가의 잣대로 내세우고 있는 것과는 거리가 멀다. 우리나라 역사학계에서 내세우고 있는 고도의 중앙집권화와 율령체제, 신분체제와 같은 잣대에 비춰보면 이러한 기준에 도달한 고대국가는 없다.

인류 역사는 세계 여러 지역에서 출현한 고대국가들이 같은 노예제 사회의 국가형태이지만, 발생시기의 사회경제 및 계급관계, 자연지리적 조건 등에 따라 국가형태가 제각기 다르다는 것을 보여주고 있다. 고대 이집트에서는 노모스라고 하는 40여 개의 소국들이 형성되어 있다가 그들이 벌이는 끝없는 정복전쟁으로 기원전 30세기경 하나의 왕국으로 통합되어 강력한 중앙집권적 군주제가 확립되었으며 아시아, 아프리카의 고대국가들은 방대한 관개공사의 필요로부터 중앙집권적 군주제 형식의 국가형태를 띠고 있었다.

반면 기원전 8~6세기경에 이르러서야 계급사회로 이행한 고대 그리스에서는 통일국가가 형성되지 못한 채 아테네와 스파르타 등 여러 개의 도시국가들로 분립해 있었는데, 이들 고대국가들의 정치체제는 군주제가 아니라 민주공화제 또는 귀족공화제였다.

고대 로마 역시 정치체제는 고대 그리스와 비슷했다. 이처럼 고대국가의 기본 징표는 중앙집권체제의 형성 여부가 아니라, 혈연적 집단에 의해 운영되는 사회관계로부터 촌락과 영토를 기반으로 계급계층적 사회관계의 토대 위에서 계급적 지배집단(노예 소유자로서 고대 귀족정치세력)이 지배권을 장악하고, 조세를 징수하고 행정을 담당할 수 있는 중앙관료체제와 지역통치체제를 구비하였으며, 외부로부터 국가를 수호하고 합법적으로 권력을 행사하기 위한 군대, 법률, 감옥 등 물리적 권력기구를 갖추었는가 하는 점이다.

이러한 잣대에 비춰보면 고조선은 고대국가인가, 아닌가? 이에 대한 해답을 찾기 위해서는 고조선 사회의 계급적 성격, 중앙관료기구와 지역통치제제의 구축 여부, 상비군을 비롯한 물리적 통치수단 확보 여부, 군주의 절대권력 소유 여부 등을 통해 고대국가의 기본 징표에 부합되는가를 판단해야 한다.

1. 고조선은 노예제 국가

원시공동체 사회로부터 고대국가로 역사적 전환을 하려면 나라를 세워야 한다. 나라가 없던 사회에서 나라를 세운다는 것은 오늘날 사회주의 혁명에 비견할 수 있을 정도로 경천동지할 거대한 변혁이었다. 아무도 그러한 사회를 상상하지 못할 때 나라를 세울 꿈을 갖고 이를 실천해 나간 '사람과 집단'은 위대한 변혁세력이라고 말할 수 있다. 단군, 그리고 그와 함께 단군조선을 세웠던 주도세력이 바로 그런 세력이다. 그 당시 나라는 왜 필요했으며, 그들은 어떤 꿈을 갖고 나라를 세웠을까?

단군이 고조선을 세웠던 당시 사회는 혈연공동체가 붕괴되고 지배하는 자와 지배를 받는 자, 빼앗는 자와 빼앗기는 자로 나뉘어 종족 사이에 끊임없는 전쟁이 펼쳐지던 갈등과 혼란의 시대였다. 정의도 게임의 규칙도 없이 사각의 정글에서 펼쳐지는 적자생존의 사회적 갈등과 혼란의 시대에 사람들 사이에서는 사회적 질서와 규칙을 세워 갈등과 혼란을 중단시키고, 사회적 안정과 발전에 대한 강렬한 요구가 분출했다. 바로 이러한 시대적 요구를 반영해 단군조선이 건국되었다. 이처럼 단군조선은 혈연공동체 사회의 혈연관계에 기초해서 건설된 것이 아니라, 노예제 사회의 계급계층 관계에 기초해서 건설되었다.

단군조선이 성립될 당시 사회상황을 보여주는 유적유물 자료들은 많다. 우선 평양 일대에서 볼 수 있는 기원전 4000년기 중·후반기 불탄 팽이그릇 집터 유적을 들 수 있다. 금탄리 유적, 남경 유적, 남양리 유적, 신흥동 유적 등의 청동기시대 불탄 집터들과 황해북도 송림시 석탄리 유적 1기층의 10여 개 집터가 모두 불탄 집터라는 사실은 이 시기 재물을 약탈하고 마을을 모조리 불태워버린 가혹한 전쟁이 벌어졌다는 것을 보여준다. 이 시기 전쟁에서 승리한 종족은 패배한 종족이 항복하면 평화적으로 포섭하기도 했으나, 그렇지 않은 경우 재물을 모두 약탈하고 포로는 노예로 삼았으며 촌락은 모두 불태워버렸다. 이것은 기원전 4000년기 후반기 평양 일대의 종족연합체 내에서는 혈연공동체 사회가 몰락하고 계급관계가 형성되어 부와 권력을 독점한 계급과 그것을 가지지 못한 계급으로 나뉘면서 계급사회로 전환했다는 것을 실증해주고 있다.

사회가 계급관계로 나뉘었으며 노예제 사회로 접어들었다는 것을 실물적으로 보여주는 유적들은 이 시기 고인돌 무덤이다. 고인돌 무덤 축조는 짧은 기간에 막대한 노동력과 높은 건축기술을 요구하는 고된 노동이었으며, 일정한 권력이나 재부를 가진 자들만이 여기에 묻혔다. 기원전 4000년기 후반기 단군조선 성립 직전 시기에 축조된 것으로 확인된 1형식(초기형) 침촌형 고인돌 무덤은 뚜껑돌이 10~30 톤 정도나 된다. 이것은 여기에 묻힌 무덤 주인들이 노예소유주 무덤이라고 봐야 하며, 노예들을 동원해서 고인돌 무덤을 조성한 것으로 봐야 한다.

단군조선이 노예제 사회의 계급관계에 기초해서 성립되었다는 것을 직접적으로 보여주는 유적은 용산리 순장무덤이다. 앞에서 소개한 이 무덤이야말로 단군조선 성립 직전에 조성된 것이다. 순장무덤은 노예제 사회의 고유한 풍습으로, 용산리 무덤에서 30여 명의 유골이 발굴되었다는 것은 그 정도의 노예를 한꺼번에 순장시킬 수 있는 권력과 재부를 가진 노예소유주들이 존재했고 노예제 사회였다는 것을 명백히 보여주는 증거이다.

노예제 사회의 계급관계에 기초해서 성립한 고조선은 단군조선 건국 이후 국가권력의 작용 아래 노예제 사회경제 관계를 부단히 확대 발전시켜 나갔다. 단군조선은 건국 이후 주변의 소국과 정치세력들을 하나하나 정복하면서 영토를 확장해 나갔는데, 그 과정에 노예제 사회경제 관계가 넓은 지역으로 부단히 확대되었다. 또한 단군조선 건국으로 국가권력을 등에 업은 노예소유주들이 국가권력의 비호 아래 여러 가지 공간을 통해 노예 수를 끊임없이 늘이면서 자기의 노예제 경리를 확대해 나갔다. 이러한 것들은 단군조선 건국 이후 뚜껑돌 무게가 40~100톤에 달하는 특대형 고인돌 무덤이 새롭게 출현한 데서 잘 드러난다.

기원전 3000년기 초엽에 이르러 규모가 큰 오덕형 고인돌 무덤들이 새롭게 출현하면서 황해북도 상원군 장리 1호 고인돌 무덤(무덤의 규모를 보면 뚜껑돌의 길이가 6.3m, 너비 4.05m, 두께 72cm이다. 이처럼 무덤의 규모가 웅장할 뿐만 아니라 이 무덤에서는 청동교예장식품 1개, 청동방울 2개, 청동끌 1개, 돌활촉 44개, 1유형의 조롱박형 단지 조각을 비롯한 질그릇 조각 수십 개가 나왔다. 이 무덤의 뚜껑돌 무게는 100톤 이상으로 추정되는데, 이처럼 육중한 석재를 채취하여 매장지까지 끌어다가 높이 2m 이상인 고임돌 위에 올려놓아 무덤을 축조하는데 얼마나 많은 노력과 품이 들었겠는가?)을 비롯한 특대형 고인돌 무덤들이 나타나는 것은 기원전 30세기 초 단군조선 성립을 계기로 많은 재부와 권력을 가진 자들이 많이 생겨난 사실을 실증해준다.

또한 기원전 3000년기 전반기에 해당하는 황해도 신평군 선암리와 봉천군 대아리 돌관무덤에서 나온 비파형 단검, 기원전 3000년기 중·말엽에 해당하는 평양시 삼석구역 호남리 표대 유적 집터와 황해도 상원군 용곡리 5호 고인돌 무덤, 평남 덕천시 남양 유적 집터에서 나온 비파형 창끝은 전투 전용의 발전된 금속제 무기로서 이 지역들이 당시 노예제 계급사회였다는 것을 보여준다.

단군조선 성립 이후 확대발전되어 온 노예소유주의 경리는 단군조선 말기에 이르러 가장 높은 단계에 올라서게 된다. 노예소유주 경리를 집중적으로 반영한 순장제가 큰 규모에서 진행된 사실은 당시 노

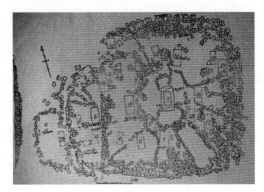

강상무덤

예소유주의 경제제도가 상당히 발전했다는 것을 말해준다. 강상무덤
(동서 길이 약 28m, 남북 길이 약 20m나 되는 무덤구역 안에 23개의 무덤구
덩이를 만들고 그 위에 막돌을 덮은 돌무지무덤이다. 특이한 것은 청동제 무
기가 나온 무덤구덩이들이 주인공을 옹위하듯 그 가까이에 빙 둘러 배치되어
있는데, 다 7호 구덩이에 복종하는 형식으로 만들어졌다. 이 무덤은 방사선
탄소연대 측정법에 의한 측정연대는 3,285±135년으로서 이것은 단군조선
말기인 기원전 16세기~기원전 15세기에 해당된다. 현재 중국 요녕성 대련시
감정자구에 있다)에는 무덤구역 안의 중심에 있는 7호 무덤을 비롯한
총 23개의 무덤구덩이가 있는데 그 규모, 구덩이의 크기, 부장품의 양
등으로 보아 노예소유주 가족 3명을 묻는 데 모두 130명의 노예를 순
장시켰을 것으로 추정된다. 따라서 기원전 16세기~기원전 15세기 단
군조선 말기에는 노예소유주 제도가 전성기를 구가하고 있었던 것으
로 보인다.

고조선의 노예제 경리는 후조선 초기에도 계속 확대발전되었다. 그
것은 강상무덤보다도 몇 세기 후인 누상무덤에도 수십 명의 노예를

순장한 사실에 의해 실증된다. 노예제 경리가 성행하던 당시 대노예 소유주들은 수백 명 이상의 노예들을 거느리고 있었다. 강상무덤이나 누상무덤은 그 위치로 보아 한 개 지방귀족 무덤에 불과하므로, 고조선 중심부에 살고 있던 왕족이나 중앙귀족들은 그보다 훨씬 더 많은 노예들을 소유하고 있었을 것이 분명하다. 고조선의 노예제 경리는 후조선 사회에서도 계속 발전하나, 기원전 6세기~5세기 이후에는 쇠퇴했다. 이는 그 후 그 어떠한 순장무덤도 발견되지 않고 있는 데서 알 수 있다.

2. 범금 8조를 통해서 본 고조선의 고대국가적 성격

고조선이 노예소유주 국가라는 것은 고조선 시기 사법제도를 통해서도 실증된다. 법이란 지배계급의 의사표현이며 중요한 통치수단으로서 국가와 함께 발생해 끊임없이 발전해 왔다. 고조선이 고대국가라면 응당 통치수단으로서 법이 있어야 하며, 그 법의 성격을 통해 그 사회의 성격을 파악할 수 있다. 즉, 고조선이 혈연공동체가 아니라 계급계층 관계에 기초한 고대국가라면 노예제도와 노예제 사회를 합법화하는 법률적 장치가 존재했을 것이다. 따라서 고조선의 법률제도를 검토해보면 그 고대국가적 성격을 파악할 수 있다.

고조선의 법 가운데 옛 기록에 의해 전해져 오는 것은 범금 8조 내용뿐이다. 범금 8조의 내용 중 현재까지 전해져 오는 것은 〈한서〉 지리지에 실려 있는 3개 조항뿐인데, 그 내용은 다음과 같다.

① 사람을 죽인 자는 즉시 사형에 처한다.

② 다른 사람에게 부상을 입힌 자는 곡식으로 보상해야 한다.

③ 남의 물건을 훔친 자는 남자의 경우에는 도적을 맞은 자의 노로 만들고 여자의 경우에는 비로 만든다. 만일 훔친 자가 죄를 벗으려면 50만의 돈을 내야 한다.

〈한서〉 지리지에서는 중국의 은나라 사람인 기자가 조선으로 와서 백성들에게 예의를 가르치고 누에를 쳐서 천을 짜게 했다는 내용과 함께 이 기사가 실려 있다. 기자동래설이 중국 봉건시대 사가들에 의해 꾸며진 허황된 것이기 때문에 이것은 기자가 만든 법이 아니다. 하지만 범금 8조를 기자와 연결시켜 후조선 초기와 일치시켜 보려 했다면, 은나라 말기 주나라 초기에 이미 고조선에 존재했으며 후조선의 성립시기와 깊은 연관을 갖고 있었다고 추론할 수 있다. 즉, 후조선 초기에 성문법으로 제정된 것이라고 볼 수 있다.

범금 8조가 후조선 초기에 성문법으로 만들어졌다면, 이는 전조선 시기의 관습법 및 성문법에 기초해서 제정된 것이었다고 봐야 한다. 왜냐하면 성문법이란 하루아침에 만들어지는 것이 아니라 그 이전 시기의 수많은 법례들을 참고해 오랜 기간에 걸쳐 완성되는 것이기 때문이다. 후조선의 권력담당자들은 전조선 시기의 관습법과 성문법을 수정하거나 새로 보충하여 더욱 정비하고 조목별로 갈라서 보다 발전된 8개 조항의 형법을 만들었다고 판단된다.

범금 8조는 형법적이면서도 민법적인 요소를 많이 갖고 있는 노예제 사회의 발전된 성문법이다. 이 법은 노예소유주들의 특권적 지위와 노예와 평민들의 불평등한 의무와 권리를 규정해놓은 것으로, 노예제 사회의 지배계급의 이익을 보호하는 사회질서를 확립하고 옹호하기 위한 강제수단이었다. 이 법들은 첫째 조항인 "사람을 죽인 자는 사형에 처한다"는 조항은 원시사회 때부터 전해 오는 관습법에 기초한 '동해보복' 단계를 벗어나지 못했으나, 다른 조항들은 고대 노예제 국가의 법치고는 상당히 발전된 것으로, 고조선의 형법제도의 계급적 성격과 고대국가적 성격을 뚜렷이 보여준다.

물론 첫째 조항 역시 계급사회에 접어들면서 법률 적용의 편파성으로 인해 노예소유주 계급이 노예를 죽이거나 피지배 평민들을 죽일 경우에는 적용되지 않고, 피지배계급이 지배계급에게 반항하기 위해 벌이는 살인에만 집중적으로 적용되었을 것이 명백하다. 그렇다고 보면 이 조항 역시 노예제 사회를 유지 강화하고 지배계급의 이익을 지키기 위한 수단으로 작용했다.

둘째 "남에게 부상을 입힌 자는 곡식으로서 보상해야 한다"는 조항 역시 겉으로는 모든 사람들에게 다 적용되는 것처럼 되어 있으나, 노예소유주 계급이 피지배계급에게 상해를 입혔을 경우 법적 제소까지 갈 수 있겠는가를 놓고 보면, 피지배계급에게만 일방적으로 적용되는 조항이라고밖에 볼 수 없다. 여기에서 주목되는 점은 곡식으로 보상해야 한다는 점이다. 이것은 노예소유주 계급이 가난한 사람들의 곡물을 빼앗아내고, 이들을 채무노예로 전락시킬 공간의 하나로 이용될 만한 성격의 조항이다. 곡물배상과 같은 경제적 제재조치로서 노예와 평민들의 반항을 무마하고 노예주들의 생명을 보호하며 배상을 구실로 피지배 평민들을 채무노예로 만들기 위한 것이다.

그러나 고조선 사회의 노예제적 성격을 직접적으로 보여주는 조항은 셋째 조항이다. "남의 물건을 훔친 자는 남자의 경우에는 도적을 맞은 자의 노로 만들고, 여자의 경우에는 비로 만든다. 만일 훔친 자가 죄를 벗으려면 50만의 돈을 내야 한다"는 조항은 소유권 침해 범죄에 대한 형벌 적용을 다룬 것으로, 노예소유주들의 재산과 소유권을 법적으로 보호하며 그들이 노예를 얻는 원천을 권력으로 뒷받침해놓은 것이다. 우선 이 조항에서 우리는 사적 소유 제도가 확립되어 있었다는 것, 노예가 존재했다는 것, 사회의 계급구성이 노예소유주, 노예, 자영 소농민으로 이루어졌다는 것을 확인할 수 있다. 이것으로 고조선 사회가 공동소유에 기초한 혈연공동체 사회가 아니라 신분계급 사회로서 사적 소유에 기초한 노예제 사회라는 것을 단적으로 보여준다.

일부 사람들은 노예의 존재만으로 고조선을 노예제 사회라 단정할 수 없다고 말하기도 한다. 그러나 고조선 사회는 노예제 사회이다. 왜냐하면 인류 역사에서 최초의 계급사회는 노예제 사회일 수밖에 없고, 노예가 있으면 노예소유주 계급이 존재할 것이며, 그 사회는 노예소유주 계급과 노예 계급 사이의 적대적 모순관계가 사회의 기본 모순관계로 되기 때문이다. 노예제 경리가 사회적 생산에서 차지하는 양적 비중을 갖고 노예제 사회인가 아닌가를 판단하는 것은 사회성격에 대한 몰이해이다. 노예에 관한 법률이 있다는 것 자체가 이미 그 사회가 노예제도가 일반화되고 공고화되었다는 것을 의미한다. 우리는 또한 이 조항 제정의 배경에 대해 유추해볼 필요가 있다. 후조선 시기에 접어들어 노예소유주 계급들의 소유권에 대한 각종 침해가 빈번해지고 그것이 사회적 문제가 되었을 뿐 아니라, 전쟁포로의 원천이 고갈되어 가는 상황에서 필요한 노예를 형벌노예로 충당할 목적으로 도적죄에 대해 훔친 주인의 노예로 만든다는 규정을 제정했을 것이다.

이와 같이 범금 8조의 살인자에 대한 형벌 규정, 상해를 입힌 가해자에 대한 곡물보상 규정, 도적질한 자를 노예로 만든 규정들은 모두 노예소유주 계급의 이익을 보호하고 그들의 특권적 지위와 권리를 옹호하며, 노예와 평민들의 반항을 억압하기 위한 수단이었다. 고조선의 지배세력들은 자신들의 특권적 이익을 옹호하기 위한 법을 제정하고 끊임없이 보충해 나갔을 뿐 아니라, 형벌을 전문적으로 취급하는 관료기구와 감옥을 설치해놓고 고대국가 체제를 유지해 나가는 수단으로 삼았다.

단군조선 건국 초기부터 형벌을 담당하는 중앙관료기구를 설치해놓고 웅가라고 불리는 관료로 하여금 이를 담당케 했다. 그리고 옛 기록들에서 우리나라 고대국가들에 존재했던 제가평의회에 대해 전하면서 그 주된 임무가 범죄자들을 심의 처형한 데 있다고 전하고 있는 것을 보면, 고조선에서 국가적으로 제기되는 극히 엄중한 범죄자들에 대한 재판처형은 제가평의회에서 담당 수행했다고 볼 수 있다.

3. 고조선은 세습군주제 사회

고조선의 고대국가적 성격은 정치제도에서도 확인된다. 고조선은 나라의 최고통치권자인 임금이 가장 큰 권력을 틀어쥐고 행사한 세습군주제 국가였다. 세습군주를 정점으로 정연한 중앙통치기구를 갖추고, 지방통치체제를 구축해 나라를 통치했다.

고조선의 최고통치자의 칭호는 '단군'이었다. 단군이란 명칭은 '밝은 임금', '밝은 족 임금', 또는 '박달족 임금'이라는 순수 우리말을 한자를 쓰게 되면서 이두식으로 표현한 말이다. 또한 단군조선의 건국자를 지칭하는 말이면서, 동시에 고조선의 모든 왕들을 지칭하는 보통명사로 쓰였다. 이것은 〈삼국유사〉, 〈제왕운기〉 등에서 시조 단군이 나라를 세우고 1,500년간 또는 1,000년간 나라를 다스렸다고 쓴 것은 건국시조일 뿐만 아니라 그 후 임금들도 계속 단군으로 불렀기 때문이다. 최고통치권자에 대한 일반명사로서 단군이라는 명칭은 단군조선 시기뿐만 아니라 후조선 시기까지 쓰였다.

고조선에서 군주는 세습제였다. 이는 옛 기록들에서 시조 단군이 나라를 세운 다음 맏아들 부루를 태자로 임명해 왕위를 잇게 하고, 그가 죽은 다음 부루가 임금으로 된 사실을 전하고 있다. 이는 고조선에서 건국 초기부터 왕위세습제가 실시되었다는 것을 보여준다. 또한 〈규원사화〉, 〈단군세기〉 등에서 단군조선 시기의 47대 임금의 이름을 전하면서, 그들을 모두 시조 단군의 후손이라고 밝히고 있다. 이것은 건국 초기에 실시되었던 왕위세습제가 계속 이어졌다는 것을 말해준다. 그리고 중국의 옛 기록인 〈위략〉에서 기원전 4세기 후조선의 왕과 그 후손인 부와 그의 아들 준이 뒤이어 왕위를 계승했다고 전하는데, 이것은 후조선 시기에도 왕위세습제가 지켜졌다는 것을 말해준다. 그리고 고조선 마지막 왕조인 만조선에서도 만과 그 아들과 손자 우거에 이르기까지 대대로 왕위를 계승했다. 이러한 것들은 고조선 전 시기에 걸쳐 왕위세습제가 흔들림 없이 이어졌으며, 왕권이 상당히 공고하였다는 것을 말해준다.

고조선 시기에 나라의 최고통치권은 군주에게 속했다. 군주는 최고의 재판관, 지상의 입법자, 태양신 숭배의 주재자, 군대의 최고통솔자로서 정치·경제·군사·문화·대외관계 등 모든 분야의 일을 최종적으로 처리했다. 임금의 명령 지시는 곧 법으로 간주하였고 그대로 집행되어야 했다. 비록 후세의 일이기는 하나 기원전 108년 고조선-한 전쟁 시기에 군사권과 외교권 등을 비롯한 모든 권한이 우거왕에게 있었던 것을 보면, 고조선에서는 대내외적으로 제기되는 주요 정사처리에서 가장 큰 권한이 임금에게 있었다는 것을 알 수 있다. 임금은 중앙통치기구뿐만 아니라 지방통치기구도 장악하고 전국에 대한 통치를 실행했다.

군주 밑에는 고조선 형성 초기부터 비교적 체계적인 중앙관직과 통치기구가 있었다. 건국시조 단군 때 이미 '가'라고 지칭된 대신급 중앙관료들이 있었다. '가'라는 말은 고대 우리나라 말에서 귀한 사람, 큰 어른을 가리키는 존칭어로서 귀족층 일반을 가리키는 말로 쓰였다.

단군조선은 건국 이후 원시사회의 동물신앙의 유제를 외피로 범, 말, 소, 개, 곰 등 동물 이름을 '가'와 결합해 해당 동물의 특성과 관리들의 직분에 맞게 중앙 최고관료들의 관직명으로 삼았다. 단군조선 시조 단군 때 정해졌다고 하는 호가, 마가, 우가, 웅가, 응가, 학가, 로가, 구가 등이 바로 그것이다. 건국 초기에 정해진 이러한 중앙관직은 그 후 수석가인 호가의 이름이 용가로 바뀌고, 제2대 부루 임금 때 조세징수를 담당하는 봉가가 더 설치된 것 외에 단군조선 전 기간 동안 큰 변동은 없었던 것으로 보인다. 여기에서 호가는 수석가이며, 마가는 임금의 명령을 아래에 전달하고 그 집행정형을 장악해 임금에게 보고하는 일을 담당했으며, 웅가는 군대를 통솔하는 군사에 관한 일을 총괄했으며, 우가는 농사에 관한 일을 담당했으며, 웅가는 법질서를 담당했으며, 로가는 질병치료를 담당했으며, 학가는 사회도덕과 의례를 담당했으며, 구가는 지방행정을 담당했다고 한다.

이러한 고조선 시기 관직명은 후조선에도 이어졌으며, 고대 부여에도 이어졌다. 그러다 후조선 말기에 이르러 관직명, 직무 등에서 많은 변화가 있었다. 후조선 말에서 만조선에 이르는 시기에 재편성된 중앙관료기구에 대해 구체적으로 전하는 자료가 없어 그 전모를 밝힐 수 없으나, 중국의 옛 문헌에서 전한 단편적 기록들을 통해 보면 비왕(임금의 정치를 보좌한 최고위급 측근 관료), 상(대신급 관료), 장군(고위급 무관직), 대부(임금에게 직접 의견을 개진할 수 있는 상 다음가는 중앙관료) 등의 관직이 있었다.

고조선에서는 발전된 중앙관료기구의 하나로서 제가평의회가 있었다. 이것은 귀족 상층을 이룬 '가'들과 대신급 관료들이 모여 나라의 주요 문제를 토의 결정한 민주주의적 귀족합의기구였다. 제가평의회는 나라의 정책수립으로부터 형벌적용과 법률제정, 전쟁과 대외관계 등 주요 정책적 문제들을 토의 결정하였다. 제가평의회는 군주의 전횡을 억제하는 기능도 일정하게 수행했으나, 어디까지나 기본은 군주권력을 보좌하는 고위급 귀족들의 '민주주의적' 합의기구였다.

고조선에서는 발전된 중앙통치기구와 함께 나라 전역의 주민들에 대한 지배와 통치를 실현할 수 있는 지방통치제도도 갖추어져 있었다. 지방통치체계는 직접 주민들을 대상으로 중앙정부의 명령과 지시를 집행하는 지배와 복종의 체계이다. 고조선의 지방통치체계는 임금의 직접통치와 간접통치 형식이 적용된 직할지와 후국, 속령 등으로 구성되어 있었으며, 그 밑에 말단행정단위로서 제각기 다른 규모의 고을과 마을들이 층위를 이루어 종속체계를 갖추고 있었다.

직할지는 임금의 권력이 직접 미치는 지역이다. 여기에서는 지방행정단위 편성과 관리임면에 이르기까지 모든 권한이 임금에게 속했을 뿐 아니라, 그의 명령과 지시는 아무런 제약 없이 직접 주민들에게 미쳤다. 직할지 안의 지방행정 통치체계에서 기본은 고을이다. 지역에 따라 일정한 규모로 설치된 고을은 임금의 명령과 지시를 아래에 전달하고 그것을 집행하는 말단 행정단위였다.

지방통치체제로서 후국은 임금으로부터 일정한 지역의 통치자(후왕)로 책봉 받은 지역 또는 나라를 말하며, 속령은 후왕은 없고 대인만 두는 간접통치 지역을 말한다. 고조선에서 후국제는 영토 확장과정에서 발생했다. 건국 초기 고조선의 영역은 평양을 중심으로 한 서북한 지역 일대에 국한되어 있었으나, 국력이 강화되는 데 따라 점차임진강, 한강 남쪽, 압록강 북쪽으로 확장되었다. 그런데 이 지역들이 서북한 지역에 비해 사회발전 수준이 상대적으로 뒤떨어져 있었다.

이러한 데다가 단군조선의 통치기구 전반이 아직은 형성 초기에 있었기 때문에 임금의 직접통치를 넓은 판도에 걸쳐 실현할 수 있을 정도로 발전되지 못했고, 교통과 통신수단도 이러한 권력을 뒷받침할수 있을 만큼 발달되어 있지 못했다. 이러한 현실에서 새로 편입된 지역들을 모두 직접 통치할 수 없었다. 따라서 확장된 지역들을 후왕 또는 소국의 우두머리들을 통해 간접적으로 지배하는 형식을 취하게 되었는데, 이렇게 해서 후국과 속령이 설치되게 된 것이다.

〈제왕운기〉에서 시라(신라), 고례(구려), 남·북옥저, 동·북부여, 예, 맥이 모두 단군이 다스린 지역이었다고 하고, 〈후한서〉에서 예 및 옥저, 구려가 본래 모두 조선의 땅이었다고 한 것은 그러한 명칭으로 불린 세력들이 모두 고조선의 통치 하에 있었다는 것을 말해준다. 평양 지방에서 발원한 비파형동검 문화가 서북한 지역을 거쳐 중남부 및 동북부 조선, 요동, 요서지방의 넓은 지역에 분포된 사실은 이 지역들에 대한 단군조선의 세력확장 관계를 보여주는 것이라고 할 수 있다. 즉, 한반도와 만주 지역이 다 단군조선의 영역이었다는 것을 말해준다.

우리나라 일부 역사학자들은 삼한 지역(한강 이남 지역)은 고조선의 영역이 아니었다고 보는데, 이것은 그릇된 견해이다. 단군조선의 영역이 아니었다면 고인돌 문화, 비파형동검 문화, 세형동검 문화 등 문화적 공통성이 설명될 수 없다. 간접통치 방식으로서 후국제는 종주국의 왕족이나 국왕의 측근자를 후왕(제후)으로 책봉하는 방식과 해당 지역의 우두머리들을 후왕으로 책봉하는 방법이 적용되었다. 후국제도 하에서 후국의 통치자들은 임금의 신하로서 고조선 왕조에 종속되었으나 자체의 통치기구를 갖고 후왕으로서 자기 지역을 통치할 수 있었다.

고조선의 지방통치체계에는 부수도를 두는 제도도 있었다. 부수도는 직할지 안의 정치군사적 거점에 설치한 제2의 수도를 말한다. 교통운수나 통신수단이 발전하지 못했던 당시 조건에서 광활한 지역에 대한 통치를 보다 원활히 하려고 지역적 통치거점으로 부수도를 두게 되었다. 역사서에 나오는 고조선의 부수도로는 장당경, 왕검성을 들수 있다.

장당경은 〈규원사화〉에서는 단군조선 건국 초기 수도 평양성에 큰물이 나서 구월산 아래 장당경을 건설하고 이곳을 임시수도로 삼았다고 하였으며, 〈삼국유사〉 고조선조에서는 단군조선 왕조가 후조선 왕조에 의해 교체되던 시기의 일을 전하면서 단군조선의 임금이 수도 평양성을 내놓고 장당경으로 옮겨 앉았다고 밝히고 있다.

부수도 제도는 고조선 전 시기에 걸쳐서 존재했는데, 그 대표적인 것이 요동지방에 있는 왕검성이다. 왕검성은 임금성의 한자표기로서, 임금이 있는 곳이라는 뜻을 가지고 있다. 이러한 이름을 썼다는 것은 요동의 왕검성이 평양의 왕검성과 거의 동등한 지위에 있었다고 볼 수 있다.

4. 고조선은 군대가 있었다

상설무장력으로 군대는 고대국가 시대에 접어들면서 나타났다. 고대국가 이전 원시사회에서는 정규적인 무장력 자체가 존재하지 않았다. 고대국가의 지배세력들은 대내적으로는 계급적 지배를 유지 강화하고, 대외적으로는 침략세력으로부터 나라를 지키기 우해 상비무장력(군대)을 갖추고 군사력을 강화했다. 고조선 역시 예외가 아니다. 고조선은 계급신분 관계에 바탕을 두고 편성된 상비적인 군대, 발전된 무기무장과 정연한 성 방위체계를 갖춘 강력한 군사력을 소유했다. 고조선의 초기의 군사력에 관한 기록은 거의 없으나, 여러 가지 유적

유물들을 통해 고조선 초기의 상비무장력에 대해 유추해볼 수 있다.

고조선에는 많은 무장력이 있었다. 단군조선 시기 군사행정기관의 최고장관인 웅가가 있은 것을 보면 상비무력의 존재를 확인할 수 있다. 또 이 시기 수없이 축조된 성곽들과 당시의 유적들에서 발굴되는 무기무장들도 많은 상비군의 존재를 전제로 한 것이다. 예를 들어 단군조선 초기 무덤인 상원군 장리 2호 고인돌 무덤에서는 74개의 활촉과 군사지휘봉인 별도끼 3개가 나왔으며, 상원군 용곡리 방울뫼 5호 고인돌 무덤에서는 별도끼와 비파형 창끝, 돌단검 등이 나왔다. 이러한 것들은 노예소유주 계급인 귀족들이 군사지휘관으로 복무했다는 것을 보여주며, 상설무장력(군대)의 존재를 확인해준다.

고조선이 강력한 군대를 보유하고 있었다는 것은, 후조선 말기인 기원전 323년경 연나라 역왕이 고조선 땅을 침범하려고 했을 때 고조선 왕이 군사를 일으켜 연나라를 치려고 했다는 데서 잘 드러난다. 〈위략〉에 나온 이 기사는 당시 연나라의 무장력을 가늠하면 고조선의 무장력 정도를 판단할 수 있다. 당시 연나라는 보병 수십만 명, 차 700대, 기병 6천 명이라는 군대를 갖고 있었는데, 이러한 연나라와 싸우려고 했다는 것은 고조선도 이에 견줄 만한 군사력을 갖고 있었음을 보여준다.

고조선의 군사력을 잘 보여주는 대표적인 사례는 고조선-한 전쟁 때 직접 전투에 참가한 고조선군이 대략 10만 명으로 추산되고 있는데, 전투에 참가하지 않은 군대까지 고려한다면 만조선 시기에도 많은 상비무력(군대)이 있었다고 할 수 있다. 물론 전쟁 때 전투에 참가한 모든 병사들이 상비군인 것은 아니다. 일반 병사들은 상비군도 있지만, 평시에는 농사를 짓다가 전쟁이 발생하거나 국가의 징발에 의해 군대에 나가는 경우가 많다. 그렇기 때문에 전투병력을 갖고 상비군의 수를 직접 말할 수는 없지만, 전쟁에 동원할 수 있는 병사의 수는 곧 그 나라의 무장력의 크기를 말하며, 무장력의 크기에 따라 상비군과 무장의 양과 질이 결정되기 때문에 매우 의미 있다. 즉, 만조선 시기에 한나라와 전쟁을 벌일 정도의 군대를 갖고 있었다는 것이다. 이것은 고조선-한 전쟁 때 우거왕이 태자를 시켜 5천 필의 말을 끌고 가게 한 사실을 통해서도 고조선의 군사력 수준이 매우 높았다는 것을 알 수 있다.

이처럼 고조선은 단군조선 건국 초기부터 상비무력을 갖고 있었으며, 군사관계 업무를 담당할 기구를 설치해놓고 많은 무장력을 지속적으로 강화해 나갔다. 그리하고 후조선, 만조선 시기에 이르러서는 수십만 명을 동원하는 대전쟁을 벌일 정도의 군사력을 갖추었으며, 군의 편재 역시 육군과 수군을 보유하고 있었고, 육군은 다시 보병과 기병을 갖추고 있었다. 이것은 고조선의 고대국가적 성격을 명징하게 보여주는 살아 있는 증거이다.

●── 고조선의 수도와 강역 ──●

고조선의 수도에 관해서는 크게 평양중심설, 요동중심설, 중심지이동설로 나뉜다. 이 중에서 중심지이동설은 고조선이 기원전 4세기 이전 요동지방을 장악하고 있었던 것은 사실이나, 기원전 3세기 연나라 장수 진개가 고조선을 침공해 많은 영토를 강점한 이후 평양으로 중심지를 이동했다고 본다. 평양중심설과 중심지이동설은 부분적인 차이에도 불구하고 고조선-한 전쟁이 펼쳐질 당시 고조선의 영역은 한반도 서북지역에 국한되었다고 본다는 점에서는 일치한다. 그렇기 때문에 고조선-한 전쟁의 무대인 왕검성은 평양일 수밖에 없고, 한사군도 한반도 내부에 설치된 것은 움직일 수 없는 사실이라고 주장한다. 결국 양자는 기본적인 관점과 입장에서는 일치한다.

반면에 요동중심설은 고조선의 중심지가 요동에 있었고, 고조선은 요동과 한반도를 아우르는 거대한 고대국가였다고 본다. 요동중심설 역시 자세히 들여다보면 여러 가지 이견들이 존재한다. 하지만 부분적인 차이에도 고조선-한 전쟁의 무대는 한반도 내부에 있는 평양이 아니라, 요동지역에 있는 왕검성이라고 보는 점에서는 일치한다. 그리고 한사군 역시 한반도 내부가 아니라 요동지역에 설치된 것이 명백하다고 주장한다.

'고조선-한 전쟁의 전쟁터가 어디였는가? 한사군은 어디에 설치되었는가?' 하는 문제는 추후에 검토하기로 한다. 여기에서는 이러한 논쟁점들을 염두에 두면서 고조선의 수도는 어디였으며, 고조선의 강역은 어떻게 되는가를 살펴보기로 한다. 여기서는 중심지라는 표현 대신에 수도와 강역이라는 개념을 사용하려 한다. 중심지라는 표현은 고조선의 수도를 지칭하는 개념인지, 아니면 강역을 지칭하는 개념인지가 애매하다. 고조선의 중심지가 평양이었다 하더라도 고조선의 강역이 요동지역을 포괄하면서 고조선-한 전쟁이 평양이 아닌 요동지역에서 벌어질 수도 있다.

이러한 점을 염두에 두었을 때 '중심지가 평양인가 요동인가'라고 논쟁하는 것은 비생산적이며, 역사적 상상력의 폭을 제한해버린다. 특히 요동지역을 강조하려다 보니까 한반도 지역을 경시한다는 느낌도 준다. 따라서 중심지라는 표현은 적절치 않다고 보며, 최근에 부각되고 있는 대고조선론, 소고조선론을 사용하는 게 옳다고 본다.

대고조선론의 입장에서 보면, 고조선의 정치적 중심지를 꼭 하나로 볼 필요가 없다. 우리나라 역사를 보면 수도를 여러 곳에 두는 전통을 갖고 있다. 이 전통이 고조선에서부터 시작되었다고 봤을 때 왕검성이 꼭 한 곳일 필요가 없다. 왕검성이란 말 그대로 임금이 살고 있는 성(임금성)이며, 수도가 아닌 부수도 역시 왕검성이라고 부르는 것은 자연스럽다. 고구려 때에도 이러한 경우가 있는데, 남평양성이 바로 그 예이다. 〈삼국사기〉 권18 '고구려 본기' 고국원왕 41년 10월, 소수림왕 7년 10월 조에는 각각 백제가 평양성을 공격했다는 기사가 있다. 그런데 이것은 현재의 평양이 아니라 장수산 근처에 있는 남평양성(북한 역사학계가 1984년도에 황해도 신원군 아양리, 월당리 일대에서 큰 도시 유적을 발굴하면서 밝혀졌다)이라는 사실이 밝혀졌다.

고구려에는 부수도를 '별도'라 불렀는데, 기본 수도 외에 몇 개의 별도를 두었다. 별도는 정치군사적으로 중요한 지방의 중심지에 둠으로써 지방에 대한 국왕의 중앙집권적 통제와 지배를 강화하며, 외적이 침입하는 경우 그에 대해 신속히 대응하여 전선에 지휘를 접근 시킬 목적으로 설치되었다. 별도는 수도의 축소판으로서 여러 중앙통치기관을 간략화된 형태로 구비하고 있어서, 국왕이 그곳에 와서 정사를 보게 되면 곧 수도를 대신하는 역할을 하게끔 되어 있었다.

이처럼 부수도를 두는 전통은 고구려뿐만 아니라 신라도 5소경을 두었으며, 발해 역시 5경을 설치했다. 그리고 고려 역시 서경(평양)과 남경(서울)을 두었다. 이처럼 우리나라 역사에서 나타나고 있는 부수도 제도의 시원이 고조선이라고 볼 때, 왕검성이 하나였다는 고정관념에서 벗어날 수 있다. 특히 고조선 때에는 교통과 통신의 발달이 매우 취약했기 때문에 이러한 부수도 제도를 설치하지 않고는 넓은 영토를 지배하고 통치할 수 없었을 것이다.

1. 고조선의 수도는 평양

단군릉의 발굴은 고조선의 수도를 둘러싼 지루한 논쟁에 마침표를 찍었다. 단군릉에서 단군의 유골이 발굴된 것이다. 단군릉에서 단군의 유골이 발견된 것만으로 고조선의 수도가 평양이었다고 확증할 수 있을까? 물론 그 하나의 사실만으로 고조선의 수도가 평양이었다고 단언할 수 없다. 수많은 역사자료들에서 고조선의 수도가 평양이라고 밝히고 있고, 수많은 유적유물들이 평양을 가리키고 있으며, 단군릉에서 단군의 유골까지 발견되었기 때문에 고조선의 수도는 평양이었다고 확증할 수 있는 것이다.

먼저 평양이 고조선의 수도였다고 밝힌 역사자료들을 살펴보자. 대표적인 사료는 〈삼국유사〉나 〈응제시주〉이다. 여기에서는 〈고기〉를 인용해 단군이 평양성에 도읍을 정했다고 밝히고 있고, 특히 〈삼국유사〉의 저자 일연은 '평양이 현재의 서경'이라고 주석까지 달아놓았는데, 일연 생존 당시의 서경은 오늘의 평양이었다. 〈삼국사기〉의 저자 김부식은 고구려 동천왕 247년 2월에 고구려가 평양성을 쌓고 백성들과 종묘사직을 옮겼다는 내용을 전하면서 "평양이란 것은 본래 선인왕검의 택(살던 곳)이다"는 기록을 덧붙였다. 여기에서 김부식이 얘기하는 선인왕검이란 다름 아닌 단군을 지칭한 것이다.

조선시대 초기의 무인인 이숙기는 1325년 평양 사람 사공 조연수의 묘지명을 쓰면서 "평양의 선조는 선인왕검으로 오늘에 이르기까지 그 백성이 남아 있으니 당당한 사공이 그분이시네. 평양군(선인왕검)은 삼한 이전부터 있으면서 수명이 천 년을 넘고 장수하여 신선이 되었도다"고 밝혀, 단군왕검이 평양에 도읍을 정하고 나라를 열었다고 썼다. 조연수의 묘지명을 쓴 이숙기는 역사학자도 아니고 뛰어난 유학자도 아닌, 평범한 지식인에 불과하다. 그런 그가 단군조선의 수도가 평양이라고 묘지명에 밝힐 정도라면, 그 당시 대다수 사람들은 평양을 단군조선의 수도로 여기고 있었을 것이다.

〈고려사〉 권30 세가 충렬왕 19년(1293년) 10월 무신 조에 "충렬왕이 서경(평양)에 사람을 보내 평양군 사당에서 제사를 지내게 했다"고 적혀 있다. 이 평양군이란 다름 아닌 선인왕검으로서 〈삼국유사〉에 인용된 〈고기〉에서 평양성에 도읍을 정했다는 단군이다. 그러므로 김부식이 평양을 본래 선인왕검이 살던 곳이라고 한 것은 단군조선의 수도라는 뜻이다. 〈고려사〉 지리지에도 평양이 삼조선의 수도였다고 명기되어 있다.

평양이 단군의 도읍지, 고조선의 수도였다는 조선시대 때 문헌기록들을 살펴보도록 하자. 〈태종실록〉 기록에 따르면 평양부윤 윤목이 평양을 단군이 수도로 정한 곳이라 하였고, 〈세종실록〉에서 1436년

한성부 판사 류사눌도 〈세년가〉에 근거해 단군이 평양에 수도를 정했다고 했다. 또 〈세종실록〉 지리지에는 "평양부는 본래 삼조선의 옛 도읍이었다"고 하면서, 삼조선의 첫 왕조가 단군조선임을 밝혀놓았다. 즉, 평양은 단군조선뿐 아니라 후조선, 만조선에 이르기까지 고조선의 수도였다고 했다.

〈신증동국여지승람〉에서도 평양이 삼조선의 수도였음을 밝혀놓았다. 또 15세기 말 조선에 온 명나라 사신 동월(董越)도 자기의 '조선부'(중국 명나라의 동월이 우리나라의 풍토를 읊은 시로, 조선 성종 19년에 우리나라에 사신으로 왔다가 돌아간 다음 명종 때에 간행하였다)라는 긴 시에 평양에 단군 사당이 있는데 나무위패에 '조선 시조 단군위'라고 적혀 있었다고 썼다. 신경준(1712~1781년. 신숙주의 아우로 알려진 신말주의 11대손으로 실학자이자 지리학자이다. 특히 1750년에 지은 〈훈민정음운해〉는 훈민정음을 한자어 음운으로 도표를 만들어 소개한 책으로 한글에 대한 과학적 연구의 큰 업적을 남겼다)은 자신의 저서 〈강계고〉에서 평양이 단군조선뿐 아니라 후조선, 만조선을 거쳐 내려오는 고조선 역사의 전 기간 동안 변함없는 수도였다는 것을 강조하였다. 이 밖에도 15세기 학자 서거정은 〈풍월루중신기〉에 평양은 고조선과 고구려의 옛 수도라고 썼고, 17세기의 문인 박미는 "단군은 이곳(평양)에 처음으로 도읍을 정했다"고 했으며, 안정복은 〈동사강목〉에서, 한치윤과 한진서는 〈해동역사〉에서 고조선의 수도가 평양이라고 했다.

이와 같이 평양이 단군 이래 고조선의 수도였다고 전하는 역사기록들이 매우 많다. 이것은 고조선의 수도, 정치적 중심지가 평양이었음을 말해주고 있다. 이러한 역사자료 외에도 평양이 고조선의 수도였다는 것을 증명해주는 유적유물들이 많다. 이에 대해 알아보도록 하자.

평양이 단군 이래 고조선의 중심지였다는 것은 앞에서 살펴봤듯이 평양 일대에 고대 초기 지배계급의 전형적인 무덤인 고인돌 무덤들이 집중적으로 분포되어 있는 것에서도 확인할 수 있다. 평양을 중심으로 한 대동강 중하류 유역 일대에는 1만 4천여 기의 고인돌 무덤이 분포되어 있고, 다른 지역들에서는 볼 수 없는 초기형의 것을 비롯해 중기형, 말기형에 이르기까지 면면한 계승관계를 보여주는 여러 유형의 고인돌들이 집중적으로 분포되어 있다. 그뿐 아니라 왕을 비롯한 특권 귀족들이 묻혔다고 볼 수 있는 특대형 고인돌 무덤, 대형 고인돌 무덤이 다른 지역에 비할 바 없이 많다. 이러한 것들은 평양이 단군조선 때부터 고조선 전 기간에 걸쳐 정치적 중심지, 수도였음을 보여준다.

그리고 고조선 초기의 대표적인 유물인 비파형 창끝과 비파형 단검, 청동활촉을 비롯한 청동계 유물과 미송리형 단지 등 단군조선 초기의 특징적 유물들이 평양 일대에 고인돌 무덤과 돌관무덤, 집터에서 자주 나온다. 이것은 평양 일대의 고조선의 특권 상층귀족들이 집중되어 있는 정치적 중심지, 수도였다는 것을 웅변해준다.

평양이 고조선의 수도였다는 것을 증명해주는 또 하나의 유력한 증거는 평양 주변에 구축되어 있는 고대 성곽들이다. 평양 주변에는 고조선 시기의 고대 성곽들이 집중적으로 분포되어 있다. 황대성(평양시 강동군), 청암동 토성 아래성(평양시 대성구역), 덕산 토성 아래성(평양시 은정구역), 성현리 토성 아래성(남포시 온천군), 지탑리 토성 아래성

(황해북도 봉산군) 등은 평양 주변에 있는 고조선 시기 성곽들이다. 이 성곽들은 청암동 토성을 중심으로 각각 100여 리를 사이에 두고 동서남북에 배치되어 있는데, 이것이 의미하는 바는 명확하다.

성곽이란 원래 국가단계에서야 비로소 나타나는 유적으로, 고조선의 국가적 성격을 명확히 보여주는 유적이다. 그리고 그 성곽들은 국가권력의 정치적 중심지에 집중적으로 건설된다. 이처럼 국가적 성격을 뚜렷이 보여주는 성곽들이 평양 일대에 집중적으로 분포되어 있다는 것은 평양이 단군조선의 정치적 중심지였다는 것을 증명해준다. 이 밖에도 평양 일대에 큰 규모의 고대 시기 집터 유적들, 재단시설들은 평양이 단군조선의 수도였음을 보여주는 유적들이다.

2. 고조선의 강역

고조선의 강역 문제 역시 고조선의 정치적 중심지, 수도 문제만큼이나 복잡하게 얽혀 있다. 고조선의 왕조가 기원전 30세기 초부터 기원전 108년 만조선이 붕괴되기까지 거의 3천 년간 존속했으며, 그 과정에 단군조선 · 후조선 · 만조선이라는 세 차례의 왕조 교체가 있었다. 이 장구한 기간 동안 고조선의 강역이 고정되어 있을 리 만무하다. 그렇기 때문에 강역 문제가 매우 복잡하게 얽혀 있을 수밖에 없다.

고조선의 강역을 놓고 크게 두 가지 대립되는 견해가 존재한다. 첫째는 대고조선론인데, 이 견해는 고조선의 기본 강역이 한반도 전체와 만주지역에 이르는 거대한 고대국가였다는 입장이다. 이에 반해 소고조선론은 고조선은 평양을 중심으로 한반도 서북한 지역이라는 한정된 지역을 강역으로 하고 있는 작은 나라라고 본다. 소고조선론의 일부는 고조선의 전성기 때는 요동지역을 차지한 적이 있지만, 연나라 때 진개의 침공으로 요동지역을 상실하고 한반도 서북한 지역에 고착되었다고 본다.

서로 대립되는 양 견해의 뿌리에는 고조선이 우리 민족의 역사에서 차지하는 지위와 역할에 대한 견해의 차이가 깔려 있다. 대고조선론은 고조선의 역사가 한국 역사의 출발점으로서 고조선의 정치, 경제, 문화가 뿌리가 되어 후대로 계승 발전되어 오면서 우리나라 역사가 발전했다고 본다. 반면에 소고조선론은, 고조선은 한반도 일부 지역에 국한된 나라로서 우리 민족사의 출발점이라고 하기에는 미흡함이 있다고 본다. 특히 한강 이남 지역은 고조선의 강역에 포함되어 있지 않았기 때문에 고조선의 정치적·문화적 영향력이 극히 제한적이라고 본다.

소고조선론은 또한 "고조선은 만조선 시기에 한나라와의 전쟁에서 패배한 후 멸망함으로써 이후 삼국시대의 형성과 발전에 직접적 영향을 주지 못했다. 그 결과 삼국시대는 중국의 정치문화적 영향력 하에서 형성되고 발전되었다. 이처럼 고조선은 존재했지만 고조선의 역사는 후대 우리 민족의 역사에 계승되지 못하고 단절되었다"고 본다.

고조선의 강역 문제에서 핵심쟁점은 몇 가지로 압축된다. 첫째는 단군조선의 강역의 범위에 관한 것이다. 여기에서는 단군조선 강역의 범위에 한강 이남 지역과 요동반도를 비롯한 만주 지역이 포함되는가 하는 문제이다. 둘째는 후조선 시기의 강역의 범위에 관한 것이다. 여기에서는 후조선의 서쪽 강역이 어디까지인가 하는 문제이다.

왜 이문제가 중요하냐면, 그에 따라 기원전 3세기 초 연나라 진개의 고조선 침공 이후 고조선의 서쪽 경계선(패수)이 어디까지인가가 결정되고, 고조선-한 전쟁의 전투지역이 결정된다. 여기에서 우리들이 염두에 둬야 할 것은 고대국가의 강역 문제와 현대국가의 국경 문제를 동일시해서는 안 된다는 것이다.

그 당시에는 명확한 국경선이 존재하지 않았다. 고대에는 영토에 대한 지배라기보다 종족에 대한 지배였기 때문에 명확한 영토관념이 결여되어 있었다. 그렇기 때문에 고대국가의 강역의 문제를 접근할 때 정치 문화적 지배력과 영향력이 미치는 영역이라는 개념으로 이해해야 한다. 특히 후국의 경우 고조선의 직접지배 지역이 아니기 때문에 후국 지역의 지배집단과 고조선 왕조의 지배예속 관계 이상의 공통의 국가 관념이 그 소속 구성원들 사이에서 공유되었다고 보기 어렵다.

(1) 단군조선의 초기 강역

단군조선이 건국될 당시 초기 강역은 평양을 중심으로 한 서북한 일대였다. 단군조선 초기 강역의 범위는 단군조선 초기의 고인돌 무덤이 집중적으로 분포되어 있고, 팽이그릇 미송리형 단지가 함께 발굴되며, 단군과 관련된 전설과 지명들이 특별히 많이 전해지고 있는 지역이다.

이렇게 놓고 볼 때 초기 강역의 북쪽 경계는 청천강-압록강 계선이라고 할 수 있다. 평북 운산군, 향산군, 구장군, 운전군 등지에서 기원전 3000년기 전반기에 해당되는 오덕형 고인돌 무덤이 많이 발굴되었고, 신의주시 석하동 일대에서도 수십 기로 구성된 고인돌 무덤떼들이 조사 확인되었다. 또한 의주군 미송리 유적을 비롯해 평안남·북도, 평양시 등 각지 유적에서 기원전 3000년기 전반기에 해당되는 미송리형 단지가 나왔으며, 압록강 북쪽 지역에서도 팽이그릇을 연상시키는 겹아구리 그릇이 나왔다. 이것은 이 지역이 단군조선 세력의 지배력 하에 있었다고 볼 수 있게 한다.

단군조선 초기 남부 계선은 한강 하류 유역이다. 그것은 이 지역이 팽이그릇 분포지역이고, 기원전 3000년기 전반기의 고인돌 분포지역이며, 강화도 일대에 단군 관계 설화와 관련 유적이 있고, 황해남도 연안군 부흥리 금곡동에서 비파형 단검 초기 유물이 나온 사실들을 통해 확증할 수 있다.

단군조선 초기 동쪽 계선은 북대봉산맥, 아호비령산맥, 마식령산맥 계선이었다. 강원도 철원군 등지에 오덕형 1형식 고인돌 무덤이 많이 분포되어 있다는 사실은 이 지방까지도 단군조선 초기에 그 영역으로 포괄되었다고 볼 수 있게 한다.

이와 같이 단군조선 초기의 대표적인 유적유물인 고인돌 무덤과 미송리형 단지 팽이그릇 등의 분포지역을 놓고 보면 이 시기 단군조선의 강역은 평양을 중심으로 북쪽은 청천강-압록강 유역, 남쪽으로는 강화도를 포함한 한강 하류 유역, 동쪽으로는 마식령 산줄기 계선으로 오늘의 평안남·북도와 황해남·북도, 한강 하류 유역, 강화도 북쪽 지역으로 볼 수 있다.

(2) 강성기의 영역

단군조선은 기원전 3000년기 중반에 이르러 강성기에 들어갔으며, 앞선 청동기문화를 바탕으로 주변지역의 통합을 본격적으로 추진해 나라의 강역을 급속히 확대시켰다. 이 시기 단군조선의 주변지역 통합의 첫째 대상지역은 한강 이남 한반도 중남부 지역이었다.

단군조선 사람들은 기원전 26세기경부터 북한강 유역 남쪽 지역에 내려가 살기 시작했다. 그리고 기원전 3000년기 후반기에 들어서면서 한반도 남쪽 전 지역이 단군조선의 강역에 포괄되었다. 그 시대의 역사자료와 고고학적 유적유물 등이 한반도 남부지역 전역이 단군조선 강역이었음을 가리키고 있다.

먼저 역사자료들을 살펴보자. 〈제왕운기〉에서 시라, 고례, 남·북옥저, 동·북부여, 예, 맥이 다 단군의 통치지역이었다고 기록하고 있다. 이것은 단군조선의 강역이 실제로 요하 하류 동쪽, 북류 송화강 유역 남쪽, 연해주 남부지역, 한반도 남단까지 광대한 지역을 다 포괄하고 있었던 사실을 전한 것이다. 이 기록에 따르면 한강 이남 한반도 남부 지역 역시 단군조선의 강역이었음이 명백하다.

다음으로 유적유물들을 살펴보자. 강원도 춘천시 천진리, 충북 제천시 황석리, 대구시 대봉동 등지에서는 단군조선 초기의 고인돌 무덤인 침촌형 고인돌 무덤(3, 4형식)이 발견되었는데, 그 시기는 기원전 3000년기 후반기에 해당된다. 이것은 기원전 3000년기 후반기에 이르러 한강 이남 한반도 남부지역이 단군조선의 지배영역에 포괄되었다는 것을 보여준다. 또한 충북 제천시 황석리 옥천군 일대, 전북 고창군 도산리 죽림리 일대, 전남 나주시 일대 등지에서는 오덕형 1형식의 고인돌 무덤이 많이 발견되었는데, 오덕형 1형식 고인돌 무덤은 단군조선 초기의 고인돌 무덤으로 편년되고 있다. 이처럼 한강 이남 지역에 광범위하게 분포되어 있는 고인돌 무덤떼들은 이 지역이 단군조선의 정치문화적 영향을 강하게 받았음을 보여주며, 이것은 단군조선의 정치적 지배영역에 포괄된 것을 뜻한다.

이 밖에도 경기도 양평군 양수리 고인돌 무덤에서 나온 숯을 갖고 연대 측정한 결과 기원전 24세기(교정연대)가 나왔으며, 전남 영암군 장천리 청동기시대 집터 유적의 연대는 기원전 2664년~기원전 2330년으로 나왔다. 또 한반도 중남부 지역에서 발굴된 비파형동검은 40여 자루 이상이며, 그 대부분은 중기형이다. 그뿐 아니라 기원전 3000년기 중엽 이후 이 지역의 집터 구조, 질그릇 및 석기 갖춤새 전반에서 팽이그릇 관계 유적유물의 요소가 중요한 비중을 차지하고 있는 것으로 드러났다. 이것은 기원전 3000년기 중·후반기에 한반도 중남부지역에서 단군조선의 영향으로 급속하게 청동기문화가 확산되었다는 것을 보여준다.

청동기문화의 확산은 계급의 분화를 낳고, 정치적 지배집단을 형성시킨다. 이들은 단군조선의 후국으로 되어 단군조선의 보호를 받으면서 선진적 문물을 받아들이고, 지역에 대한 지배력을 유지 강화시켜 나갔다. 이들이 보호를 받은 대가로 단군조선에 충성을 맹약하고 일정한 양의 공물 등을 납부하며, 요구되는 병력을 제공하였다. 단군조선 시기에 한반도 중남부지역은 뚜렷한 정치적 구심세력이 없었기 때문에 각 지역마다 소국의 형태로 지배권력이 형성되었으며, 이 소국들은 각각 단군조선의 후국이 되었던 것이다. 모든 유적유물 자료들을 종합해보면 대략 기원전 3000년기 중엽부터 한반도 중남부지역 전역이 단군조선의 강역으로 되었다는 것을 말해준다.

강원도 북부, 함경남·북도 지역, 두만강 북쪽 지역, 오늘의 연변 자치주, 러시아 연해주 지역, 옛 북옥저와 그 남부지역도 기원전 3000년기 중·말엽부터 단군조선의 영향이 강하게 미쳤다. 강원도 북부와 함경남도 지역에서는 오덕형 1, 2, 3형식의 고인돌 무덤들이 알려졌고, 함경북도 양강도 일대에서는 오덕형 고인돌 무덤들과 같은 시기의 것으로 인정되는 묵방형 1, 2형식의 고인돌 무덤들이 알려졌다. 북옥저 사람들의 거주지역에는 고인돌 무덤이 알려지지 않았으나, 단군조선 시기의 돌관무덤이 많이 조사 발굴되었다.

청동기시대 문화 유적인 중국 길림성 화룡현 흥성지구에서 나온 유물의 연대는 기원전 1885±115년이었고, 러시아 연해주 남부 청동기 유적의 연대는 기원전 2150±60년이다. 이러한 고고학적 자료들은 강원도로부터 연해주 남부지역에 이르는 지역에서도 단군조선의 영향 아래 일찍부터 청동기문화를 발전시켜왔으며, 기원전 3000년기 후반기에는 단군조선의 강역에 포괄된 것으로 보인다. 그렇게 보는 것은 단군조선 건국이후 근 1천 년 동안 그 주변지역에 큰 고대국가가 없었고, 특히 단군조선의 동쪽 및 동북쪽으로는 단군조선 문화 이외에 다른 문화가 전달될 수 없는 자연지리적 조건이기 때문이다.

요동지구(요하 동쪽, 오늘의 철령시 남쪽, 무순·본계·단동지구 서쪽 지역, 요동반도 남단까지 포함)가 단군조선의 강역에 포괄된 것은 기원전 3000년기 중엽(후반기)이다. 이 지역에서는 200여 기의 오덕형, 묵방형 고인돌 무덤이 알려졌고, 수많은 돌관무덤이 조사 발굴되었다. 요양 이도하자, 무순 대갑방, 서풍 차름 조홍촌 등지의 돌관무덤에서는 초기 비파형동검이 나왔고, 철령시 동북산지에서도 비파형동검의 검자루 맞추개돌 7가지가 나왔으며, 대련지구만 하여도 근 50자루의 비파형동검이 나왔다. 그리고 쌍방 6호 고인돌 무덤을 비롯해 여러 유적들에서 미송리형 토기가 나왔다. 요동지구의 고인돌 무덤, 돌관무덤, 비파형 단검, 미송리형 토기는 대동강 유역을 중심으로 하는 서북한 지역에서 알려진 기원전 3000년기 전반기보다는 약간 뒤진다. 하지만 기원전 3000년기 후반기에는 이미 널리 분포되기 시작했다. 이것은 이 시기에 단군조선의 강역에 포괄되었다는 증거이다.

압록강 중류 지역(압록강을 중심으로 그 지류인 혼강, 대포시하, 장자강 유역을 중심으로 한 지역)이 단군조선의 강역에 포괄된 때는 기원전 3000년기 중엽부터이다. 이 지역은 신석기시대 이래로 옛 유형의 한반도인들이 생활해 왔으며, 단군조선 성립 이후에는 그 문화의 영향을 받아 요동지구와 거의 같은 시기에 단군조선의 강역으로 편입되었다. 이는 이 지역의 청동기문화의 발생과 발전 양상을 통해 확인할 수 있다.

태자하 상류 유역인 본계시의 동쪽 경계선에 있는 남전향 마성자 동굴 유적을 기준으로 명명된 마성자 문화는 아래층이 구석기시대를 이은 신석기 층이고, 위층이 청동기 층이라는 것이 밝혀졌으며, 위층의 유물 갖춤새는 요동지구의 돌관무덤의 것과 비슷하다. 마성자 문화는 혼하, 소자하, 혼강 유역, 북한 자강도 지방 등 넓은 범위에 퍼져 있으며, 서북한 지역, 요동반도 쌍타자 중기 문화층, 서단산 문화와도 강한 공통성을 갖고 있다. 또 환인 등 혼강 유역에서는 청동기시대 유적유물들이 여러 곳에서 발견됐다. 이 지구에서는 오덕형·묵방형 고인돌 무덤, 돌관무덤들이 수없이 발견되었다. 유하현 각지에서만도 오덕형·묵방형 고인돌 무덤들이 각각 수십 기 이상 알려졌고, 청현리가보, 문검 토구자 등지에서는 돌관무덤과 함께 초기 비파형동검도 나왔다.

또한 자강도 중강군 시중군에서는 미송리형 단지가 발견됐다. 이 지구의 고대 청동기문화는 요동·요서지구, 서북한 지역의 것과 대비해 볼 때 역시 기원전 3000년기 중엽부터 시작됐다고 할 수 있으며, 따라서 단군조선의 강역으로 편입된 시기도 이때부터라고 볼 수 있다. 이 지구의 중심부에는 단군조선의 구려 후국이 성립된 것으로 보인다.

길장지구는 길림·장춘 지역을 중심으로 서단산 문화의 초기 분포 지역을 말하는데, 동쪽으로는 교하 계선, 서북쪽으로는 이통하, 북쪽으로는 랍림 하류역, 서쪽으로는 동요하 상류 계선, 남쪽으로는 휘발하 계선을 포괄한다. 이 지구가 단군조선의 강역에 포괄된 것은 기원전 3000년기 후반기 초엽으로 볼 수 있다. 이 지역에서는 오덕형·묵방형 고인돌은 거의 발견되지 않고, 돌관무덤들이 특별히 많이 분포되어 있다.

길림시 교외에 있는 서단산 유적을 보면, 기원전 3000년기 후반기 초엽에 해당되는 초기 유적에서 50여 기의 돌관무덤이 발굴되었다. 그리고 서단산 유적을 제외한 다른 유적들에서는 비파형동검과 창끝이 나왔으며, 이 지역의 질그릇 감춤새(미송리형 단지와 거의 같은 서단산형 목긴단지, 굽접시, 대접 등), 집터의 풍습(반지하에 네모나게 만든 집터 한가운데에 화덕을 놓은 것)은 단군조선과 문화적 공통성을 강하게 보여주고 있다. 서단산 문화의 기원을 찾을 때 요동반도 북부의 마성자 문화와 제일 긴밀한 관계가 있으므로 기원전 3000년기 후반기 초엽으로 보아야 한다. 그리고 바로 이 무렵 이 지구는 단군조선의 강역으로 포괄되었으며, 얼마 후에 부여 후국이 선 것으로 보인다.

요서 동부지구 역시 비파형단검 문화지역으로 기원전 3000년기 말~기원전 2000년기(기원전 2000년~기원전 1001년) 초에 단군조선의 강역으로 편입되었다. 요서 동부지역이란 요하 하류에서 의무려산맥 일대까지를 포괄해 신민현 고태산, 강평현 순산툰, 창무현 평안보 유형 등 청동기문화가 분포되어 있는 지역을 말한다. 신민현 고태산, 공주둔 유적의 상한, 창무현 평안보 유형의 상한은 다 같이 하나라 시기인 기원전 21세기 말까지 올라가며, 강평현 순산툰 유적의 연대는 이보다 얼마간 뒤진다. 이 지역에서 비파형동검이 나왔는지를 알려지지 않았지만, 고태산 유적과 순산툰 유적, 법고현 유적에서 나온 비파형동검이 서로 같다는 견해가 존재하고, 고태산 유형 문화의 후신인 위영자 문화 유적에서 이른 시기의 중기 비파형동검이 나왔으며, 그리고 요동지구 철령시 계선까지도 비파형동검이 널리 보급되었던 만큼 이 지구의 문화가 서북한 지역에서 기원한 비파형동검 문화를 계승한 것이라는 것은 명백하다.

이상과 같이 단군조선 중심지역인 평양을 중심으로 한 서북한 지역에서 창조된 선진적인 비파형동검 문화가 한반도 중남부 지역, 한반도 동부 및 동북부 지역, 요동지구, 압록강 중류지구, 길림·장춘지구, 두만강 하류-연해주 남부 지역으로 전파되어, 기원전 3000년기 중엽

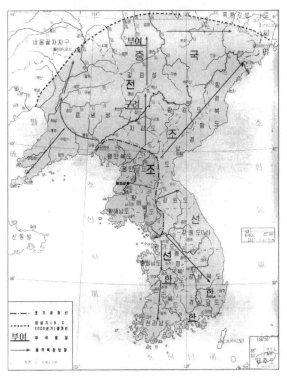

고조선 영역(기원전 30세기 초~기원전 15세기 중엽)

경에는 이 지역들이 다 비파형동검 문화의 분포지역이 되었다. 그리고 이 지역들이 단군조선의 강역에 편입되었다.

이 지역들 중 요동지구는 단군조선의 직할지가 되었으며, 나머지 지역은 후국과 속령 형태의 간접통치 지역이 되었다. 압록강 중류지역에는 구려 후국이 성립되었으며, 길림·장춘지구에는 부여 후국이 들어섰다. 그리고 한강 이남 한반도 중남부 지역은 중심적인 정치세력이 형성되지 못해 소국 형태로 고조선에 편입되었다. 그리고 나머지 지역은 속령 형태로 단군조선의 지배와 통치를 받았다. 이처럼 단군조선은 한반도와 만주 및 연해주 남부를 강역으로 하는 거대한 고대국가였다.

앞에서 잠깐 거론한 바 있듯이 단군조선의 강역에 대한 역사자료들도 위와 같은 견해를 증명해주고 있다. 〈제왕운기〉에서 시라, 고례, 남북옥저, 동북부여, 예, 맥이 다 단군의 통치지역이었다고 했는데, 이것은 단군조선의 강역이 실제로 요하 하류 동쪽, 송화강 유역 남쪽, 연해주 남부지역, 한반도 남단까지의 광대한 지역을 포괄하고 있었던 사실을 전한 것이다. 그리고 〈후한서〉에서 예, 구려, 옥저가 다 조선 땅이었다고 한 것도 단군조선 시기의 영역 소속관계를 말한 것이다.

(3) 후조선-만조선 시기 강역의 변천

기원전 15세기 중엽에 이르러 단군조선 왕조의 통치력이 크게 약화되면서 왕조교체가 발생했다. 단군조선이 몰락하고, 후조선 왕조가 수립되었다. 이 시점을 계기로 부여후국, 구려후국, 한후국(진국)들이 연이어 고조선 왕조의 통제를 벗어나 독자적인 고대국가로 분립되었다. 그에 따라 고조선의 강역은 커다란 변동을 겪게 된다.

1) 후조선 초기 서변-난하 중류 계선

이 시기의 강역문제에서 쟁점은 후조선-만조선의 서변에 관한 것이다. 나머지는 커다란 쟁점이 없다. 단군조선-후조선 왕조교체를 계기로 부여후국, 구려후국, 한후국(진국)들이 연이어 독자적 고대국가로 분립함에 따라 후조선의 강역은 북쪽과 남쪽, 동쪽에서 현저히 줄어들었다. 북변은 대체로 요녕성 철령시 일대와 자강도 양강도 남부 계선,

남변은 예성강-임진강 중하류 일대, 동변은 함경남도 일대까지 미치게 됐다. 후조선의 북변의 곧 부여의 서남변, 구려의 남변으로 된다.

후조선의 서변은 어디까지인가? 후조선의 서변이 문제가 되는 것은 그것이 어디인가에 따라 고조선-한 전쟁의 전장과 한사군의 위치가 좌우되기 때문이다. 후조선은 앞에서 말한 바대로 부여, 구려, 진국이 떨어져 나감에 따라 강역은 축소되었지만, 체제를 정비한 후 국력을 강화해 의무려산맥 서쪽의 넓은 지역에 진출했다. 그 결과 단군조선 시기에는 의무려산맥 동쪽에 머물러 있었던 강역과 세력권을 서쪽으로 크게 확대했다. 하지만 후조선 초기의 서변에 대한 명백한 문헌 자료가 없어, 이를 둘러싸고 갑론을박이 벌어지고 있다. 이러한 논란을 해결하려면 몇 가지 고대 지리에 대해 올바른 해석이 필요하다.

먼저 오늘날 요동과 기원전 3세기 이전의 요동이 다른 지역이었다는 점을 알아야 한다. 요동이라는 말이 언제 등장했는지는 모르겠지만, 기원전 7세기 역사적 사실을 전하고 있는 〈관자〉에서 제나라 환공(재위년간 기원전 687년~기원전 643년)과 관자가 주고받은 말에 "연나라에는 요동의 소금구이(가마)가 있다"고 했다. 이로 보아 늦어도 기원전 7세기에 요동이라는 지방이 있었다는 것을 알 수 있다. 요동의 역사적 개념이 어떻게 나왔는가? 그것은 요수의 동방이라는 말에서 나온 것인데, 그렇다면 기원전 7세기~기원전 1세기 초의 요수가 어디인가를 파악하면 요동의 위치가 밝혀진다. 중국의 고대 역사지리 관계 자료를 종합해보면 고대 요수는 오늘날 난하를 가리킨다.

일부 사람들은 오늘날 요하를 고대 요수라고 주장하지만 그것은 기원전 1세기 초엽 이후의 일이고, 중국의 고대 역사지리 관계 자료를 살펴보면 그 이전에는 요수가 오늘날 난하를 가리켰다. 기원전 7세기 중엽 제나라 환공이 영지, 고죽, 비여 등을 토벌한 일이 있었는데, 이때 제 환공은 연나라를 거쳐 동쪽의 고죽을 치러 가던 도중에 요수를 건넜다고 했다. 이때 제환공이 건넜다는 요수는 연나라(도읍은 계로서 오늘날 베이징 근처)의 동쪽, 고죽의 서쪽에 있었던 강이었으므로 오늘의 난하였다는 것을 쉽게 알 수 있다. 〈수경주〉 유수(본하=난하) 조에서는 환공이 고죽국을 친 이야기를 요수로 떠내려 오는 고죽국 임금의 관을 비여현(난하 하류지역) 사람들이 건져내어 땅에 묻고 사당을 세웠다는 전설과 함께 전하고 있어, 유수-난하가 한때 요수로 불렸음을 보다 명백히 밝혀주고 있다.

특히 〈산해경〉의 기록은 연나라 시기 요수의 위치에 대한 보다 명확한 표상을 가질 수 있게 한다. 〈산해경〉에 "해내동경에는 요수가 위고 동쪽을 나와 동남으로 흘러 발해에 흘러든다"는 기사가 실려 있다. 이 기록에 의하면 요수의 상류는 위고라는 지명과 관련 있는데, 〈수경주〉에는 그것이 위백평으로 기록되어 있다. 결국 요수는 그 상류가 위고-위백평-우북평과 관련되어 있으며, 동남으로 흘러 발해로 흘러들어가는 강이었다. 위고-우북평이라는 지명과 강의 흐름 방향으로 볼 때 〈산해경〉의 요수는 오늘날 요하가 아니라 난하를 가리키는 것이 명백하다 할 것이다.

연나라 시기 요수는 지금의 난하였으므로 요수의 동방으로 불린 요동은 현재의 요동반도가 아니라 지금의 난하 동쪽 지역이었다. 현재의 요동반도가 요동지역으로 불린 것은 기원전 1세기 초엽 요동군을 동쪽으로 옮긴 이후부터이다. 이점을 바로 보지 못하고 현재의 요동

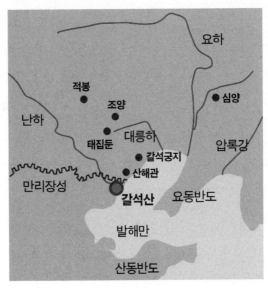

갈석산 주변 위치도

지역을 기원전 3~4세기의 요동지역으로 해석하는 경우가 있는데, 이
는 잘못이다. 현재의 난하 동쪽을 요동이라고 볼 수 있는 결정적 근거
는 갈석이다. 갈석은 진나라 만리장성의 동단이다. 이는 수많은 중국
역사자료에 기록되어 있다.

만리장성 동단인 갈석이 어디인가? 이를 둘러싸고 여러 가지 추측
과 논란이 있었으나, 고고학 발굴로 갈석의 위치가 명백히 밝혀졌다.
중국 고고학계는 1984년 진시황제 행궁지로 중국 랴오닝성 후루다오
시 쑤이중현 만가진촌에서 갈석궁지를 찾았다고 발표했다. 이 발굴로
진나라 장성의 동단은 산해관 부근에 있었다는 것이 밝혀졌다. 이 장
성 동단을 두고 사마천(기원전 145~기원전 86년)의 〈사기〉나 반고(기원
후 32~92년)의 〈한서〉에서는 '요동'이라고 하였다. 그러므로 현재 요
하의 동쪽이 아니라, 현재 난하의 동쪽을 가리켜 요동이라고 한 것이

명백하다. 고대 중국 사람들은 기원후에 와서도 산해관 지방을 요동이라고 불렀다.

이러한 역사적 사실을 염두에 두고 후조선의 서쪽 변경을 논하도록 하겠다. 현재 전해지는 기록에 의하면 기원전 4세기경 고조선은 요수(난하)를 경계로 연나라와 이웃해 있었다.

전국시대 이름난 책략가로 알려진 소진은 기원전 334년 연 문후에게 "연나라는 동쪽에 조선 요동이 있고 북쪽에 임호 누번이 있으며, 서쪽에 운중 구원이 있고, 남쪽에 호타 역수가 있다"고 하였다. 또 〈염철론〉(전한 소제 시원 6년에 있었던 염철회의에 관한 자료를 선제 때에 환관이란 유자가 정리하여 편찬해낸 책)에서는 "연나라는 갈석에 의해 막히고 …(중략)… 요수에 의해 둘러싸여 있다"고 하였다.

이 두 기록을 통해 봤을 때 연나라는 동쪽으로 조선 요동과 이웃해 있었다고 볼 수 있다. 그리고 갈석(이때의 갈석은 갈석산을 가리킨다)과 요수가 연나라 동쪽의 험준한 요새를 경계로 되었다는 것이며, 그 밖은 고조선의 강역이었다고 말할 수 있다. 이러한 역사적 자료들을 종합해봤을 때 후조선의 서변은 현재의 난하 중류 계선에 미쳤다고 확증할 수 있다.

이러한 역사자료뿐만 아니라 최근의 고고학적 자료들을 놓고 봐도 후조선의 서변이 현재 난하 중류 계선에 이르렀다는 것을 명백히 확인할 수 있다. 그것은 위영자 문화, 능하 문화를 통해 단언할 수 있다. 위영자 문화는 대릉하, 소릉하 유역을 중심으로 분포되어 있는 청동기문화 유적으로, 오늘날 랴오닝성 조양시 동남쪽 위영자 유적에서 이름을 붙인 것이다. 대표적 유적으로는 조양-위영자 유적과 함께 객

좌-남구문 유적, 후문촌 유적, 북동촌 유적, 화상구 무덤떼, 건평-수천 유적, 금주-산하영자 유적, 부신-평정산 유적, 의현-향양령 유적 등을 들 수 있다.

위영자 문화는 고조선의 비파형동검 문화, 좁은 놋단검 문화로서, 그 창조자는 요서 동부지역에 살고 있는 발인이라고 보는 견해가 있는데, 발인이란 곧 고조선 주민을 가리킨다. 이렇게 볼 때 위영자 문화는 고조선 주민들이 서쪽으로 진출하면서 형성되고 발전된 고조선 문화이다. 위영자 문화의 연대는 은허시대(기원전 1523~기원전 1027년)에 해당된다고 보는 견해가 가장 유력한데, 그것은 곧 후조선 초기에 해당된다. 위영자 문화의 영향은 넓은 지역에 미쳐 동쪽의 의무려산맥으로부터 서북쪽의 노로아호산맥, 서남쪽의 난하 유역에까지 분포되어 있다. 그리고 그 영향은 부분적으로 시라무렌강 유역까지 미쳤다.

이 위영자 문화는 단순한 문화의 전파가 아니라 고조선 주민들이 서쪽으로 대량 이주와 관련되어 생겨난 문화이다. 이것은 비파형단검 문화 소유자(후조선 주민)들이 요서지역으로 대량 진출하고, 다시 그 서쪽인 노로아호산맥 서쪽 노합하 유역, 시라무렌강 유역까지도 차지하였기 때문이라고 볼 수 있다. 즉, 이러한 것들은 후조선의 지배계급이 초기의 혼란을 극복하고 새로운 영토와 노예 획득을 위해 서쪽으로 정복전쟁을 벌인 결과, 기원전 2000년기 중엽에 서부 영토가 난하 유역까지 확장되었다는 것을 확증해준다.

후조선의 요서지역으로의 진출은 위영자 문화의 뒤를 이은 능하 문화 시기에 와서 더욱 촉진되고 공고화되었다. 능하 문화의 주요 분포지역은 위영자 문화의 주요 분포지역과 일치하고, 따라서 후조선의 기본영역의 일부로 된 것은 노로아호산 줄기 동쪽 지역이며, 그 서쪽 지역은 상당히 오랜 기간 후조선의 속령 또는 후국으로 되어 있었던 지역으로 볼 수 있다.

능하 문화는 위영자 문화의 직접적 계승발전이며, 그 시기는 대략 기원전 11세기~기원전 4세기이다. 능하 문화 시기에 와서 하가점 하층문화는 완전히 자취를 감추게 되었으며, 연산산맥 남쪽 지역에만 분포되게 되었다. 이것은 하가점 하층문화의 소유자들이 남쪽으로 밀려나가고 그 일부는 후조선 사람들에 의해 동화되고 말았다는 것을 보여준다. 이 지역에서는 후기 비파형동검들과 초기 좁은 놋단검들이 130자루 이상이나 나왔는데, 이것은 이 지역이 고조선의 최전방 지역으로서 외적과의 전쟁이 잦았던 지대이고 군사인원이 많이 묻힌 것과 관련되어 있으며, 기원전 3세기 이후에는 주로 유목종족들이 많이 살던 지역이었기 때문에 무덤을 파헤치는 일이 상대적으로 적었던 것과도 관련이 있는 것 같다.

이처럼 위영자 문화와 능하 문화는 후조선 초기에 해당하는 기원전 2000년기 후반기부터 고조선 사람들이 서쪽으로 대대적으로 진출하였으며, 이 시기에 고조선의 서변이 난하 계선까지 확대되었다는 것을 명확히 보여준다.

2) 기원전 3세기 초 서변의 변동

후조선 말기에 연나라의 고조선 침공으로 후조선의 서부 변경에서 커다란 변동이 발생했다. 〈삼국지〉 한전에 인용된 〈위략〉에서는 연나라 왕이 "장수 진개를 보내 그 서쪽 변방을 치고 2천여 리의 땅을 차지했으며, 만반한에 이르러 경계를 삼으니 조선은 드디어 약해졌다" 고 하였다. 또한 〈사기〉 조선열전에서는 연나라가 강성기에 "진반조 선을 쳐서 복속시키고 관리를 두고 장새를 쌓게 하였다"고 적혀 있다.

한편 〈사기〉 흉노열전에서는 연나라 장수 진개가 동호를 쳐서 1천 여 리를 차지하고 조양으로부터 양평에 이르기까지 장성을 쌓고 상 곡, 어양, 우북평, 요서, 요동의 5개 군을 설치해 호를 막았다고 했다. 이때가 연나라 전성기인 소왕(기원전 311년~기원전 279년) 때인데, 이 시기에 연나라는 진개로 하여금 방대한 무력을 이끌고 후조선을 침공 하게 했던 것이다. 이 전쟁의 결과 후조선은 2천여 리의 땅을 잃고 만 번한을 경계로 했다.

기원전 3세기 초 연나라 장수 진개의 침공으로 후조선이 잃어버렸 다는 2천여 리의 땅은 얼마만큼이고, 경계가 되었다는 만번한은 지금 의 어디인가? 이것이 또 다른 논쟁점이다. 일부 사람들은 난하로부터 2천여 리를 계산하면 평북 의주에 해당되므로, 만번한은 평북 박천강 (대령강) 유역이라고 주장하고 있다. 그 대표적 학자가 이병도이다. 단 재 신채호의 〈조선상고사〉를 주석한 숙대 사학과 이만열 교수는 그 주석에서 "만번한의 위치 설정 문제는 대단히 중요하다. 위씨조선의 강역과 그 뒤의 한사군의 위치 문제와 직결되기 때문이다. 단재는 지 금의 해성 개평 부근으로, 두계 이병도는 지금의 박천강 유역으로 잡 고 있다"고 했다.

이병도는 낙랑군 평양설을 주장하는 대표적 학자이다. 그로서는 낙 랑군 평양설을 합리화하기 위해 어떻게든 고조선의 강역 범위를 한반 도 내로 축소하려고 했다. 그 결과 진나라와 고조선의 경계이며 이후 한나라와 고조선의 경계이기도 했던 패수의 위치 또한 한반도내에서 찾게 되고, 고조선 – 한 전쟁의 무대 역시 한반도 내 평양으로 설정해 놓았다. 이 모든 논리는 진개의 고조선 침공으로 잃어버린 2천여 리의 땅에서 출발한다.

만번한을 박천강(대령강) 유역으로 보는 견해는 지금의 거리로 북경에서 의주까지 2,100리에 해당되는데, 요동에서 2천여 리는 대략 박천강 유역에 해당된다는 셈법에 따른 것이다. 그런데 이 견해는 다음과 같은 문제점을 갖고 있다. 거리 척도로서 리수가 고정된 것이 아니라 역대로 변화가 있었다는 사실을 간과하고 있으며, 〈한서〉 지리지에서 제시한 만번한의 위치 묘사에 어긋난다. 이에 대해 살펴보자.

먼저, 거리 척도로서 리수는 고정된 것이 아니라 역대로 변화가 있었다. 〈위략〉의 저자 어환은 3세기 위나라 사람이다. 어환이 자기가 살던 당시의 리수로 계산해서 2천여 리를 전했다고 보기는 어려우며, 당시 후조선-연 전쟁 참가자들의 견문에 기초해 전해 오던 기원전 3세기 초의 리수를 그대로 옮겨놓은 것으로 봐야 한다. 그렇다면 기원전 3세기 초의 리수는 오늘날의 척도로 얼마나 되는 거리일까? 이를 알기는 매우 어렵다.

그런데 진개에 의한 후조선 침공사건이 있기 반세기 전에 소진은 연나라 판도에 대해 사방 2천여 리라고 말한 바 있다. 방이란 영토의 네 경계 안의 지역을 정방으로 계산한 것이므로, 연나라 판도의 한 변의 길이가 2천여 리였다는 것을 의미한다. 그렇다면 당시 진개가 후조선을 침공하여 빼앗은 땅의 거리가 그 이전 연나라 한 변의 길이와 맞먹는 거리라는 계산이 나온다.

그렇다면 진개의 후조선 침공이 있기 전의 경계선인 난하 중류로부터 연나라 영토의 한 변의 거리만큼 동쪽으로 재어보면, 그 지점이 대체로 후조선과 연나라의 경계선이 된다. 그런데 난하 중류지역으로부터 연나라 한 변의 거리만큼 재어보면 도저히 압록강 이남 지역으로 오지 않으며, 오늘날의 요하 하류 지역쯤에 해당된다. 결국 만번한은 한반도 내에 있을 수 없다.

이는 또한 역사자료에 나오는 만번한에 대한 세부묘사에 비추어도 만번한 한반도 내 존재설은 설득력이 없다. 진개가 약취한 2천여 리의 동쪽 끝이자 연-고조선의 경계였던 만번한은 〈한서〉 지리지에서 요동군의 속현으로 전한 문현, 번한현 일대였다. 〈한서〉 권28 하 지리지 요동군 번한현의 주석에서는 "배수는 새 밖에서 나와 서남으로 바다에 들어간다"고 하였고, 후한의 응소는 번한현에 있는 "한수는 새 밖에서 나와 서남으로 바다에 흘러든다"고 하였다. 배수, 한수의 위치를 확증하는 데 있어 중요한 것은 발원지를 새 밖에서 두고 있다는 것과 서남으로 흘러 바다에 들어간다는 것이다. 그런데 압록강 남쪽 지역에는 연, 진, 한의 장성이나 새도 없으므로 배수, 한수가 새 밖에서 나와서 서남으로 바다에 들어가는 번한현이란 있을 수 없다.

이처럼 후조선-연의 경계로 되었던 지역인 만번한을 한반도 내 지역으로 비정하는 것은 틀렸다. 제반 역사자료들을 살펴봤을 때 만번한은 현재의 요하 하류 지역에 해당된다. 진개가 차지한 2천여 리 지역은 난하(요수) 중류로부터 요하(고조선의 열수) 하류에 이르는 계선이었다고 볼 수 있다. 그리고 만번한은 문현과 번한현이 있는 지역으로, 오늘날 요하 서쪽 요양하 하류 지역에 해당된다고 볼 수 있다.

3) 진나라와 고조선의 경계, 패수

기원전 3세기 초 연나라 장수 진개의 침공으로 난하 중류 지역으로부터 요하 하류 지역으로까지 밀려난 연-후조선의 경계는 이후 변동이 없었을까? 그렇지는 않다. 연나라는 소왕이 죽은 뒤로 국력이 급격히 약화되었다. 소왕이 죽고 그의 아들 혜왕이 기원전 278년 즉위한 후 왕정 내부의 불화로 국력이 서서히 약화되어 이미 차지했던 제나라 땅도 도로 내놓고 군대를 철수해야만 했다. 그리고 고조선과 동호는 연나라가 약화된 틈을 타서 잃은 땅을 되찾기 위한 적극적인 진출 활동을 벌였다. 동호는 본래 잃어버렸던 땅을 되찾고, 기원전 273년에는 대지방까지 일시 세력을 확장했다.

이 시기 고조선 역시 서쪽으로 영역을 확장해 패수(대릉하) 유역까지 진출했다. 일부 사람들은 이 당시 고조선이 다시 난하 유역까지 되찾았다고 주장하기도 하지만, 그것은 비약이다. 이는 후에 패수의 위치를 보면 알 수 있다. 만약 난하 유역까지 다시 진출했다면, 고조선과 진의 경계는 패수가 아니라 요수(지금의 난하)라고 역사서에 기록되었을 것이다. 요수가 아니라 패수라고 기록되어 있다는 것은 난하 유역까지 회복하지는 못했다는 것을 말해준다.

그리고 일부 사람들은 고조선과 진의 경계인 패수를 요하 근처로 보기도 한다. 이는 진개의 고조선 침공으로 빼앗긴 지역이 고착되어 있었다고 보는 견해이다. 이 견해는 연소왕이 죽고 연나라가 약화된 틈을 타서 제나라, 동호 등이 다 잃어버린 땅을 되찾는 동안 고조선만 가만히 있었다는 것인데, 이는 비논리적이다. 고조선 역시 자신의 빼앗긴 지역을 되찾기 위한 투쟁을 벌였을 것이며, 그 결과 서쪽으로 상당히 진출했다고 보는 것이 합리적이다.

고조선 역사에서 논쟁이 되고 있는 진나라와 고조선의 국경선에 대해 알아보자. 기원전 222년 진나라가 연나라를 멸망시키고 중국을 통일했다. 그러자 후조선은 서쪽으로 진나라와 접하게 됐다. 진나라가 기원전 206년에 한나라에 의해 멸망하자 고조선은 한나라와 패수를 경계로 하여 서로 접하게 됐다. 〈사기〉 조선열전에서 "연나라가 전성기 때 진번 조선을 침략해 땅을 빼앗고, 관리를 두고 장새를 쌓았다. 진나라가 연나라를 멸망시키고 요동 밖 요에 소속시켰다. 한나라가 일어난 후 그곳을 지키기 어려우므로 요동의 옛 새를 수리하고 패수를 경계로 삼아 연나라에 소속시켰다"고 함으로써, 한나라 당시 고조선과 패수를 경계로 삼았다는 것을 밝혀놓았다.

그렇다면 패수의 위치는 어디인가? 〈사기〉 조선열전에서는 고조선과 한나라의 경계선은 패수라고 명백히 밝혔다. 그리고 패수가 고조선과 한나라의 경계라는 것에 대해서는 대체로 합의되어 있다. 문제는 패수가 오늘날 어떤 강이냐 하는 것이다. 대동강, 청천강, 압록강, 요하, 대릉하, 난하 등 대동강 이북에서 난하까지 대다수의 커다란 강들은 다 후보에 올라와 있다. 그런데 이 중에서 한반도 내의 강들은 진개의 고조선 침공으로 빼앗긴 2천여 리가 오늘날 요하 하류 지역에 이르렀다고 밝힌 논거에 따라 그 대상에서 제외된다. 그러면 남은 후보지는 요하와 대릉하, 난하만 남는다. 이 세 강 중에서 어느 강이 패수인가를 밝히면 된다. 패수의 위치를 확인하려면 요동고새와 패수의 관계를 따져보면 된다.

한나라는 고조선과의 경계선은 패수였지만, 요동고새를 동쪽 최전방 요새로 삼고 있었다. 이 요동고새는 한나라 때 새로 쌓은 것이 아니다. 이것은 요동고새라고 표현한 데서 잘 드러난다. 옛날의 새라는 뜻인데, 옛날이란 진나라 때를 말하며, 이는 진나라가 몽염을 시켜 만리장성을 쌓을 당시 요동의 새를 지칭한다. 그런데 만리장성의 동쪽 끝은 갈석이며, 갈석은 산해관 근처이다. 그렇기 때문에 패수는 요동고새, 즉 산해관 근처의 만리장성 동단에서 동쪽에 위치하면서도 그리 멀리 떨어져 있지 않은 강일 수밖에 없다. 그런데 난하는 요동고새의 서쪽에 있기 때문에 패수가 될 수 없으며, 요하는 요동고새로부터 너무 멀리 떨어져 있기 때문에 패수가 되기 어렵다. 그렇다면 요동고새(만리장성의 동쪽 끝, 산해관 근처)로부터 그리 멀리 떨어져 있지 않으면서 국경으로 될 만한 강은 대릉하밖에 없다. 결국 고조선과 한나라의 경계를 이루고 있던 패수는 오늘날의 대릉하이다.

이에 대해 좀 더 부연 설명해보자. 앞서 거론한 〈사기〉 조선열전에서 "만이 1천여 명의 무리를 모아 상투를 틀고 오랑캐 복장을 하고 동쪽으로 달아나 새를 지나 패수를 건너 진하장 고공지에 살았다"고 밝혀놓았다. 여기에 서쪽에서 동쪽으로 순서대로 요동고새, 패수, 진하장 고공지의 위치관계가 나와 있다. 여기에 나와 있는 진하장 고공지는 어디인가? 그 지역은 연나라가 고조선을 침공해서 빼앗은 지역이었다가 고조선의 반격으로 다시 후퇴한 지역이다. 진나라는 그 땅을 자기 땅이지만 빈 공지로 그냥 뒀다는 식으로 표현한 것이지만, 사실은 고조선의 반격으로 다시 빼앗긴 지역이다. 이 지역은 패수와 요하 하류 사이의 지역을 말하며, 후에 후조선의 준왕으로부터 만이 봉지로 부여받은 지역이다. 여기에서 보면 결국 패수는 요하의 서쪽에 있는 커다란 강일 수밖에 없으며, 그런 강으로서는 대릉하 외에는 없다.

—• 고조선 건국의 민족사적 의의 •—

한반도와 만주, 연해주 지역을 중심으로 신석기시대에 들어와 하나의 핏줄을 형성하고 살아왔던 옛 유형의 한반도인들은 동아시아 최초의 청동기문화를 기반으로 기원전 30세기 초에 이르러 우리나라 첫 고대국가 고조선을 세웠다. 우리나라 최초의 고대국가 고조선의 건국은 우리 민족사 발전에서 거대한 역사적 의의를 갖는다.

그것은 우선 우리 민족의 역사에서 처음으로 문명시대, 국가(역사)시대를 열어놓았다는 데 있다. 고조선의 건국은 100만 년 이상 계속된 원시사회의 역사에 종지부를 찍고 사회발전, 경제와 문화발전에서 새로운 높은 단계로 나가게 하였으며, 이웃 지역에 살고 있던 같은 겨레인 한반도 옛 유형 사람들의 사회발전을 추동했다. 이것은 우리 민족으로 하여금 반만년의 유구한 역사를 창조한 긍지와 자부심을 갖게 해주었다.

우리 민족은 반만년의 역사를 갖고 있는 선진민족이다. 그럼에도 불구하고 일제 식민지 지배를 받을 당시 일제의 우리 민족 말살책동으로 고조선의 역사는 신화로 격하되었고, 삼국 초기의 역사 또한 부정당했다. 그 결과 우리 민족의 고대사는 3~4세기경에야 비로소 고대국가를 형성하고 역사시대로 접어들었다. 일본, 중국의 역사에 비해 후진 민족, 후진 역사를 갖고 있는 것으로 변질되었고, 민족적 자부심과 자긍심에 커다란 상처를 받았다. 또한 우리 민족이 창조한 수많은 문화들이 모두 외부로부터 수입한 것들이고 우리 민족의 독창적인 문화는 없는 것처럼 왜곡되었다.

고조선사를 정확히 재정립하는 것은 이러한 왜곡의 역사에 종지부를 찍고 우리 민족사를 바로 세움으로써 반만년의 유구한 역사와 찬란한 문화전통에 대해 커다란 긍지와 자부심을 갖게 해준다. 또한 그것은 우리 민족 형성에 결정적 계기가 되었다. 우리 강토에서 단군왕검이 우리나라 첫 고대국가인 고조선을 세움으로써 민족 형성의 시원이 열리게 되었다.

민족이란 핏줄과 언어, 문화를 같이하는 사람들이 일정한 지역에 살면서 역사적으로 형성한 공고한 사회적 집단이며 정치적 운명공동체이다. 민족의 형성에서 국가가 차지하는 역할은 지대하다. 국가는 사람들을 하나의 사회정치적 공동체로 결속시키는 역할을 한다. 민족의 기본 징표인 혈연적·언어적·문화적 공통성은 사람들 사이의 접촉과 교제가 없이는 이루어질 수 없다. 그런데 국가는 일정한 영토(지역)를 배타적으로 차지하고 있으면서 영토 내에 살고 있는 사람들에게 지역적 공통성을 형성해주고, 사람들 사이에 접촉과 교제가 이루어질 수 있도록 터전을 마련해주며, 접촉과 교제의 범위를 확정해준다. 일정한 영토는 또한 사람들로 하여금 하나의 생활공동체를 이루고 공동으로 살 수 있게 하는 물질적 기초가 된다. 따라서 영토가 민족을 이루게 하고 그 존립을 담보하는 중요한 바탕으로 된다.

일정한 영토는 핏줄의 공통성을 이루게 하는 필수적 전제로 되는데, 사람들은 같은 지역에 오랫동안 같이 살면서 핏줄의 공통성을 간직하게 된다. 일정한 영토는 또한 언어의 공통성을 이루게 하는 객관적 조건이 되는데, 사람들은 같은 지역에서 함께 살며 일하는 과정에 같은 뜻으로 이해되는 언어를 창조했으며, 그것으로 의사소통을 하고 노동경험을 교환하면서 공동활동과 집단생활을 영위한다. 일정한 영토는 문화적 공통성을 이루게 하는 중요한 요인으로 작용한다. 사람들의 생활풍습과 활동방식, 외부세계에 대한 심리정서적 체험방식은 일정한 영역에 의하여 이루어진 사람들 사이의 접촉과 교제를 통하여 통일되며, 또 그들이 사는 자연지리적 환경과 깊은 연관을 가진다.

국가는 이와 같이 민족 형성에 결정적 계기를 제공하는 한편, 권력 작용 과정 자체가 경제적·문화적·언어적 통일성을 적극적으로 추동함으로써 민족 형성에 결정적 작용을 한다. 국가의 권력행위에 해당되는 조세 징수, 군대, 중앙·지방통치체제가 영토 내에 살고 있던 사람들의 언어생활, 문화생활, 경제생활을 직접적으로 규제함으로써 언어적·문화적·경제적 통일성의 형성에 결정적 역할을 수행한다. 그렇기 때문에 민족의 형성은 국가와 떼어놓고 생각할 수 없다.

국가의 창립이 민족 형성의 중요한 계기가 된다고 해도 그것이 모든 경우에 다 그렇지만은 않다. 그것은 고대나 중세 유럽 나라들의 실례가 말해준다. 대규모의 전쟁으로 국가들이 부단히 흥망성쇠하는 경우에는 국가가 혈연적·언어적·문화적 공통성을 이룩할 수 있게 하는 터전이 될 수 없다는 것은 명백하다. 비록 국경이 자주 변한다 해도 주민 구성이 일정한 경우에는 그 국가가 혈연적·언어적·문화적 공통성을 이룩할 수 있게 하는 터전으로 그 바탕이 되지만, 국가의 흥망성쇠와 국경의 변화가 주민 구성의 교체를 가져오는 경우에는 민족 형성의 계기가 되지 못한다.

단군조선의 건립이 우리 민족 형성에 중요한 계기가 되었던 것은 하나의 겨레에 기초해 나라를 세웠기 때문이며, 단기간 내에 우리 겨레가 살고 있던 전 지역을 포괄하는 거대한 고대국가를 형성했기 때문이다. 단군조선은 건국된 후 오래지 않아 옛 유형의 한반도인(같은 겨레)이 살고 있던 거의 모든 지역을 자기의 영토 내에 포괄함으로써 각지 주민들 사이의 정치·경제·문화적인 연계를 더욱 긴밀히 할 수 있게 하였고, 이것이 우리 민족 형성에 매우 결정적인 역할을 할 수 있었던 것이다. 즉, 장구한 원시시대의 역사적 과정을 통해 혈연적으로나 언어 그리고 문화적으로 통일적인 발전의 길을 걸어오면서 하나의 겨레에 결속되어 동족을 이룬 주민에 기초해 국가가 세워지고, 빠른 시일 내에 겨레 전체를 포괄하는 국가를 형성함으로써 이미 이룩되어 오던 공통성을 더욱 공고히 발전시켜 그것을 민족의 높이에 이르게 하는 계기를 마련했다.

단군조선은 평양을 거점으로 하여 점차 광활한 지대로 국토를 넓혀 민족의 슬기를 떨쳤다. 단군조선의 직접적인 영향 아래 고대국가들이 형성되었으며, 나라들 사이의 경제적·문화적 연계가 강화됨에 따라 고대국가 주민들 속에서는 종전부터 전해져 오는 같은 겨레, 동족이라는 자의식을 더욱 깊이 간직할 수 있게 되었으며, 시간이 경과하는 데 따라 그들 모두가 점차 고조선의 주도적인 역할에 의하여 하나의 단일민족으로 공고히 발전하게 되었다. 이로부터 우리나라는 단군조선 시기에 이미 우리 민족의 원형이 형성되었다고 말할 수 있다.

3장

고조선 시대 이해

우리나라 역사학계에서 고조선 문제에 대한 쟁점들이 수두룩하다.
그 중에서 단군조선과 단군릉의 실체성, 고조선의 고대국가적 성격,
고조선의 영역문제, 만조선의 성격, 기자조선의 실재성 등이 아직 커
다란 쟁점으로 남아 있다. 이러한 문제들은 우리들의 인식 속에 아직
강력하게 남아 있는 한반도 고대상에 대한 인식의 전환과 깊이 관련
되어 있다.

지금까지 우리들의 머릿속에는 고조선사는 신화의 영역이었고, 한
반도 고대사회는 삼국시대부터 시작되었다는 인식이 뿌리 깊이 남아
있다. 삼국 이전 시대는 역사시대가 아닌 신화이거나 그렇지 않으면
고작해야 부족국가를 면치 못한 사회 정도로 인식하고 있는 게 현실
이다. 고조선사는 이러한 한반도 고대사회에 대한 인식의 근본적 전

환 없이는 올바르게 이해할 수 없다. 특히 한반도 고대문명의 성격 문제를 이해함에 있어서 기자동래설 문제가 커다란 장벽으로 가로놓여 있다.

우리나라 역사학계에서 기자동래설에 대한 입장은 크게 세 가지로 갈린다. 전통적 입장으로 기자동래설을 사실로 받아들이는 입장, 일부 재야 사학계에서 주장하는 입장으로 기자동래설은 인정하지만 기자가 동래한 지역은 고조선의 일부 지역에 국한된 소국(후국)에 불과했다는 입장, 기자동래설 자체는 허구적 상상의 산물에 불과하다는 입장으로 갈린다.

●── 기자동래설은 허구적 상상의 산물 ──●

1. 기자동래설 유포 과정

후조선은 고조선 사람들이 단군조선을 계승해 세운 고대국가이다. 그럼에도 이와는 달리 후조선이 다른 나라 사람에 의해 세워진 것처럼 사실을 왜곡한 그릇된 전설이 전해져 왔는데, 그것이 이른바 기자동래설이다. 이 설에 따르면 고대 중국 주나라 초기인 기원전 1122년에 은나라 왕족 출신인 '기자'라는 인물이 주나라 무왕의 책봉을 받고 우리나라에 와서 나라를 세우고 조선을 문명개화하였다는 것이다.

이 기자동래설이 처음 역사서에 등장한 것은 언제일까? 그것은 기원전 3세기 말~기원전 2세기 초의 책인 〈상서대전〉(중국 최초의 역사서로 평가되는 〈상서〉에 주석과 본문을 추가한 유교 경전으로, 한나라 이전

의 〈상서〉에는 나타나지 않는 기자동래설이 추가되어 있다)으로, 근 1천여
년이 지난 후에 중국 역사서에 처음 등장했다. 〈상서대전〉에는 "무왕
이 은나라를 이기자 …(중략)… 기자가 갇힌 것을 풀어주었는데, 기자
는 주나라가 석방해준 것에 대해 참을 수 없다 하여 조선으로 달아났
다. 무왕이 이를 듣고 그 기회에 조선(후)로 그를 봉하였다"고 하였고,
사마천의 〈사기〉 조선열전에서는 기자 이야기가 없고, '송미자 세가'
에 "은나라 주(왕)가 음란한 짓을 하니 기자가 충고하였으나 듣지 않
았다. 그래서 머리를 풀어헤치고 거짓 미친 체하고 종이 되었다. …(중
략)… 무왕이 은나라를 이긴 다음 기자를 방문했다. …(중략)… 이에
무왕이 기자를 조선에 봉하였으나 기자는 그의 신하로 되지 않았다"
고 쓰여 있다. 이로부터 기자동래설이 회자되기 시작했다.

〈한서〉에서는 이를 더욱 윤색해 기자가 조선에 가서 "예의와 농사
짓기, 누에치기, 천짜기를 가르쳐주었다"고까지 하였다. 후대에 올수
록 중국의 역대 사가들은 기자조선설을 더욱 요란하게 각색했는데,
607년에 중국 명나라 왕기가 편찬한 〈삼재도회〉에서는 기자가 수천
명의 기술자들을 데리고 가서 조선을 문명한 나라로 만들어주었다는
말까지 더 꾸며내어 써놓았으며, 〈위략〉과 〈삼국지〉에서는 후조선 말
기의 왕들을 기자의 후손이라고까지 했다.

중화사상에 빠져 있던 우리나라 역대 유학자들도 중국에서 어진
사람으로 유명한 기자가 조선에 와서 전조선을 뒤이은 후조선을 세
우고 우리나라를 문명하게 해주었다고 믿으면서 그것을 자랑스럽게
생각하기조차 했다. 이로부터 사대주의 역사학자인 김부식은 〈삼국
사기〉에서 "기자가 조선후로 책봉받았다"고 했고, 〈삼국유사〉와 〈제

왕운기〉에서도 단군조선 뒤에 기자가 와서 나라를 세웠다고 했다. 한편 고려 왕실에서는 숙종 7년(1102년)에 그의 무덤을 찾아내고 사당을 세워 제사지내라는 지시를 내렸으며, 충숙왕 12년(1325년)에는 기자 사당을 세워 때때로 제사를 지내도록 했다. 그 후 조선시대에 이르러 유교가 더욱 성행하면서 유학자들 속에서 기자 숭배사상이 더욱 고조되어 〈기자지〉, 〈기자실기〉 등 이른바 기자의 사적에 관련된 책들이 편찬되었다.

2. 중국 역사에서 기자란 어떤 존재인가?

중국 역사에서 기자는 은나라의 왕족으로 폭군 주왕의 친척으로 알려져 있다. 은나라의 태사로 관직에 있을 무렵 주왕이 폭정을 행하는 것을 보고 간하다가 감옥에 갇혔는데, 기자는 거짓으로 미친 체하여 주왕이 그를 노비로 삼았다고 한다. 기원전 1122년 주무왕이 은나라를 멸하고 기자를 석방하여 신하로 삼고자 하였으나 기자는 이를 거부하고 은둔하였다고 한다. 그리고 기원전 1119년에 주무왕이 기자를 초빙해 천도를 묻자 홍범구주(洪範九疇)를 전해줬다고 알려져 있다.

기자동래설이 처음 적혀 있는 〈상서대전〉 이전에 서술된 중국의 책들에서 기자에 대한 것들이 종종 나온다. 하지만 기자가 조선에 왔다는 기록은 그 어디에도 없다. 〈논어〉 미자편에는 "은나라 주왕의 정신이 혼미해지고 포악무도해지자 미자는 그를 떠나버렸고 기자는 그의 노예가 되었으며, 비간은 간언하다 죽임을 당했다. 선생님께서 말씀하셨다. 은나라에 세 사람의 인자가 있었다"고 기록되어 있다. 또한 〈죽

서기년〉(중국의 편년체 역사서로 기년, 급총기년이라고도 한다. 황제 시대로부터 위 양왕에 이르기까지의 일이 저술되어 있으며, 저자는 알려지지 않았다) 4권 주기 무왕조에는 "무왕 16년 기자가 조정에 들었다"는 기록이 적혀 있어, 주 왕실과 내왕이 있었음을 보여주고 있다. 〈한서〉 외전 3권 무왕조에는 기자가 서주 영역 내에 있는 것으로 묘사되어 있다.

진나라의 두예(222~284년)는 〈사기〉 '송세가 집해'에 "양국 몽현에 기자묘가 있다"고 밝히고 있는데, 양국 몽현은 오늘날 하남성 상구현을 가리킨다. 청나라의 고증학자인 정은택 역시 〈전국책〉 지명고에서 기자는 양국 몽현에 봉을 받았을 것이라고 밝히고 있다. 기자의 봉지에 관한 자료는 〈좌전〉에서 찾아볼 수 있다. 〈좌전〉 희공 15년전에 나온 바에 따르면 기자는 당숙의 봉국이 장래 강대해질 것을 예견했다고 하는데, 만약 기자가 조선에 갔다면 당숙의 봉국의 장래에 대해 예측하여 말하기 어렵다.

또한 〈춘추좌씨전〉(공자가 편찬한 것으로 전해지는 역사서인 〈춘추〉의 대표적인 주석서 중 하나로, 기원전 700년경부터 약 250년간의 역사가 쓰여 있다)에 기(箕)에 관한 기록들이 나오는데, 여기에서는 중국 내에서 봉지를 받은 것으로 나와 있다. 중국 측 자료들을 종합해볼 때 기자라는 명칭이 기국(箕國)에서 유래된 것이다. 즉, '기국의 자'라는 뜻이며, 기자라는 명칭 자체에서 기자가 조선에 왔다는 것은 성립되지 않는다는 것을 암시해준다. 결국 기자는 조선을 봉지로 받은 것이 아니라 양국 몽현을 봉지로 받았다가 나중에 산서경지로 이동했다고 볼 수 있다.

3. 기자동래설의 허구성

기자동래설은 그 어떤 역사적 사실에 근거한 것이 아니라, 중국 봉건시대 역사학자들의 머릿속에서 나온 허구적 상상의 산물이다. 중국의 역사학자들은 중화사상에 기초해서 주변 나라 시조들을 자기 나라와 연관시켜 역사서에 기록해놓는 관습이 있었다.

예컨대 〈사기〉 흉노열전에 보면 "흉노는 그 선조가 하후씨의 후손으로 순유라 한다"고 하여, 마치 흉노족의 선조가 중국 하왕조 걸왕의 후손인 듯이 써놓았다. 흉노의 시조는 하나라 걸왕의 후손이고, 서융은 하나라 말기에 이주해 간 사람들이며, 선비족의 조상은 유웅씨의 후손이고, 서강의 조상은 유우씨의 후손이며, 왜의 조상은 오나라 태백의 후손이라고 조작했다. 이처럼 중국 주변 나라 사람들이 마치 중국에서 퍼져 나간 종족인 듯이 왜곡시켜놓았다. 기자동래설도 이러한 중화적 사고에서 나온 역사적 왜곡의 산물에 불과한 것이다.

우리들이 역사서를 대할 때 이러한 점들을 잘 알고 비판적으로 대해야 한다. 그런데 여기에서 양편향이 발생할 수 있다. 기존의 역사서에 오류와 의도적 왜곡이 있다 해서 역사서 자체를 배격하는 경향이 하나의 편향이라면, 또 다른 편향은 역사서 자체를 맹목적으로 신뢰하면서 절대시하는 경향이 있다는 것이다. 역사서는 절대로 무시해서는 안 되는 중요한 사료이기 때문에 역사서를 대할 때 역사주의적 관점을 잘 세워서 양편향에 빠지지 않도록 비판적으로 대해야 할 것이다.

어쨌든 기자가 조선에 온 적이 없다는 것은 이미 밝혀졌다. 하지만 여전히 기자동래설을 사실로 인정하는 분위기가 남아 있기 때문에 다시 종합적으로 정리해둘 필요가 있다.

첫째, 기자가 조선에 온 적이 없다는 것은 우선 "기자 무덤이 양국 몽현(오늘날 하남성 상구현)에 있다"고 한 진나라 두예의 말에 의해 증명된다. 이것은 곧 기자가 조선에 왔다는 것을 부정하는 결정적 증거가 된다. 원래 기자라는 말은 '기국의 자'라는 뜻이다. 이것은 주나라로부터 봉지를 부여받았으며, 그 봉지가 기 땅이었다는 것이다. 청대의 고증학자인 정은택은 춘추전국시대에 기라는 지명이 여러 곳에서 나타나지만 두예의 말과 같이 기자는 양국 몽현에 봉을 받았을 것이라고 주장했다. 즉, 기자는 주나라로부터 양국 몽현 땅을 봉지로 하사받고 거기서 살다 죽었다고 고증하고 있는 것이다.

중국 역사서들에는 이러한 기국에 관한 자료들이 많이 등장하며, 주무왕 16년에 왕을 알현했다는 기록이 나오는 등 여러 역사자료로 볼 때 기자는 중국 내에서 활동하다 죽은 인물임이 명확하다. 이처럼 기자는 은나라 말기에 실재한 사람으로 중국 관내에서 살다가 거기에서 생을 마쳤던 것이다.

또한 기자가 조선에 온 적이 없다는 것은 소위 평양 기자묘의 발굴로서도 입증된다. 기자묘라고 주장하는 평양 모란봉의 기자묘를 해방 이후 발굴해봤지만, 벽돌조각과 사기조각밖에 나오지 않아 가짜 묘라는 것이 드러났다.

그리고 〈상서대전〉 이전의 중국의 역사서들에서는 기자에 대한 많은 언급이 있었지만, 기자가 조선에 갔다는 기록은 전혀 나온 바 없다는 것으로 볼 때 기자동래설은 허구이다. 만약 기자동래설이 사실이라면 역사책들에서 언급될 정도로 중요한 인물로 취급되는 기자의 조선행을 기록해놓지 않았을 리 만무하다. 앞에서 인용한 〈논어〉 미자편에서 나온 바와 같이 당시 공자는 기자를 중국의 3대 인자 중의 한 사람으로 칭송하고 있는데, 그가 다른 나라로 간 사람이라면 그처럼 칭송했을까? 〈논어〉에서 기자에 관한 공자의 언급으로 볼 때 공자는 기자가 조선에 갔다는 것을 상상조차 하지 않았던 것을 잘 알 수 있다.

그렇기 때문에 사마천 역시 기자동래설을 확신하지 못해 〈사기〉 조선열전에서는 기자동래설을 써놓지 않고 단지 '송미자 세가'에서만 간단히 거론했던 것이다. 이를 두고 청나라 고증학자 최술은 〈상고신론〉이라는 책에서 "사기의 본기와 세가의 기자에 관한 기록이 모순이 있기 때문에 사마천이 정견이 없었다"고 비판하고 있는 것이다. 이로 볼 때 사마천 자신도 기자에 관한 구체적 자료를 갖지 못한 채 오로지 떠도는 전설을 아무런 고증 없이 받아 문 것에 불과하다.

둘째, 기자가 조선에 온 적이 없다는 것은 한반도 서북지방에 은나라 (말기까지의) 문화유물이 전혀 나온 적이 없고, 요동지방에도 거의 나온 것이 없다는 것으로 증명된다. 유적유물로 기자의 흔적을 전혀 찾을 수 없다.

일부 사람들은 기자조선이 요서지방에 있었다고 주장하지만, 거기에도 중국 은나라 문화유물이 하나의 문화 갖춤새를 이룬 일괄 유물로서 나타난 일은 없었다는 것으로 볼 때 기자동래설은 전혀 타당하지 않다. 기자는 은나라 왕족이고, 주무왕이 통치의 원칙을 물었을 때 홍범구주를 알려줄 정도로 중국 문화와 문물을 상징하는 사람으로 알려져 있다. 만약 그런 그가 조선에 와서 왕을 했다면 당연히 중국 은

나라와 주나라의 문화와 문물이 나타나지 않을 수 없다. 즉, 단군조선 시기와는 다른 중국적 성격의 문화가 나타나야만 한다.

그런데 지금까지 밝혀진 고조선 시기 유적과 유물들에서 단군조선과 후조선 시기의 문화적 단절이 없었고, 중국 문화적 성격도 전혀 나타나지 않았다. 오히려 반대로 단군조선 시기 평양을 중심으로 발생 발전한 비파형동검 문화로 대표되는 고조선의 문화는 은나라가 멸망하고 주나라가 성립한 시기에 요동·요서지역으로 급속히 확장하면서 중국 은나라 문화와 구별되는 자기의 고유한 특성을 보여주고 있다.

셋째, 기자가 조선에 왔다든가 주무왕이 기자를 조선에 봉했다는 것은 당시 동아시아 정세를 보더라도 있을 수 없다. 후조선은 기원전 15세기경 단군조선을 계승해 고조선 사람들이 세운 나라이다. 후조선은 초기에 국력을 성장시켜, 요서지방으로 활발히 진출해 난하 중류 지역까지 차지하고 고조선의 비파형동검 문화를 발전시켜 갔다. 이는 요서지방에서 발굴되는 비파형동검의 숫자로도 충분히 입증된다.

주무왕이 은나라를 무너뜨리고 주나라를 세운 기원전 12세기~기원전 11세기라면 후조선이 이미 강대한 나라로 성장해 자기의 영역을 급속히 확장해 난하의 중류 지역까지 차지하고 있었을 때이다. 반면에 주나라는 아직 황하 중류의 중원지방도 제대로 장악하지 못한 상태였다. 당시 국제정세로 볼 때 고조선은 주나라보다 영토의 크기나 문명의 발달수준에 비춰볼 때 훨씬 더 큰 강대국이었다. 이런 상황에 주무왕이 자기 나라도 아닌 고조선 땅에 가서 왕 노릇을 하라고 책봉했다든가, 또 기자 자신이 스스로 와서 임금 노릇을 했다든가 하는 것은 완전히 상식을 벗어난 꾸며낸 허구에 불과하다.

4. 기자동래설의 배경과 교훈

이처럼 허무맹랑한 기자동래설이 왜 나오게 되었을까? 우리들은 기자동래설이 나오게 된 역사적 배경을 파악해볼 필요가 있다. 이에 대해서는 기자동래설이 역사서에 처음 등장한 시기에 대해 관심을 돌릴 필요가 있다. 기자동래설이 처음 등장한 역사책은 〈상서대전〉이다. 〈상서대전〉은 진나라, 한나라 때 학자였던 복승(복생)이 지은 책이다. 이 책은 중국 최초의 역사서로 평가되는 〈상서〉에 주석과 본문을 추가한 유교 경전이다. 바로 이 책에서 처음 기자동래설이 거론되는데, 원래 〈상서〉에는 없었던 내용을 복생이 임의로 추가한 것이다. 다른 역사자료들이 없었던 상황에서 거의 1천 년 이상 지난 옛일을 아무런 근거도 밝히지 않은 채 추가했을 때에는 그럴만한 역사적 배경이 존재했다고 봐야 한다.

이 사건은 후일 고조선과 한나라의 전쟁을 예고해주는 희미한 불빛이었다. 당시 중국의 정세는 진시황의 중국 통일, 유방의 한나라 등장 등 춘추전국시대를 마감하고 중국 내부의 통일왕조를 수립했던 시기이다. 이제 중국 내부를 통일한 중국의 지배세력들의 눈은 동쪽으로 향했다. 황하 중하류에서부터 시작된 중국 왕조는 진, 한 대에 이르러 황하의 하류 지방, 즉 바다가 보이는 지점까지 동쪽으로 전진해 왔다. 그리고 그 동쪽은 고조선이 자리 잡고 있어서 더 이상의 동진은 불가능했다. 바로 이 지점에서 중국의 지배세력 사이에서는 구한말의 정한론처럼 고조선의 영역을 차지하려는 야망이 생겨나기 시작했고, 침략의 근거를 만들기 위해 기자동래설을 조작해내기에 이르렀다.

　이처럼 고조선 침략을 정당화하기 위한 사전공작 차원에서 만들어진 기자조선론이 그처럼 확대된 데는 사대주의에 오염된 우리나라 역대 역사학자들과 유학자들의 탓이 크다. 기자동래설이 이처럼 황당무계한 것임에도 불구하고 고려 이후 조선시대까지 사대주의에 빠져 있었던 우리나라 역사학자들은 그것을 역사적 사실인 것처럼 받아들여 각종 허구를 만들어냈다. 여기에 그 어떤 역사적 사실의 편린이라도 있는가 하고 생각한 사람들은 기자는 아니라 하더라도 기자의 후손이 조선 땅에 왔던 일이 있지 않은가 하고 머리를 기웃거렸다. 이것은 허구 위에 또 허구를 쌓는 부질없는 행위에 지나지 않는다. 기자동래설은 고대 시기 발생한 대표적인 역사 왜곡사건이며 우리 내부의 외세 의존 사상, 사대주의 사상의 폐해가 얼마나 오래 가는가를 보여준 사건이다.

━━ 만조선 성격에 대한 고찰 ━━

　만조선은 고조선의 마지막 왕조이다. 고조선은 단군조선, 후조선, 만조선이라는 3왕조가 있었다. 기원전 15세기경 단군조선을 계승했던 후조선 왕조는 그 마지막 왕인 준왕 때에 이르러 서변의 제후로 있었던 만의 정변에 의해 멸망했다. 그리고 세 번째 왕조인 만왕조가 성립되었다. 만왕조는 고조선의 마지막 왕조인데, 이와 관련해 한국 고대사에서 핵심쟁점이 되는 여러 가지 쟁점들이 존재한다.

그 중에서 첫 번째는 만왕조의 성격에 관한 것인데, 만왕조를 세운 만이 어느 나라 사람인가의 문제로 표출된다. 즉, 만은 고조선 사람인가 아니면 중국 사람인가? 이는 단순히 개인의 출신국적에 관한 문제로 치부될 수 없다. 만이 패수를 건너 고조선으로 망명을 올 당시에 무리 1천여 명을 거느리고 왔다고 역사자료에 나와 있다. 이는 만이라는 개인의 망명이 아니라 특정 정치세력이 집단적으로 망명을 한 것이다. 만이 이끌고 온 정치세력(집단)이 중국(연) 사람들이라면 만왕조의 성격은 최소한 중국적 성격의 정권일 수밖에 없다. 그 정치세력의 사상과 이념, 그리고 정치방식에서 중국적인 것이 지배적인 것으로 될 수밖에 없으며, 만왕조는 기존의 것들을 유지한다 할지라도 끊임없이 중국적인 것들을 끌어들일 것이다. 반대로 그 세력이 고조선 사람들이라면 후조선이 만왕조로 왕조교체가 있었다 하더라도 고조선적인 것들을 계승 발전시켜 나갈 것이다. 만이 이끌고 온 정치세력들이 어떤 세력인가는 그들을 이끌고 온 만이 어느 나라 사람인가에 따라 좌우된다.

두 번째는 만이 망명 당시 건넜다는 패수의 위치에 관한 것이다. 이는 앞에서 간략히 살펴본 내용인데, 패수의 위치가 어디인가에 따라 고조선-한 전쟁의 전쟁터가 어디였으며 고조선이 멸망한 후 설치한 한사군의 위치가 어디인가가 크게 좌우된다. 따라서 패수의 위치문제를 더욱 자세히 검토할 필요가 있다.

세 번째는 만의 망명 시기 문제도 쟁점이 되고 있다. 〈사기〉 조선열전에서는 연왕 노관이 한을 배반하고 흉노로 도망간 기원전 195년에 만이 고조선으로 망명했다고 하는데, 이럴 경우 만이 고조선에서 세력을 키워낼 시간도 없이 곧바로 후조선 준왕을 몰아냈다는 결론이 나오는데, 이것은 말이 안 된다. 따라서 만의 망명 시기 문제도 다시 검토해볼 필요가 있다.

네 번째는 패수의 위치와도 관련이 있으며, 만조선의 강역에 관한 문제이다. 만조선의 강역에 관해서는 크게 세 가지 견해로 압축된다. 한반도 내의 소국설, 한반도와 만주에 걸친 대국설, 난하 근처에 있는 고조선의 후국설이 그것이다. 만조선의 강역 문제는 앞에서 후조선의 강역 문제에서 이미 다루었지만, 다시 정리해본다.

이 글에서는 이상의 네 가지 쟁점들을 중심으로 만조선의 성격을 고찰해보도록 하겠다.

1. 만은 고조선 사람

만은 기원전 194년에 후조선의 준왕을 내몰고 새로운 왕조를 세웠는데, 이를 만조선이라 한다. 원래 우리나라 역사학계에서는 위만조선이라고 명명하고 있는데, 이는 만왕조를 세운 만왕이 연나라 출신 위만이라고 보았기 때문이다. 바로 이 점이 만조선에 관한 핵심적 쟁점이 되고 있다. 과연 만왕조의 만왕은 중국 사람인가, 고조선 사람인가?

만이 어느 나라 사람인가에 따라 만이 이끌고 온 무리들의 정치적 성격이 드러난다. 만이 중국 사람이었다면 만이 이끌고 온 정치세력들은 기본적으로 중국적 정치세력이었을 것이며, 만이 후조선의 준왕을 내몰고 새로 세운 왕조 역시 중국적 성격의 왕조였을 것이다. 만은 분명히 망명 이전에는 한나라의 연 지역에 살고 있었기 때문에 중국의 역사자료에 연나라 사람이라고 기술되어 있다. 그리고 이 기술을 틀렸다고 볼 수 없다. 그런데 만이 살고 있던 지역이 과거 고조선의 강역이었으며, 진개의 고조선 침공 이후 빼앗긴 땅이었다는 점이다. 그 지역에는 아직까지 많은 고조선 사람들이 연나라의 지배 하에서 살고 있었을 것이다. 연이 망하고 진나라가 들어서고, 진이 망하고 한나라가 들어선 이후에는 한나라의 통치 하에서 살고 있었을 것이다. 만이 빼앗긴 땅에 남아서 살고 있었던 고조선 사람인가, 아니면 중국 계통의 사람인가? 바로 이 문제이다.

"조선 왕 만은 옛날 연나라 사람이다. 처음 연나라의 전성기로부터 일찍이 진번 조선을 침략하여 복속시키고, 관리를 두어 국경에 성과 요새를 쌓았다. 진나라가 연나라를 멸한 뒤에는 요동 외요에 소속시켰는데, 한나라가 일어나서는 그곳이 멀어 지키기 어려우므로, 다시 요동의 옛 요새를 수리하고 패수를 경계로 하여 연에 복속시켰다. 연왕 노관이 배반하고 흉노로 들어가자 만도 망명하였다. 무리 천여 명을 모아 상투를 틀고 오랑캐(조선)의 복장을 하고서, 동쪽으로 도망하여 요새를 나와 패수를 건너 진의 옛 공지인 상하장에 살았다. 점차 진번과 조선의 만이 옛 연, 제의 망명자를 복속시켜 거느리고 왕이 되었으며, 왕험에 도읍을 정하였다."

〈사기〉 조선열전에 나온 만왕에 대한 기록이다. 이 기록에서 주목할 점은 노관은 성씨를 쓴 데 반해 만에 대해서는 조선왕 만이라고만 하고 성씨를 쓰지 않았다는 점, 연나라 사람이라고 했다는 점, 만을 비롯하여 함께 망명했던 무리들이 상투를 틀고 조선옷(오랑캐 복장)을 입고 패수를 건너 고조선 영역으로 갔다는 점이다. 이 기록은 만이 어떠한 사람인가를 잘 묘사하고 있는데, 한마디로 연나라 땅에 살고 있던 고조선 사람이었다는 것이다.

고조선 사람이 왜 연나라에 살고 있었는가? 이 점을 알려면 기원전 3세기 초에 있었던 전쟁을 기억해야 한다. 후조선의 전성기에는 오늘날 요서지방으로 고조선 사람들이 활발히 진출해서 난하 지역까지 다다랐다. 즉, 후조선의 전성기에 고조선의 서변은 난하를 경계로 했다. 그런데 연소왕(재위 기간 기원전 314년~기원전 279년) 때인 기원전 3세기 초에 장수 진개의 침공으로 그 서부지역 2천 리 땅을 빼앗겼다. 그 지역에 살던 고조선 사람들은 상당수 고조선 땅으로 들어왔지만, 적지 않은 사람들은 그 땅에 그대로 살고 있었다고 봐야 한다. 사실 그 지역은 고조선 사람이 다수 살고 있었을 것이며, 중국 사람들은 소수에 불과했을 것이다. 그리고 이 사실은 연나라 땅이 되고 몇 십 년이 지난 후에도 크게 달라지지 않았을 것이다. 즉, 만은 바로 옛 고조선 땅이었던 연나라에 남아 있었던 고조선 사람의 후예였다. 〈사기〉에 그를 연인이라고 했던 것은 연나라 땅에 살고 있었던 주민이라는 뜻으로 써놓은 것에 불과하다.

만이 고조선 사람인 까닭은 첫째로 그에게는 원래 중국식 성이 없었다는 것이다. 〈사기〉나 〈한서〉의 조선열전에서는 그를 조선왕 만이라고만 했지 성을 쓰지 않았다. 〈후한서〉나 〈삼국지〉에서는 만을 위만이라고 쓰고 있다. 이것은 무슨 까닭일까? 그가 연나라 땅에 살고 있었을 때 한나라 사람들과의 교제과정에서 쓰던 성씨였지 않았을까? 그렇지 않고 그의 성씨가 있었고 위씨가 맞다면, 중국적인 것을 내세우기 좋아하는 중국의 사가들이 〈사기〉나 〈한서〉 같은 역사서에서 성씨를 빼놓았을 리 없다. 후조선 마지막 왕들은 부왕, 준왕의 경우에도 성씨가 나오지 않는다. 이는 우리나라에서는 고대에는 중국식 성을 쓰지 않았다고 말할 수 있다. 삼국시대에도 왕과 일부 관료들을 제외하고 성씨가 따로 없었다. 이는 중국식 성을 쓰는 제도가 고대에는 없다가 삼국시대부터 차츰 확산되기 시작했다고 볼 수 있다. 만도 연나라에 살 때는 중국식 성을 사용했다가 고조선에 와서는 성씨를 쓰지 않았기 때문에 〈사기〉나 〈한서〉에서 그저 조선왕 만이라고만 했다고 볼 수 있다.

둘째로, 만을 고조선 사람이라고 보는 까닭은 그가 후조선 왕조를 무너뜨리고 새 왕조를 세웠지만 국호를 여전히 조선이라고 불렀으며, 후조선 왕조 시기의 각종 제도를 바꾸지 않고 그대로 유지했다는 데 있다. 만을 비롯해 함께 망명했던 세력들이 만약 고조선 사람이 아니라 중국 사람이었다면, 그 당시의 중화적 사고의 흐름에서 볼 때 조선이라는 국호를 그대로 유지하지 않았을 것이다. 백번 양보해서 국호는 내부의 반발을 무마하기 위해 그대로 둔다 하더라도 각종 정치사회 제도는 반드시 중화적인 것으로 바꾸려 노력했을 것이다. 그런데 국호를 그대로 두고 각종 제도를 바꾸지 않았다는 것은, 그를 비롯한 정치세력이 고조선 사람들이라는 결정적 증거가 된다. 후한의 웅소가 〈한서음의〉라는 책에서 만조선의 관직제도를 논할 때 "오랑캐들이 관직의 규범을 잘 모르기 때문에 모두 상"이라고 칭했다고 했는데, 이는 만조선의 관직제도가 중국과의 구별되는 고유한 제도였다는 것을 말해준다.

셋째로, 만이 고조선 사람이라고 보는 까닭은 그가 연나라 땅에서 피신해 올 때 고조선 풍습대로의 차림새를 하고 왔다는 점에 있다. 〈사기〉나 〈한서〉에서는 그가 연나라 땅에서 피신해 조선으로 갈 때 '오랑캐 옷' 즉 조선옷을 입고 상투를 틀고 패수를 건너갔다고 했다. 옷차림 풍습은 식생활, 주택 풍습과 함께 민족적인 전통과 생활방식을 반영한 것으로서, 해당 시기 사람들의 옷차림은 그의 민족적 징표를 정확히 반영하는 것이다. 그가 한족이었다면 많은 사람들이 후조선으로 피난해 오던 때에 구태여 조선옷을 입고 상투를 틀고 국경을 넘어서지 않았을 것이다. 그가 고조선 사람이었기 때문에 조상 전례의 차림새를 하고 왔던 것이다.

2. 패수는 오늘날 대릉하

〈사기〉 조선열전에 만이 패수를 건너 고조선으로 갔다고 함으로써 당시 고조선의 서쪽 경계가 패수였다는 사실을 밝혀놓았다. 그런데 이 패수가 오늘날 어디인가를 놓고 치열한 역사논쟁이 펼쳐지고 있다. 이 논쟁은 후조선의 영역과 만조선의 영역, 그리고 고조선-한 전쟁의 격전지와 고조선 멸망 이후 설치된 한사군의 위치에 대한 논쟁과 직결되면서, 한반도 고대사의 결정적 열쇠를 쥐고 있는 문제이다. 고조선과 진나라, 한나라의 경계가 패수라는 점에 대해서는 누구나

다 동의하고 있어 이론이 없다. 문제는 그 패수가 오늘날 어디로 비정되느냐를 둘러싸고 치열한 논쟁이 벌어지고 있는 것이다. 패수의 위치에 대한 견해는 크게 대동강론, 청천강론, 압록강론, 대릉하론으로 대별되며, 그 외에도 여러 가지 주장이 있다. 여기에서 역사적으로 중요한 의미를 갖는 것은 이 네 가지 견해인바, 이에 대해 검토해보려 한다.

고대(고조선 시대) 한반도와 만주에서는 강을 펴라, 피라, 벌라, 삘라, 삐얄라 등으로 불렀는데 중국인들이 그것을 한자로 적으면서 패수가 되었다. 다시 말하면 보통명사가 고유명사화되었던 것이다. 그 결과 여러 강들이 동일한 명칭을 갖게 되었던 것이다. 역사적으로 패수라는 이름으로 불린 강들은 많다. 예를 들어 고구려 때에는 대동강을 패수라 불렀다고 〈삼국사기〉에 나온다. 대동강이 고구려 때 패수라 불렸던 시기가 있었던 것은 명백하다. 그러나 고구려 때의 패수가 고조선과 연나라의 경계가 되었던 패수라고 단정할 수 없다. 그렇기 때문에 패수라는 이름만 가지고는 어느 강이 고조선과 중국의 국경을 이루었는지를 밝히는 것은 불가능하다. 따라서 패수의 위치를 정함에 있어서 준거를 잘 세워야 한다. 고조선 당시의 패수를 비정하기 위한 준거는 다음과 같다.

〈사기〉 조선열전에서는 "진나라에 뒤이어 한나라가 서면서 요동고새를 다시 수리하고 패수에 이르러 고조선과 경계를 삼았다"고 하였다. 고조선이 멸망하기 전 해인 기원전 109년 한나라 사신 섭하가 고조선의 우거왕을 회유하려다가 실패하고 돌아가던 도중 자기를 바래주러 나왔던 고조선의 비왕 상을 죽이고 패수를 건너 새에 도망쳐 들어갔다고 했다. 이것은 한나라 초기부터 고조선 말기까지 패수가 고조선과 한나라 사이의 경계가 되었다는 것을 보여준다. 또 만이 고조선에 왔을 당시 고조선의 준왕이 만을 총애하여 박사 직위와 함께 백리 땅을 봉지로 주면서 서쪽 국경을 지키도록 했다는 것으로 볼 때, 고조선의 왕검성(부수도)과 최소 백 리 이상의 거리가 있다는 것을 알 수 있다. 따라서 패수는 고조선과 한나라와의 국경선일 것, 고조선의 왕검성(수도 또는 부수도)과는 최소 백 리 이상일 것, 그 사이에는 자연적 계선이 있을 것 등이 움직일 수 없는 준거가 되어야 할 것이다.

〈수경주〉 14권 패수 편에 대한 역도원의 주, 〈후주서〉, 〈수서〉, 〈신당서〉, 〈통전〉 등에서는 모두 패수를 대동강으로 인정하고 있고, 우리나라 〈삼국사기〉, 〈삼국유사〉, 〈동국여지승람〉, 〈사군지〉(조선 시대에 유득공이 한사군에 관하여 쓴 책) 등도 모두 대동강을 패수로 보고 있다. 또한 현재 우리나라 학계에서도 일부는 대동강을 패수라고 주장하고 있다. 그러나 고조선 시기에 대동강은 패수가 될 수 없다. 왜냐하면 대동강을 고조선과 한나라의 국경선이 되는 패수로 본다면 역사자료들과 심각한 모순에 빠지기 때문이다. 패수는 고조선의 왕검성과 최소 백 리 이상 떨어져 있어야 한다. 그래야 고조선의 마지막 왕 준왕이 만에게 서쪽 변방을 지키도록 백 리에 해당되는 땅을 봉지를 내주었다는 말이 성립할 수 있기 때문이다. 그런데 대동강과 왕검성은 붙어 있으므로 백 리의 땅을 봉지로 내어줄 수 없다. 뿐만 아니라 서쪽 국경을 지키도록 했다는데, 대동강이 패수라면 왕검성의 서쪽 국경은 있을 수 없다. 서쪽은 서해 바다가 되기 때문에 그 길에는 그 어떠한 국경도 있을 수 없다. 만약 패수가 대동강이라면 국경은 서쪽에 있는 것이 아니라 북쪽에 있을 것이다. 또한 왕검성은 대동강의 동쪽에 있는 것이 아니라 남쪽에 있기 때문에, 서쪽에서 동쪽으로 왔다거나 서쪽 국경을 지키도록 했다는 말이 성립될 수 없다. 이런 이유로 대동강은 고조선과 한나라의 국경이 되는 패수가 될 수 없다.

청천강을 패수로 보는 견해도 있다. 이 견해는 한백겸과 이병도가 주장했으며, 노태돈도 역시 청천강을 패수로 비정했다. 청천강을 패수로 보는 논거는 무엇일까? 노태돈이 제시한 근거는 다음과 같다. 첫째로 〈삼국사기〉에 살수 이남이 동한에 속하게 되었다는 기록이 있는데, 살수는 청천강이므로 그것은 청천강 이남 지역이 한사군의 낙랑군이었음을 알게 하는 것이며, 둘째로 청천강을 경계로 해 출토되는 유물의 차이가 많다는 것이다. 여기에서 첫째 논거로 제시한 〈삼국사기〉의 내용은 무엇일까? 이것은 〈삼국사기〉 고구려 본기 대무신왕조에 나온 기록으로 그 내용은 "동한의 광무제가 병사를 파견해 바다를 건너 낙랑을 정벌하고 그 땅을 취해 군현을 만드니 살수 이남은 동한에 속하게 되었다"고 나온다.

이 기록은 〈삼국유사〉에도 나오는데 그 내용은 약간 달랐다. 〈삼국유사〉 낙랑국조에는 무휼왕 27년(44년)에 후한 광무제가 사신을 보내어 "낙랑을 벌(伐)하고 그 땅을 취하여 군현으로 삼았다. 살수 이남이 한에 속하였다"라고 기록되어 있다. 과연 이 기록을 어떻게 해석해야 할까? 보통 후한 광무제가 "낙랑을 쳐서 그 땅을 빼앗아 군현으로 삼았다"고 해석하는 경향이 많다. 일단 이렇게 해석해놓고 노태돈의 논거를 검토해보자.

한나라와 고조선의 국경인 패수가 청천강이라면 고조선-한 전쟁

이후 청천강 이남 지역은 한사군이 설치되었을 것이며, 살수(대동강) 이남 지역은 이미 한나라의 군현으로 되어 있었던 지역이다. 그런데 후한 광무제가 자기의 군현인 낙랑군에 군사를 보내 친다는 것은 성립될 수 없다. 이 기록은 대동강 지역에 한나라 군현이었던 낙랑군이 설치된 적이 없었다는 것을 반증해준다. 이것을 '낙랑군 내부의 반란이 있어서 평정한 것이 아니냐'라고 해석하는 사람도 있다. 여기에는 두 가지 의문점이 있다.

첫째는, 반란이 일어났으면 요동군 지역에 있는 군대를 파견해서 진압을 했을 것이기 때문에 바다를 건널 필요가 없었을 것이다. 그런데 바다를 건넜다고 역사자료에 나온다는 것은 이상하다. 그리고 중국의 제반 역사자료에 그 시기에 있어서 내부의 반란에 관한 기사나 대규모 병력을 동원해 전쟁을 치른 기사가 전혀 없다는 점이다. 둘째, 반란을 평정했다면 그 이전의 군현 지역이기 때문에 다시 군현으로 삼을 필요가 전혀 없었다. 이러한 점으로 볼 때 바다를 건너 낙랑을 벌했다는 것은 낙랑군 외에 낙랑국이 있었다는 것을 말해준다. 즉, 청천강 이남에는 낙랑군이 있는 것이 아니라 낙랑국이 있었다는 것을 증명해준다. 따라서 청천강은 고조선과 한나라의 국경선으로 될 수 없다.

청천강이 패수가 될 수 없다는 다른 논거도 있다. 패수가 청천강이라면 고조선의 준왕이 만에게 백 리 땅을 주어 서쪽 국경을 지키도록 했다는 게 성립될 수 없다. 왜냐하면 이렇게 놓고 볼 때 고조선의 서쪽 국경이 아니라 북쪽 국경이라고 해야 하기 때문이다. 이처럼 만왕조 당시 고조선의 영역을 한반도 내로 국한시켜놓고 접근해서는 답이 나오지 않으며, 수많은 역사기록들이 모순에 빠진다. 또한 많은 역사적 유적유물들을 놓고 볼 때도 타당성이 없게 된다.

압록강을 패수로 보는 견해도 있다. 이 견해를 제출한 대표적인 사람은 정약용이었다. 정약용은 〈아방강역고〉에서 역사상 패수가 네 개가 있다고 하면서 고조선과 한나라의 국경이었던 패수는 지금의 압록강이었을 것이라고 주장했다. 그리고 그 이유는 〈위략〉에 연나라의 진개가 조선의 서방 2천여 리를 빼앗았다고 기록되어 있는데, 북경에서 의주까지는 2,100리가 되므로 진개의 침략으로 고조선은 압록강 서쪽 지역을 모두 잃었을 것이며, 따라서 진개의 조선 침략 후 서한 초에 국경으로 정해진 패수는 압록강이라는 것이다.

정약용의 핵심주장은 진개의 침공으로 잃어버린 2천여 리의 땅 문제이다. 당시 2천여 리가 얼마만큼의 거리인가를 후대의 잣대로 설정한 것이다. 그런데 연, 진, 한 초 당시의 2천여 리는 오늘날의 2천여 리와 같다고 볼 수 없다. 진개의 고조선 침략사건이 있기 전에 소진은 연나라 판도가 '사방 2천 리'라고 강조한 바 있다(〈사기〉 권69 소진 열전). 소진의 이 말은 연나라 판도의 한 변의 길이가 2천 리라는 뜻을 담고 있으며, 따라서 진개가 차지했다는 고조선의 2천여 리는 연나라 판도의 한 변의 길이와 똑같은 숫자이다. 따라서 문제의 2천여 리는 진개 사건 직전의 연-고조선의 경계에서 동쪽으로 연나라 판도의 한 변의 길이만큼의 거리에 해당되는 땅이라고 볼 수 있다.

이러한 전제 아래 진개 사건 이전 시기의 연-고조선 경계인 난하 중류에서 연나라 판도의 한 변의 길이만큼 재어보면, 대강 요하 하류 계선에 이른다. 즉, 진개가 차지했다는 2천여 리란 난하 중류부터 요하 하류에 이르는 지역이었다. 뿐만 아니라 연나라는 진개가 차지한 땅을 계속 유지하지 못했다. 연소왕 이후 연나라는 약해져서 제나라를 차지했던 땅을 도로 내주었으며, 진개가 차지했던 동호 땅 1천여 리도 다시 빼앗겨버리고 말았다. 고조선 역시 연나라가 약해졌을 때 바로 반격하지 않았을 까닭이 없다.

그러므로 고조선과 한나라 초기의 국경선은 요하보다 훨씬 서쪽에서 찾아야 한다. 이는 〈사기〉 조선열전에서도 "한나라가 섰을 때 진나라의 요동외교가 너무 멀어 지키기 어려워 포기하고 요동고새를 수리하여 패수를 경계로 삼았다"고 기록하고 있는 것으로 볼 때, 처음 진개가 차지했던 2천여 리에서 한참 후퇴해서 패수를 경계로 삼았다고 밝히고 있는 것이다. 이로 볼 때 압록강은 절대로 패수가 될 수 없다.

이처럼 패수를 한반도에서 찾으려는 견해들은 모두 한사군이 한반도 내에 설치되어 있다는 전제 위에서 출발하고 있다는 특징이 있다. 그런데 수많은 논쟁과 연구과정을 거친 오늘날 한사군이 한반도에 있었다는 주장은 설득력을 상실했다. 고조선과 한나라의 경계가 되었던 패수는 한반도에 있었던 강이 아니라 오늘날 요하 서쪽에 있는 대릉하이다. 당시 패수가 오늘날 대릉하라는 근거는 다음과 같다.

패수에 관한 기록으로서 가장 오래된 것은 〈수경〉이다. 원본 〈수경〉은 전한 시대에 상흠이라는 사람이 지었다고 하는데, 남북조 시대 역도원이 〈수경〉에 주석을 붙여 〈수경주〉(515년)를 냈다. 〈수경〉은 중국의 강줄기를 기술한 책이다. 그런데 이 책을 자세히 살펴보면 요동, 요서의 물줄기를 서술하면서 큰 강의 하나인 대릉하를 서술하지 않은 데 대해 의문을 품지 않을 수 없으며, 또 만일 패수를 대동강이

거나 청천강이라고 한다면 어찌 압록강을 서술하지 않았을 리가 있
겠는가?

〈수경〉은 중국의 강줄기를 서술한 책이기 때문에 당연히 압록강,
대동강, 청천강을 기록하지 않았을 것이며, 대릉하가 나오지 않은 것
은 대릉하가 당시 패수였기 때문이라고 추론할 수 있다. 〈수경〉에 보
면 "패수는 낙랑군 누방현을 나와서 동남쪽으로 임패현을 지나서 해
(海)로 들어간다"고 나와 있다. 그런데 이러한 조건에 부합되는 강은
대릉하 이외에는 없다. 또한 강의 발원지가 초목이 없고 모래가 많은
반사막 혹은 그 주변지대로 묘사되어 있는 〈산해경〉의 패수 관계 자
료들이 대릉하 상류의 자연지리적 조건과 비슷하며, 대릉하의 옛 이
름인 백랑수의 백랑(배라)이 패수의 고대 고조선어 '펴라'와 통한다는
사실 등에 비추어도 패수는 오늘날 대릉하일 수밖에 없다.

패수가 대릉하였다는 것은 요동고새와 패수의 관계를 따져봐도 명
백하다. 〈사기〉 조선열전의 기록에서 명백히 나와 있듯이 고조선과
한나라 사이의 경계선은 패수였지만 한나라 측에서는 요동고새를 동
쪽의 최전방 요새로 삼고 있었다. 이것은 패수와 요동고새가 서로 멀
리 떨어져 있지 않았다는 것을 명백히 말해준다. 한나라가 섰을 때 요
동고새는 새로 쌓은 성이 아니라 진나라 시기의 요동새가 분명하며,
그것은 임도에서 시작해 요동에 이르렀다고 한 만리장성(오늘날의 산
해관 일대에 있는 만리장성)의 동쪽 끝을 가리킨다고 봐야 한다. 산해관
일대의 이 만리장성 동쪽 끝으로부터 그리 멀지 않은 곳에서 두 나라
사이의 경계가 될 만한 강(패수)으로는 오늘날 대릉하밖에 없다.

3. 후조선의 멸망과 만조선의 성립

만이 연나라 지역에서 패수를 건너 고조선 땅으로 온 시점 역시 논쟁점 중의 하나이다. 만이 고조선으로 넘어온 시기에 대해서는 기원전 195년 설과 기원전 209년 설로 나뉜다. 만이 기원전 195년에 후조선으로 넘어왔다고 보는 견해는 그해 여름 연왕 노관의 흉노 망명사건을 계기로 그가 고조선으로 왔다는 〈사기〉나 〈한서〉의 기록에 의거한 것인데, 역사적 사실을 놓고 따져볼 때 타당성이 없다. 이 견해에 따르면 만이 고조선에 오자마자 준왕을 몰아낸 것이어야 되는데, 이는 전혀 실현가능성이 없다. 어느 정도 정치적 기반을 형성한 이후에야 비로소 준왕을 몰아낼 힘을 갖출 수 있다는 것은 상식이다. 이 점에 비추어 볼 때 이 설은 틀렸으며, 만이 기원전 209년경에 후조선으로 왔다는 견해가 정확하다.

〈삼국지〉 예전에서는 "진승 등이 일어나고 천하가 진나라를 배반했을 때 연·제·조나라 백성들로서 조선 땅에 피난간 자가 많았는데, 연나라 사람 위만이 상투를 틀고 오랑캐 옷을 입고 다시 와서 왕이 되었다"고 했으며, 〈후한서〉 동이전 서문에서는 "진섭(진승)이 군사를 일으키니 천하가 무너졌다. 연나라 사람 위만이 조선에 피신해 와 그 나라의 왕이 되었다"고 했다. 〈위략〉에서는 "연나라 사람 위만이 동쪽으로 취수(패수)를 건너 준에게로 가서 항복했다. 그가 준왕을 설복해 서쪽 변경에 살면서 옛 중국의 망명자들로 조선의 울타리를 삼겠다고 하니 준이 그를 믿고 총애하여 박사 벼슬을 주고 규를 주었으며, 백 리 땅을 봉토로 주어 서쪽 변방을 지키게 했다"고 하였다. 이 기록들이 사실과 부합되며, 따라서 만은 기원전 209년경에 후조선 땅으로 왔다고 볼 수 있다.

이처럼 기원전 209년에 후조선으로 온 만은 준왕의 신임을 얻어 후왕으로 대접을 받으면서 변방 백 리 땅을 통치하는 권력을 갖게 됐다. 만은 점차 자기 세력이 커지고 후조선 내부의 모순이 심화되자 준왕정권을 가로챌 것을 계획하고 후왕의 지위에 있는 것을 이용해 그 준비를 착착 진행시켜 갔다.

만이 후왕이 된지 10여 년이 지난 기원전 195년 한나라에서는 연왕 노관의 반역사건이 발생했다. 이때 한나라는 주발을 총지휘자로 삼아 중앙토벌군을 연나라 땅에 파견했고, 연나라 땅은 전쟁마당으로 변해 많은 피난민들이 후조선으로 넘어왔다. 기원전 194년, 정변을 일으킬 적당한 기회를 엿보고 있던 만은 이때다 하고 사람을 시켜 준왕에게 "한나라 군대가 10개의 길(방향)로 쳐들어오니 내가 가서 왕궁을 지키겠다"고 거짓 보고를 하게 하고, 많은 무력을 이끌고 불의에 왕검성(평양)으로 쳐들어갔다. 한나라 대군이 접경지대인 연나라에 와 있었던 것은 사실이고 또 한나라 군대가 실제 쳐들어올 수도 있었기 때문에 준왕은 만의 속셈을 깨닫지 못했다.

만이 군사행동을 일으킨 곳(험독)에서 평양까지는 천수백 리나 되었지만, 만이 왕궁을 지키러 간다는 말에 속아 아무도 만의 행동을 저지하지 못했다. 만의 반란에 대해 미리 눈치채지 못했던 준왕은 때늦게 깨닫고 대비를 하려 했지만, 그때는 너무 늦어버려 만의 왕성 공격을 저지할 수 없었다. 준왕은 맞서 싸워봤자 질 수밖에 없다고 알고 신하들과 가족들, 그리고 호위군사들을 데리고 급히 배에 올라 대동강을 내려가서 바닷길로 마한 땅으로 갔다.

큰 전투 없이 왕검성(평양)을 차지한 만은 스스로를 왕으로 선포하였으며, 이로써 후조선은 종말을 고하고 만조선이 성립되었다. 만왕조는 수도를 여전히 평양에 두었으며, 후조선 시기의 통치체제와 질서를 기본적으로 그대로 유지했다. 만은 기존 정치세력들 가운데서 순종하지 않는 자들에 대해서는 무력으로 진압하며 만왕조를 안정시켜 갔다. 그리하여 기원전 194년 한나라 요동태수와 협약을 맺고 패수 동쪽 지역에 있는 나라나 종족들이 한나라를 침입하지 못하도록 막아주기로 하는 한편, 한나라와의 외교관계에서 유리한 지위를 보장받는다는 것을 합의했다. 이를 통해 만왕조는 사방 수천 리가 되는 넓은 영역을 차지했다.

〈사기〉 조선열전에는 "만이 군사적 위력과 재물을 가지고 주변의 작은 고을들을 쳐서 항복시키니 진반과 임둔 등이 모두 복속되어 영토가 사방 수천 리에 달하게 되었다"고 적혀 있다.

4. 만조선의 강역

만조선의 중심지와 강역, 성격을 둘러싸고 여러 가지 쟁점들이 아직 해결되지 않고 있다. 만조선의 강역과 관련해서는 평양을 수도로 한 한반도 내 소국으로 보는 견해, 평양을 수도로 하지만 한반도 내 소국이 아니라 한반도와 만주 지역에 걸쳐 존재했던 고대국가로 보는 견해, 난하 근처의 고조선 후국으로 보는 견해로 대별된다. 만조선의 성격을 놓고는 소국 연맹으로 보는 견해와 중앙집권 국가로 보는 견해로 나뉜다.

만조선을 한반도 내에 존재했던 소국으로 보는 견해는 고조선-한 전쟁의 주요무대가 평양이었다고 보고, 전쟁에서 패배한 이후 한반도 동북부 지역에 한나라의 한사군이 설치되었다고 주장한다. 이 견해는 조선시대 사대주의 유학자들에 의해 제창되어 식민지 시대에 일제의 한국사 말살책동에 의해 더욱 교묘하게 왜곡되었으며, 해방 이후에 도 역사학계의 주류로 자리 잡고 있는 실정이다. 그런데 이 견해는 수 많은 사료들과 유적유물들에 의해 부정되고 있다. 무엇보다도 앞에서 검토한 바 있듯이 〈사기〉나 〈한서〉의 조선열전 등의 역사자료에 부합 되지 않는다.

　　〈사기〉나 〈한서〉의 조선열전에서 만이 연나라에서 고조선으로 건 너왔던 강은 패수였고, 그는 패수의 서에서 동으로 건너갔으며, 이 강 이 한나라와 만조선의 경계였다고 밝히고 있다. 그런데 한반도 내에 서는 〈사기〉나 〈한서〉의 조선열전에서 말한 패수를 찾을 수 없다는 것은 이미 앞에서 상세히 밝혀놓았다. 또한 만조선을 한반도 내로 국 한시켜놓으면, 만조선-한 전쟁의 상황을 묘사해놓은 역사기록들과 수많은 모순이 발생한다.

　　예를 들어 〈사기〉 조선열전에 의하면 한무제의 누선장군인 양복은 좌장군 순체가 왕검성을 공격하기 위해 열구, 즉 열수의 하구에서 좌 장군을 기다리기로 되어 있었던 것이다. "열수는 요동에 있다"고 역사 서에 나와 있는데, 요동을 오늘날 한반도라고는 그 누구도 주장할 수 없다. 또한 왕검성을 지키는 만조선의 수비군과 한나라 수군의 전투 과정을 묘사해놓은 역사자료를 볼 때, 그 당시 전투가 벌어졌던 왕검 성이 오늘날의 평양이 될 수는 없다. 만약 열수를 청천강으로 본다면 어떻게 청천강에서 평양까지 수륙 합동작전을 펼칠 수 있겠는가?

〈사기〉 조선열전에는 누선장군의 해군은 직접 해상에서 왕검성을 들이친 것으로 되어 있는데, 성의 수비군은 적의 숫자가 얼마 되지 않는다는 것을 확인하고 성문을 열고 반격을 가해 적을 섬멸시켰다고 기록되어 있다. 이처럼 상세히 기록된 전쟁사는 보기 드물 정도로 기록이 자세하고 상세하다. 그리고 이 기록은 매우 신빙성이 있는 전투 과정 묘사이다. 그렇다면 해상에서 직접 왕검성을 들이칠 수 있는 곳이며, 성 안에서 함선의 병사들이 성으로 공격해 들어오는 것을 볼 수 있는 곳에 왕검성이 존재해야 한다. 그런데 평양은 바다로부터 수십 킬로미터 떨어져 있기 때문에 그런 전투를 벌일 수 없다. 이처럼 만조선의 영역을 한반도 내로 축소하고 한나라와 만조선의 전쟁이 평양성을 중심으로 벌어졌다고 보는 견해는 역사적 자료에 의해 틀렸다는 것이 입증된다.

만조선의 영역을 난하 근처의 고조선 후국으로 보는 견해도 역시 설득력이 없다. 이 견해는 기본적으로 기자조선설에 기초해서 논지를 전개하고 있는데, 앞에서 확인했다시피 기자동래설은 사실무근이며 허구적 상상에 불과하다. 기자조선을 난하 근처의 고조선 후국으로 보는 이 견해의 가장 큰 문제점은 난하 이동의 요서지방에는 중국적 성격의 유적유물들이 없고, 대신 고조선의 대표적 유물인 비파형동검 등이 나온다는 점이다. 기자는 가장 중국적인 사람이며 중국 문화를 대표하는 사람인데, 기자가 통치했다던 지역에 중국적 성격의 유적유물이 아니라 고조선적 성격의 유적유물이 나온다는 것은 있을 수 없다. 그리고 앞에서 언급했다시피 기자는 고조선에 온 적이 없으며, 주나라로부터 중국 내부에서 봉지를 받은 사람이라는 것은 기자라는 이름 자체로부터 입증된다.

기자라는 이름은 '기국의 자'라는 뜻이며, 주나라로부터 기국을 봉지로 받은 사람이라는 것을 말해준다. 이런 사람이 어떻게 고조선에 왔겠는가? 기자는 고조선에 온 적이 없으며, 고조선의 서쪽 지역에 후국으로 있었던 적도 없다. 따라서 만조선 역시 난하 근처의 소국일 수 없다. 〈사기〉 조선열전과 같은 역사서에서도 위만조선을 사방 수천 리를 가진 큰 나라라고 기록하고 있는데, 그런 나라가 고조선 서부의 후국일 까닭이 없다.

따라서 만이 무너뜨린 왕조는 기자조선이 아니라 후조선이고, 그 후조선은 서쪽 변방지역의 일개 후국일 수 없으며, 평양을 수도로 삼고 있는 고조선을 계승한 국가(후조선)일 수밖에 없다. 만약 만조선이 고조선의 서부 변방의 일개 후국이었다면 만조선과 한나라의 전쟁의 규모와 전쟁양상에 대해 설명할 수 없게 된다. 고조선의 변방 일개 후국과 중국 영토를 통일한 한나라의 군사적 역량관계에서 1년이 넘게 전쟁을 벌일 수 없었으며, 또한 그동안에 본국의 지원 모습이 전혀 보이지 않는다는 것도 이해되지 않는다. 만조선이 동원한 군대의 숫자는 대략 10만 명 정도로 추산되는데, 그 당시 일개 후국이 이 정도의 군사력을 동원할 수는 절대 없었을 것이다.

또한 〈사기〉 조선열전에 "만이 군사적 위력과 재물을 가지고 주변의 작은 고을들을 쳐서 항복시키니 진반과 임둔 등이 모두 복속되어 영토가 사방 수천 리에 달하게 되었다"고 적혀 있듯이, 만조선은 작은 나라가 아니라 사방 수천 리에 달하는 한나라와 당당히 겨루는 대국이라는 점을 상기해야 할 것이다.

만조선은 한반도 내 소국도 아니고, 고조선의 일개 후국도 아니다. 만조선은 후조선을 계승한 국가이며, 한반도와 만주 지역을 영토로 갖고 한나라와 동아시아 패권을 두고 경쟁한 거대한 고대국가였다. 〈사기〉 조선열전에서 언급했다시피 준왕을 내쫓은 정변 이후 후조선에 속해 있었던 여러 후국들을 당근과 채찍을 통해 제압하고 후조선 전체 영토에 대한 지배권을 확립했다. 그 결과 사방 수천 리에 달하는 대국이 되었다.

만조선의 수도는 후조선 당시와 같이 평양이었으며, 한나라와의 경계는 대릉하였다. 만조선의 다른 방면의 영역을 보면 북쪽으로는 철령시 일대, 남쪽으로는 예성강-임진강 중하류 일대, 동쪽으로는 함경남도 일대를 경계선으로 부여, 구려, 진국과 접하고 있었다. 즉, 오늘날 한반도의 동북부 지역과 중국의 요녕성 지역을 영역으로 하고 있었다.

만조선은 정권을 장악한 후 후조선의 통치체제와 지배질서를 그대로 계승했다. 이것은 만이 중국 사람이 아니라 고조선 사람이라는 결정적 증거이다. 중국 사람이라면 고조선의 전통적인 제도를 그대로 계승하지 않고 중국식 제도를 반드시 이식하려 했을 것이다. 중국 사람들의 중화주의적 사고는 이때에도 매우 뿌리 깊게 박혀 있었던 것으로 알려졌다. 만조선은 후조선 왕조의 기존 지배집단과 결탁하는 동시에, 신흥세력들을 적극 흡수하면서 새 왕조의 정치 · 경제 · 군사적 기반을 강화해 나갔다. 그 결과 정권 성립 이후의 혼란상태를 극복하고 정치적 안정과 발전의 길로 접어들었으며, 대외적으로도 안정적 관계를 확립해 나갔다.

만조선은 후조선의 통치체제와 제도를 계승 발전시켜 중앙과 지방에 보다 정연한 지배체제를 구축해 나갔다. 먼저 국가의 최고통치자로서 전제권력을 행사했으며, 왕위는 대대로 세습했다. 만의 왕위는 우거에 이르기까지 대대로 계승되었고, 우거왕도 자기의 왕 자리를 물려주기 위해 아들을 태자로 삼았다.

또한 만조선은 관료체계를 통해 전국에 대한 정치적 지배를 실현했다. 만조선의 관직에 대해 구체적인 자료가 전해져 오지는 않지만, 단편적으로 전해진 것들을 통해 볼 때 왕 밑에 비왕, 상, 장군 등 중앙관직이 있었던 것은 분명하다. 비왕은 고구려의 대막리지와 같이 왕을 도와 나라의 군사를 통솔하는 역할이었던 것으로 보이며, 상은 대신급 중앙관료였다.

고조선에는 여러 명의 상이 있었다. 상들은 왕을 도와 나라의 주요한 부문별 행정을 담당 관할할 임무를 지니고 있었을 것이다. 중앙의 상들 가운데는 지방을 맡아 다스릴 임무를 겸해서 맡은 자들이 적지 않았다. 조선상이니 니계상이라는 직명이 그를 말해준다. 중앙에 상을 여러 명씩 두는 관직제도는 대신급의 많은 가들을 두고 나라를 다스린 단군조선 시기의 중앙관직제도에 뿌리를 둔 고조선의 고유한 제도였다. 〈한서음의〉의 저자가 만조선 시기의 상 제도에 대해 "오랑캐들이 관직제도를 잘 모르기 때문에 모두 상이라고 칭하였다"고 한 것은 중국의 관직제도와 구별되는 고조선의 고유한 제도였다는 것을 말해준다.

장군은 왕과 비왕 밑에서 군대를 실질적으로 지휘 통솔하는 고위급 무관직이었다고 볼 수 있다. 또한 상이나 장군 외에도 대부와 같은 관직도 있었다. 이처럼 만조선에는 후조선 시기부터 전해져 내려오는 정연한 중앙관료체제를 구축하고 있었으며, 지방통치제도도 정비되어 있었다.

만조선 지방통치체제는 크게 국왕의 직할지와 후왕들이 관할하는 후국으로 갈라져 있었다. 나라의 중심지역인 평양을 비롯한 국토의 많은 부분은 국왕의 직접적 통치 아래 있었으며, 여러 개의 후국들 역시 존재했다. 만왕조는 직할지를 여러 고을로 나누고 중앙의 상들에게 분담해 다스리게 했다. 기원전 109년경 수도 왕검성(평양) 일대를 관할한 것은 조선상 노인이었고, 니계 지방을 다스린 것은 참이었다. 이렇게 여러 명의 중앙관료들이 직할지의 행정단위를 분담해 다스리는 제도는 단군조선 초기 구가라는 중앙관료 1명이 지방행정을 담당했던 것과는 뚜렷한 대조를 이룬다. 이것은 왕의 직할지가 크게 확장된 현실을 보여준다.

특기할 만한 것은 만조선에는 부수도 제도도 정비되어 있었다. 부수도는 직할지 안의 정치군사적 거점의 하나로서, 수도 다음가는 지위에 있는 제2의 수도이다. 교통운수나 통신수단이 발전하지 못했던 당시의 조건에서 광활한 지역에 대한 효율적 통치를 위해 지역적 통치거점으로 부수도를 두게 되었으며, 이는 단군조선 시기부터 있었다. 만조선 시기에 부수도로서 대표적인 것은 요동지방에 있는 왕검성이다.

왕검성은 임금이 있던 곳을 의미하는 임금성의 한자표기이며 고조선의 수도인 평양도 왕검성으로 불렸다는 점을 고려한다면, 그 이름

자체만으로도 당시 수도와 거의 같은 지위에 있었다는 것을 알 수 있다. 고조선-한 전쟁은 수도였던 왕검성(평양)에서 벌어진 것이 아니라 부수도였던 요동의 왕검성(중국 요녕성 개주시 일대)에서 벌어졌다. 전쟁이 가장 치열하게 진행된 지역도 왕검성과 그 부근이었으며, 이 전쟁도 결국 부수도 왕검성의 함락으로 막을 내리게 됐다.

고조선이 실시한 부수도 제도는 해당 지역에 정치군사적 거점을 마련하여 보다 넓은 지역에 대한 정치적 지배와 통제를 효과적으로 실현하고 나라의 방위력을 강화할 수 있게 했으며, 고조선의 선진문화를 넓은 지역에 빨리 보급시킬 수 있게 했다. 고조선에서 실시된 부수도 제도는 고구려와 발해는 물론 고려와 조선시대까지 전승되었다.

●── 고조선의 경제 ──●

고조선은 동아시아 최초의 청동기문화를 토대로 성립되었다. 동아시아 최초로 청동기문화를 창조한 고조선 사람들은 한반도 신석기 농업혁명을 통해 고대문명 창조의 기틀을 마련한 한반도 신석기인들의 직계 후손들로 근면하고 슬기로운 사람들이었다.

우리나라 역사책들을 보면 신석기시대나 고조선시대의 경제생활에 대해 일면적이고 매우 편협하다는 느낌을 지울 수 없다. 예를 들어 신석기시대에 대해서 농업을 시작했다는 것을 인정하면서도, 농사는 매우 부분적이고 지엽적이었으며 여전히 사냥과 어로생활을 중심으로 생활을 꾸려 나간 것으로 묘사하고 있다. 그런데 농사라는 것이 갖는 특성상 땅을 개간하여 일구고 논밭을 만들어야만 가능한 산업이다.

농사라는 것은 사냥과 어로처럼 부업처럼 할 수 있는 산업이 아니다. 농사 도구를 생산해야 하며, 땅을 개간해야 하며, 씨를 뿌려야 하며, 그리고 그것들을 키워내야 한다. 이 과정은 씨족 사람들이 집단적으로 모든 힘과 노력을 집중해야만 가능한 산업이다. 그렇기 때문에 부분적으로 농사를 짓는다는 것은 불가능하다. 농사를 짓기 시작했다는 것은 농업중심의 사회로 진화했다는 것을 의미하며, 농사를 중심으로 모든 생활과 활동이 펼쳐진다는 것을 말해준다. 이것이 신석기 농업혁명의 핵심내용이다.

고조선시대의 경제에 대해서는 아직까지 우리나라 역사에서는 그 의미와 내용에 대해 풍부하게 정리되어 있지 못하다. 고조선의 경제는 농업을 중심으로 목축, 수공업과 상업 등 경제의 여러 부문들이 매우 빨리 발전해 높은 단계에 이르렀다. 농업의 경우 오곡 농사, 갈이 농업과 휴경농법 등 농작물의 수와 영농방법이 매우 빨리 발전했으며, 후조선 말기에 이르면 철제 농기구가 광범위하게 보급될 만큼 농기구 역시 매우 빠른 속도로 개량되었다.

농업에 있어서는 잠업과 목축 등도 매우 빨리 발전해 고조선의 비단이 중국에서도 유명해질 정도였다. 수공업의 발전 속도 역시 매우 빨랐다. 동아시아 최초의 청동기문화를 창조한 고조선 사람들은 기원전 2000년기 후반기에 독창적인 철기문화를 창조해 기원전 7~5세기에 이르게 되면 철기 제작수준이 매우 높아져 강철 생산단계로 발전해 갔다. 그리고 기원전 3~2세기에 이르게 되면 광범위한 부문에서 철제 농기구가 농사에 도입될 정도로 철기 제작수준이 높아졌다. 이러한 농업과 수공업의 발전과 함께 고대 상업도 발전했다. 이러한 경제의 발전과 함께 고조선은 동아시아 지역에서 가장 선진적이며 발전적인 경제를 가진 나라가 되었다.

따라서 이 절에서는 고조선시대의 경제에 대해 보다 상세히 검토해보려 한다. 이를 통해 고조선 사회에 대한 우리의 편견을 깨고, 이해를 높이며, 고조선 사람들의 재능과 슬기를 배울 수 있을 것이다.

1. 농업과 목축업의 발전

일부에서는 아직까지 우리 민족이 북방 유목민족 계열인 것처럼 오해되고 있다. 하지만 우리 민족은 유목민족 출신이 아니라, 신석기시대 이래로 농업을 주업으로 삼고 있는 농경민족이었다. 고조선은 신석기시대 이래로 농업을 기본생업으로 하고 있던 주민들에 의해 세워진 나라였다. 고조선의 경제는 농업을 중심으로 발전했는데, 초기부터 당시의 조건에서는 비교적 높은 단계에서 농업이 발전해 나갔다.

고조선의 농업 발전과정의 특징을 단군조선 시기와 후조선 시기로 나눠 살펴본다. 단군조선 시기와 후조선 시기의 농업의 발전의 계선이 명확하게 설정되어 있지는 않다. 하지만 단군조선 성립 초기와 후조선 시기는 1,500년 이상의 세월이 지났기 때문에 당연히 농업의 발전 또한 그 세월만큼이나 발전했을 것은 명확하다. 그렇기 때문에 고조선 초기 단계와 후기 단계라는 차원에서 단군조선 시기와 후조선 시기의 농업을 정리해보려 한다.

(1) 단군조선 시기 농업

단군조선 시기 농업발전의 특징을 경작도구의 개량, 영농방법의 개선이라는 측면에서 살펴보도록 하자. 경작도구로서는 목제 농기구가 개발되어 광범위하게 활용되었다. 목제 농기구가 신석기시대부터 청동기시대를 걸쳐 농사도구로 활용되어 오던 석제 농기구를 대체하였다. 이것은 경작도구의 발전이다. 석제 농기구에 비해 목제 농기구는 제작하기도 쉽고 노동효율도 높다. 물론 목제 농기구를 제작하려면 그것을 제작할 수 있는 제작도구가 개발되어야 하는데, 목재를 가공할 수 있는 청동도구의 발전 없이는 불가능하다. 돌칼이나 돌도끼 정도로는 정교한 목제 농기구를 제작하기 어렵다. 그렇기 때문에 목제 농기구의 개발은 농사도구의 획기적 발전이라고 볼 수 있다. 영농방법에서도 많은 발전이 있었는데, 대표적으로 갈이농법, 휴경농법, 다각적 영농방법이 광범위하게 도입되어 농업의 생산능률을 높였다.

여러 가지 유적유물들의 자료를 볼 때 단군조선 시기에 목제 농기구가 광범위 활용되었다는 것이 확인되었다. 앞에서 말한 바대로 목제 농기구들은 석제 농기구보다 훨씬 제작도 용이하고 능률적이다. 그런데 문제는 목제 농기구를 만들 수 있는 기술력과 그것을 담보하는 제작도구를 신석기시대에는 만들지 못했다는 데 있다. 그래서 신석기시대에는 마제석기 농구를 사용할 수밖에 없었다. 청동수공업의 등장은 이러한 상황을 개선시킬 수 있도록 했다.

청동기술이 발전하면서 목재를 능숙하게 다룰 수 있는 청동제 공구가 개발되고, 그것을 다룰 수 있는 기능과 기술이 발전했다. 그 결과 나무를 활용한 목제 농기구들을 대량으로 생산할 수 있게 된 것이다.

이러한 목제 농기구들은 농업노동의 효율을 증대시켜주고 농업생산력을 높여주었다. 그 결과 단군조선 시기에 농업생산력이 빠르게 높아져 갔다.

단군조선 시기 유적들에서는 돌로 만든 반달칼이나 갈돌과 같은 수확도구나 알곡 가공용 도구는 흔히 보인다. 하지만 신석기시대 유적들에서 많이 보이던 돌보습을 비롯한 갈이도구, 경작도구들은 보이지 않는다. 이는 갈이도구나 경작도가가 쇠퇴했기 때문이 아니라, 땅에 묻히면 썩기 쉬운 목제 농기구들로 바뀌었기 때문이다. 나무후치나 나무보습들에 의해 갈이농사가 진행되었던 것이다. 이들 목제 농기구들은 석기보다 훨씬 효율적이고 능률적이기 때문에 농업생산력 발전의 징표가 된다.

단군조선이라는 고대국가 시대로 접어들게 되면서부터 농공구의 가짓수와 양이 그 이전 시기보다 훨씬 늘어났으며 그 질 또한 높아졌다는 것도 중요한 특징이다. 평양 남경 유적 2기층(기원전 3000년기 초)의 집터에서 드러난 공구류는 호당 5.5개로서 같은 유적 1기층의 호당 2.1개에 비해 훨씬 많다. 그리고 평양시 사동구역 금탄리 유적 8호 집터와 황해북도 상원군 장리 1호 고인돌 무덤에서는 종래에는 볼 수 없었던 청동제 끌이 나왔다. 이 끌은 납작한 몸체에 예리한 날이 달려 있어 자귀의 기능을 원만히 수행할 수 있게 되어 있었다. 이러한 공구로 가공하기 쉽고 능률적인 나무쟁기들을 많이 제작했음이 명백하다.

이는 평북 염주군 주의리 니탄층에서 발견된 2개의 나무후치가 입증해준다. 이 두개의 나무후치는 크기에서 약간 차이가 있을 뿐, 재질

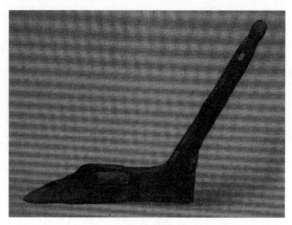

주의리 니탄층에서 발굴된 나무후치

과 생김새에서는 큰 차이가 없다. 나무후치가 처음 발견된 니탄층 속에서는 수레바퀴 조각도 함께 나왔는데, 그것을 복원해보니 기원전 8세기 것으로 알려진 수레바퀴보다 더 오래된 것이었다. 그런데 이 니탄층이 형성된 마지막 시기가 4천 년 전으로 인정되고 있으니만치 이 후치는 적어도 그 시기 이전의 것일 수밖에 없다. 즉, 4천여 년 전 단군조선 시기의 것이라 할 수 있다. 이 후치가 수레바퀴와 함께 나온 것으로 볼 때 소나 말 같은 부림짐승을 이용했다고 추론해볼 수 있다.

단군조선 시기의 농업에서는 목제 농기구의 광범위한 보급과 함께 영농방법도 그 이전 시기보다 훨씬 발전했다. 목제 농기구의 광범위한 보급이 갖는 의미는 무엇일까? 단순한 화전농사에서는 목제 농기구를 사용하기 어렵다. 그것은 굳지 않는 농경지가 존재했다는 것을 말한다. 목제 농기구는 딱딱한 땅을 갈 수는 없다. 그것은 목제 농기구로 땅을 갈 수 있는 굳지 않는 농경지가 있었다는 것, 즉 오래전부터 개간된 논과 밭에서 농사를 지었다는 것을 말해준다. 그런데 화전

농사에 비해 이런 논과 밭이 갖는 문제점은 지력이다. 농사를 짓게 되면 자연히 지력이 떨어지게 되고, 지력이 떨어지게 되면 지력을 보충할 수 있는 방법이 개발되어야 한다. 지력을 높이기 위해 퇴비를 준다든가, 요즘 식으로 비료를 주어야 한다. 그런데 당시에는 지력을 높일수 있는 방법에 대해 미숙한 상태였다.

이러한 상황에서 할 수 있는 방법은 휴경농법을 활용하는 것이다. 농사를 짓고 지력이 떨어지면 몇 해 동안 농사를 짓지 않아 자연적으로 지력이 회복되도록 기다리는 것이다. 이것이 바로 휴경농법이며, 당시에 휴경농법을 사용했다는 것은 그만큼 농업 생산기술이 발전했다는 것을 말해준다. 휴경농법은 당시의 조건에서는 수확량을 높이기 위한 가장 현실적인 방법이었다. 이러한 점으로 볼 때 단군조선에서는 농기구가 개선되고 휴경농법이 더욱 발전했다는 것을 알 수 있다.

단군조선 시기 농업에서 또 하나 주목할 만한 점은 다각적 영농방법을 개발 도입했다는 것이다. 단군조선 시기에는 다양한 품종의 알곡작물이 재배되고 벼농사가 발전해 상당히 널리 보급되었다. 우리나라에서 농사가 처음 시작된 신석기 전기에 재배한 주된 알곡작물은 기장이었고, 중기와 후기에는 조도 재배했다. 우리 선조들은 시간이 지남에 따라 알곡작물의 품종을 계속 늘려 신석기시대 말기부터 청동기시대 초기(기원전 4000년기)에 이르러 벼를 비롯한 오곡을 널리 재배했고, 단군조선 시기에 이를 더욱 발전시켰다.

기원전 4000년기 후반기 유적인 남경 유적 36호 집터에서는 종자로 쓰려고 보관했던 벼, 조, 콩, 수수, 기장 등 오곡이 탄화된 채로 발견되었으며, 단군조선 초기에 해당되는 석탄리 유적 둘째 유형의 집터인 39호 집터에서 조와 팥이, 표대 유적 3호 집터에서 콩이, 그리고 23호 집터에서는 벼가 발견되었다. 남경 유적이나 표대 유적에서 나온 작물들 가운데서 제일 많은 비중을 차지한 것이 벼였는데, 벼알이 단립벼 종류로서 상당히 정량화되어 있었다. 이는 전반적 농업생산에서 벼농사가 널리 진행되었다는 것을 보여준다. 특히 벼나 수수는 생육기간이 상대적으로 길고 추운 지방에서는 재배하기 어려운 특성을 갖고 있다. 그럼에도 불구하고 벼 재배가 성행했다는 것은 당시 농업 발전이 매우 높은 수준에 이르렀다는 것을 뜻한다.

5천 년 전의 것인 남경 유적의 벼알을 비롯한 오곡 유물은 당시 고조선 사람들이 논벼농사와 밭농사를 동시에 진행하고 있었다는 것을 보여준다. 이는 다각적 농업생산을 진행해 왔음을 보여준다. 다각적 영농방법이란 정연한 경종체계에 의거해 지대의 조건에 따라 생육조건이 다른 여러 알곡작물들을 합리적으로 재배하는 영농방법으로, 우리 조상들은 고조선 초기 또는 그 이전 시기부터 이러한 다각적 영농방법을 사용해 왔다. 이것은 매우 합리적이고 선진적인 영농방법으로 고대 시기에 이런 영농방법으로 농사를 지었다는 사실 자체가 세계적으로도 아주 드문 일이다.

(2) 후조선 시기 농업

후조선 시기 농업의 가장 큰 특징은 금속제 농기구의 보급 확대이다. 금속제 농기구 보급이 확대됨에 따라 농기구 개량이 촉진되었고, 이것은 경작지 개간과 논밭갈이의 능률을 획기적으로 높였을 뿐만 아니라 농작물의 단위당 수확고를 높여주었다. 유적유물들로 이를 살펴보면, 후조선 초기에 해당되는 누상무덤에서는 공구로 쓰인 2점의 청동제 도끼, 3점의 끌, 1점의 송곳 등이 나왔다. 이것은 금속제 농공구류가 널리 보급된 사실을 반영하고 있다. 이러한 금속제 농기구 보급의 확대는 농업발전의 속도를 높여주었다.

후조선 농업발전에서 획기적 전환을 이룩하게 된 결정적 계기는 바로 철제 농공구의 출현과 보급이다. 우리나라의 철기문화는 기원전 4~3세기경 중국 연나라로부터 수입된 것이 아니라, 기원전 2000년기 후반기부터 고조선에서 독창적으로 창조되고 발전해 왔다. 기원전 2000년기 후반 철 주조법을 창조한 고조선 사람들은 기원전 1000년기(기원전 1000년~기원전 1년) 후반기에 이르러 호미, 괭이, 삽, 낫, 반달칼, 도끼 등 다양한 철제 농공구들을 생산했다. 이러한 철제 농공구들은 급속하게 보급 전파되어 농업생산에 광범히 이용되었다. 철제 농공구들은 우선 산림의 채벌과 토지개간 능률을 획기적으로 높여주었다. 뿐만 아니라 농사의 전 과정에 철제 농기구들이 광범히 도입됨으로서 농업생산력이 획기적으로 높아졌다.

철제 농기구는 평북 영변군 세죽리, 박천군 단산리, 평남 덕천시 청송동, 중국 요녕성 무순시 연화보, 대련시, 안산시, 금주시를 비롯한 고조선 각지 유적에서 다종 다량으로 발굴되었다. 이처럼 후조선 철제 농기구의 출토지가 고조선 전역을 포괄하고 있을 뿐만 아니라, 그 종류도 다양하다. 그리고 매개 유적지에서 많은 수의 철제 농기구가 드러났다. 예컨대 세죽리 부락터에서는 도끼 수십 개, 낫 5개, 괭이 3개, 호미 1개가 드러났고, 연화보 유적에서는 도끼 60여 개, 괭이 1개, 호미 2개, 낫 2개, 반달칼 2개가 나왔다.

영변 세죽리 부락터 유적은 평북 영변군 세죽리에 있는 신석기시대부터 고구려 시기에 이르는 유적으로 1962~1963년에 걸쳐 30여 개의 집터와 몇 기의 무덤이 조사 발굴되었는데, 신석기문화층, 청동기문화층, 철기문화층으로 나뉜다, 특징적인 것은 청동기문화층 셋째 시기에 해당되는 집터는 지상가옥의 형태라는 점이다. 이 집터는 화독 자리가 두 개 있는 장방형의 집으로 지상가옥이며, 배집 형태와 기둥을 세운 오늘날의 집과 거의 같은 모양이었다. 그리고 기원전 3세기~2세기 것으로 편년된 철기문화층에서는 5개의 집터가 발굴되었다.

집터 모양은 대체로 장방형이고 크기는 보통 $30m^2$ 안팎인데, $10m^2$ 미만의 작은 것도 더러 있다. 집터 구조에서 주목되는 것은 2개의 집터에서 알려진 구들시설이다. 1호집 자리의 구들은 ㄱ자 모양으로 돌을 두 줄로 병행되게 줄지어 세워서 구들 고래를 만든 외곬구들이다. 이러한 사실들은 후조선 시기에 이르면 주거형태가 지상가옥으로 발전했으며, 구들시설들도 이 시기에 퍼졌다는 것을 알 수 있다. 세죽리 부락터 철기문화층에서는 쇠로 만든 호미, 괭이 낫, 도끼 끌, 칼, 과 등을 비롯하여 단검의 검코와 2천여 개의 명도전, 몇 잎의 포전 등이 나왔다.

우리나라 학계 일부에서는 연화보-세죽리 철기문화를 하나의 문화형으로 묶어놓고, 기원전 4~3세기 중국 연나라 철기문화의 영향을 받아 형성된 문화이며, 청천강 이남의 좁은 놋단검 문화와 대립시키면서 마치 양 지역의 문화적 차이를 반영하는 것처럼 설명하고 있다. 이 견해의 문제점은 그 당시 고조선의 강역이 중국 요녕성 일대와 한반도 서북한 지역을 포괄할 뿐만 아니라 이 지역이 하나의 국가체제 안

| 세죽리 유적에서
발굴된 쇠괭이 | 쇠과 | 쇠낫 |

에 포괄되어 있다는 사실을 애써 외면하고 있을 뿐 아니라, 우리나라의 철기문화가 마치 중국의 영향으로 시작된 것으로 묘사하고 있다는 것이다.

앞에서 설명했듯이 우리나라 철기문화는 중국의 영향 하에서 형성 발전해 온 것이 아니라 고조선에서 기원전 2000년기 후반기에 자체적으로 창조되고 발전되어 온 독창적 문화이다. 이는 제반 유적유물로서도 입증된다. 고조선 강역 내부는 아니지만 같은 겨레가 살고 있던 무산군 범의구석 유적 5기층은 기원전 7~5세기 것으로 편년되는데, 여기에서도 10여 점의 철기가 나왔다. 그 중 18호 집터의 쇠도끼를 시험 분석한 결과 완전히 녹은 상태의 선철 주조품으로 밝혀졌다.

또한 자강도 시중군 노남리 남파동 유적에서는 기원전 4~3세기 철기 제품이 나왔다. 쇠도끼, 쇠활촉, 쇠손칼, 쇠송곳, 쇠낚시, 쇠고리, 꺾쇠 등이 나왔는데, 그 중 2개의 도끼와 1개의 쇠고리를 시험 분석한 결과 쇠도끼 하나는 완전히 녹은 상태의 2차 선철에 의한 강철로 주조된 주강제품이라는 사실이 밝혀졌다. 이러한 사실들은 고조선의 철기제작이 중국의 영향을 받은 것이 아니라 자체적으로 창조 개발되었다는 것을 잘 보여준다.

이처럼 기원전 1000년기 후반기에 이르면 고조선 전 지역에서 기원전 2000년기 후반기에 고조선에서 독자적으로 창조된 철기문화가 발전해 광범한 농기구 생산체제로 진화해 나갔다. 그리고 철제 농기구에 의한 농업생산의 시대로 접어들었다. 농업에서 철제 농기구가 광범히 사용되었고, 논밭갈이로부터 김매기, 가을걷이에 이르는 농사의 전 공정이 철제 농기구에 의해 진행되었다.

철제 농기구의 출현과 광범위한 보급은 농민들로 하여금 품을 적게 들이고도 심경을 보장하고, 김을 잘 매개 해주며, 가을걷이의 효율성을 획기적으로 높여줌으로서 노동 생산능률을 높이고 다수확을 거둘 수 있게 했다. 또한 개간, 개답도 보다 손쉽게 할 수 있어 농경지의 신속한 확대를 가능하게 했다. 이것은 신석기 농업혁명에 비견할 수 있는 획기적인 사건이라고 할 수 있다.

후조선 시기의 영농방법은 단군조선 시기와 같이 벼를 비롯한 오곡 농사를 지었지만, 농기구의 발전과 농사 경험의 축적으로 작물 재배방법의 개선과 다각화가 더욱 촉진되어 농업 생산능률과 농업생산성이 획기적으로 발전했다.

농업과 함께 목축업 역시 발전했다. 고조선 사람들은 소, 말, 돼지,

개, 닭, 양과 같은 집짐승도 널리 길렀다. 돼지와 개, 닭은 일찍부터 길들인 짐승이었는데, 그 중에서는 돼지는 잡식성 동물로서 농업을 위주로 정착생활을 하는 고조선 주민들이 아무 데서나 사육이 가능했기 때문에 특별히 많이 길렀다. 소와 말은 단순히 식용뿐만 아니라 부림짐승으로 대대적으로 이용되었다. 염주군 주의리에서 발견된 나무후치와 수레바퀴 조각은 소가 연장이나 운반수단을 끄는 부림짐승으로 널리 이용되었다는 것을 짐작할 수 있게 해준다.

2. 수공업의 발전

조선 시대의 대표적인 수공업은 청동주조업, 제철제강업, 요업, 직조업이다. 우리 민족은 고조선시대에 이르러 동아시아에서 최초로 청동기문화를 창조했으며, 또한 중국보다 훨씬 일찍 누에치기를 하고 비단을 생산해낸 선진민족이다. 신석기 말기부터 시작된 누에치기는 고조선시대에 들어서면서 더욱 활발해져 누에치기와 비단생산이 가내수공업으로 발전했다.

우리나라 청동기문화는 매우 독특한 특색을 갖고 있는데, 그 기술 발전의 수준에서나 문화예술적 측면에서 매우 뛰어났다. 비파형동검의 경우 그 모습만을 놓고 봐도 하나의 청동예술품이라 해도 손색이 없을 정도이다. 이처럼 고조선의 수공업은 고대사회의 수준에서는 동아시아에서 최고의 선진적인 과학과 기술에 의거한 생산체제를 갖추고 있었다. 우리는 이를 통해 고조선의 과학기술과 문화의 우수성과 독창성, 그리고 경제의 발전정도를 알 수 있으며, 우리 것에 대한 민음과 애착, 긍지와 자부심을 느낄 수 있다.

(1) 청동 주조 및 가공업

1) 단군조선 시기

고조선의 수공업 발전에서 첫손에 꼽는 것은 청동기술의 창조에 의한 청동주조 및 가공업이다. 후조선 시기의 잔줄무늬거울을 보면 청동가공업의 발전수준이 상상을 초월할 정도로 매우 놀랍다. 우리나라 청동기시대의 개막은 단군조선 성립 이전인 기원전 35세기경이다. 하지만 단군조선 성립 이전에는 그 기술수준도 낮았고 제품의 수나 생산량도 보잘것없었다. 이러던 것이 단군조선 성립 이후 매우 빠른 속도로 발전해 점차 높은 단계에 이르렀다. 이는 단군조선 초기 평양 지방을 중심으로 발굴된 유적유물들을 통해 잘 알 수 있다.

단군릉 발굴 이전까지 북한에서는 고조선의 수도가 요동의 왕검성이라고 봤다. 그러다 보니 고조선 역사를 연구함에 있어서 요동지역에 대한 발굴에 집중하고, 정작 평양지역에서는 낙랑 유물 발굴에만 신경을 썼다. 따라서 단군조선 시기 유적유물들에 대한 발굴이 거의 없었다. 그 결과 한반도 청동기시대의 개막을 매우 늦게 잡았고, 청동기 유물의 연대 역시 매우 늦게 잡고 있었다.

하지만 단군릉 발굴 이후 평양을 비롯한 서북한 지역에 대해 대대적인 발굴조사가 이루어졌다. 그러자 수많은 청동기 유적유물들이 쏟아져 나왔다. 단군릉 발굴 이후 대동강 일대에서 발굴된 대표적인 청동기들만 보아도 평양시 삼석구역 호남리 표대 유적과 평남 덕천시 남양리 유적의 집터들에서 드러난 비파형창끝과 청동단추, 황해 북도 상원군 용곡리의 4, 5호 고인돌 무덤들에서 발굴된 비파형창끝과 청동단추, 상원군 장리 1호 고인돌 무덤에서 나온 청동끌과 청동방울, 청동 2인 교예장식품 등으로 그 종류가 매우 다양하다. 여기에 종래 발굴된 초기 및 중기 비파형동검, 청동도끼를 비롯한 유물들을 합치면 단군조선 시기에 생산된 청동제품의 가짓수와 양은 대단히 많다. 이것은 단군조선 시기에 이르러 그전 시기에 비해 청동주조 및 가공업이 급속히 발전하고 있었다는 것을 확증해준다.

단군조선 시기 청동주조 및 가공업의 발전상을 청동제품들의 세련된 형태와 화학조성 등을 통해 살펴보도록 하자. 먼저 고조선 시기 대표적인 청동제품인 비파형동검을 형태적 측면에서 분류하면 크게 초기, 중기, 후기의 제품으로 나눌 수 있다. 초기형은 단군조선 성립 직후의 것들이고, 중기형은 기원전 3000년기 중엽의 것들이며, 후기 것은 기원전 3000년기 말기~기원전 2000년기 초·중엽에 해당되는 것들이다. 초기의 것들은 형태적으로 볼 때 다소 밋밋한 편이며, 중기의 것들은 초기의 것들에 비해 날 양쪽의 돌기와 오무라들기 및 불루기가 더욱 뚜렷해 형태상으로 잘 짜여 있다. 그리고 후기의 것들은 길이가 좀 더 길고 피홈이 검끝에서 약간 내려와서 시작된 것이 특징이다.

초기형 비파형동검은 황해도 배천군 대아리 유적과 황해북도 신천군 선암리 유적에서 출토되었으며, 중기의 것들은 요녕성 요양 이도하자, 무순 대갑방, 구려 지역의 청원 문검, 이가보, 길장지구의 성성초 등의 돌관무덤에서 나왔다. 후기의 것들은 강상무덤 조영 십이대영자 금서현 오금당 등지에서 나왔다. 이처럼 비파형동검들은 그 형

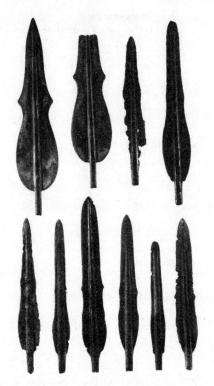

비파형동검

태가 매우 세련돼 당시 청동기 제조기술이 상당히 발전되었다는 것을 알 수 있다.

비파형동검 외에도 다양한 청동제품들이 있는데, 단군조선 초기의 유적인 상원군 장리 1호 고인돌 무덤에서 나온 청동교예장식품은 높이 4.8cm, 너비 5.1cm 의 크기를 가진 작은 청동주조품이다. 하지만 두 사람의 교예사가 어깨를 겯고 양쪽 손에 둥근 환을 쥐고 환 위에 올라서서 재주를 부리는 장면이 매우 생동감 있게 형상되어 있어 아주 높은 기술수준을 보여주고 있다.

이 무덤에서 나온 청동방울 역시 비록 작은 것이지만 울림통과 고리추 등이 정확히 주조되어 있고, 울림통을 크게 네 등분해 구멍을 길게 낸 솜씨 역시 상당히 세련되어 있어 우수한 공예품으로 높은 청동주조 기술을 보여주고 있다. 또 당시 청동기를 주조하는데 쓰인 거푸집도 청동주조 기술의 발전모습을 보여주고 있다.

청동주조 및 청동가공업의 높은 발전수준은 그것들의 화학조성을 통해서도 알 수 있다. 단군조선 사람들은 청동을 제조함에 있어서 동, 석, 연(납)을 제품의 특성과 용도에 맞게 합리적으로 배합했는데, 이것으로 볼 때도 그들의 과학기술 수준이 매우 높았다는 것을 알 수 있다.

| | 유적 이름 | 유적 종류 | 주요 화학조성(%) | | | 유적 연대 |
			동	석	연	
1	4호고인돌 무덤	청동단추	76.0	15.0	7.0	BC 3000년기 중엽
2	5호 고인돌 무덤	비파형창끝	80.9	6.5	10.1	BC 3000년기 중엽

• 상원군 용곡리 4호, 5호 고인돌 무덤에서 나온 청동기의 주요 화학조성표

자연계의 순동 자체는 세기가 무르고 기계적 성질도 약하지만, 여기에 석(주석)을 5%만 넣어도 금속조직이 변하면서 세기와 굳기가 커지고 기계적 성질도 달라져 제품의 강도가 퍽 높아질 뿐만 아니라 쓰기에도 편리하게 된다. 한편 청동에서 연(납)은 연성(延性)을 높여주고 주물을 보다 쉽게 할 수 있게 해주면서 제품의 질을 높여준다.

위에 제시된 용곡리 4호, 5호 고인돌 무덤에서 나온 청동제품에 대한 분석결과가 보여주듯이 당시 사람들은 동합금에서 석(주석)과 연(납)이 어떤 역할을 하는가를 과학적으로 파악하고 그 비율을 합리적으로 조절해 동-석-연의 3원소 합금계에 속하는 상당히 질이 높은 청동합금을 얻어냈다. 용곡리 5호 고인돌 무덤에서 나온 비파형창끝은

석의 함량이 6.5%, 연의 함량이 10.1%로 세기와 굳기, 쓸림 견딜성이 매우 좋고, 창끝으로서 강도와 연성(延性)을 보장함으로써 창끝이 강하면서도 쉽게 부러지지 않도록 했다. 또 4호 고인돌 무덤에서 나온 청동단추는 석 함량을 비파형창끝보다 2배 이상이나 높게 하여 단추로서의 굳기를 보장하는 한편 색을 조화시켜 그 쓸모와 장식적 효과를 높였다. 이는 단군조선 시기에 합금원소의 장단점을 일정하게 파악하고 그것을 제품에 따라 합리적으로 조절했다는 것을 말해준다.

후조선 시기에 이르러 청동가공업은 단군조선 시기에 비해 비할 바 없이 발전되었는데, 그 특징을 살펴보면 청동기의 가짓수와 양이 매우 확대되었으며, 그 주조 및 장식수법 또한 매우 발전했고, 청동 합금기술도 질적으로 도약했다. 후조선 시기 유적들에서 나온 청동기는 비파형동검을 비롯해 수천 수만 점에 달하며, 각종 청동제품들이 수십 수백 점이나 부장되어 있는 무덤들도 적지 않다.

예를 들어보자. 후조선 시기의 누상무덤에서는 180여 개의 청동기가 나왔으며, 심양에 있는 정가와자 6512호 무덤에서 나온 797점의 부장품 거의 대부분이 청동제품이었다. 누상무덤에서는 형식이 서로 다른 9개의 비파형동검, 청동제 방패와 활촉, 각각 2개의 청동제 도끼와 끌, 손칼 등 공구류와 각종 마구류, 수레 부속품, 크기와 형식이 서로 다른 단추류와 패쪽, 구슬류가 나왔다. 또 정가와자 6512호 무덤에서는 3자루의 비파형동검과 검집을 비롯해 도끼, 끌, 송곳 등 공구류과 10여 종의 마구류, 크고 작은 6개의 원판형기와 1개의 번개무늬 거울, 백 수십 개의 단추류와 판형 동기, 크고 작은 고리형 동기 등 수십 가지에 달하는 청동기들이 나왔다. 이처럼 청동기의 종류나 양에 있어서 단군조선 시기와는 비할 바 없이 확대발전되었다.

2) 후조선 시기

후조선 시기 청동기문화의 상징이라 할 수 있는 좁은 놋단검(세형동검)은 단군조선 시기의 비파형동검을 계승한 청동단검이다. 좁은 놋단검은 비파형동검처럼 검날 밑에 짧은 뿌리가 있어 자루를 따로 만들어 조립하게 되어 있다. 조립형이라는 점에서 다른 나라 청동검과는 구조적으로 다르고, 비파형동검을 계승한 것이라고 확인할 수 있다. 또한 검날 아래 부위의 둥그스름한 불루기, 독특한 날의 예임과 등대의 마디 등이 있는데, 이는 비파형동검의 구조와 형태를 계승한 증거이다. 하지만 비파형동검에 비해 날이 좁고 길어졌을 뿐 아니라 예리하고 견고해졌으며, 공예품처럼 균형이 잡히고 섬세하게 만들어졌다. 다른 나라 고대 및 중세 단검에서는 그 유례를 찾아보기 어려울 정도로 그 수준이 매우 높고 정교하다.

이러한 것의 대량생산은 개인 수공업자의 경영방법으로는 도저히 감당할 수 없는 일이었다. 때문에 이러한 무기류는 관청 수공업장에서 분업에 기초한 협업에 의해 생산되었을 것이다. 동광채굴과 제련 및 무기제조의 제 부문에서는 뚜렷한 분업이 이루어졌을 것이며, 무기제조 분야에서도 주조와 가공, 조립공정이 전문화되었을 것이다. 비파형동검과 좁은 놋단검은 우리나라 청동기문화의 독자성, 우수성, 창조성을 보여주는 대표적 유물로서, 우리 민족이 청동기문화의 창조자라는 것을 보여주고 있는 대표적 유물이다.

후조선 후기 유적들에서 드러난 청동기 유물들 중에서 단연 돋보이는 것들은 청동으로 만든 마구류와 수레 부속금구다. 후조선 후기에 이르면 이러한 유물들이 많이 드러나는데, 말머리 꾸미개(말관자), 말재갈, 재갈멈추개, 고삐와 말안장 등을 고정시키거나 연결시키는 가죽 끈에 단 고리들과 각종 장식품 등이 청동제품으로 만들어졌다.

그 중에서는 공예적 기교가 매우 높은 훌륭한 예술품들이 많은데, 예를 들면 말머리 꾸미개에는 흐르는 듯한 선으로 넝쿨무늬를 형상하고 금 또는 은도금한 매우 훌륭한 제품들이 있다. 또한 수레 부속금구류도 굴대 끝과 굴대 끝 마구리, 멍에 대에 설치했던 권총형의 말고삐걸개, 우산대 꼭지와 우산살 꼭지를 비롯해 마구류 못지않게 다종다양하고 보기 드문 제품들이 많다. 이의 대표적인 유적으로는 평양 낙랑구역의 정백동 1호 무덤을 비롯한 무덤떼들이 있다.

정백동 무덤떼들은 고조선 말 낙랑국 시기(기원전 2세기 말~1세기 중엽)에 해당되는 유적들로 나무곽무덤, 귀틀무덤, 벽돌무덤, 독무덤 등이 떼를 이루고 있다. 무덤의 총수는 지금까지 조사된 무덤만 해도 천수백 기에 달하며, 땅 밑의 알려지지 않은 무덤까지 고려하면 수천 기에 달할 것으로 보인다. 그 중에서 정백동 1호 무덤은 낙랑구역 긴 마루의 서쪽 100m 지점에 있는 나무곽무덤이며, 기원전 2세기 말~기원전 1세기 초의 무덤이다. 무덤 구조는 수직으로 내려 판 무덤구덩이 안에 장방형의 나무곽을 만들고, 거기에 널 하나를 넣어 묻은 나무곽무덤이다. 여기서는 좁은 놋단검, 좁은 놋창을 비롯한 청동 및 철제의 무기무장, 마구, 수레 부속, 치레거리, 은그릇, 은도장 등 110여 점의 유물이 출토되었다. 짐승 모양의 손잡이가 있는 도장에는 소전체로 된 '부조예군'이라는 글이 새겨져 있어 이로부터 이 무덤을 일명 '부조예군 무덤'이라고도 한다.

무덤에서 드러난 좁은 놋단검, 좁은 놋창을 비롯한 무기류들과 마구 및 수레 부속 등 유물의 갖춤새 전반은 고조선 말기의 여러 유적에서 알려진 것과 동일하다. 정백동 1호 무덤의 짜임새와 거기서 드러난 부장품들은 기원전 1세기 이후 평양 부근에서 개화 발전한 문화가 바로 앞선 고조선문화를 계승하여 이루어진 것임을 실증해주고 있다. 그러므로 정백동 1호 무덤에서 드러난 것들은 후조선과 만조선 시기 고조선의 청동기문화의 발전 정도를 잘 보여주고 있다.

후조선 시기 청동가공업의 발전면모는 단군조선 시기의 3원소 합금을 계승하면서도 제품의 용도와 목적에 맞게 동-석-연의 합금비율을 보다 합리화했다는 점으로도 입증된다. 후조선 시기의 유적인 정가와자 6512호 무덤에서 발굴된 비파형동검과 청동활촉의 합금비율을 시험분석한 자료에 의하면 비파형동검은 동이 72.43%, 연이 11.62%, 석이 13.52%였으며, 청동활촉은 동이 66.39%, 연이 11.62%, 석이 9.93%로 나타났는데, 이것은 굳기를 요구하는 단검에는 다른 기물보다 석의 비율을 높게 하고 대량 소모해야 하는 활촉에는 제일 낮게 설정함으로써 값비싼 석을 아꼈다는 것을 말해준다.

그리고 당시의 청동기를 시험분석한 자료에 따르면 좁은 놋단검 같은 무기류에는 석을 19%까지만 한정하였고, 잔줄무늬거울 같은 기물에는 석의 비율을 25% 이상 설정했다. 이것은 석-청동의 비율을 대상 기물의 용도에 맞게 합리적으로 설정했다는 것을 보여주며, 당시 청동합금 기술의 발전정도를 잘 웅변해준다. 석의 비율이 19%일 때 굳기와 탄성이 가장 적절하며, 19%를 넘기는 것은 굳기는 세겠지만

청동거울과 청동단검

탄성이 약해져 깨지기 쉽다. 그러므로 가까운 거리에서 찌르는 기능을 수행하는 단검에는 부적절하다. 그런데 드러난 유물들로 볼 때 후조선 사람들은 바로 이러한 성질을 잘 파악하고 적용했다. 따라서 후조선 사람들은 매우 높은 청동 합금기술을 보유하고 있었다고 볼 수 있다.

청동 가공기술의 발전상은 청동거울과 검집에 새겨진 번개무늬가 매우 섬세하게 되어 있으며, 직경이 0.25mm밖에 안 되는 가는 구리실을 뽑아서 천을 짜듯 엮어 만든 강상무덤의 청동그물 장식품 같은 데서 잘 드러난다. 이렇듯 가는 구리실을 뽑아서 그물을 엮는다는 것은 고도로 섬세한 제련기술이 아니고서는 도저히 실현할 수 없다.

(2) 제철제강업의 발전

우리나라 제철제강업은 고조선 시기에 시작됐다. 고조선 사람들은 자체의 창조적 노력으로 철을 다루는 기술을 창조해 발전시켜 갔다. 일반적으로 제철기술은 연철생산으로부터 시작해 선철 및 강철생산으로 발전해 나간다. 고조선에서 제철기술은 기원전 2000년기 후반기에 이미 발생했다. 기원전 2000년기 말에 해당되는 황해북도 황주군 고연리 유적의 2호 집터에서는 철광석 덩어리, 산화된 작은 쇳조각과 슬래그(쇠찌거기)가 출토되었다. 슬래그는 철을 녹이고 남은 찌꺼기를 말하는데, 이것이 나왔다는 것은 당시에 벌써 선철이 생산되었다는 것을 의미한다. 이로 보아 우리나라에서는 이미 기원전 2000년기 말에 철이 생산되었다는 것을 알 수 있다. 이는 기원전 4세기~기원전 3세기경 연나라로부터 철기가 유입되었다는 견해가 틀렸음을 말해준다.

우리나라에서 자체로 철기를 생산해냈다는 것은 비록 후조선의 영역은 아니지만 구려(고구려 건국 이전의 고대국가) 지역이었던 함북 무산군 범의구석 유적 제5문화층(기원전 7세기~기원전 5세기)에서 선철로 주조된 쇠도끼가 발굴되었다는 것으로도 입증된다. 또 고대 부여에 속해 있었던 흑룡강성 눌하시 이극천 24호 무덤은 기원전 6세기경으로 편년되는데, 여기에서 주인공의 허리 부위에서 쇠로 만든 칼과 비수가 발견되었으며, 기원전 5세기 유적인 태래현 전장무덤에서는 철기가 63점이나 출토되었다. 그리고 구려 지역이었던 자강도 시중군 노남리 유적에서는 기원전 4세기~기원전 3세기의 강철제 쇠도끼가 출토되었다.

이러한 제반 사실들은 종합하면 다음과 같은 결론에 도달한다. 고조선에서 기원전 2000년기 말에 제철기술이 발생했다. 그리고 기원전 1000년기 전반기에는 고조선의 제철제강 기술이 구려, 부여 지역 등 우리나라 전 지역으로 확산되어, 고조선뿐만 아니라 많은 지역에서 철기 생산이 활발하게 이루어졌다. 기원전 1000년기 중후반기에 접어들면서 제철제강 기술이 매우 발전하여 강철 생산단계로 접어들었다. 이렇듯 고조선 사람들은 스스로의 지혜와 힘에 의해 독창적으로 제철제강업을 창조했으며, 한반도 철기시대는 외부의 유입으로부터 시작된 것이 아니라 기원전 2000년기 말부터 이 땅의 주민들의 창조적 지혜와 노동으로 창조되고 개척되었다.

고조선에서는 기원전 1000년기 후반기에 접어들면서 제철업이 급속히 발전하고 제강기술이 개척되면서 각종 철기를 다량생산할 수 있는 단계로 발전했다. 일반적으로 제철제강 기술의 발전과정은 연철에서 선철의 단계를 거쳐 강철 생산단계로 발전한다. 그런데 연철은 너무 무르고 녹이 쉽게 슬어 쓸모가 적으며, 선철은 굳기는 하지만 너무 쉽게 깨져 실용성이 낮았다. 그러므로 철기가 광범위하게 보급된 것은 굳기와 탄성을 다 갖춘 강철 제조기술이 개발된 이후부터라고 볼 수 있다. 초기의 강철은 연철을 가열해 탄소를 침투시키는 방법으로 얻어졌으며, 이후 고온야금에 의한 제철제강 기술이 도입되어, 비록 소규모 수공업적인 용광로라 하더라도 질 좋은 선철 및 강철을 대량생산해 임의의 쓸모 있는 철기를 손쉽게 만들 수 있었다. 기원전 3세기~기원전 2세기 유적으로 철기가 대량 발굴된 세죽리-연화보 유형의 유적들에서 나온 철기의 품종은 다음과 같다.

'표'에서 보는 바와 같이 세죽리-연화보 유형의 유적들에서는 쇠도끼류를 비롯해 쇠괭이와 쇠호미, 쇠낫, 쇠반달칼, 쇠삽날, 쇠끌, 쇠비수, 쇠손칼, 쇠송곳류 등 주요 농기구와 공구류들, 쇠활촉, 쇠단검, 쇠

	출토지	철기 유물	기타 유물
1	세죽리	도끼(수십 개), 낫조각(5개), 괭이 조각(3개), 호미 조각(1개), 끌(3개), 비수 조각(3개), 손칼(다수), 과(1개)	명도전, 포전, 청동활촉, 구슬류, 활촉거푸집, 각종 질그릇
2	단산리	도끼(12개), 손칼 조각(2개)	기와 조각, 막새, 창고다리 거푸집 등
3	단산리	도끼(12개), 손칼 조각(2개)	명도전, 일화전, 포전

• 세죽리-연화보 유적에서 나온 유물 일람표

과 등 무기류가 나왔다. 철기 가운데 절대다수를 차지하는 것은 도끼류로서 세죽리 유적에서는 수십 개, 연화보 유적에서는 60여 개가 나왔다. 여기에서 나온 철기는 종류가 다양하고 양적으로 많을 뿐 아니라 주강제품과 단조한 제품들도 많이 포함되어 있다.

이들 유적에서 나온 쇠도끼의 대다수는 보다 손쉽게 생산할 수 있는 선철류였지만, 세죽리 유적에서 나온 쇠도끼를 실험분석한 데에 따르면 2차 선철에서 얻어진 용융상태의 강철로 주물한 주강제품도 있다는 것이 밝혀졌다. 또한 쇠과는 날 중심부에 둥그스름한 등대가 있는데, 이것은 주조한 강철제품으로 보인다. 또한 얇은 철판으로 주조한 쇠괭이류를 비롯해 쇠낫, 쇠반달칼, 쇠비수, 쇠호미와 같은 철기도 대부분 주강제품으로 알려졌다. 특히 세죽리에서 나온 고리자루 손칼을 실험분석한 데에 따르면 두 번에 걸쳐 열처리한 탄소공구강으로서의 강철조직을 가지고 있었다고 한다. 이와 같이 후조선 말기에 이르러 제철제강 기술은 매우 높은 수준으로 발전했다.

제철제강 기술이 발전하면서 제철 및 철가공업이 하나의 주요한 수공업 부문으로 되었으며, 쇠돌을 캐내는 일로부터 노에서 쇳물을 뽑아내 철기를 만드는 일까지 여러 공정에는 많은 사람들이 필요로 했으므로 철기 생산을 전문적으로 맡아 하는 수공업 집단이 있었다는 것은 명백하다.

(3) 요업과 직조업의 발전

고조선 사람들은 신석기시대로부터 질그릇 제조업을 끊임없이 발전시켜 쓰기 편리하고 질 좋은 여러 가지 질그릇을 생산했다. 특히 질그릇 분야에서 주목할 만한 것은 단군조선 시기에 이미 도기 생산이 이루어졌다는 것이다.

고조선에서 요업의 발전상은 평북 박천군 단산리 유적, 윤가촌 남하 유적을 비롯한 고대 집터와 토성들에서 많이 나온 기와를 통해서도 알 수 있다. 윤가촌 남하 유적에서는 암기와가 나왔고, 그 밖의 유적들에서는 암기와와 함께 수기와 및 수기와 막새까지 나왔다. 암기와는 붉은색의 것도 있지만 기본은 회색이다. 회색 수기와 막새의 생김새는 반원형으로 되어 있는데, 단산리 유적에서 나온 막새에는 고사리 무늬가 그려져 있다.

고조선 경제발전에서 주목할 것은 직조업이 매우 발전되었다는 것이다. 그 중에서도 비단 직조 수공업 기술은 동아시아에서도 가장 이른 시기에 독자적으로 발생 발전해 왔으며, 매우 높은 기술수준을 자랑했다. 의복은 문명의 상징이다. 문명세계 인간에게 있어서 필수불가결한 주요 분야이다. 어떤 섬유로 옷을 지어 입었는가 하는 데 따라 그 나라 그 민족의 문화수준과 특징이 나타나기 마련이다. 우리나라에 목화가 재배되기 이전까지 섬유는 모시, 삼베와 명주실(비단천)이었다. 그 중에서도 우리나라는 세계적으로 가장 일찍이 누에를 치기 시작한 으뜸가는 비단 생산국이었다.

이제까지의 통설에 의하면 누에치기의 역사는 중국에서 시작됐으며, 우리나라의 누에치기는 마치도 중국의 영향을 받아 발생한 것처럼 알려져 있는데, 이는 누에치기 역사의 왜곡이다. 중국에서 누에치기는 전설에 따르면 시조왕 헌원황제의 처인 서릉으로부터 시작됐다는데, 이는 기원전 27세기에 해당된다. 3천 년 전의 은나라 때 복사(卜辭, 거북의 등껍질이나 뼈에 새긴 상형문자)에 糸(실), 巾(수건), 桑(뽕) 등의 한자와 함께 蠶(누에)으로 해석되는 虫 형의 글자도 나왔다고 한다. 이로 볼 때 중국의 누에치기 역사는 5천 년 정도라고 할 수 있다.

우리나라 누에치기는 중국보다 더 빨리 시작되었다. 처음부터 중국과는 계보가 완전히 다른 누에를 쳐 왔고, 누에 기르는 법과 명주실을 뽑는 기술 역시 독자적 특성을 갖고 발전해 왔다. 우리나라 누에치기의 역사는 얼마나 되었을까? 그 연대를 정확히 획정할 수 없으나 최소한 지금으로부터 6천 년 전 이상으로 거슬러 올라가는 것은 확실하며, 이는 중국보다 최소 1천 년 이상 앞섰다.

우리나라 신석기시대와 청동기시대 유적들에서는 이따금씩 질그릇 밑창에 누에의 기본 먹이인 뽕잎을 그려놓은 것이 나온다. 평양시 남경 유적 신석기문화층 3호 집터, 평북 용천군 신암리 모래산 유적 제2문화층, 함북 포항 유적 신석기시대 4기층 22호 집터, 그리고 강계 공귀리 청동기시대 유적 등에서 그러한 질그릇들이 나왔다. 또한 황북 봉산군 지탑리 제2지구에서 드러난 질그릇에는 누에를 몇 마리 반복해 새김으로써 하나의 번데기 무늬가 조형되어 있었다. 여기에 새겨진 누에무늬는 윗면에 10개 이상의 둥근 마디가 있고 또 그만한 수의 다리가 아래쪽에 달려 있었다.

봉산 지탑리 유적 제2지구 문화층은 늦게 잡아도 기원전 4000년기를 내려가지 않는다. 옛 고조선 땅이었던 압록강 근처 요녕성 동구현 마가점진 후와 유적에서는 길이가 2.6cm, 직경이 0.4cm 정도 크기의 누에 조소품이 드러났는데, 1989년 탄소 14에 의해 연대 측정 결과 6,055±96년 또는 6,255±170년 등으로 나왔다. 따라서 이 유적은 적어도 지금부터 6천 년 이상 된 유적이라고 할 수 있다. 이러한 제반 유적유물의 증거에 따르면 우리나라에서는 최소 6천 년 이전 신석기시대부터 누에치기를 했고, 비단실을 뽑아 의복을 만들었다는 것을 알 수 있다.

우리나라에서 친 누에와 거기에서 뽑은 명주실은 중국의 영향과는 아무런 상관이 없는 고유한 것이었다. 고조선 사람들은 오래전부터 야생누에를 순화시켜 사육해 온 누에 품종들을 잘 길러 질 좋은 명주실을 생산하는 데 성공했다. 고조선 때 사육한 누에는 석잠누에이며, 이 누에는 우리나라 집누에의 기본 품종이 되어 수천 년 동안 내려오면서 가가호호에서 사육되었다. 이 누에 품종은 중국의 석잠누에, 넉잠누에와는 그 조상과 계보 품종이 전혀 다른 독특한 누에였다.

우리나라 석잠누에 품종의 고유성은 유전학적, 혈청학적으로 설명된다. 우리 메누에의 염색체는 27개인 반면 중국의 경우 염색체는 28개이고, 오늘날 세계적으로 집집마다에서 치는 집누에의 염색체는 28개이다. 이는 우리 토종 석잠누에가 우리나라에 야생하는 메누에로부터 진화했으며, 중국 누에와는 계보와 조상이 완전히 다르다는 사실을 그대로 보여준다. 중국의 넉잠누에는 중국 사천성의 석잠누에로부터 진화한 것으로서 사천 석잠누에는 몸이 작고 고치 형태는 계란형 또는 짧은 방추형이지만, 조선의 석잠누에는 몸이 크고 고치 형태가 장구형이며 색깔은 누르스름한 이른바 황견이다. 평양 일대에서 발굴되어 고조선 말기와 기원을 전후한 시기의 것으로 확인된 약 30점의 고대 비단 가운데서 북한과 일본 과학자들이 각각 10점씩 감정한 결과 백 퍼센트 우리나라 석잠누에로 짠 비단이었다는 것이 확증되었다.

고조선 사람들은 일찍부터 뽕나무를 심고 누에를 쳤는데, 특히 고조선 고유의 석잠누에에서 얻은 명주실로 짠 조선비단은 중국에까지 이름이 널리 알려질 정도였다. 우리나라 석잠누에는 자라는 기간이 짧고 병에 잘 걸리지 않으며, 생활력이 매우 강해 키우기 쉽다. 그리고 이 누에고치는 실이 잘 풀리고 질긴 장점을 가졌다. 석잠누에의 실로는 부드럽고 가벼운 천을 짤 수 있었으며, 물감을 들이기 쉽고 물들이면 아주 고운 장점을 갖고 있었다.

우리나라에서 누에치기와 비단짜기는 오랜 역사를 갖고 있다. 〈삼국지〉 예전, 한전에는 고조선 사람들과 삼한 사람들이 뽕 누에치기에 밝았다는 것이 기록되어 있고, 〈한서〉 지리지에는 기원전 12세기~기원전 11세기경에 조선에서 누에치기와 천짜기가 농사와 함께 중요하게 장려되었다는 것이 밝혀져 있다. 고고학적 유물자료로 볼 때 우리나라 누에치기가 고조선 성립 이전 시기부터 이미 진행되었다는 것을 알 수 있다.

고조선 사람들은 비단뿐 아니라 삼을 심어 베천을 짰는데, 그 질이 좋아 다른 나라들에까지 널리 알려졌다. 후세에 중국 사람들이 맥포라고 부르며 칭찬한 옥저 지방의 베는 고조선의 직조기술의 전통을 이은 것이라고 말할 수 있다. 고조선에서는 직조기술이 발전함에 따라 보다 능률적이며 복잡한 직조기도 만들어냈으며, 직조업을 전문으로 하는 수공업도 발전했다.

또한 가죽제품 생산분야도 발전했다. 고조선의 범가죽, 표범가죽은 중국 사람들의 동경의 대상이 되었고, 정가와자 6512호 무덤에서 나온 청동단추를 4줄로 장식한 호화로운 가죽장화는 당시 우리나라 사람들은 높은 기술수준을 보여준다.

── 고조선 문화 ──

1. 민족문화의 원형 창조

문화는 사상과 언어, 종교와 의례, 법이나 도덕, 생활관습과 예술 등의 규범과 가치관을 포함하고 있는 삶의 양식이다. 문화는 계급성과 함께 민족성을 가지며, 시대에 따라서 끊임없이 변화 발전해 나간다. 고대의 문화, 중세의 문화, 근현대의 시대별 문화는 각각 공통성보다는 차이성이 두드러질 정도로 크다. 따라서 차별성을 앞세우게 되면, 시대를 초월해 문화의 내면에 면면히 흐르는 민족적 공통성을 외면해 버리기 쉽다. 특히 21세기는 지구촌이 하나의 생활문화권으로 발전해 나가고 있는 지구촌 시대이다. 지구촌 차원에서 지배적인 문화현상들이 전 세계적으로 급속히 확산된다. 가히 세계문화라고 불릴 현상들이 일상적으로 나타나고, 이러한 문화가 전 세계 사람들의 생활과 삶을 지배한다.

그러다 보니 각 나라와 민족별로 형성 발전되어 왔던 민족문화가 갖고 있는 힘을 경시하고 외면해버리는 현상이 비일비재하게 나타난다. 그 결과 각 나라와 민족들은 문화적 정체성을 상실하고 제국주의 문화의 소비자로 전락해, 그 독소에 무방비 상태로 빠져버린다. 제국주의 문화는 각 나라와 민족, 민중들의 건전한 삶과 문화를 짓누르고, 사상과 정신을 불구화시키는 매우 악랄한 독소를 갖고 있다. 이것에서 벗어나지 않는 한 인간다운 삶을 향유할 수 없고, 제국주의 지배세력의 사상적 노예로 살 수밖에 없다.

제국주의 문화의 지배에서 벗어나려면 문화의 자주성을 회복해야 한다. 지금 전 세계적으로 확산되고 있는 문화다양성론은 문화적 자주성을 회복하기 위한 전 세계 민중들의 절박한 요구의 표출이다. 그러나 이 흐름이 자칫하면 자본주의의 문화상품으로 전락할 위험이 있다. 각 나라와 민족들의 다양한 문화들을 상품화하려는 자본주의적 시도에 이용당할 우려가 있다. 자본주의 문화상품으로 전락하지 않고 민중들의 삶에 복무하려면, 문화의 자주성 확립이라는 뚜렷한 목표를 지향해 나가야 한다. 그러려면 각 나라와 민족의 자주적인 민족문화를 고수하고 발전시켜 나가야 한다. 이것은 문화적 폐쇄성을 의미하는 것이 아니라, 자주적인 민족문화에 기초해서 문화적 교류와 협력을 해나가고 선진 문화를 비판적으로 대하며 자주적으로 수용해 나가야 한다는 것이다.

자주적 민족문화를 확립하고 발전시켜 나가려면 민족문화의 뿌리를 찾는 데서부터 출발해야 한다. 우리의 민족문화는 언제 뿌리를 내렸으며, 그 핵심적 요체는 무엇인가를 밝히는 문제가 중요하게 대두

되는 이유가 바로 이것 때문이다. 우리 민족문화의 뿌리는 이미 신석기시대 겨레가 형성되는 시점에 그 단초가 형성되었지만, 고대사회 민족의 원형이 형성되던 시기에 민족문화의 원형도 창조되었다고 볼 수 있다. 이 점에서 있어서 고조선의 건국은 민족문화의 형성에서도 매우 중요한 계기가 되었다고 확언할 수 있다. 물론 고조선 시기에 민족이 형성되었다고 해서 그것이 오늘날과 같은 근대적 의미의 민족의 단계에 이르렀다고 말할 수는 없을 것이다.

민족 역시 역사와 함께 발전하는 속성을 갖고 있으므로, 고조선 시기 형성된 우리 민족은 오늘날의 우리 민족에 비해 유아적 단계에 머물러 있었을 것이며, 그렇기 때문에 어떤 학자들은 고대 민족의 개념과 근대 민족의 개념을 구별하기도 한다. 세계 역사로 볼 때 고대 시기 민족의 단계로 발전했던 민족도 그 이후의 역사 속에서 민족적 성격을 상실한 경우도 없지 않다.

하지만 우리나라의 경우 한반도를 거점으로 면면히 역사를 계승 발전시켜 왔기 때문에 고대 민족과 근대 민족의 본질적 차이는 없으며, 다만 민족성과 민족의식의 차이, 민족의식의 자각 범위의 차이만이 있을 뿐이다. 그렇기 때문에 고조선 시기에 형성된 우리 민족과 민족문화의 원형은 끊임없이 계승 발전되면서 오늘날에 이르렀으며, 특히 수많은 외래문화의 유입 속에서도 면면히 그 핵심적 요체가 계승 발전되어 왔다.

고조선 시기 형성된 우리 민족문화의 원형을 밝혀보면 다음과 같다.

(1) 민족사상의 출발점이 된 고조선의 사상과 신앙

사상과 의식은 사람의 생활과 활동에서 결정적 역할을 한다. 사람들은 그가 갖고 있는 사상에 따라 생각하고 생활하며 활동한다. 사상이 사람의 생활과 활동에서 결정적 역할을 하는 것만큼 그것은 첨예하게 계급적 성격을 띤다. 고조선은 우리 민족의 역사상 첫 고대국가이자 첫 계급사회이다. 노예제 사회성격을 갖고 있는 고조선 사회에서 사상은 전체 주민들의 이해와 요구를 반영하는 측면과 함께 지배계급의 이익을 배타적으로 대변하는 측면을 동시에 갖고 있다. 이에 따라 고조선 시기 사상은 진보적 측면과 함께 반역사적, 반민중적 측면을 동시에 갖고 있다.

또한 고대 사회는 아직 사람들의 세계에 대한 과학적 인식의 발전이 낮았던 것만큼 과학적 측면과 함께 비과학적 측면을 동시에 갖고 있다. 고대 사상이 갖고 있는 이러한 다면적 측면을 통일적으로 고려해서, 진보적이고 민족적이며 민중적인 측면을 찾아내야 그것이 우리 민족의 사상이라고 말할 수 있다. 지배계급의 이익을 배타적으로 반영하는 반민중적, 비과학적, 반역사적인 측면은 올바른 민족사상이라고 말할 수 없다. 그렇기 때문에 고조선 시기의 사상을 무턱대고 우리 민족의 사상이라고 숭배하는 경향은 복고주의 함정에 빠져들 수 있다. 그렇다고 지배계급의 이익을 반영하고 비과학적인 측면이 많다고 해서 무턱대고 반대 배격해 버리는 것 역시 잘못이다. 그럴 경우 우리 민족에게 남는 것이라고는 없게 되고 민족허무주의에 빠질 우려가 있다. 이러한 양 측면을 잘 고려해서 고조선 시기 우리의 민족사상을 찾아나서야 한다.

1) 세계관 : '기' 사상

우리 민족 사상의 출발점이 되는 고조선의 사상은 철학사상, 정치 이념, 종교적 신앙으로 이루어져 있다. 고조선 시기 철학사상으로서는 소박한 유물론과 자연발생적인 변증법적 성격을 띠고 있다. 이것은 세계는 물질적인 기에 의해 이루어졌고, 기 자체의 운동에 의해 생겨나고 변화한다는 견해로서, 세계의 본질 시원을 물질적인 기에서 찾고, 세계의 운동변화 역시 물질적 존재 자체의 내적 요인에 의해 일어난다고 보는 철학적 사유형태였다.

고조선 시기의 사상가들은 세계와 자연에 대한 과학적 인식이 매우 낮았던 당시 시대적 한계에도 불구하고, 비록 소박한 형태로나마 유물론적이고 변증법적인 사유를 통해 세계를 과학적이고 통일적으로 인식하려는 철학적 사유를 시작했다. 이는 우리 민족의 철학과 사상 발전에 있어서 매우 의미 있는 발전이다. 〈삼국지〉 권30 부여전에 인용된 〈위략〉의 기사에 따르면 "하늘에 기가 있었는데 그 모양은 계란과 같았고, 그것이 왕의 시비에게로 내려와서 아이를 배게 했다"고 하였다. 이는 하늘에는 신이 존재하고 신이 인간을 창조하는 것이 아니라 마치 계란과 같은 물질적 기가 있어 사람을 비롯한 만물을 생기게 한다고 주장한 것이며, 또한 자연세계도 기에 의해 생성된다고 본 유물론적 견해이다.

〈삼국유사〉에 기록되어 있는 단군신화 역시 신화적 외피만 벗겨내버리면, 세계 만물의 기초가 하늘과 땅이며 인간의 생사운명에 절실한 관련을 갖고 있는 자연현상은 비, 바람, 구름 들이라는 사상이 들어 있는데, 이는 우주공간에는 하늘과 땅이 있기 전에 기가 충만되어 있었고 이 기로부터 하늘과 땅이 생겨났다는 견해와 일맥상통한다. 고대 사상가들이 말한 기란 세계 만물 형성이전에 그 시초도 종말도 없이 우주공간에 충만되어 있는 물질적인 기이다. 그리하여 하늘이 생기고 땅이 생기며 인간이 발생한 근원은 물질적 기이고 그것은 무한하다고 보았던 것이다.

고조선 사람들은 초기에는 매우 소박한 철학적 표상으로서 하늘과 땅, 바람, 비, 구름, 그리고 물이나 불과 같은 자연계의 구체적인 사물현상들을 갖고 세계의 시원이나 사물현상들의 발생에 대해 있는 그대로 설명했다. 그러나 이러한 표상들만 가지고 세계를 통일적으로 설명할 수 없었고 사물현상 발전의 합법칙성을 찾아낼 수 없었다. 그리하여 고대 선진적인 사상가들은 하늘, 땅, 비, 구름, 바람 등 원시적인 철학적 표상들을 더 일반화하고 개괄하여 한 단계 높은 수준에서 세계의 통일적인 물질적 시원을 탐구하였다. 그 결과 당시의 천문학, 지리학, 의학 등 자연과학에 대한 지식에 기초해 구체적인 자연현상들의 배후에는 그 어떤 하나의 공통적인 물질적 힘이 작용하고 있다고 생각했다. 그리고 이것을 기 또는 기운이라고 불렀다. 그리하여 물질적 기를 세계의 시원으로 보는 철학적 사상이 탄생했다. 이것이 바로 기 사상이다. 기 사상의 정립은 고대 철학사상 발전의 일대 도약이다.

고조선의 철학사상은 또한 사물의 운동발전도 물질적 존재 자체의 내적인 요인에 의해 일어난다고 봤다. 예컨대 맨 처음에 있었던 혼돈의 기는 서로 성질이 다른 두 가지 요소, 즉 밝은 기와 어두운 기로 이루어져 있으며, 그것들의 상호작용에 의해 우주자연과 만물이 발생 발전했다고 봤다. 이러한 견해는 단군설화에도 반영되어 있다. 즉, 설화에 나오는 환웅은 하늘에 있었고 곰은 땅에 있었으므로, 그것은 하늘과 땅, 밝음과 어두움, 양과 음을 표현한 것인데, 이 양자의 조화에 의해 단군이 출생했다고 봤던 것이다. 이러한 견해는 후세 고구려의 벽화가 음양을 상징하는 사물들의 조화시키는 수법에 의해 그려진 데서도 표현되고 있는데, 이는 단군 시기의 음양에 관한 사상이 고구려에 계승되었다는 것을 말해준다. 이처럼 고조선의 소박한 유물론과 자연발생적인 변증법적 철학사상은 후대에도 전해져 우리나라 중세의 철학사상 발전에 기여했다.

2) 인생관 : 선인사상

우리나라 민족 사상의 뿌리가 되고 있는 고조선 시기의 철학사상의 하나는 선인사상이다. 선인사상은 고조선 시기의 대표적인 인생관 사상으로 내세가 아닌 현세에서 장생불로와 육체적 힘의 배양, 도덕적 수양을 또한 인격의 완성을 인간의 삶의 목적과 가치로 보는 인생관이며, 고조선의 독특한 철학사상이다. 선인사상은 단군조선 시기에 고유한 사상으로 발생했으며, 후세 중국에서 생겨난 도교와는 다르다. 선인사상과 도교가 현세에서 선인 또는 신선을 목표로 육체적 단련과 인격의 수련을 주요한 수단으로 삼고 있다는 점에서 비슷하기 때문에 도교의 전래 이후에 만들어진 것 아니냐는 반론이 있다.

하지만 선인사상이 단군조선 시기에 형성된 고조선의 고유한 사상이라는 것은 명백하다. 이는 단군을 '선인'이라고 칭한 것(《삼국사기》 고구려 본기 동천왕 21년 2월)이라든가, 도교 전파 이전 시기의 고구려 고분벽화들에 '선인도'가 뚜렷하게 남아 있다든가, 비류국왕 송양이 고구려 시조 동명왕을 만났을 때 자신을 '선인'의 후예라고 말한 데서 잘 드러난다. 또한 중국의 역사기록 〈산해경〉 등에서는 우리나라를 가리켜 '선인'이 많이 살고 있는 나라라고 불렀다. 선인사상에서는 인간의 영생을 바라는 본성적 염원에 기초해 내세에서의 영원한 삶이 아닌 현세에서의 장생불로를 추구했다. 그리고 불로초나 신약을 먹으며 심신단련과 인격적 수양을 통해 이를 달성할 수 있다고 봤다. 이러한 사상은 현실에서 이룰 수 없는 영생불사를 꿈꾸었다는 점에서는 비과학적인 측면이 많지만, 내세를 추구하지 않았다는 점, 그리고 의학의 발전을 추동했다는 점, 신체의 단련을 추구했다는 점, 도덕적 수양을 통해 인격의 완성을 추구했다는 점에서는 매우 긍정적인 역할을 수행했다.

이를 두고 신라 말기 학자 최치원은 당시에 전해진 선사(仙史)에 기초해 "우리나라에 현묘한 도가 있으니 풍류라고 한다. 그 교의 근원은 선사에 상세히 기록되어 있다. 그 교는 실로 3교를 내포하고 있은 즉, 모든 사람을 접하여 교화시킨다. 말하자면 집에 들어와서는 부모에게 효성을 다하고 밖에 나가서는 나라에 충성을 다하라는 것은 노나라 공자의 뜻과 같은 것이며, 자연 그대로 맡기며 말없이 행동하라는 가르침은 주나라 노자의 종지요, 모든 악행을 하지 않으며 모든 선행을 받들어 행하라는 것은 인도의 석가모니의 교화와 같은 것이다"라고 썼다. 중국의 고전들, 특히 〈후한서〉 권115 동이열전 서문에서도 "도덕을 중요시해 온 선인사상에 의한 교화를 중시한 것으로 하여 동이는 어질고 생물을 죽이는 것을 싫어하며, 천성이 유순하고 도리로써 이끌어주고 다스리기 쉬우며 군자가 죽지 않는 나라까지도 있다"라고 썼다.

3) 정치이념 : 홍익인간 사상

우리나라 민족사상으로 자랑스럽게 내세울 수 있는 정치이념은 홍익인간 사상이다. 이 홍익인간 사상은 〈삼국유사〉 단군 기사에 나오는 단군시기 통치이념이다. 비록 노예제 계급사회였다는 당시 사회의 계급적 한계를 염두에 두고 이해해야 하겠지만, 노예제 국가 당시에 홍익인간이라는 통치이념을 내세웠다는 것은 우리 민족사의 자랑이라 말하지 않을 수 없다. 홍익인간 사상은 현실세계에서 낙원을 건설하려는 이상정치를 내세우고 있다.

홍익인간을 단순히 사람을 위한 정치로 해석하는 것은 협소하다. 인간이라는 한자어가 옛날에는 세상을 뜻하는 폭넓은 개념으로 쓰였다고 봤을 때, 사람을 포함한 전체 세상을 이롭게 하는 정치를 의미하는 것으로 자연과 사람의 조화를 내포하고 있다고 봐야 할 것이다. 이처럼 고대사회에도 뚜렷한 정치이념을 내세운 민족은 거의 없다는 점에서 우리 민족의 독특한 정치이념이라고 말할 수 있다.

4) 종교이념 : 하느님(하늘 숭배) 사상

우리나라의 첫 고대국가인 고조선의 종교사상은 하느님(하늘 숭배) 사상이다. 이는 하늘을 세계 만물과 인간의 운명을 주재하는 신적 존재로 내세우고 그것을 숭배하는 사상이다. 당시 이 종교행사를 주관하던 사람은 천군, 신관들이었으며, 이들은 모든 것이 하늘에 의해 창조되고 그의 의사에 따라 운동 변화한다고 설교했다. 또한 최고지배자인 임금을 하늘의 아들로서 그의 보호를 받고 있으며, 하늘의 의사를 대변하기 때문에 절대복종해야 한다고 설파했다.

고대 건국신화들은 이러한 하늘 숭배 사상에 기초하고 있다. 우리나라 고대 여러 국가에서 국가적 행사로 진행된 영고, 무천, 소도에서의 행사 등도 대체로 하늘 숭배 사상에 의거한 것이다.

(2) 고조선 시기 문학과 예술

1) 단군신화

고조선 시기 문학유산은 우리에게 거의 전해지지 않으며, 전해지는 것이라고는 '단군신화'와 '공후인'밖에 없다. 하지만 이것만으로도 고조선 시기 우리 조상들은 우수한 문학예술을 창조해냈다는 것을 잘 알 수 있다.

단군신화는 비록 신화적 형태로나마 우리 민족의 시조인 단군과 그의 사적을 폭넓게 담아낸 우리 민족 최초의 건국설화로서, 반만년 우리 민족생활에 깊이 뿌리내리고 계승된 귀중한 문화유산이다. 단군신화에는 말 그대로 신화적 요소가 많다. 단군의 아버지로 등장한 웅은 신화적 사람이며 풍백, 운사, 우사 등도 신화적 존재들이다. 곰과 범이 사람이 되려고 쑥과 마늘을 먹은 이야기 역시 원시신앙의 한 형태인 토테미즘에 기초한 것이기도 하고, 또 실생활에서 약으로 쓰던 것을 그와 결부시킨 것이기도 하다. 그렇다고 하더라도 신화의 주인공인 단군은 신화적 존재가 아니라 실재했던 역사적 존재임에 틀림없다.

대다수 고대의 역사적 주인공들에 대한 기록들이 신화라는 형식으로 묘사되어 있지만, 여기에는 엄연한 역사적 사실이 담겨 있는 것이 일반적이다. 따라서 신화적 형식으로 이야기가 꾸며졌다고 그 모든 것을 허구로만 여겨서는 안 된다. 여기에 담겨 있는 명백한 역사적 진실을 가려내야 한다. 단군신화에서 단군의 탄생과 관련된 부분은 신화이지만, 단군의 활동 부분은 신화가 아니라 역사적 사실을 담아놓았다. 신화적 환상은 아직 사람들의 창조적 힘이 약하고 사상문화 수준이 매우 낮았던 인류사회 여명기 사람들의 주위 세계에 대한 원시적인 사고방식과 표상의 산물이다.

단군신화에서 단군을 하느님의 아들로 묘사해놓은 것은 우리 민족의 시조이며 민족적 숭배의 대상인 단군을 하느님과 같이 신성화하려는 데 그 목적이 있었다. 우리들은 단군신화에서 신화적 부분을 걷어내고 역사적 진실을 찾아내야 하는데, 그렇게 보면 우리나라 원시 고대사회 사람들의 생활을 찾아낼 수 있다. 단군신화에서 드러난 단군의 모습은 근면하고 진취적이고 낙천적인 성품의 소유자이다. 단군이 1,500년간 나라를 다스렸고 1,908년 동안 살면서 평양성에서 아사달로, 아사달에서 장당경으로 옮겨갔다가 다시 아사달로 갔다는 이야기는, 단군이 종횡무진으로 활동하면서 오늘의 평양에서 나라를 세운후 주변 소국들을 통합해 점차 영토를 넓혀간 사실과 그 이후 단군이세운 고조선이 고대 동방에서 가장 강대한 국가로 이름을 떨친 역사적 사실을 담고 있다.

2) 공후인

'공후인'은 고조선의 뱃사공인 곽리자고의 아내 여옥이 지었다고 전해지는 서정가요로서, 그 가사는 다음과 같다.

公無渡河(공무도하) 임이여 물을 건너지 마오.

公竟渡河(공경도하) 임이 그예 물을 건너시네.

墮河而死(타하이사) 물에 빠져 돌아가시니,

當奈公何(당내공하) 임이여, 이 일을 어찌할꼬.

　설화에 의하면 어느 날 새벽 곽리자고가 강에 나갔다가 강기슭으로 달려오는 어떤 사람을 보게 되었다. 머리가 하얗게 센 그 사나이는 아내의 만류에도 머리를 풀어헤친 채 단지를 들고 강물 속에 뛰어들었다가 그만 빠져 죽고 말았다. 뒤따르던 아내는 공후를 타며 슬피 통곡하다가 남편을 따라 자기도 강물에 몸을 던졌다. 곽리자고는 집에 돌아와 아내인 여옥에게 이런 사실을 말했다. 여옥은 그 부부의 비극적인 운명을 슬퍼하면서 공후에 담아 자기의 감정을 노래했다. 이것이 곧 '공후인'이다.

　이 노래는 이후 이웃에 사는 여용에게 알려졌으며 점차 널리 퍼졌다. 이 설화와 노래는 고조선 시기 문학예술의 수준을 잘 보여주는 작품이다. 내용 면에서는 당시 고조선의 평범한 사람들이 겪고 있는 불행한 처지와 생활감정을 잘 표현해주고 있다. 사회적 불평등으로 압박받고 비참한 처지에 놓여 있는 가난한 백성들의 비극적 운명을 반영하고 있으며, 남의 불행과 슬픔을 자기의 것으로 여기고 동정을 표한 고조선 민중들의 아름다운 정신세계가 잘 드러나 있다.

　형식 면에서는 남편마저 잃고 절박한 처지에 놓여 눈물짓는 비극의 당사자의 입장에 서서 자기의 시적 정서를 압축된 형태로 간결하게 노래함으로써 서정의 진실성을 잘 표현했다. 이처럼 '공후인'은 그 시적 정서의 진실한 표현과 생동성으로 하여 고조선 민중들 속에 널리 퍼졌을 뿐 아니라, 그 후의 시인들의 창작에도 적지 않은 영향을 미쳤다. 또한 당시 고조선 민중들의 문학예술적 소양이 매우 높았다는 것을 잘 보여준다. 이처럼 가요 '공후인'은 비록 몇 줄에 지나지 않는 한 편의 가요이지만, 우리나라 고대문학의 우수성을 살펴볼 수 있는 귀중한 문화유산이다.

3) 가요와 무용

슬기롭고 재능 있는 우리 민족은 일찍이 고대 시기부터 훌륭한 가요들과 무용들을 수없이 창작하고 발전시켜 왔다. 가요의 대표적인 것은 앞에서 소개한 '공후인'을 들 수 있다. 여옥과 같이 평범한 여인이 노래를 짓고 그것이 널리 불렸다는 것은 고조선 사람들이 음악을 매우 즐겼으며, 평범한 사람들 속에서도 악기가 널리 이용되었다는 것을 말해준다. 공후와 같은 현악기가 일찍부터 민간에게 널리 보급되었다. 또 진국에서는 슬이라는 악기가 있었는데, 이 슬은 후에 가야금의 전신 악기로 보이며, 이 또한 고조선에도 있었을 것이다. 공후나 슬이나 다 현악기로서 복잡한 연주기법을 요구하는 것인 만큼 당시 고조선의 기악이 상당한 수준에 이르렀다는 것을 잘 알 수 있다.

고조선에서 타악기는 〈삼국지〉 한전에 진국에서 소도에 북과 방울을 매단 장대를 세웠다는 기록이 있는 것으로 볼 때, 고조선에서도 북이나 방울이 널리 사용되었을 것이 틀림없다. 이는 청동방울 유물들이 다수 발굴된 것으로도 잘 알 수 있다. 관악기로는 서포항 유적에서 원시시대 뼈로 만든 피리가 발굴된 것으로 보아 뼈나 참대로 만든 피리가 이용되었을 것이다. 이처럼 고조선에서는 비록 종류는 많지 않지만 현악기, 타악기, 관악기 등 우리나라 민족 악기의 기본적인 종류가 다 갖춰져 있었다.

우리나라 고대 시기 제천의식에 관한 역사기록들이 많이 나온 것으로 보아 고조선에서는 가무형태의 예술도 발전했다고 볼 수 있다. 제천행사는 전통적으로 진행하는 종교적 의식이기는 하였으나, 다른 한편으로는 온 나라의 범위에서 모여 노래와 춤으로 즐기는 경축행사이기도 했다. 이런 행사들에서 발전한 가무예술은 우리나라 전통적 민속놀이의 하나인 농경두레놀이와 결부되어 예술적으로는 더욱 발전하면서 마침내 우리나라 농악예술의 민족전통을 이루게 되었다.

고조선에서는 교예예술도 발전했다. 상원군 장리 1호 고인돌 무덤에서 나온 청동교예장식품에는 두 교예사가 한쪽 팔들은 서로 붙잡고 한쪽 다리들을 함께 묶은 상태로 두 개의 굴렁쇠 위에 올라서서 중심을 잡고 좌우에 있는 둥근 굴렁쇠를 돌리며 재주를 부리는 장면이 형상되어 있다. 율동적이면서도 박력 있고 속도 있는 움직임, 고상한 조형미와 조화로운 동작이 잘 묘사되어 있는 훌륭한 작품이다. 이 유물이 나온 무덤에서는 청동방울 2개가 함께 나왔는데, 소리 기재인 방울이 교예를 형상한 공예품과 함께 드러난 것은 당시의 교예가 음악 반주를 동반한 수준 높은 교예예술이었다는 것을 잘 보여준다.

4) 공예미술 : 비파형동검과 좁은 놋단검

고조선에서는 원시시대에 이룩한 조형예술의 성과경험에 기초해 조각, 건축, 회화, 공예 등 미술의 여러 부문들이 높은 수준으로 발전했다. 이는 지금까지 전해져 오는 공예미술에 집중적으로 드러나 있다.

고조선의 여러 금속공예의 대표적인 것은 청동단검과 청동창이다. 그것들은 사람을 살상하기 위한 무기였지만 높은 예술성을 갖춘 뛰어난 공예 미술품이기도 했다. 고조선의 단검에는 기원전 3000년기 중엽~기원전 2000년기에 주로 쓰인 비파형동검과 기원전 2000년기 중엽~기원전 1000년기에 주로 쓰인 좁은 놋단검이 있다. 칼날의 윤곽이 옛날 악기의 일종인 비파처럼 생겼다고 비파형동검이라 불리는 이 칼은 날 부분과 나팔모양의 자루, 자루 맞추개 등으로 나뉘어 제작되어 그것들을 조립할 수 있도록 만든 조립형 칼이라는 독특한 짜임새를 갖고 있는데, 이러한 형식은 이후 좁은 놋단검으로 계승되어 고조선의 독자적 문화양식을 잘 보여주고 있다.

비파형동검은 독특한 형태학적 특성을 갖고 있으면서 예리하면서도 부드러운 느낌을 주는 조형예술성을 잘 보여주고 있다. 비파형동검의 검자루는 처음에는 나무자루로 만들고 +자형, 또는 ∞형 검자루 맞추개 돌을 달아서 고정시켰으나 나중에는 청동제 검자루를 따로 만들어 사용했다. 이 검자루에는 번개무늬를 비롯한 여러 가지 무늬를 섬세하고도 정교하게 돋쳐서 장식적 효과를 극대화했다. 좁은 놋단검은 검자루 및 검자루 맞추개를 따로 만들어서 맞추게 되어 있는 점에서 비파형동검을 정확히 계승하고 있다. 그러나 무기로서의 기능을 더욱 잘 보장하기 위한 일련의 변화를 모색했다. 좁은 몸, 예리한 날, 직선적인 피홈, 다각형의 등대, 곡선의 예임 등은 모두 긴장된 선으로 이루어져 있으면서도 조형적으로 잘 짜여 있다.

비파형동검과 좁은 놋단검은 다 같이 질이 우수하고 형태가 독특해 기발한 것으로서 우리나라 고대미술의 고유한 성격을 뚜렷이 보여준다. 이 밖에도 창, 과 등 무기들도 형태가 창발적이며 장식기법이 세련되어 공예적인 가치가 높다. 이처럼 실용적이면서도 조형예술적으로 훌륭히 만들어진 고조선의 고대 무기들은 고조선이 우수한 문화를 가진 문명한 나라였다는 것을 잘 알 수 있게 해준다.

5) 공예 미술 : 잔줄무늬거울

고조선에 공예미술에서 또한 빼놓은 수 없는 것은 잔줄무늬거울(다뉴세문경)이다. 이것은 고조선의 가장 특색 있는 공예품의 하나이다. 거울 앞면은 반들반들하며 뒷면에는 무늬를 새겼는데, 그 장식이 매우 독특하다. 1960년대 충남에서 발견된 이 청동거울은 기원전 4세기경의 유물이다. 지름 21.2cm의 이 거울 안에는 모두 13,300개의 가는 선과 100여 개의 동심원이 그려져 있다. 선과 선 사이의 간격은 0.3~0.5mm이다. 이것은 매우 숙련된 현대의 제도사가 최상급 제도기를 이용해 트레이싱페이퍼에 그리더라도 20일 이상은 작업해야 완성할 수 있는 도안이라고 한다.

이처럼 정교하고 세밀한 잔줄무늬 구성은 독특한 기하학적 장식도안법을 창조하고 발전시켜 온 우리 선조들의 예술적 재능을 유감없이 보여주고 있다. 고조선 시기 공예예술은 강상무덤에서 알려진 직경 약 0.25mm 정도의 매우 가느다란 청동실을 뽑아 짠 청동그물 장식품에서도 그 높은 공예예술성을 찾아볼 수 있다.

(3) 우리 민족의 생활양식의 원형을 창조한 고조선의 생활풍습

우리 민족은 이미 원시시대를 이어 고조선 시기에 자기의 고유한 생활풍습을 갖고 있었으며, 이것이 우리 민족 생활양식의 원형으로 되었다. 원시시대를 마감하고 고대국가 시대로 접어들면서 고조선 사람들의 생활은 그 전 시기에 비해 비할 바 없이 풍부하고 다양해졌다. 이에 따라 사회생활 여러 분야에서 관습화된 새로운 생활양식, 생활풍습이 생겨나고 발전했다. 고조선 시기 우리 민족의 생활풍습은 수천 년이라는 오랜 기간 동안에 걸쳐 형성 발전된 매우 공고한 것으로, 현대 우리 민족의 생활풍습의 원형이 되었다.

고대의 풍습은 보통 중세 이후 전통화된 생활풍습의 원형적 토대가 된다. 하지만 모든 민족이 그러한 것은 아니다. 전쟁이나 주민 이동으로 고대 주민들이 이동하거나 다른 족들과의 혼혈을 이루는 경우, 고대의 풍습이 중세로 이어지지 못하는 경우가 많다. 사실 세계적으로 보면 고대 주민들의 풍속이 중세로 그대로 계승되는 경우는 매우 희귀하다고 할 수 있다. 유럽 대다수의 나라들에서는 근대에 이르러서야 민족이 형성되는데, 이 경우 고대의 풍속이 중세와 근대로 곧바로 이어지지 않는다. 하지만 우리나라는 이미 고조선 시기에 민족의 원형이 형성되어 지금까지 이어져 왔으며, 따라서 고대에 형성된 우리 민족의 생활양식과 풍습이 중세로 계승 발전되어 오늘날에 이르렀으며, 오늘날 우리 민족의 전통적인 생활풍습의 원형은 고조선 시기에 형성되었다.

1) 옷차림 풍습

고조선 주민들의 옷차림과 몸단장은 원시사회보다 훨씬 발전했다. 고조선 시기 옷차림은 기본적으로 바지, 저고리, 겉옷, 그리고 쓰개와 신이 기본이었다. 당시의 생산활동, 민족적 감정, 자연기후적 조건 등이 반영되어 있었으며, 옷과 몸단장에 금은 장식품과 보패류들이 널리 쓰였고, 옷차림에서 계급신분 관계의 차이가 나타났다. 옷, 쓰개, 신발들의 재료로는 베와 비단을 비롯한 식물성 옷감과 가죽재료가 쓰였다.

특히 고조선 주민들은 일찍부터 뽕나무를 심고 누에를 친 덕분에 명주실을 뽑아 비단을 짰으며, 삼으로 베천도 짰다. 이는 〈삼국지〉 위서 권30 예·한전에도 적혀 있다. 실뽑기는 물레와 같은 기재를 사용했으며, 천은 베틀로 짰다. 비단은 명주실을 외겹으로 꼬아 만든 면포와 두 겹으로 꼬아 짠 겸포가 있었으며, 베천도 가는 것과 굵은 것이 있었다. 이와 함께 여러 가지 동물 가죽을 사용해서 의복과 신발을 만들었다.

남자들은 일상적으로 바지, 저고리를 입었고, 추울 때는 겉옷을 입고 머리쓰개를 썼다. 여자들은 바지, 저고리 외에 치마를 따로 입었다. 이러한 옷차림 구성은 단군조선 시기부터였는데, 상원군 장리 고인돌 무덤에서 나온 청동교예품을 통해 잘 알 수 있다. 성인 남자들은 상투를 틀고 천으로 만든 머릿수건이나 풀 재료로 만든 삿갓, 짐승 가죽으로 만든 쓰개를 썼다. 부여의 일부 여성들은 면의라는 쓰개를 썼는데, 그것은 계급사회가 먼저 발전해 생겨난 고조선의 얼굴 가리개를 겸한 쓰개를 답습한 것으로 보인다. 신발은 신석기시대부터 신어 온 짚

신이 기본을 이뤘을 것이고, 그 밖에 날씨가 찬 고장이나 짐승 사냥을 많이 하는 지역 사람들은 가죽신을 신었다. 부자들은 가죽에 천을 덧 대 만든 신을 신었다. 천신과 나무신도 널리 이용됐다.

고조선 주민들은 귀걸이, 목걸이, 팔찌, 가락지 등으로 장식하기를 좋아했는데 그것들은 금, 은, 동과 같은 금속과 비취옥, 붉은 옥, 백옥, 마노, 천하석, 곱돌, 수정, 청석, 백로 뼈 등으로 만들었다. 고조선에서 는 예복 차림도 했다. 부여의 남녀 상제들이 상례 기간에 베로 만든 흰옷을 입었다고 역사서에 나오는데, 이것 역시 단군조선의 상복 입 은 풍습을 그대로 계승한 것으로 사료된다. 흰옷은 상례 때뿐 아니라 일상적으로도 입었는데, 흰색은 밝은 것, 맑은 것을 뜻하며, 고조선 사 람들은 박달족의 상징으로서 흰옷을 즐겨 입었다. 이로부터 우리 민 족을 배달민족이라고 부르게 됐다는 설도 일정 정도 일리가 있는 견 해이다. 아래위가 나뉜 옷을 입는 풍속, 흰옷을 입고 옷차림을 항상 깨끗이 하는 풍습, 상투를 트는 풍습, 여러 가지 치레거리로 옷이나 몸을 단장한 풍습들은 그 후 중세 시기 우리 민족의 옷차림 풍습으로 계승되었다.

2) 식생활 풍습

고조선 주민들은 농사를 주업으로 삼았으며, 주식물은 벼, 조, 기장, 수수, 콩 등 알곡작물이었다. 그들은 이러한 알곡작물들로 밥이나 죽 을 해 먹었으며, 쌀을 절구에 찌어 떡도 해 먹었다. 떡을 해 먹은 시루 의 유물은 나선시 초도 유적, 황해북도 봉산군 신흥동 유적을 비롯한 고조선 시기 여러 유적에서 나왔다. 알곡을 주식으로 하는 풍습, 밥이나 죽을 해 먹는 풍습, 떡을 해 먹는 풍습은 일찍이 고조선 시기부터 우리 민족의 식생활의 기본양식이 되었다.

부식으로는 고기, 불고기, 채소, 산나물 등을 가공해서 만들었으며 고기 원천은 소, 말, 돼지, 양, 닭 등의 집짐승과 사슴, 멧돼지, 노루 등 산짐승이었다. 이러한 것들은 고조선 시기 여러 무덤에서 소뼈, 양뼈, 돼지 이빨, 돼지 대가리뼈 등이 나온 것으로 봐도 잘 알 수 있다. 또한 송어, 연어, 고등어, 명태, 이면수를 비롯한 물고기류와 대합, 굴, 백합, 소라, 우렁이, 홍합 등의 조개류, 게, 성게 등의 갑각류, 밤, 대추, 배, 개암, 호두, 잣, 도토리와 같은 과일과 산열매, 고사리, 미나리, 도라지, 더덕, 참나물, 달래, 쑥과 같은 산나물도 식생활에 널리 이용되었다. 물고기와 산나물로는 국, 탕, 찌개, 구이, 볶음 같은 것을 만들어 먹었던 것으로 사료된다. 이것은 고구려 때 맥적이라는 구운 고기가 중국에까지 알려질 정도였다는 것으로 봐서도 잘 알 수 있다.

부식물로는 소금이나 마늘, 기름과 같은 조미료를 사용했다. 중국의 〈황제소문〉에도 고조선 사람들이 짠 것을 좋아하고 물고기를 먹는다고 나와 있다. 고조선은 콩의 원산지이고, 고구려 초기부터 콩을 발효시켜 만든 간장이나 된장이 보급되었다는 역사적 자료로 볼 때 고조선 때부터 간장과 된장을 사용했을 것으로 사료된다.

3) 주거생활 풍습

고조선의 주거형태는 반움집과 지상가옥이다. 즉, 바닥이 지표 밑에 놓인 것과 지표 위에 놓인 것, 두 가지 형식을 보이고 있다. 반움집은 움집이 지상건물로 발전하던 단계의 마지막 단계의 집 형태로서 주로 단군조선 시기에 많았으나, 고조선 후기로 갈수록 지상가옥 형태가 널리 보급되었다. 반움집은 평면 윤곽이 대체로 장방형이며, 그 깊이는 보통 40~50cm 미만이다. 대동강 유역의 평양시 삼석구역 호남리 표대 유적과 남경 유적을 비롯한 고대 집터들은 보통 벽을 따라 기둥을 2줄 또는 3줄로 세운 집들이었으며, 동북부지역의 범의구석 유적, 회령 오동 유적의 고대 집터들의 기둥은 4줄이 기본을 이루었으나 3줄로 세운 것도 나온다. 이러한 고조선 주민들의 집터 형태는 우리나라 전통적 주택의 시초유형이 고조선 시기에 마련되었다는 것을 보여준다.

즉, 고조선 시기 기둥이 2줄이나 3줄인 주택은 벽체의 골조를 겸한 바닥 변두리나 중심의 기둥들을 도리로 고정시키고, 그 위에 들보를 가로 올려놓고 들보 위에 대공을 세웠으며, 집의 길이에 병행해서 긴 용마루를 걸어 그 좌우 두 경사면에 서까래를 댄 살림집들이었다. 이것은 오늘날 우리나라 한옥의 기본구조가 고조선 시기에 이미 만들어졌다는 것을 말해준다.

고조선 시기에 주택들은 또한 주춧돌을 놓았다. 이는 북창군 대평리 유적, 시중군 심귀리 유적, 회령시 오동 유적 등 고대 집터에는 2줄이나 3줄 또는 4줄의 주춧돌이 정연하게 놓여 있는 것들이 발굴되었다. 주춧돌을 놓음으로써 굵은 통나무를 기둥으로 쓰고 무거운 지붕을 떠받들어 견고한 집을 지을 수 있게 되고, 방안 공간을 보다 합리적으로 이용할 수 있게 해주었다. 고조선 주택들은 바닥 흙을 태워 굳게 다지고 거기에 짚이나 갈대로 엮은 삿자리나 나무껍질을 깔았으며, 움벽에도 널판자를 돌려 세우거나 나무껍질을 대어 습기를 막았다.

고조선 시기 후기로 가면서 지상가옥으로 발전해 나감에 따라 방안 열을 효과적으로 이용하고 보존하기 위한 방도로서 온돌난방을 창조해냈다. 고조선 말기의 영변군 세죽리, 무순 연화보 유적에서 외곬으로 된 온돌시설이 발굴되었다. 온돌난방시설은 고조선 사람들로 하여금 앉아서 생활하도록 유도했고, 이로 인해 우리 민족은 고조선 때부터 앉아서 생활하는 풍습이 고착되었다. 또한 부엌과 같은 공간을 따로 만들고 이곳에 불을 지펴 방안을 덥혔으며, 그 불로 음식을 조리했다. 외통, 양통 유형의 살림집, 주춧돌 놓기 풍습, 방안 습기를 막는 방법 도입, 자리 까는 풍습, 앉아서 생활하는 풍습, 온돌 풍습 등이 고조선 시기의 주거생활에서 창조되어 우리 민족의 고유한 주거생활 풍습으로 계승 발전되었다.

고조선의 가족 규모는 대체로 부가장적 일부일처제에 기초한 단혼 소가족으로 알려졌으며, 일정한 격식을 갖춰 혼인하는 풍습이 창조되었으며, 동성 간 혼인을 하지 않는 풍습도 이때 만들어졌다.

2. 고조선 문화의 고유한 특징

고조선의 문화는 우리나라 고대문화의 원류이며 민족문화의 원형이다. 우리나라 민족문화는 단군조선 문화를 원형으로 하여 부여, 구려, 후조선, 진국 등 여러 고대국가들로 이어졌고, 우리나라 고대문화를 빛나게 꽃피웠다. 이후 삼국시대로 이어졌으며, 우리나라 중세 시기 민족문화로 계승 발전되었다.

단군조선 시기 창조되고 후조선과 구려, 부여, 진국 등 여러 고대국가로 이어졌던 우리나라 고대문화는 고유한 특징을 갖고 있다. 우리나라 고대문화는 자주적이고 독창적인 문화, 높은 과학기술 수준을 자랑하는 문화, 우리 민족의 정서와 사상을 반영한 밝음 숭배 문화로서 고유한 특징을 갖고 있으며, 우리 민족의 자랑이 된다.

(1) 자주적이고 독창적인 문화

우리나라 고대문화의 첫 번째 특징은 그 어디로부터 흘러들어온 문화가 아니라 이 땅에서 자주적으로 창조된 독창적인 토착문화라는 데 있다. 슬기롭고 재능 있는 우리의 조상들은 100만 년 전부터 이 땅에서 살아오면서 구석기문화를 창조하였고, 한반도 구석기 후기 시대 신인들의 직계 후손들인 한반도 신석기인들에 이르러서는 수준 높은 신석기문화를 창조해냈다. 독창적으로 창조된 한반도 신석기문화를 계승 발전시켜 나가는 과정에서 동아시아에서는 제일 먼저 청동기문화를 창조하고 한반도 문명시대의 문을 열었다.

일제 식민사학이 뿌려놓은 독소에서 벗어나지 못한 많은 사람들은 아직도 '문화는 전파되는 것'이란 신화에서 벗어나지 못하고 있다. 우리나라 역사학계에서도 그러한 경향이 지배적이다. 예를 들어 우리나라 고대 유적과 유물들이 발견되거나 발굴될 때마다 으레 '다른 지역이나 나라에서 유입된 것'이라는 고정관념에서 벗어나지 못하고 남방식이니 북방식이니 하는 논쟁을 벌이거나, 어느 지역에서 전파되었는가를 밝히는 것이 역사가들의 사명인 것처럼 행동한다. 이들은 우리나라 사람들은 독창적인 문화를 창조할 수 있는 힘이 없다고 본다. 그렇기 때문에 항상 새로운 문화현상들은 모두 다른 나라에서 들어온 것, 전파된 것이라는 오도된 인식에 빠져 있다. 우리나라 사람들이 어떻게 그렇게 수준 높은 문화를 스스로의 힘으로 창조할 수 있었겠느냐고 생각한다.

문화란 전파되는 것이기 이전에 창조되는 것이다. 창조의 주체는 그 지역의 토착민들이다. 사람은 자신의 삶을 스스로의 힘으로 개척해 나갈 창조적 힘을 갖고 있다. 그리고 이 창조적 힘으로 자주적으로 문화를 창조하고 삶을 발전시켜 나간다. 문화창조의 주체가 되는 토착집단의 범위는 시대에 따라 달라지지만, 기본적으로는 같은 기원을 갖는 혈연공동체 단위인 겨레가 기본 단위가 된다. 한반도 신석기문화는 옛 유형 한반도 신석기인들에 의해 창조된 토착문화이지, 시베리아나 다른 지역에서 유입된 외래문화가 아니다. 우리나라 신석기문화는 궁산문화, 서포항문화, 동삼동 유적 등 다양한 지역적 신석기 문화유형이 존재했지만, 한강과 대동강 유역을 잇는 궁산문화를 중심으로 통일적인 문화유형을 창조하면서 한반도 고대문명 탄생의 토대를 만들어 갔다.

청동기문화에 기초한 한반도 고대문화 역시 외래문화가 유입된 것이 아니라, 한반도 토착민들에 의해 창조된 독창적인 문화이다. 한반도 고대문화를 대표하는 유적유물로는 비파형동검, 세형동검, 비파형창끝, 청동방울, 청동거울 등 청동제품들과 팽이형 그릇, 미송리형 단지 등 토기제품들, 고인돌 무덤과 돌관 무덤, 고대 집터 유적 등이 있는데, 그 어느 것 하나도 다른 지역으로부터 흘러들어온 것이 아니라 우리 겨레의 지혜와 힘에 의해 독창적으로 창조된 문화라는 데 그 기본 특징이 있다. 예를 들어 청동문화의 정수라 할 수 있는 비파형동검과 세형동검은 오르도스식 청동검이나 동주식 청동검과는 기원이 전혀 다른 독창적인 청동검이다. 과거에는 우리나라 청동기시대가 중국이나 시베리아보다 당연히 늦게 출발했을 것이라고 추정하고, 비파형동검이 중국 동주식 동검이나 오르도스식 동검으로부터 흘러들어온 청동검이라고 단정했었다. 그러나 이러한 견해는 이제 통할 수 없게 됐다.

우리나라 청동기문화가 중국이나 시베리아 지역, 중국 북부지역의 청동기문화보다 훨씬 이른 시기에 출발했다는 것이 드러났다. 평양시 상원군 용곡리 4호 고인돌 무덤에서는 기원전 26세기의 비파형창끝과 청동단추가 출토되었으며, 황해남도 봉천군 대아리 돌관 무덤과 황해북도 신평군 선암리 고인돌 무덤에서는 비파형동검이 출토되었는데, 이것은 용곡리 4호 고인돌 무덤에서 출토된 청동창끝과 청동단추보다 더 앞선 시대의 것임이 밝혀졌다. 지금까지 밝혀진 유적유물 자료에 따르면 한반도 청동기시대는 중국보다 1천여 년 이상 앞선 기원전 35세기경에 이미 시작됐다고 알려졌다. 이것은 한반도 청동기문화가 외래문화의 유입이 아니라 고대 한반도인들에 의해 독창적으로 창조된 토착문화라는 것을 말해준다.

우리나라 고대 청동기문화는 동방 다른 지역보다 단지 시기적으로 앞섰을 뿐만 아니라, 매우 독특하고 고유한 특색을 짙게 갖추고 있었다. 비파형동검을 봐도 이것을 잘 알 수 있다. 비파형동검은 그 모양과 제작기법이 다른 나라에서 찾아볼 수 없을 정도로 독특하면서도 매우 아름답다. 검날과 검자루가 따로 만들어진 조립식이라든지, 검날의 중앙에서 잘록한 돌기를 이루고 하단에서 둥글게 벌어져 비파형태를 띤다든지, 검신의 중앙에는 등뼈처럼 도드라진 마디가 있다든지, 하여간 동주식 동검이나 오르도스식 동검에서는 전혀 찾아볼 수 없는 제작기법과 모양을 갖추고 있다. 이러한 비파형동검은 오로지 고조선의 문화적 영향권 하에서만 찾아볼 수 있는 고조선식 동검이다. 전적으로 고조선만의 고유한 문화적 특색을 지니고 있다.

비파형동검뿐만 아니라 고조선 시기 세형동검, 청동거울, 무덤양식 등도 모두 고유한 특색을 보여준다. 이렇듯 고조선 문화가 다른 나라와는 전혀 다른 고유한 특색을 지니고 있다는 것은 그것이 남의 나라, 남의 민족의 문화적 영향을 받지 않고 오로지 우리 선조들의 독창적인 지혜와 창조적 활동에 의해 독자적으로 발생발전했다는 것을 의미한다.

잔줄무늬 청동거울도 한반도 고대문화의 자주성과 독창성을 보여주는 대표적인 유물들 중 하나이다. 다뉴세문경이라고도 불리는 잔줄무늬 청동거울은 거울 뒷면에 원과 여러 가지 삼각형을 배치하고 그 가운데에 수많은 잔줄을 채워 넣은 고조선 시대를 대표하는 유물들 중 하나이다. 잔줄무늬거울은 고조선의 고유한 유물로서 중국의 청동거울과는 문화적으로 전혀 다른 갈래의 것이다. 고조선의 잔줄무늬거울과 비슷한 것으로 중국 전국시대 거울인 세지문경을 들 수 있는데, 이 거울은 와문과 직선무늬로 된 것으로 잔줄무늬와 다른 모습을 띠고 있으며, 중국 한나라 시대의 괴물과 같은 회화적 무늬를 넣은 거울과도 전혀 다르다.

국보 141호로 지정되어 있는 잔줄무늬거울의 비밀은 무엇보다도 문양의 정교함에 있다. 이 잔줄무늬거울은 지금껏 발견된 것 중 가장 크다고는 하지만 실제로는 지름이 21.2cm에 불과하다. 그러나 이 좁은 공간에 무려 1만 3천 개가 넘는 정교한 선과 100여 개의 동심원이 새겨져 있다. 선과 선 사이의 간격은 불과 0.3mm에 불과한 데다, 원과 직선이 복잡하게 교차하면서 기하학적인 아름다움까지 만들어내고 있다. 현대의 최고로 숙련된 제도사가 확대경과 초정밀 제도기구의 도움을 받아 그린다고 하더라도 쉽지 않을 만큼 과학기술적으로 뛰어나다.

잔줄무늬거울의 문양을 보면 가느다란 수천의 잔줄을 평행시켜 채운 극히 작은 삼각형을 단위로 하고, 그것을 수백 개나 반복해 거울의 전면을 덮고 있다. 이렇게 섬세하고 아름다운 기하학적 무늬도안을 청동, 백동거울에 적용한 실례는 다른 데서는 찾아볼 수 없다.

잔줄무늬거울의 놀랄 만한 과학기술적 측면은 두말할 것도 없고, 주목할 점은 우리나라 고대문화의 자주성과 독창성을 보여주는 측면이다. 잔줄무늬거울의 비단 무늬 같은 아름다움, 삿자리 무늬 같은 입체감, 한 점에서 사방으로 빛을 뿌리는 듯 보이는 방사선 무늬 등은 모두 환하고 맑게 비치는 거울 그 자체의 기능에 완전히 맞는 장식구상인데, 이것은 새김무늬(빗살무늬) 그릇에서 그 기원을 찾을 수 있다. 고조선 주민들은 신석기시대 새김무늬 그릇에 담아냈던 우리 선조들의 미적 감수성과 정서를 이어받아 잔줄무늬 청동거울에 담아냈다.

여기에서 드러나는 특징은 고조선 사람들의 명랑하고 맑고 깨끗한 심리적 특성을 잘 드러내주고 있다는 점이다. 때문에 거울에는 삼각과 잔줄이 수백 수천이나 되지만 복잡하고 번다스러운 감은 찾아볼 수 없고, 오직 간소하고 소박한 맛으로 일관되어 있다. 여기에 고조선 사람들의 고유한 예술적 감정과 그들의 생활에서 필연적으로 생겨난 독특한 조형미감을 엿볼 수 있으며, 우리나라 고대문화의 계승성과 자주성, 독창성을 찾아볼 수 있다.

(2) 밝음 숭배 문화

고대 사람들의 사상과 문화생활의 특징을 잘 보여주는 것은 신앙 형태이다. 여기에 세계에 대한 정서적, 미적 감수성이 담겨 있고, 세상을 이해하는 기본방식이 담겨 있다. 물론 고대사회의 종교와 신앙에는 당시 지배계급의 계급적 이해와 요구가 반영되어 있기 때문에, 계급적 제한성을 전제로 이해할 필요가 있다. 즉, 고대의 종교 신앙형태에는 당시 사람들의 정서적, 미적 감수성과 세상에 대한 이해방식이 담겨 있는 측면과 함께 당시 지배계급의 계급적 지배를 위한 반역사적이고 반민중적인 측면이 동시에 담겨 있다. 그렇기 때문에 그 당시의 종교와 신앙 형태에서 반역사적이고 반민중적인 측면을 가려내고, 그 속에 내재되어 있는 민중적이고 진보적인 측면을 찾아내야 한다.

고조선 시기 주된 신앙은 하늘 숭배 사상이다. 하늘 숭배 사상은 당연히 당시 지배계급인 노예소유주 계급의 이해가 반영되어 있다. 즉, 하늘을 세계 만물과 인간의 운명을 주재하는 신적 존재로 내세우고 그것을 믿게 함으로써 당시 임금을 비롯한 귀족세력들의 지배방식을 정당화하는 데 이용되었다. 하지만 이런 측면만 있는 게 아니다. 당시 하늘 숭배 사상은 우리 겨레의 민족적 특질과 미적 감수성, 세계에 대한 이해방식의 특성 또한 보여주고 있으므로 우리 민족성을 이해하는 데 매우 중요한 요소를 제공한다.

고조선 사람들의 하늘 숭배 사상은 곧 밝음 숭배 사상에 뿌리를 두고 있으며, 밝음 숭배야말로 고조선 사람들의 신앙과 예술의 핵심 종자였다. 고조선 사람들의 밝음 숭배는 곧 태양 숭배와 동의어이다. 태양을 숭배하는 것, 그것은 곧 밝음을 숭배하는 것이다. 태양만이 아니라, 달, 별, 번개 등도 밝음이라고 보고, 이러한 이해에 기초해 하늘 신(환인-환한 님-밝은 신=태양신)과 나라의 시조(밝은 임금)를 연관시켜 숭배했다. 세계적으로 태양과 하늘 신 시조를 숭배한 종족은 많았으나, 동아시아에서 가장 일찍이 태양을 비롯한 밝음을 중심으로 세계를 통일적으로 고찰하면서 태양, 하늘, 시조들을 다 같이 밝음을 뜻하는 관념으로 숭배한 민족은 바로 고조선 민족이었다.

고조선의 밝음 숭배 사상은 원시사회에서 형성된 불에 대한 숭배관념에 근원을 두고 있다. 원시시대 형성된 불에 대한 숭배관념이 농경문화가 시작되면서 태양에 대한 숭배로 발전해 갔으며, 부계 씨족사회로 접어들면서 종족장, 씨족장 등에 대한 숭배관념과 결합되었고, 고대국가 시대로 접어들면서 밝음 숭배 사상으로 발전해 갔다. 그런데 고대국가 시기로 접어들면서 인접 지역에 대한 인식에 기초해 첫아침을 맞이하는 나라에 산다는 자부심과 결합되었다. 이러한 관념은 고조선의 국호에도 표현되어 있으며, 고대 시기 해를 형상한 미술품들에서 뜨는 해, 동쪽의 해에 남다른 관심을 돌린 데서도 찾을 수 있다. 고대 밝음 신앙은 밝음을 중심으로 세계를 통일적으로 대한 밝음 중심 세계관과의 연관 속에서 발전했다.

고조선의 문화에는 이러한 밝음 숭배 사상이 담겨 있다. 고대의 밝음 숭배에서 특징은 주된 상징이 태양과 빛깔로 표현되었다. 단군조선 시기 유적들에서 나오는 우두머리들의 지휘봉이 별도끼, 달도끼들과 고조선 후반기에 만든 단추모양 청동장식품, 청동거울, 청동방울, 방패형 청동기, 인물과 동물을 형상한 청동장식품, 비파형동검 등을 살펴보면 이를 잘 알 수 있다. 별도끼, 달도끼가 광명을 상징한다는 것은 이미 공인되었으며, 청동거울도 해와 빛, 번개를 형상한 것이라는 데에는 대체로 동의하고 있다. 청동거울의 무늬들 가운데서 사방으로 펼쳐지는 모양의 무늬들은 거울의 둥근 형태와 조화를 이루면서 해와 빛에 대한 생동한 표상을 준다. 이처럼 해와 빛, 번개무늬 등 밝음을 상징하는 무늬들이 우리나라 고대 장식무늬에서 전형을 이루고 있다. 이것으로 우리나라 고대문화의 특징을 밝음 숭배 문화라고 규정할 수 있다.

(3) 높은 과학기술 수준을 자랑하는 문화

고조선의 고대문화는 동아시아에서 가장 일찍 창조되고 발전되었을 뿐 아니라, 높은 과학기술 수준을 자랑하는 선진 고대문명이었다. 고조선의 과학기술 수준을 보여주는 유적유물들은 매우 많다. 그 중에서 천문학, 청동제조업, 제철제강업, 잠업, 벼 재배 기술을 통해 고대 우리나라 과학기술의 우수성을 살펴보려 한다.

1) 천문학

우리나라 천문학의 기초는 단군조선 시기에 축성되었다. 단군조선 시기 고인돌을 보면 뚜껑돌에 천문도가 새겨진 것들이 수없이 발견된다. 평남 증산군 용덕리, 평원군 원화리, 함남 함주군 지석리 등 고조선의 각기에 분포된 수백 기의 고인돌 무덤의 뚜껑에는 술잔처럼 생긴 크고 작은 둥근 구멍들이 있는데, 그것들이 당시의 별자리 그림들을 새겨 넣은 것으로 밝혀졌다. 그 중 어떤 것은 대여섯 가지의 서로 다른 크기로 표시되어 있는데, 이것은 근대 천문학에서 1~6등급으로 별의 밝기를 나타낸 별자리 등급과 같은 것이었다. 이처럼 하늘의 별자리를 관찰하고 그 밝기에 따라 등급을 나눌 정도로 고조선의 천문학 수준은 높았다.

5천 년 전의 증산군 용덕리 고인돌 무덤의 뚜껑돌에는 중심부에 용별자리 알파별(당시 북극성)을 놓고 그 주위에 큰곰, 작은곰, 알파별(현재의 북극성) 등으로 인정되는 80여 개의 크고 작은 별들을 다섯 가지로 갈라서 표시했다. 제일 큰 구멍은 직경 10cm, 깊이 4cm이고, 제일 작은 구멍은 직경 1.5cm, 깊이 0.5cm라고 알려져 있다.

2) 청동가공업

우리나라 청동가공업은 고조선이 성립되기 이전 시기인 기원전 4000년기 후반기에 시작되었다. 하지만 청동야금 및 청동주조 기술은 단군조선 성립 이후 비약적으로 발전했다. 이는 단군조선 성립 이후 평양 지방과 그 주변 일대에서 조사 발굴된 청동기들의 화학조성을 통해 잘 알 수 있다.

이 밖에 혼합물로서 적은 양의 아연, 비소, 안티몬 등이 검출되었다. 위의 표에서 보듯이 당시 사람들은 동합금에서 주석의 역할을 일정하게 파악하고 있었다. 재료학적으로 볼 때 순동은 세기가 무르고 기계적 성질이 약하지만, 여기에 주석과 그 밖의 원소를 첨가하면 금

	유적 이름	나온 청동기	주요 화학조성(%)			유적 연대
			구리	주석	납	
1	상원군 용곡리 5호 고인돌 무덤	비파형창끝	80.9	6.5	10.1	기원전 3000년기 중엽
2	덕천시 남양리 유적	비파형창끝	86.8	6.2	5.2	기원전 3000년기 중말엽
3	상원군 용곡리 4호 고인돌 무덤	청동단추	76.0	15.0	7.0	기원전 3000년기 중엽

• 평양 일대에서 나온 청동기의 주요 화학조성표

속조직의 성질이 변하면서 세기와 굳기가 커지고 기계적 성질도 달라진다.

고조선 청동합금은 주석과 함께 납을 주요 원소의 하나로 선택함으로써 동-석(주석)-연(납)을 기본으로 하는 3원소 합금계에 속한다는 점을 주목할 필요가 있다. 대체로 다른 나라 초기 청동제품들은 구리와 주석을 기본으로 하는 2원소 합금계에 속하는데, 한나라 때 쓰여진 〈주례〉의 고공기에는 주나라 시대 청동주조법이 기록되어 있는데 구리와 주석만이 쓰였다. 반면에 우리나라는 초기부터 3원소 합금법을 사용했는데, 이는 우리나라 청동합금술의 독자성과 선진성을 웅변해주고 있다. 납은 잘 늘어나고 펴지는 성질을 더해 주므로 제품의 주조성을 높이기 위해 첨가한 것으로 사료된다. 납이 금속합금에서 차지하는 이러한 특성을 이해하고 있다는 점은 당시 청동합금술의 경지를 잘 보여준다.

후조선 시기에 접어들면서 고조선의 청동야금 및 주조기술은 전성기에 이르렀다. 당시의 청동제품은 그 수량과 품종에서 매우 풍부하고 세련된 것들이 많다. 세형동검(좁은 놋단검)을 비롯한 무기류, 각종 마구 및 수레 부속품들, 잔줄무늬거울, 청동그릇, 여러 가지 장신구등 다종다양한 제품들을 생산했으며, 그 주조기술이 매우 특출나고 뛰어났다.

후조선의 청동합금 기술은 단군조선 시기에 비해 훨씬 발전했다. 이는 세형동검(좁은 놋단검), 잔줄무늬거울 등의 청동제품들을 통해 잘 알 수 있다. 기원전 14세기경 처음 등장한 세형동검은 후조선 시기 대표적인 청동검인데, 그 날이 좁고 길어졌을 뿐 아니라 보다 예리하고 견고해졌으며, 하나의 공예품처럼 섬세하기로도 유명하다. 이와 같은 검은 다른 나라 고대나 중세의 검 중에서 찾아볼 수 없을 정도로 뛰어나다. 석청동의 견고성은 주석이 19%일 때 가장 높으며, 그 이상이면 약해진다. 평안남도 순천시, 황해북도 연산군에서 발굴된 세형동검의 주석 함유량은 19.77%와 17.12%이다. 반면에 황해도 봉산군 송산리 솔뫼골에서 나온 잔줄무늬거울은 26.7%로 매우 높다. 거울은 소중히 다루는 물건이기 때문에 견고성은 큰 문제가 되지 않는 대신 평면의 반사능력을 높이는 데 초점을 맞춰 제작했을 것이며, 따라서 주석의 비율을 세형동검보다 훨씬 높였을 것으로 사료된다. 이것은 당시 동과 주석과 납의 기능과 역할, 합금비율의 의미 등을 과학적으로 파악하고 용도에 맞게 합금을 했던 것으로 사료된다. 이처럼 고조선 시기 청동 가공기술은 그 어느 나라보다 매우 높았다.

고조선의 청동 가공기술의 선진성과 높은 기술수준은 청동거울과 검집에 새겨진 번개무늬가 매우 섬세하게 새겨져 있는 데서도 확인되며, 직경이 0.25mm밖에 안 되는 가는 구리실을 뽑아서 천을 짜듯 엮어 만든 강상무덤의 청동그물 장식품을 봐도 잘 알 수 있다. 이렇듯 가는 구리실을 뽑아서 그물을 엮는다는 것은 고도로 높고 섬세한 제련 가공기술이 아니고서는 도저히 실현할 수 없는 일이다. 이처럼 고조선의 청동 가공기술은 매우 높은 수준에 이르렀다. 그렇지만 고조선의 청동 가공기술의 백미는 잔줄무늬거울이다.

잔줄무늬거울은 고조선 사람들이 창조한 것으로 형태는 둥글고 앞면이 반들반들하며 잘 비치게 되어 있고, 뒷면은 독특한 무늬로 장식되어 있다. 거울 뒷면 가장자리에는 단면이 반원형 또는 삼각형에 가까운 테를 두르고, 그 테두리 안에 가는 선으로 된 정교한 잔줄무늬가 새겨져 있다. 무늬는 삼각형, 원형 등 기하학적 무늬인데, 수많은 원둘레와 직선들이 하나도 찌그러지거나 맞붙은 것이 없이 정교하다.

이 무늬들은 청동 제련기술의 발전과 함께 변화 완성되어 왔는데, 처음에는 무늬가 단순하였으나 점차 복잡하고 정교하며 세련된 무늬로 되었다. 거울 뒷면의 중심에서 약간 벗어나서 끈을 꿰는 고리가 2, 3개 있다. 지혜로운 고조선 사람들은 잔줄무늬거울을 만들 때 청동단검과 달리 주석의 비율을 26.7%로 높임으로써 거울 면을 매끈하게 하여 잘 반사되게 하였다. 뿐만 아니라 주석의 비율을 높임으로써 주조 성분을 높여 거울 뒷면의 섬세한 무늬를 똑똑히 나타낼 수 있게 하였고, 한 점의 티도 없이 정교하게 주조할 수 있게 하였다.

잔줄무늬거울은 그때 주변 나라들에서 쓰던 청동거울과 엄격히 구별되는 고유한 특징을 가지고 있다. 우선 거울에 새긴 무늬에서 서로 다르며, 거울의 고리도 우리나라의 잔줄무늬거울은 2, 3개인데 중국의 한경이나 전국경은 중심에 한 개뿐이다. 거울의 테두리도 잔줄무늬거울이 반원형의 단면을 가지고 있다면, 한경과 전국경은 사다리형의 단면을 가지고 있다.

3) 제철제강업

고조선의 과학기술 발전에서 획기적 의의를 갖는 것은 제철제강 기술의 개발이다. 제철제강 기술의 발명은 청동기술의 한계를 극복할 수 있게 하는 획기적 사변이다. 철은 자연계에 가장 많이 그리고 널리 분포되어 있는 금속이지만, 쓸모 있는 도구로서 사용하려면 철과 탄소의 합금기술에 의해서만 가능해진다. 고조선 시기 주민들은 우선 연철을 만들고 그것을 여러 번 열처리해 탄소를 첨가시키는 방식으로 강철을 얻어냈다. 고조선 시기 연철이 생산되기 시작한 것은 기원전 2000년기 후반기였다. 그리고 이와 함께 선철 제품도 생산되었다.

세계적으로 볼 때 기원전 25세기경 수메르 바빌론 왕조와 고대 이집트의 제1왕조 시기에 철기를 만들어 썼으며 이란, 시리아, 팔레스티나, 메소포타미아 등지에서는 기원전 1200년~기원전 1000년경에 연철을 열처리해 강철을 만들었다. 중국의 철기 사용은 기원전 1100년경으로 볼 수 있으나 실용적 사용은 기원전 8세기 이후이며, 일반적으로 보급된 것은 기원전 3세기 이후이다.

고조선에서는 연철 및 선철 생산에서 쌓은 오랜 경험과 기술에 토대해 기원전 1000년기 후반기에 와서는 마침내 주강기술을 개발 도입하는 데 성공했다. 이러한 주강제품은 평북 영변군 세죽리 유적에서 나온 쇠도끼, 요녕성 무순 연화보 유적, 평양 일대 나무곽무덤에서 발굴된 철제 무기 및 공구류에서 찾아볼 수 있다. 이것은 고조선 주민들이 기술공학상 선철을 강철로 전화시키는 방법을 일찍부터 파악하고 있었으며, 그와 관련된 기술공정이 줄기차게 이어졌다는 것을 말해준다. 주강제품의 생산과 그 광범위한 보급은 고조선 국가의 경제와 문화를 발전시키는 데서 획기적 의의를 가졌다.

4) 잠업

의복은 문명세계에 사는 인간들에 있어서 필수불가결한 주요 분야이다. 어떤 섬유로 옷을 지어 입었는가 하는 데 따라 그 민족적 문화 수준과 특징이 나타난다. 우리나라에서는 문익점이 목화를 들여오기 전까지는 모시, 삼베, 명주실로 옷을 만들어 입었다. 명주실은 누에고치를 익혀서 만들기 때문에 누에치기이자 곧 비단 생산이며, 누에치기의 역사가 곧 비단 생산의 역사가 된다.

우리나라는 세계적으로 가장 일찍 누에를 치기 시작한 으뜸가는 비단 생산국이었다. 지금까지 우리나라의 누에치기는 중국에서 들어온 것을 알려져 있지만, 사실은 우리나라의 누에치기가 중국보다 역사가 더 오랠 뿐 아니라, 중국과는 계보가 완전히 다른 누에를 쳐왔고, 명주실 짜는 기술 역시 중국과는 달랐다. 우리나라 신석기시대 유적들에서는 이따금씩 질그릇 밑창에 누에의 기본 먹이인 뽕잎을 그려놓은 것이 보인다. 평양시 남경 유적 신석기 문화층 3호 집터, 평북 용천군 신암리 모래산 유적 제2문화층, 함북 서포항 유적 신석기시대 4기층 22호 집터들에서 그러한 질그릇이 나왔다.

또한 봉산군 지탑리 제2지구에서 드러난 질그릇에서는 누에를 몇 마리 반복해 새김으로써 하나의 번데기 무늬를 새긴 것이 나왔다. 여기에 새겨 있는 누에 무늬는 윗면에 10개 이상의 둥근 마디가 있고 또 그만한 수의 다리가 아래쪽에 달려 있다. 봉산 지탑리 유적은 아무리 늦춰 잡아도 기원전 4000년기를 내려가지 않는다. 이처럼 우리 조상들은 단군조선 건국 이전부터 누에치기를 해왔으며, 고조선 시기에 와서 국가의 장려 밑에 대대적으로 진행되었다. 따라서 우리나라 누에와 거기에서 생산된 명주실은 중국과는 아무런 상관없이 없는 우리나라 고유한 것이다.

고조선의 누에고치가 고유하였을 뿐 아니라 고조선 사람들이 짠 비단이 우수했다. 이는 여러 유적유물들을 통해 잘 알 수 있다. 평양 일대에서 드러난 대부분의 비단은 겸포였다. 겸포는 명주실을 겹실로 짠 질긴 비단이다. 고조선에서는 겸포 외에도 고급 무늬 비단도 생산했다.

● 동아시아 최초의 대전 : 고조선-한 전쟁 ●

1. 고조선과 중국의 관계

(1) 단군조선 시기 중국과의 관계

단군조선이 성립되었던 기원전 30세기 초부터 기원전 20세기까지 중국 사회는 아직까지 고대국가가 성립되기 전이었으며, 전설상의 왕조시대, 소위 삼황오제 시대에 해당된다. 중국 역사학계에서 고대국가의 성립은 기원전 2070년 하 왕조의 성립 때부터로 본다. 그렇기 때문에 단군조선 초기에는 중국과 나라와 나라의 공식적인 관계는 있을 수 없으며, 개별적 차원의 교류만이 있었을 것이다. 그리고 이미 국가 단계로 발전했던 선진적인 나라인 고조선으로부터 선진적인 문화가 전파되었을 것이다.

물론 중국의 문명이 전적으로 고조선의 영향 하에서 형성되었다고 말하기는 어려우며, 이를 보여주는 뚜렷한 증거 역시 존재하지 않는다. 역사적 자료가 남아 있지 않고 뚜렷한 유적유물 자료도 없다고 해서 문화적 교류가 전혀 없었다고 볼 수는 없다. 문화란 원래 끊임없이 흘러가는 특성을 갖고 있으므로, 고조선 지역의 선진적인 문화가 많든 적든 중국 지역에 영향을 주었을 것이라고 추론하는 것은 당연하다.

이는 무근거한 추론만은 아니다. 중국 동진 시대에 갈홍이 저술한 〈포박자〉(도교에서 춘추전국시대 이후 전해 내려오는 신선에 관한 이론을 집대성한 책)에는 중국의 옛 문명의 시조로 얘기되는 전설적 임금인 황제가 동쪽으로 청구(푸른 고장이라는 뜻으로 고조선을 가리킴)에 가서 풍산(백악산 또는 태백산)을 지나다가 자부선생을 만나 상황내문을 받아왔다는 기록이 있다. 상황내문은 환인, 환웅, 환검(단군) 곧 단군신화에 나오는 세 임금의 글을 이르는 말이니 단군조선의 글자를 뜻하는 말이다. 이 기록이 얼마나 신빙성이 있는 기록인지는 알 수 없으나, 이는 중국의 전설적 황제들이 고조선으로부터 문화를 배워갔다는 역사적 사실을 반영하고 있는 것만은 분명하다.

신지글자 연구자들은 중국의 창힐글자와 고조선의 신지글자는 완전히 같은 하나의 글자이며, 그렇다면 어느 한쪽이 기원적인 것이고 어느 한쪽이 전파된 것이라고 보아야 하는데, 결론적으로 고조선의 신지글자가 중국에 전파된 것이 창힐글자라고 한다. 그렇게 보는 까닭은 창힐글자는 한자도 아니고 한자 계통도 아니라는 것, 창힐이라는 말 자체가 푸른 사람 곧 푸른 나라의 사람이라는 뜻으로 고조선 사

람을 뜻하는 말이기 때문이다. 창힐글자란 곧 조선 사람의 글자라고
해석할 수 있다. 중국에서는 갑골문자가 만들어지기 전에 신지글자가
중국으로 건너간 창힐글자가 쓰이다가 갑골문자를 만들어 쓰면서부
터 점차 쓰이지 않게 된 것이다.

이와 같은 간헐적인 사례들을 제외하고 단군조선과 중국과의 관계
에 관해 전해주는 역사자료들이 없기 때문에 그 당시의 고조선과 중
국과의 관계를 더 이상 알기 어렵다.

(2) 후조선 시기 중국과의 관계

1) 중국 서주와의 관계

고조선과 중국과의 관계가 처음 역사서에 등장한 것은 서주시대이
다. 중국은 기원전 16세기부터 기원전 11세기까지 상(은)나라 시대였
다. 상나라는 탕왕이 하나라 걸왕을 몰아내고 세운 나라로서, 중국 황
하 중류 지역에 있었던 나라였다. 일부 학설에 따르면 상나라는 홍산
문화를 담당했던 주체들의 후손들이 세운 나라라고 알려져 있다. 주
나라는 주무왕이 상나라 주왕을 몰아내고 세운 나라로서, 기원전 11
세기부터 기원전 770년까지를 서주시대라고 한다. 이 서주시대에 고
조선과 주나라와의 왕래 사실이 역사서에 기록되어 있다.

〈일주서〉 권7 왕회해편에 보면 기원전 1059년에 건설된 성주의 낙
성식에 초청되어 사신을 파견한 서주 주변의 여러 나라 및 종족들의
이름이 열거되어 있는데, 그 중에는 예인, 양이, 발인, 청구, 유인, 고
이, 불령지, 불도하, 고죽 등이 있다. 예인, 발인은 곧 예맥 사람들이

고, 양이는 낙랑 사람이며, 불령지 · 불도하도 불이란 관사가 붙어 있는 것을 봐 불·발·밝으로 불렸던 고조선 사람들의 일부를 가리킨 것으로 볼 수 있다. 이것은 후조선 각지 주민들이 제가끔 자기의 족명을 갖고 주나라로 간 것으로 보인다.

2) 연·제나라와의 관계

고조선이 중국과 국가적 차원의 관계가 정식으로 형성된 것은 춘추시대(기원전 770년~기원전 476년)에 이르러서였다고 보인다. 이 시기에 이르게 되면 주나라의 제후국들인 연나라, 제나라와의 관계가 문헌기록상에 나타난다. 〈관자〉 권23 경중갑편 제80에는 제나라에서 발조선의 문피(표범가죽)와 털옷을 무역해 오는 문제를 논의한 기록이 있다. 또 같은 책 규도편 제78에도 천하의 귀중한 물건 가운데 하나로 발조선의 문피를 들고 있다. 이것은 8천 리 밖에 있는 발조선과 제나라가 무역을 하였다는 것을 말해준다.

또 〈관자〉 권8 소광편 제20, 권16 소문편 제51에서는 제나라 환공이 연나라의 구원 요청을 받고 호맥, 도하를 치고 이어 북방의 산융을 쳤으며, 영지를 제압하고 고죽(왕)을 베어 죽였다고 하였는가 하면, 북으로 고죽, 산융, 예맥에 이르렀다고도 하였다. 그리고 소문편에서는 고죽을 치러 갈 때 비이의 골짜기에서 키가 작은 신인을 만났다고 했는데 그것은 난수(난하) 가에서였다. 그러므로 제환공은 산융을 친 다음 고죽, 영지, 도하 등 고조선 계통의 소국들을 쳤다고 나온다. 이것은 제나라와 후조선과의 전쟁이 있었다는 것을 말해준다.

3) 중국 전국시대 후조선과 연나라의 관계

후조선과 직접적으로 국경이 맞닿아 있는 중국의 제후국은 연나라였다. 연나라는 주나라 초기부터 제후국으로 되어 있었으며, 주나라의 맨 동북쪽에 위치해 있었다. 도읍은 계로서 오늘날의 베이징 근처로 알려져 있다. 그러나 연나라는 기원전 7세기 이전에는 그 세력범위가 베이징 근처에 미치고 있었을 뿐 후조선과 직접 경계를 맞닿지는 않았었다가, 그때서야 비로소 후조선과 경계를 접하게 되었다. 앞에서 연나라가 제나라에 요청해 제나라 환공이 북벌을 한 그때 무렵에 이르러 후조선과 국경을 접하게 되었다고 볼 수 있다.

이후부터 진나라가 중국을 통일할 때까지 후조선과 중국의 관계는 곧 후조선과 연나라의 관계를 중심으로 전개되었다. 연나라는 전국시대에 이르러 전국 칠웅 가운데 가장 약한 나라였다. 그러다 보니 주변 제후국들의 압박이 강했다. 이러한 조건에서 연나라는 영토 확장을 위해 동쪽으로 진출하려 했고, 그로 인해 후조선과는 대대로 적대적 관계에 놓이게 됐다.

중국의 역사책인 〈전국책〉(전국시대의 유세가의 언설 등의 일화를 각 나라별로 편집하여 정리한 책. 전국시대라는 말도 이 책에 유래했다)에 이 시기의 고조선과 연나라의 관계가 나와 있다. 이 책에서 소진은 기원전 334년경에 연문후에게 "연나라는 동쪽에 조선, 요동이 있고, 북쪽에 임호, 누번이 있으며, 서쪽에 운중, 구원이 있고, 남쪽에 호타, 역수가 있다"고 말하였다. 여기에서 연나라의 동쪽에 조선과 요동이 있다는 기사는 기원전 4세기 중엽의 후조선과 연의 상대적 위치를 표시하는 정확한 역사자료라고 볼 수 있다. 즉, 이 당시에 후조선은 난하를 경계로 연나라와 맞서고 있었으며, 그 당시 요동은 난하의 동쪽을 의미했다.

연나라와 후조선의 관계는 대략 세 시기로 구분될 수 있다. 후조선과 연이 외교적 담판을 통해 충돌을 회피한 시기, 장수 진개의 후조선 침공으로 후조선 영토 2천 리를 약탈당한 시기, 연나라가 약화된 틈을 타서 후조선의 반격의 시기로 나눠볼 수 있다. 이에 대해 그런대로 자세히 나와 있는 중국 역사자료는 〈삼국지〉에서 인용한 〈위략〉의 기록이다. 여기에서는 "옛날 조선후는 주 왕조가 쇠약해져서 연이 스스로 왕이라고 칭하고 동쪽 지방을 점령하려 하자 역시 자칭 왕이라 하였고, 군대를 동원해 거꾸로 연나라를 공격하려고 하였다. 대부 예가 충고하였으므로 공격을 중지했다. 예를 사신으로 파견해 연나라를 설복시켜 공격하지 못하게 했다. 후에 조선이 점차 교만 포악해졌으므로 연나라는 장군 진개로 하여금 그 서쪽 지역을 쳐서 2천여 리의 땅을 취하니 만번한에 이르러 경계를 삼았다"고 써놓았다.

위 기록을 통해서 볼 때 연나라가 스스로 왕으로 칭하고 후조선을 공격하려 했을 때 후조선이 먼저 군대를 동원해 공격하려 했다는 사실이 나타나 있다. 이것은 후조선이 연나라와 당당히 맞서 싸울 만큼의 군사력을 비롯한 국력을 보유하고 있었다는 것을 보여주며, 다른 한편으로는 후조선 지배집단의 전투적인 태세를 보여주기도 한다.

연나라가 왕이라 칭했을 때 후조선도 자칭 왕이라고 했다고 〈위략〉에 나오는데, 후조선은 주나라의 제후국이 아니라 기원전 15세기 이후 성립된 독자적인 고대국가였다. 〈위략〉의 저자는 중화적 사고에 빠져 마치 후조선이 주나라의 제후국인 듯 역사적 사실을 왜곡한 것이다. 후조선이 연나라가 왕이라고 칭했을 때 비로소 처음으로 왕이라고 칭했다는 의미로 해석하는 것은 잘못이다. 후조선은 독자적인 나라였기 때문에 그 이전부터 왕이라고 칭했었고, 다만 왕에 해당되는 우리나라 말이 단군이었기 때문에 단군으로 부르다가, 중국과의 관계를 고려해 중국식의 명칭인 왕으로도 칭했다고 봐야 할 것이다. 연나라를 먼저 공격하려 했을 때 후조선의 대부 예가 나서서 간언해 공격을 중단하였다. 그리고 대부 예가 적극적인 외교활동을 펼쳐 연나라의 침공기도를 좌절시켰다.

연나라가 후조선에 대한 침공의도를 포기한 것은 적극적인 외교활동의 성과이기도 하지만, 후조선의 국력이 강했기 때문이라고 봐야 한다. 이러한 과정이 연나라와 후조선 관계의 첫 번째 시기에 해당된다.

두 번째 시기는 연나라의 장수 진개가 후조선을 침공해 후조선 서쪽의 많은 영토를 빼앗아 간 시기이다. 연나라의 후조선 침공을 전하는 역사자료로는 〈사기〉와 〈위략〉을 들 수 있다.

〈위략〉에서는 앞에 인용한 바와 같이 진개가 후조선을 침공해 2천여 리의 땅의 빼앗았다고 써놓았다. 그런데 〈사기〉에서는 이와는 좀 다르다. 〈사기〉에서는 "연나라에 재능 있는 장수로서 진개가 있었는데 호(흉노)에 인질로 잡혀 있으면서 호의 신임을 받았다. 귀국한 후 동호를 기습 격파해 물리치니 동호는 1천여 리를 퇴각했다. …(중략)… 연나라가 조양으로부터 양평에 이르기까지 장성을 쌓고 상곡, 어양, 우북평, 요서, 요동군을 설치해 호를 막았다"고 하였다. 〈사기〉와 〈위략〉 두 자료를 보면 침공한 자는 똑같이 연나라 장수 진개로 되어 있으나, 〈사기〉에서는 진개가 동호의 땅 1천여 리를 차지하고 장성을 쌓아 5개 군을 설치하였다고만 전하고 있다. 그렇다고 〈위략〉 자료를 부인할 근거가 없는 이상 진개가 호와 후조선을 양쪽으로 침공했다고 봐야 할 것이며, 연나라 장성의 축조와 5군의 설치는 동호, 후조선과의 싸움에서 이긴 결과라고 봐야 할 것이다.

그렇다면 후조선이 뺏긴 2천여 리는 어느 정도의 거리이며, 전쟁 이후 연나라와 후조선의 국경은 어디인가? 이에 대해 여러 가지 논쟁이 활발히 펼쳐지고 있는데, 앞에서 검토했기 때문에 여기에서는 재론하지 않는다. 이 싸움으로 후조선과 연나라의 국경선은 난하 중류 지역으로부터 요하하류 지역인 요양하 계선으로 밀려났다. 다만 여기에서 확인해둘 것은 이때 처음 설치한 요동군은 고조선이 멸망한 이후 한나라가 다시 설치한 요동군과 지리적으로 달랐다는 점이다. 그 당시 설치한 요동군은 현재의 요동 지역이 아니라 요하 하류, 요양하 계선 서쪽 지역에 설치되어 있었다.

세 번째 시기는 후조선의 반격시기로서 기원전 270년대부터 기원전 220년대까지이다. 연나라는 소왕이 죽은 이후(기원전 279년) 내분으로 다시 쇠약해졌다. 그리하여 기원전 279년 연나라는 제나라의 기습을 받아 70여 개의 옛 제나라 성들을 모두 도로 빼앗겼다. 동호는 연나라가 약화된 틈을 타서 자신들이 빼앗겼던 땅을 도로 되찾았을 뿐만 아니라 일시적으로 일부 연나라 땅을 빼앗기까지 했다. 이러한 상황에서 후조선 역시 빼앗겼던 영토를 되찾기 위한 활동을 활발히 벌였을 것이 명백하다. 후조선은 연이 약해진 후 빼앗겼던 영토를 되찾기 위한 활동을 통해 패수 유역까지 진출해 다시 서쪽으로 영역을 확장했다. 그리고 연이 진나라에 망한 이후 후조선은 패수를 경계로 진나라와 접하게 됐다.

4) 연나라 멸망 이후 후조선과 진나라의 관계

기원전 222년 연나라가 완전히 멸망하고 이어 기원전 221년 제나라까지 멸망하면서 진나라가 중국을 통일했다. 진나라가 중국을 통일한 이후 후조선은 진나라와 국경을 접하게 됐다. 〈사기〉 조선열전에서는 "진나라가 연나라를 멸망시키자 (조선은) 요동외교에 속하였다"고 하였고, 〈삼국지〉에서는 "진나라가 천하를 병합하게 되자 몽염으로 하여금 장성을 쌓아 요동에 이르게 하였다. 이때 조선왕 부가 섰는데 진나라의 습격이 두려워 대략 진나라에 복속하였으나 조회에는 응하지 않았다"고 전하고 있다.

이 기록들을 분석해보면, 연나라를 멸망시킨 진나라 군대는 요동(난하 동쪽)지방으로 도망쳐 온 연왕을 붙잡아 가면서도 옛 만번한 서쪽에서 패수 동쪽 지역을 차지하지 못하고 그 지역을 중립지대와 같은 공지로 삼았다는 것을 알 수 있다. 진나라 쪽에서는 연나라 땅이었기 때문에 자기 나라 땅이지만 현실적으로 지배하기 어렵기 때문에 빈 땅(공지)으로 그냥 놔둔다고 평계를 삼고, 후조선 쪽에서는 자기의 영토로 실제로 관리했다. 이것이 소위 진 고공지의 실체이다.

또 〈삼국지〉에서 인용한 〈위략〉의 기사에서 후조선이 진나라에 복속했다는 것은 왜곡이며, 조회에 응하지 않았다고 한 것은 사신교환도 하지 않고 그를 경계했다는 것을 말해준다. 진나라가 후조선과 접경한 후 한나라가 설 때까지 10여년 사이에 후조선과 진나라 사이에는 전쟁이 없었다.

2. 고조선-한 전쟁의 발발과 전개과정

(1) 예군 남려의 배반과 한나라의 창해군 설치 시도

기원전 3세기 초 동아시아 지역에서 커다란 정치적 변동이 발생했다. 중국에서는 기원전 202년 진나라를 무너뜨리고 한나라가 들어섰으며, 동아시아의 동방의 대국인 고조선에서 만조선이 기원전 194년에 후조선을 무너뜨리고 새로운 왕조를 수립했다. 중국을 통일한 한나라는 초기에는 내정에 집중할 수밖에 없는 상황이었다.

기원전 202년 연왕 장도의 반란으로부터 근 반세기 동안 끊임없는 반란이 이어졌다. 이러한 반란을 평정하고 내정을 안정시킬 필요가 있었기 때문에 고조선을 침략할 여유가 없었다. 그래서 만조선과 한나라는 상호 평온하게 지내기로 외교적 합의가 이루어졌다. 〈사기〉에서는 "때마침 혜제(기원전 194년~기원전 188년)와 고후(기원전 187년~기원전 180년) 때 천하를 처음으로 평정하자 요동태수는 곧 만을 외신으로 삼고 새 밖의 만이들로 하여금 변방에서 약탈하지 못하게 하고 여러 만이의 군장들이 천자를 만나러 가는 것을 막지 않기로 약속하였다"고 써놓았다. 여기에서는 마치 만조선이 한나라의 신하가 된 것처럼 써놓았으나 그것은 과장이며, 국경 지역에서 상호 평화롭게 지내기로 약속한 것에 불과하다.

한나라는 기원전 180년에 이르러 자기 나라 국내정세가 어느 정도 안정되자 고조선과 남월을 침략하려고 획책했다. 〈사기〉에서 기원전 180년 한나라 문제가 즉위한 후 장군 진무 등은 "남월과 조선은 진나라 전성기에는 복속되어 있었으나, 그 후에는 무력으로써 가로막고 형세를 관망하고 있다"고 하면서 이 나라들을 치자고 제기하였다. 그러나 이 시기에는 한나라가 고조선을 침공하지 못했다. 그것은 북방 흉노족의 거듭되는 침입으로 국가 비용이 많이 든 데다 국력이 강한 만조선을 정복할 만한 힘도 부족했기 때문이다. 그리하여 진무의 조선 원정 계획은 실현되지 못했고 수십 년간 한나라와는 평화로운 관계가 유지되었다.

그러다 한나라와 문제가 터진 것은 예군 남려 배반사건이었다. 기원전 128년 만조선의 서쪽 변방지역의 넓은 땅과 28만여 명의 주민을 거느리고 있던 후왕 예군 남려는 국왕인 우거왕과의 정치적 갈등으로 만조선 왕조를 배반하고 한나라에 투항해버렸다. 동쪽으로 영토를 넓힐 수 있는 좋은 기회가 왔다고 생각한 한무제는 예군 남려가 관할하던 고조선의 변방지역에 창해군을 설치한다고 선포했다. 이에 대해 〈한서〉 권6 무제기 원삭 1년 기사에서는 "가을에 동이의 예군 남려 등 인구 28만 명이 투항해 창해군을 설치하였다"고 나와 있으며, 〈후한서〉 동이전 예조에도 같은 내용이 실려 있다.

그렇다면 과연 한무제의 창해군 설치는 정상적으로 이루어졌는가? 〈사기〉를 비롯한 역사서들에서 창해군을 설치했다고 말하고 있고, 일부 역사가들은 창해군이 실제로 설치되었다고 보고 창해군의 위치에 대한 자기 나름대로의 견해들을 제출하였다. 하지만 창해군이 실제로 설치되었는가는 매우 의문스럽다. 제반 역사자료들을 종합적으로 볼 때 창해군은 설치한다고 선포만 했을 뿐이지 고조선 측의 완강한 저항으로 실제로 설치하지 못했다고 보는 게 합리적이다.

왜 실제로 설치하지 못했다고 보는가? 창해군 설치에 관한 기사는

〈사기〉 평준서와 〈한서〉 식화지에 나와 있는데, 기원전 128년 창해군을 설치하기 위해 한나라는 막대한 군사적 손실을 감수해야 했다. 그런데 실제로 창해군이 설치되었다면 이러한 막대한 손실을 입으면서 설치한 창해군을 2년 만에 폐지할 리가 없다. 창해군을 설치하려고 시도했지만, 고조선의 강력한 저항으로 인적·물적 손실이 너무 커지자 결국 설치를 포기한 것이라고 보는 것이 맞다. 이에 대해 〈사기〉 평준서에는 "바로 이때에 한나라는 서남이에로의 길을 뚫고 있었는데 길을 닦는 사람이 수만 명이었고, 천 리나 되는 곳에서 식량을 져 날랐다. 대략 10여 종(약 70석)을 가지고 떠나야 한 석이 닿았다. 공주와 복주에서 재물을 뿌려 그들을 집결시켰다. 여러 해 동안 길이 통하지 못하였고, 만이는 그 기회를 타서 자주 관리들을 공격하였기 때문에 군사를 발동시켜 그들을 무찔렀다. …(중략)… 동쪽으로 창해군에 이르는데 사람들과 비용이 남이와 비슷하였다"고 기록되어 있다. 또한 〈한서〉 식화지에는 팽오가 예맥 조선을 뚫고 들어가 창해군을 설치하는데 연·제 지방이 미연발동(땅바닥의 풀들이 넘어질 정도로 세찬 바람이 불었다는 것)되었다고 기록되어 있다. 이러한 자료들은 동쪽으로 창해군을 설치하기 위해 예군 남려의 관할지역까지 뚫고 들어가는데 소모된 인적·물적 자원도 서남이를 치면서 입은 손실과 거의 맞먹었다는 것을 보여준다. 결국 고조선의 군대와 주민들이 한나라의 침공에 적극적인 투쟁을 벌여 심대한 군사적 타격을 입혔으며, 이로 인해 한나라는 수많은 인적·물적 손실을 입고 심각한 난관에 봉착하자 결국 2년 만에 창해군 설치를 포기했던 것이다.

창해군이 어떤 지역이기에 막대한 인적·물적 손실을 입고 결국 설치를 포기할 수밖에 없었을까? 창해군의 위치에 대해서도 의견들이 분분하다. 창해군의 위치를 비정하기 위해서 참고해야 할 점은 〈한서〉 식화지의 기사이다. 앞에서 언급한 그 기사에 보면 팽오가 예맥 조선을 뚫고 들어가 창해군을 설치하려고 했다는 점이 드러난다. 이것은 예군 남려가 지배했던 지역이 고조선의 변방이면서도 한나라가 뚫고 들어오기 어려운 곳이라는 것을 말해준다.

또한 창해군이라는 명칭이 말해주듯이 푸른 바다를 끼고 있는 지역이다. 이러한 지역에 해당되는 곳이 바로 현재 요동반도의 동남쪽 지역이다. 그렇기 때문에 당시 대릉하에서부터 요동반도 동남쪽까지 길을 내는데 고조선 쪽에서 수수방관할 리 없고, 강력한 저항을 조직했을 것은 분명하다. 이러한 저항에 결국 한나라는 창해군 설치를 포기하기에 이른 것이다. 결국 고조선은 한나라의 창해군 설치 저지투쟁에서 승리했고, 나라의 자주권을 지켰다.

(2) 섭하 처단사건

창해군 설치 책동이 실패한 다음에도 한무제는 고조선을 침략할 생각을 버리지 않았다. 그리하여 기원전 120년대 말에도 소규모의 충돌사건들이 계속 일어났으며, 기원전 110년대에 이르러 고조선-한 관계는 악화될 대로 악화되었다. 한무제는 기원전 110년에는 18만 명의 기병을 이끌고 흉노에 대한 무력시위를 했는데, 이는 고조선에 대한 무력 협박이기도 했다.

기원전 109년에 한무제는 고조선에 대한 침략전쟁의 구실을 찾기 위해 섭하를 사신으로 고조선에 파견했다. 이에 대해 〈사기〉 조선열전에서는 "원봉 2년(기원전 109년) 한나라는 섭하를 보내 권유하였으나, 우거왕은 끝내 권고를 접수하지 않았다"고 기록되어 있다. 한무제가 우거왕에게 요구했던 구체적 내용은 기록되어 있지 않지만, 앞뒤 맥락으로 볼 때 당시 양국 간에 쟁점이 되었던 내용들을 우거왕이 모두 받아들여 한나라에게 순종을 요구하는 것임에 틀림없다.

고조선의 정치적 권위를 부정하는 한나라의 부당한 요구에 대해 우거왕이 단호히 거부한 것은 전적으로 당연한 일이었다. 만조선의 강경한 입장으로 자기 임무를 실현할 수 없게 된 데 불만을 품은 한나라 사신 섭하는 국경선인 패수에 이르자 자신을 바래다주던 고조선의 고위관료인 비왕 장을 살해하고는 강을 건너 장새(장성 방어시설) 안으로 도망쳐버렸다.

한무제는 만조선의 비왕을 살해하고 돌아와 외교적 무례를 범한 섭하의 죄행을 추궁하기는커녕 잘했다고 추어주면서 그를 만조선과의 인접지역인 요동군 동부도위로 임명했다. 이것은 고조선에 대한 명백한 도발이었다. 이에 격분한 고조선 사람들은 한나라에 대한 보복조치로서 군대를 동원해 불의에 패수를 건너 한나라 요동군의 동부도위 소재지를 습격하고 살인자 섭하를 처단했다.

섭하를 처단한 고조선의 행위를 통해 당시 고조선의 대외정책의 특성을 발견할 수 있다. 그것은 나라의 자주권과 관련된 문제에 대해서는 추호의 양보도 없이 이익을 견결히 고수하는 강한 독자성을 견지하였고, 외교상 요구의 관철을 위해 진취성과 신축성, 기민성을 보였으며, 필요한 경우에는 단호한 군사적 행동도 서슴지 않는 결단성을 보인 것이다. 또한 군사적 행동을 통해 한나라와 당당히 겨룰 수 있는 군사적 실력을 갖추고 있음을 내외에 과시하였다.

(3) 고조선 – 한 전쟁의 전개과정

1) 한무제의 고조선 침공

한무제는 만조선이 한나라의 요동군 동부도위 섭하를 처단해버린 것을 구실로 기원전 109년 가을 육군과 수군의 대병력으로 고조선을 침공했다. 그 당시 한나라는 10만 명이 넘는 군대를 동원해 고조선을 수륙 양공작전으로 진격해 들어왔다. 당시 수군은 누선장군 양복의 지휘 하에 5만 명 정도였고, 육군은 좌장군 순체의 지휘 하에 있었는데 병력 수는 밝혀져 있지 않다. 하지만 수군이 5만 명이었다면 육군은 그보다 훨씬 많았을 것이므로, 전체 병력은 최소 10만 명을 훨씬 넘었다고 봐야 한다.

당시 수군을 지휘했던 누선장군 양복은 기원전 111년 남월을 정복하는 전쟁에서 전공을 세웠고 전투경험도 풍부했다. 한무제는 양복으로 하여금 수군을 제(오늘날의 산동반도)에서 출발시켜 발해를 건너 육군과 합세하여 공격하라고 명령했다. 한편 육군은 흉노와의 전쟁에서 부총관의 직무를 담당해 공로를 세운 좌장군 순체로 하여금 요동과 연, 대(베이징 근처) 지방의 군대를 긁어모아 패수(대릉하)를 건너 공격하도록 지시했다.

한무제는 여러 해 동안 숱한 전쟁에서 승리했기 때문에 고조선을 얕잡아봤다. 그는 양복과 순체를 비롯한 장군들이 흉노와 남쪽의 남월과의 전쟁에서 많은 전투경험을 갖고 있기 때문에 고조선을 쉽게 정복할 것이라고 생각했다. 그러나 실제 전투양상은 다르게 흘러갔다. 고조선의 전투력은 결코 만만한 것이 아니었고, 한나라의 침략에 대한 대비 역시 잘되어 있었다. 또한 자연지리적 조건을 잘 이용해 방어대비 태세를 구축했다. 기원전 109년~기원전 108년까지 1년 가까이 계속된 고조선-한 전쟁은 몇 단계로 나눠진다.

2) 좌장군 순체와 누선장군 양복의 수륙병진 공격을 와해시킨 시기

한나라의 수륙병진 공격을 와해시키기 위해 고조선은 병력을 둘로 나누어 왕검성과 패수 계선에 기본 방어집단을 형성하고, 패수 계선에서 한나라 군대의 공격을 좌절시키는 전술을 구사했다. 고조선의 방어전략은 탁월했다. 한나라의 수륙병진 공격전술은 육군이 패수를 건너 왕검성을 공격할 즈음에 수군도 신속히 바다를 건너 허를 찔러 일거에 왕검성을 무너뜨리는 전술이다. 이 전술의 핵은 육군의 신속한 진출에 있었다. 이 점을 간파한 고조선은 패수 계선에서 완강하게 저항을 조직함으로써 육군과 수군의 합동작전을 펼치지 못하도록 하는 전략을 구사했다.

누선장군 양복은 5만 명의 수군을 이끌고 제(산동반도)에서 출발해 발해를 건너 왕검성의 바로 옆에 있는 열구(요하 하구)에 상륙했다. 이 기록에서 왕검성과 열구의 위치를 비정할 수 있는 중요한 단서가 나온다. 수군은 제(산동반도)에서 발해를 건너 왕검성 근처에 도착했다. 그렇다면 왕검성은 오늘날의 평양이 될 수 없다. 여기에는 두 가지 이유가 있다.

첫 번째로는 평양성은 산동반도에서 황해를 건너야 하는데, 〈사기〉

조선열전에서는 산동반도에서 발해를 건넌 것으로 나와 있다. 당시의 항해술이나 조선기술로 5만 명의 병사들이 황해를 건너 평양으로 갈 수는 없었다. 그렇기 때문에 발해를 건너갔으며, 발해를 건너 도착한 지역은 오늘날 요동반도 요하 하구일 수밖에 없다.

두 번째로는 왕검성이 평양이라면 왕검성 바로 밑까지 배를 댈 수 없으며, 왕검성에서 순체의 수군을 직접 볼 수 없다. 그러나 〈사기〉 조선열전에서 보면 왕검성 안에서 우거가 한나라 수군의 숫자가 적은 것을 보고 바로 성문을 열고 공격한 것으로 나온다. 왕검성이 평양이라면 이러한 상황은 발생할 수 없다. 이처럼 고조선-한의 전쟁기록을 보면 당시 전투가 펼쳐진 왕검성은 고조선의 수도인 평양에 있는 왕검성이 아니라, 고조선의 부수도인 오늘날 요동반도에 있는 왕검성이라고 단정할 수 있다.

어쨌든 한나라 측의 작전계획은 원래 수군을 이끌고 온 양복이 요하 하구에서 대기하고 있다가, 순체의 육군이 국경선을 돌파하여 왕검성 근처까지 진격해 온 다음 합동해서 왕검성을 공격하는 것이었다. 그러나 육군이 오지 않자 기다리다 지친 양복은 왕검성 안에 고조선의 무력이 별로 없을 것이라고 타산하고, 혼자 전공을 세우려는 교만심이 발동해서 단독으로 제나라 지방의 병사 7천 명을 뽑아 왕검성을 공격하려고 덤벼들었다. 하지만 상황은 예상했던 대로 흘러가지 않았다. 왕검성을 지키고 있던 우거의 군대는 양복의 수군이 수적으로도 적고 전투력도 약하다는 것을 간파하였다.

고조선 군대는 한나라 수군의 약점을 이용해 성문을 갑자기 열고 나와 한나라 수군을 공격했다. 이 공격으로 제나라 사람들로 이루어진 7천 명의 수군은 괴멸했다. 양복의 수군은 수많은 주검을 내고 흩어져버렸다. 이때 한나라 수군의 패배가 얼마나 비참했는가 하는 것은 양복 자신이 부근의 산속에서 10여 일 동안이나 숨어 다니다가 흩어진 패잔병들을 얼마간 집결시켜 겨우 목숨을 건졌다는 사실만으로도 충분히 알 수 있다.

한편 양복이 단독공격을 결정할 때까지 왕검성 근처에 도착하지 못한 육군의 사정은 어떠했는가? 순체의 육군은 고조선의 국경선인 패수 계선을 돌파하기 위해 적극적인 공격작전을 벌였다. 하지만 패수 서쪽에 나가 방어하던 고조선 군대에 의해 심대한 타격을 받고 패배했다.

이에 대해 〈사기〉 조선열전에서는 "좌장군 순체가 요동으로부터 나가 우거를 치니 우거는 험한 지역에 의거하여 방어하였다. 좌장군의 졸정 다는 요동지방 출신 군사들을 이끌고 먼저 공격했으나 패배해 흩어지고 다는 도망쳐 돌아왔으므로 군법에 따라 목을 베었다"고 기록하고 있다. 이 기록에서와 같이 패수 계선을 돌파하기 위한 한나라 군의 공격은 고조선군의 반격으로 여지없이 깨져버리고 말았다. 졸정이라는 군 직위에 있었던 '다'라고 불리는 순체의 부하장수는 요동군의 군사들로 먼저 공격했다가 패전했으며, 그 책임을 지고 처형당하기까지 했다. 패수를 건너 왕검성에 도착해 수군과 합세해야 할 육군이 이처럼 국경선인 패수 계선에 발이 묶여 있었던 것이다. 이로써 한나라의 수륙병진 공격전략은 완전 실패로 돌아갔고, 첫 전투에서 고조선 측이 빛나는 승리를 거머쥐었다. 이것이 고조선-한 전쟁의 첫 번째 국면이다.

3) 한나라와 강화교섭 시기

한무제는 수륙 양군이 모두 패배해 수륙병진 공격전략이 실패로 돌아가자, 어쩔 수 없이 외교적인 방법을 동원했다. 즉, 위산을 사신으로 파견해 강화교섭을 하도록 지시했다. 말이 강화교섭이지, 외교적 방법으로 고조선을 굴복시키려는 것이 진짜 목적이었다. 이것은 전투에서 패배한 자들이 오히려 승리한 쪽에다 대고 항복을 요구하는 이상한 강화교섭이었다.

한무제는 고조선의 굴복을 받아내기 위해 군사적 위력을 시위하면서 항복을 설교했다. 이에 대해 〈사기〉 조선열전에서는 우거왕이 한나라 사신을 보고 머리를 굽적거리며 항복을 요청했다고 기록되어 있는데, 이는 이치에 닿지 않는다. 만약 고조선의 우거왕이 항복할 의향이 있었으면 태자로 하여금 1만여 명의 군대와 많은 무기, 5천여 필의 말과 군량을 갖고 강화담판에 나가도록 조치하지는 않았을 것이며, 한나라 측에서 무장해제를 요구했을 때 그에 불응하지 않았을 것이다. 단지 우거왕은 한나라의 항복 요구에 대해 강화담판에 응할 필요가 있다고 보고 일단 만나 담판하자는 식으로 답변을 했을 것이다. 이것을 한나라 측은 마치 우거왕이 항복할 의사가 있는 것으로 확대해석한 것이다.

하지만 강화교섭은 시작도 못한 채 끝나버렸다. 앞에서 말했듯이 고조선 측은 강화교섭이 성공할 것이라고 크게 기대하지 않았다. 한나라 측의 의도가 말로써 항복을 받아내려는 심보 외에 다른 것은 없을 것이라고 간파했다. 그래서 태자로 하여금 1만여 명의 군대와 많은 무기, 5천여 필의 말과 군량을 갖고 군사력을 시위하면서 강화담판에 나가도록 했다. 한나라의 사신인 위산은 고조선의 태자 일행에게 이왕 항복하겠다고 하였으니 무장을 해제하고 올 것을 요구했다. 그러자 태자는 위산의 요구를 단호하게 거부하고 강화담판을 포기해버렸다.

결국 강화담판은 시작도 해보지 못한 채 파탄나고 말았다. 이것은 첫 싸움에서 크게 패해 궁지에 몰려 있던 한나라에게 또 다른 타격이 되었다. 화가 난 한무제는 담판을 성립시키지 못한 위산의 과오를 엄격하게 추궁하고 그를 사형에 처해버렸다.

4) 왕검성의 포위공격을 저지, 파탄시키기 위해 싸운 시기

강화담판이 결렬된 후 전쟁은 새로운 국면으로 접어들었다. 한나라는 강화담판 결렬 이후 다시 전력을 재정비해 공격을 재개했다. 순체의 부대는 겨울철에 접어들면서 강이 얼어붙어 건너기 쉬워진 유리한 조건을 십분 활용해, 만조선의 패수 상군(패수 계선에 있던 고조선의 부대)을 격파하는데 성공했다. 패수 계선을 돌파한 순체의 부대는 곧바로 얼어붙은 열수(요하)를 건너 왕검성으로 접근해 성의 서북쪽을 포위했다.

이 기록을 통해서도 당시 전투가 벌어졌던 현장이 평양의 왕검성이 아니고 부수도인 요동의 왕검성이라는 것을 알 수 있다. 당시 평양의 왕검성의 위치에 대한 논란이 여전히 계속되고 있으나, 대동강 북쪽 설과 대동강 남쪽 낙랑구역 설, 두 가지 견해로 정리된다. 그렇다면 순체의 부대가 얼어붙은 열수를 건너 성의 서북쪽을 포위하는 게 가능하지 않다. 낙랑구역은 강에 붙어 있는 지역이기 때문에 강을 끼고 성을 쌓았을 것이 명백하며, 그럴 경우 성의 서북쪽에 군사를 주둔시킬 수 없다. 순체의 부대는 요동의 왕검성을 서북쪽에서 포위하였으며, 양복의 부대 역시 성의 남쪽으로 와서 자리 잡았다.

좌장군 순체는 일찍이 연과 대 지역의 군사를 거느린 경험이 있고, 한나라 국왕의 총애를 받은 적도 있으며, 성질이 꽤 사나웠다. 더욱이 패수 상군을 격파하고 열수를 건넌 승기를 타서 만조선을 급하게 공격하려고 출동을 서둘렀다. 반면에 누선은 지난번 싸움에서 패한 탓에 고조선군과 직접 격돌하는 것을 꺼려했고, 군영 내부에서는 고조선과의 화해를 바라는 여론도 생겨났다. 그래서 순체의 출동 요구에 이러저런 구실을 내세워 출동을 기피했다.

이러한 정황을 간파한 고조선군은 이들 사이의 갈등을 활용해 알력과 대립을 격화시키기 위한 작전에 돌입했다. 만조선은 비밀리에 양복에게 사람을 보내 그와 단독강화를 맺자고 제의했다. 이것은 항복할 의사가 있다기보다 양자 사이의 갈등과 대립을 격화시켜 합동작전을 와해시키기 위한 전술이었다. 양복과 순체는 날짜를 정해놓고 일제히 공격하기로 했으나, 양복은 매번 자신이 만조선 측과의 강화를 성사시키겠다고 하면서 군사행동의 개시 약속을 어겼다. 이것은 군율을 어기는 중대한 사안이었다. 이렇게 되자 순체 역시 만조선 측과 강화교섭을 하려고 했다. 그러나 만조선 측은 양복과의 교섭을 재촉하면서 순체의 제의에는 응하지 않았다. 만조선의 이처럼 능수능란한 작전에 의해 전선은 오랫동안 교착상태를 벗어나지 못했다.

이 사실을 알게 된 한무제는 제남태수 공손수를 파견해 사태를 수습토록 했다. 〈사기〉 조선열전의 기록에 따르면, 공손수가 도착하자

좌장군 순체는 조선군이 오래전에 항복하였을 것인데 투항하지 않는 것은 까닭이 있으니, 그것은 누선장군이 여러 번 약속을 어기고 모이지 않았기 때문이라고 하면서, 평소 자신이 의심스러워하는 측면을 고자질했다. 그는 공손수에게 지금 대책을 세우지 않으면 아군이 큰 해를 입게 될 것이며, 누선이 조선군과 함께 우리 군사를 소멸할 수도 있다고 부추겼다. 공손수는 순체의 말에 타당성이 있다고 보고, 한무제가 준 권한을 이용해 누선장군을 체포하고 누선의 군대를 좌장군 휘하에 배치해버렸다.

5) 최후 결전 시기

순체가 양복의 군대를 병합한 후 전쟁은 새로운 국면으로 발전해 갔다. 순체는 한나라 무력을 총발동해 왕검성을 맹렬하게 공격하였다. 하지만 왕검성 방어자들은 모든 힘을 다해 한나라의 공격을 물리쳤다. 이렇게 왕검성을 둘러싼 한-고조선 측의 공방이 계속되어 전쟁이 장기화되고 전황이 불리해지자, 만조선 상층 내에서 동요가 생기고 급기야 반역자들이 나타나기 시작했다. 조선상 로인, 상 한음, 니계상 참, 장군 왕협 등은 서로 모여 의논하기를 "처음에는 누선장군과 강화하려 했는데 그는 지금 사로잡힌 몸이 되었고, 좌장군은 병력을 모아 다급히 싸움을 걸고 있으니 그와 싸워 이길 수는 없을 것이다. 그런데 우거왕이 또 항복하지 않으려 하니 우리는 우리대로 투항하는 수밖에 없다"고 하였다. 그러면서 한음, 왕협, 로인은 은밀히 도망해 적진에 투항해버렸다.

반역자들의 투항으로 왕검성 방어에 중대한 난관이 조성되었으나,

애국적인 군인들과 고조선 사람들은 완강하게 항전을 계속했다. 그리하여 왕검성에서 적아간의 공방전은 기원전 108년 여름까지 계속되었다. 이렇게 되자 니계상 참은 자객을 시켜 우거왕을 살해하도록 하고 적진으로 도망쳐 투항했다. 이때 왕자 장을 비롯한 일부 왕족들과 고위관리들도 투항했다.

그러나 왕검성을 지키려는 고조선 군사들은 동요하지 않고 한나라 군과의 투쟁을 계속했다. 국왕이 살해되고 여러 고위관리들이 투항해서 방위력이 약화되고 붕괴상태에 빠졌다. 하지만 그럼에도 불구하고 투쟁의지를 꺾지 않고 성기장군을 지휘자로 내세우고 항전을 지속했다. 한나라 침략군들은 갖은 방법으로 거듭 공격했지만 성기장군이 지키는 왕검성을 함락시킬 수 없었다.

성기장군을 그대로 두고서는 왕검성을 점령할 수 없다고 생각한 순체는 투항해 온 우거왕의 아들 장과 노인의 아들 최 등을 성안으로 들여보내 고조선 군민들을 회유 기만하는 한편, 경계가 소홀한 틈을 타 성기장군을 살해해버렸다. 성기장군을 잃은 성안의 고조선 군민들은 적의 포위공격을 물리치기 위해 용감히 싸웠으나 더 견디지 못하고 성은 함락되었다. 만조선 왕조는 부수도 왕검성의 함락과 국왕, 왕자 이하 고위관료들이 살해되거나 투항한 것으로 하여 결국 종말을 고하고 말았다.

(4) 고조선 - 한 전쟁의 의미와 교훈

만조선 상층 귀족들의 반역과 투항으로 내부의 통일단결이 무너짐으로써 왕검성이 함락되고 만조선은 몰락하였다. 그럼에도 불구하고 고조선-한 전쟁에서 고조선 군민들의 완강한 투쟁이 갖는 역사적 의미는 매우 컸다. 만조선의 상층 귀족들의 비열한 배신행위로 왕검성을 고수하지는 못했지만 전쟁에서 한나라에게 커다란 손실을 주었으며, 고조선 전 지역을 병탄하려는 한무제의 침략야망을 꺾어버렸다.

한무제는 1년 가까이 지속된 고조선-한 전쟁에서 패배했다고 사실상 인정했다. 그것은 공명을 노리면서 서로 질투하여 작전을 저해한 죄로 좌장군 순체를 극형에 처했으며, 누선장군 양복은 좌군의 진출을 대기하지 않고 제멋대로 먼저 공격하여 많은 군사를 잃은 죄로 처형하려다가 평민으로 강등시킨 것을 보아 알 수 있다. 그리고 그 어떤 장수도 표창하지 않았다. 이것은 전쟁에서 패배했다는 것을 자인한 행위이다.

고조선 군민들의 완강한 투쟁은 결코 헛되지 않았다. 고조선 군민들의 완강한 투쟁은 한나라에게 커다란 군사적 타격을 주었다. 만조선 상층부의 동요와 변절, 반역이 없었더라면 한나라가 전쟁에서 이길 수 없었다는 것을 한무제는 알았다. 그는 고조선 전 지역을 차지하려 했던 침략야욕을 접고 요동반도를 장악하는 데에 만족해야만 했다. 그는 만조선의 서북쪽 일부 지역에 기원전 107년까지 낙랑군, 현도군, 임둔군을 두었을 뿐이고, 만조선의 대부분 지역은 고조선 군민이 고수하였다. 고조선 군민들의 완강한 투쟁으로 압록강 이남 한반도 지역을 한나라의 침략으로부터 지켜낸 것이다. 압록강 이남 한반도 지역에는 만조선이 붕괴됨에 따라 안평국, 황룡국, 낙랑국, 맥국, 예, 남옥저 등의 소국들이 형성되었다. 특히 고조선의 수도였던 평양 왕검성에는 남아 있는 왕족들이 있었을 것이지만, 뚜렷한 인물이 없었던 탓인지 신흥세력으로 추측되는 최씨 일가가 정권을 잡고 낙랑국을 세웠다.

고조선-한 전쟁은 전투대오 안에서 통일단결이 이루어지지 못하고 내부에 투항 변절자들이 생겨나면 전쟁에서 승리할 수 없으며, 결국 나라가 망하게 된다는 심각한 교훈을 남겼다.

3. 한사군 논쟁

한무제는 기원전 109년~기원전 108년에 전쟁을 도발해 만조선 왕조를 무너뜨리고 고조선 옛 땅 일부에 낙랑, 현도, 임둔, 진번의 4개 군을 설치했다. 우리 민족의 유구한 역사를 정확히 밝히는 데서 한사군 문제는 매우 중요하다. 지난날 한사군 문제와 관련해 여러 가지 잘못된 견해들이 유포된 이후로 오늘날까지도 국제적으로 큰 논쟁의 대상이 되고 있다. 특히 낙랑군의 위치문제가 핵심쟁점인데, 평양을 중심으로 한반도 중남부에 이르기까지의 넓은 지역을 포괄하고 있었던 것처럼 보는 견해가 국제적 통설처럼 되어 있다. 이러한 현실에서 이에 대한 올바른 견해를 확립하는 것이 매우 절실하게 요구되고 있다.

한사군 문제는 결론부터 말한다면 기원전 108년에 만조선 왕조가 무너진 다음 그 이듬해까지는 압록강 하류 북쪽, 태자하 중상류, 혼하 중상류의 일부 지역에 낙랑, 현도, 임둔 3개 군이 설치되어 있었고, 진번군은 설치되지 못한 채 이름만 있었다. 원래 한무제의 계획은 낙랑군은 고조선의 수도가 있는 평양을 중심으로 설치하고, 임둔군은 임둔 소국이 있었던 낙랑군의 동쪽 강원도 일대에 설치하고, 현도군은 고구려 땅에 설치하고, 진번군은 진번 소국이 있던 함경남도 일대에 두려고 했다. 그러나 고조선 군민들과 고구려 사람들의 완강한 항전에 압록강 이남으로는 설치하지 못하고, 앞에서 언급한 지역에 그것도 3개 군만 겨우 설치하기에 이르렀던 것이다. 그 후 기원전 1세기 초엽에 이르러 임둔, 진번 2개 군은 폐지되어 낙랑, 현도 2개 군에 통합되었다. 그 후 만리장성 안팎에 있던 요동군이 동천하였고, 그에 따라 낙랑, 현도군의 영역은 크게 축소되었다.

(1) 초기 낙랑군의 위치

핵심쟁점은 낙랑군이 현재의 요동지방에 있었느냐, 아니면 한반도 내 평양 지역에 있었느냐의 문제이다. 이 문제는 달리 말하면 당시 한나라-고조선의 국경선인 패수의 위치문제이다. 만약 패수가 한반도 내부의 강이라면 당연히 낙랑군은 한반도 내부에 설치되었을 것은 명백하다. 그런데 반대로 패수가 한반도 내부의 강이 아니라 대릉하라면, 낙랑군은 요동지역에 설치되었을 것이다. 패수의 위치문제에 대해서는 앞에서 정리한 바 있듯이 오늘날의 대릉하이다.

다시 한 번 부연설명하면 연나라 말기부터 한나라 초기까지의 요동이란 당시의 요수(난하)유역 이동 지역을 가리키는 말이었다. 한나라 초기 패수 서쪽에 있던 요동고새는 바로 연나라 진장성의 동단인 갈석(산해관 동북쪽 10여 리, 중국 요녕성 수중현 만가향) 부근에 있었다. 그것은 만왕조의 시조인 만이 기원전 209년 중국 진승 오광의 난 때 고조선으로 피난을 와서 후조선의 후국 왕이 되었던 때의 수도가 험독이었는데, 험독현은 후한 때 요동 속국의 한 개 현으로서 요하 이서,

대릉하 이동, 즉 북진(북녕시)-반산(반금시) 사이에 있었다는 사실에 의해 증명된다. 따라서 요하 이서와 대릉하 지역이 당시 후조선의 영역이었고, 고조선과 한나라의 경계는 대릉하라는 것은 움직일 수 없는 사실이다.

패수가 대릉하라는 것은 더 많은 증거들이 있다. 자료들을 살펴보면 패수의 서쪽에는 한나라의 요동고새, 동쪽에는 고조선의 열수라는 강이 있었다. 앞에서 설명한 대로 요동고새는 갈석 부근에 있었고, 열수는 오늘의 요하이다. 오늘의 요하가 고조선 말기 열수였다는 것은 열수가 발해로 흘러드는 요동지방의 강으로서 대릉하와 하구를 가까이 하고 있었다는 사실을 통해서도 알 수 있다. 고조선-한 전쟁 시기 제(산동반도)에서 출발한 한나라 수군이 발해로 항행하여 열구(열수의 하구)에 이르렀던 것으로 보아 열수는 발해로 흘러드는 강이었다. 그리고 진나라 시기(276~324년)의 곽박은 풍수가로서 지리에 신통무궁하게 도통한 풍수 3사 중의 한 사람인데, 조선 열수에 대해 주석하면서 열수는 요동에 있었다고 강조하였다.

한편 〈산해경〉에서는 패수가 열도에 흘러든다고 했는데, 이 열도를 열수의 니토지대, 즉 열수 하구의 충적지대로 본다면 열수가 패수와 하구를 가까이한 강임을 알 수 있다. 이와 같이 고조선 말기에 열수가 요하이고 요동고새가 산해관 일대에 있었던 만큼, 그 사이에 있었던 패수는 대릉하였다고 볼 수밖에 없다.

당시 패수가 대릉하라고 보는 또 다른 이유가 있다. 〈수경주〉 권14 패수조에 보면 한나라 시대 패수의 흐름 방향을 묘사해놓았는데, 여기에서 강물이 동남쪽으로 흐르다가 동쪽으로 바다에 들어간다고 나와 있다. 이러한 강의 흐름에 맞는 것은 한반도의 강들은 해당되지 않고, 대릉하 정도가 이에 부합된다. 또 〈산해경〉의 취수(패수) 관계 자료들에 강의 발원지가 초목이 없고 모래가 많은 반사막 혹은 그 주변 지대로 묘사되어 있는데, 이것 역시 대릉하의 발원지의 자연지리적 조건과 비슷하다. 또한 대릉하의 옛 이름인 백랑수의 백랑(배라)이 패수의 고대 고조선 말 '펴라'와 통한다. 이러한 사실들을 놓고 볼 때 패수는 대릉하임이 명백하다.

이처럼 패수가 오늘의 대릉하이므로, 당시 요동군은 국경선인 대릉하의 서쪽 지역에 있었으며, 낙랑군은 요동군의 동쪽 인접지대, 즉 오늘날의 요동지역에 있었다고 결론내릴 수 있다.

(2) 요동군의 동천과 낙랑군의 위치변동

대릉하 서쪽에 있던 요동군이 오늘날의 요동지방으로 옮긴 것은 기원전 1세기 초(기원전 70년대 초)이다. 당시 요동군의 동천의 배경은 고조선 유민들과 고구려 군대의 투쟁에 의해 낙랑, 임둔, 현도군 안의 통치질서가 걷잡을 수 없이 흔들린 것과 관련이 있다. 한나라 지배층들은 이러한 사태에 대응하기 위해 우선 기원전 82년 임둔, 진번 2군을 폐지하고 낙랑, 현도군에 합치는 조처를 취했음에도 불구하고 고조선, 고구려 사람들의 투쟁을 막아낼 수 없었다. 이러한 현실에서 동방침략 거점을 어떻게 해서든지 유지 확보하기 위해 2군 폐합 후속조치로 기원전 70년대 초에 대릉하 서쪽에 있던 요동군을 옮기기로 결정했다. 이것은 요동군이 오랫동안 동북변방에 있으면서 통치질서가 어느 정도 정비되고 북방민족들과의 투쟁에서도 풍부한 경험을 갖고 있는 힘 있는 군이었기 때문이다.

〈한서〉 지리지는 요동군이 진나라 때 설치된 이래 오늘날의 요동지방에 있었다고 하였으며, 그때부터 요수(요하), 소료수(혼하), 대량수(태자하)가 요동군 안에 있는 강들인 것처럼 기록해놓았다. 하지만 이것은 잘못이다. 지금까지 누차 설명한 바대로 고조선과 한나라의 국경선인 패수는 대릉하이며, 진나라 때와 한나라 초기 요동군은 당연히 대릉하 서쪽 지역, 즉 난하 이동 지역에 있었다.

요동군이 기원전 1세기 초(기원전 70년대 초)에 대릉하 이동 지역으로 이동했다는 것은 〈한서〉 지리지 요동군 험독현 조에 잘 나타나 있다. 험독현은 대체로 오늘날 북진 동남쪽에 있던 요동군 소속 현인데, 후한의 응소는 이 험독현에 대해 주석하면서 험독현은 "조선왕 만의 도읍"이었다고 강조했다. 험독현이 만의 도읍이었다고 한 것은 만이 후조선을 몰아내고 만조선을 세웠을 때의 도읍이었다는 의미가 아니라, 연나라 지역에서 후조선 지역으로 왔을 당시 후조선 준왕의 신임을 받아 서변 백 리 땅을 봉지를 받고 후국을 세웠는데, 후국 왕이었을 당시의 도읍이 험독이었다는 뜻이다.

어쨌든 고조선이 망하기 이전에는 그 지역에 요동군이 있었던 것이 아니라 고조선 땅이었다. 그러다 고조선 멸망 이후 어느 때부터 요동군으로 소속되었던 것이다. 고조선이 멸망한 직후 옛 고조선 땅에 한사군을 설치했었기 때문에, 그 지역은 당연히 한사군 중에 낙랑군 지역이었을 것이 명백하다. 이것은 요동군이 동천하면서 낙랑군 중 일부가 요동군으로 편입되었다는 것을 말해준다.

요동군이 동천한 사실은 〈한서〉 지리지 요동군 조에 나오는 지명들의 이동 정형을 통해서도 알 수 있다. 〈한서〉 지리지 요동군 조의 양평현은 지금의 요양지방에 있던 현인데, 만리장성 동쪽 끝에 있던 산해관 일대의 양평이 지금의 요하 하류 일대로 옮겨진 것이다. 또 〈한서〉 지리지 요동군 조의 요양현(혼하 북쪽 노중현 일대) 역시 난하 일대에 있던 요양이 지금의 요동지방으로 이동한 것이다.

동천 이후 요동군은 대체로 서쪽의 의무려산 일대부터 시작해 오늘의 심양-요양-본계-안산-해성 등지를 연결하는 계선을 포괄하고 있었다. 즉, 동천하면서 대릉하 이동, 요하 이서 지역, 요동반도 해성 이북 지역, 그리고 거취 서안평, 무차현, 북으로는 철령 이남 지역을 관할하게 되었다. 낙랑군은 일부를 낙랑군에 떼어주고 해성 이남, 소자하 이서 지역을 관할했으며, 현도군은 고구려현 등 3개 현만을 갖게 되었다.

요동군의 동천으로 낙랑군의 일부 소속 현들의 위치도 동쪽으로 일정하게 밀리게 되었지만, 그 후에도 여전히 요동지역에 뿌리박고 있었다. 기원후 30년에 후한의 광무제가 태수 왕준을 파견해 낙랑군에서 일어난 왕조의 폭동을 진압한 일이 있는데, 이때 왕준이 거느린 군대가 폭동군을 치면서 요동에 이르렀다고 했다. 이것은 후한 초기 낙랑군이 요동지역에 있었다는 것을 말해준다. 당나라의 이현도 왕조의 폭동에 대해 주석하면서 낙랑군이 요동에 있었다고 하였고, 〈후한서〉 최인렬전에 대한 주에서도 낙랑군의 소속 현의 하나인 장잠현이 요동에 있었다고 강조했다. 이러한 제반 사실들은 기원전 70년대 초 요동군의 동천 이후에도 낙랑군이 계속 요동지방에 있었다는 것을 보여주고 있다.

(3) 낙랑군 평양설에 대한 검토

　이상에서 살펴본 대로, 제반 역사자료와 유적유물들에 비추어 볼 때 낙랑군은 줄곧 요동반도에 있었다. 그럼에도 불구하고 낙랑군 평양설이 유포된 뒤로 지금까지 사라지지 않고 있으며, 우리나라 역사학계의 주류 학자들의 상당수가 낙랑군 평양설을 주장하고 있다. 따라서 낙랑군 평양설의 주요 논거에 대해 검토해볼 필요가 있다.

　낙랑군의 위치 문제가 논란이 된 것은 어제오늘의 일이 아니다. 일찍이 〈한서〉 지리지의 저자 반고(기원후 1세기)가 낙랑군의 위치를 아리송하게 만들어놓은 이래, 특히 〈수경주〉의 저자 역도원(5세기 중엽 ~6세기 초엽)이 낙랑군이 평양 일대에 있었다는 주장을 전면에 내세운 이래, 낙랑군의 위치 문제에 대한 논쟁이 계속되어 왔다. 하지만 낙랑 문제가 오늘처럼 첨예하게 부각된 것은 일제의 조선 침략책동 때문이다. 일제는 어용사가들을 내세워 지금의 평양시 낙랑구역 토성동을 비롯한 서북한 일대 고대 유적들을 마구 파헤치고, 거기서 드러난 유물들을 한식유물이라고 단정한 뒤 고고학적 자료들에 근거한다고 떠벌리면서 낙랑군 평양설을 하나의 정설로 체계화해놓았다.

　일제의 어용사가들이 낙랑군 평양설을 정식화해놓은 배경은 무엇일까? 그것은 우리나라 역사가 외세의 지배와 간섭, 외세 의존과 굴종의 역사인 듯이 묘사함으로써 우리의 민족적 긍지와 자부심을 말살하고 자신들의 식민지 지배를 합리화하려는 의도였다. 즉, 한나라가 고조선 왕조를 무너뜨린 다음 평양을 중심으로 한 서북한 일대에 낙랑군이라는 식민지를 두고 400년 동안이나 지배했으며, 우리나라의 역사와 문명이 한사군 특히 낙랑군의 설치로부터 시작되었다는 것이다.

오늘날 낙랑군 평양설을 고수하는 우리나라 역사학자들은 일제의 이런 의도를 알면서도 역사 연구에서 고고학적 자료를 무시할 수 없다는 이유로 일제 어용사가들의 견해를 그대로 답습하고 있다. 그들은 대체로 일제 어용사가들의 고고학적 자료들을 신뢰하고, 이에 의거해서 자기들의 견해를 펼치고 있다. 따라서 그들이 주장하는 소위 고고학적 자료들을 살펴볼 필요가 있다.

일제 강점 시기 우리나라 고고학을 장악하고 있던 일제 어용학자들은 평양 일대에서 낙랑 무덤을 마구 파헤치고, 거기에서 드러난 자료들을 가지고 마치 한나라의 낙랑군이 평양에 있었던 것처럼 꾸며놓고 그것을 기정사실화했다. 그들은 자기들의 주장을 합리화하기 위해 유적유물들을 조작하는 비열한 수법까지 총동원했다. 그들은 이러한 과정을 통해 평양 일대의 소위 낙랑 무덤은 그 구조와 형식 변천이 중국 한나라 시기의 무덤에서 나온 것과 꼭 같고 그 대부분은 중국에서 만든 것을 가져온 것이라고 주장하면서, 이것을 기초적인 근거로 내세워 한나라 낙랑군 재평양설을 더욱 요란하게 떠벌렸다.

해방 이후 북한 학계에서는 낙랑지역의 무덤들을 집중적으로 발굴 정리했다. 일제 시기 일본 어용학자들이 조선 강점 전 기간에 걸쳐 평양 일대에서 100여 기 정도의 낙랑 무덤을 발굴하고 낙랑문화의 중국적 성격을 주장했지만, 북한 학계에서는 일제 시기에 발굴한 것의 거의 30배에 달하는 3천여 기의 낙랑 무덤을 발굴 정리하였다. 북한 고고학자들이 발굴 정리한 바에 따르면 낙랑 무덤의 유적유물 자료들은 한식이 아니라 고조선 문화의 전통을 계승한 조선식(낙랑국의 것)이었다. 낙랑국은 고조선의 마지막 왕조인 만조선이 무너진 후에 평양 일대에서 고조선의 유민들이 세운 나라였다. 낙랑국의 영역은 대체로 오늘의 평양을 중심으로 평안남도, 황해남북도, 평안북도 남부지역을 포괄하고 있었다. 바로 이 지역에 낙랑 무덤이 집중되어 있다. 따라서 여기에서는 북한 학계에서 정리한 낙랑 무덤 성격을 중심으로 일제 어용사가들의 주장을 비판적으로 검토해보려 한다.

1) 무덤의 형식 변천을 통해 본 낙랑 무덤의 성격

평양 일대 낙랑 무덤에는 나무곽무덤, 귀틀무덤, 벽돌무덤 등 세 가지 형태의 무덤이 있다. 이 중 가장 이른 시기의 무덤은 나무곽무덤이다. 이 무덤은 기원전 3세기 이전 시기부터 지배적 무덤으로 등장하기 시작했다. 나무곽무덤이 지배적 무덤으로 등장하기 시작한 기원전 3세기 이전 시기는 한나라가 등장하기 훨씬 전이었다. 이 무덤 형식은 기원전 1세기 말까지 계속 존재하다가, 기원전 1세기 말부터 기원후 1세기 초에 이르러 보다 발전된 귀틀무덤에로 계승 발전되었다. 이후 1세기 전 기간 동안 지배적인 무덤 형식으로 존재하다가 1세기 말부터 2세기 초에 귀틀벽돌무덤과 벽돌귀틀무덤의 과도적 형식을 거쳐 전형적인 벽돌무덤으로 계승 발전되었다. 벽돌무덤은 3세기 전반까지 지배적인 무덤으로 존재하다가 3세기 중엽부터 고구려의 무덤 형식인 돌칸흙무덤으로 전환되기 시작했다.

낙랑 무덤의 위와 같은 변천과정은 그 구조형식과 유물을 통해 그 계승성이 명확히 입증된다. 반면 중국의 한식 무덤의 형식 변천과정은 평양의 낙랑 무덤과 뚜렷이 구별된다. 중국 한나라 시기에도 나무곽무덤을 쓰긴 썼다. 이것은 전국시대의 나무곽무덤을 그대로 이어받은 것으로 그 변천과정은 지방마다 차이가 있다.

서안을 중심으로 하는 관중지방의 경우, 전한 전기(기원전 206년~기원전 135년)에 나무곽무덤은 새로 나타난 공심전무덤과 교체되거나 병존하다가 전한 중기(기원전 134년~기원전 49년)에 자취를 감추었고, 그 대신 벽돌무덤이 새로 나타나서 공심전무덤과 병존했으며, 전한 후기(기원전 48년~ 기원후 24년)에는 벽돌무덤이 지배적인 무덤 형식이 되었다. 공심전무덤이란 땅을 곧바로 파내려 가다가 옆으로 수평되게 굴을 파고 거기에 구멍이 뚫려 있는 큰 벽돌로 무덤곽을 만들고 그 안에 주검을 안치한 무덤을 말한다.

후한 시기 수도였던 낙양을 중심으로 하는 관동지방의 경우, 나무곽무덤은 이미 전한 시기에 자취를 감추었고 그 대신 공심전무덤이 지배적인 무덤으로 되어 있었으며, 공심전무덤은 전한 중기 말인 선제(기원전 73년~기원전 49년) 시기를 전후해 벽돌무덤과 교체되기 시작했다.

장사 지방은 나무곽무덤이 비교적 많이 남아 있는 지역인데, 이 지방의 나무곽무덤은 무제 집권 시기를 전후로 해 전한 전기와 전한 후기의 것으로 나누어볼 수 있다. 전한 전기에는 나무곽무덤이 지배적 자리를 차지하다가 전한 후기에는 벽돌무덤이 새로 나타나고, 그것이 나무곽무덤과 병존하다가 기원전 1세기 후반기에는 벽돌무덤이 지배적인 자리를 차지했다.

종합해서 정리하면 중국에서는 전한 전기에 나라의 중심지역에서는 나무곽무덤이 공심전무덤으로 교체되었거나 새로 나타난 공심전무덤과 병존했으며, 전한 중기에는 나무곽무덤이 자취를 감추어버리고 그 대신 벽돌무덤이 새로 나타났다. 특히 낙양을 중심으로 하는 관동지방에서는 전한 전기에 이미 나무곽무덤은 공심전무덤과 교체되어 자취를 감추었다. 다면 장사 지방과 같은 남방의 변방지역에서만 나무곽무덤이 계속 존속했을 뿐인데, 그것도 기원전 1세기 후반기에 이르러서는 점차 자취를 감추기 시작했으며 그 대신 벽돌무덤이 지배적인 무덤으로 등장했다.

낙랑 무덤의 변천과정과 중국 한나라 시기 무덤의 변천과정을 비교해보면 양자 사이에는 그 발전과정의 유사성이 전혀 없다. 낙랑지역은 나무곽무덤(기원전 3세기 이전~기원전 1세기 말) → 귀틀무덤(기원전 1세기 말, 기원후 1세기 초~1세기 말) → 귀틀벽돌무덤, 벽돌귀틀무덤(1세기 말~ 2세기 초) → 벽돌무덤(2세기 초~3세기 전반) → 돌칸흙무덤(3세기 중엽)의 발전경로를 거친 반면, 한나라의 경우 나무곽무덤 → 나무곽무덤, 공심전무덤 병존 또는 공심전무덤 → 벽돌무덤의 발전경로를 거쳤다. 한나라에는 귀틀무덤이 없고, 낙랑 무덤에는 공심전무덤이 없다. 이것은 서로의 발전경로가 명확히 다르다는 것을 말해준다.

낙랑 무덤이 한식 무덤이 아니라는 것은 낙랑의 나무곽무덤이 한나라로부터 건너온 것이 아니라는 데 있다. 만조선이 망하고 한무제가 한사군을 설치할 당시 한나라에서 지배적이었던 한식 무덤양식은 공심전무덤과 벽돌무덤이었다. 평양에 낙랑군이 설치되었다면 이 시기의 낙랑 무덤 역시 한식 무덤이 유행했어야 마땅하다. 즉, 공심전무덤과 벽돌무덤이 등장했어야 했다. 그런데 낙랑 무덤을 수천 기 발굴했지만 평양 지역 낙랑 무덤에서 공심전무덤은 단 한 기도 찾아볼 수 없고, 벽돌무덤은 기원후 2세기가 훨씬 지나서야 비로소 나타난다. 그리고 한사군이 설치된 이후 수십 년 동안 평양 낙랑지역에는 한나라에서는 이미 사라진 나무곽무덤이 여전히 지배적인 무덤양식으로 남아 있었다. 낙랑지역의 나무곽무덤은 기원전 3세기 이전부터 유행했던 것으로, 그것은 중국으로부터 건너온 것이 아니라 후조선 시기부터 자체적인 발전과정을 통해 고유한 무덤양식으로 자리 잡은 것이다. 이처럼 낙랑 무덤은 한식 무덤과 전혀 연관관계 없이 독자적으로 발전해 온 고유한 무덤양식이다.

이처럼 평양 일대 낙랑 무덤의 형식 변천과정은 중국의 한식 무덤의 형식 변천과정과 뚜렷이 다른 경로를 거쳤다. 만약 일제 어용사가들이 주장하는 것처럼 기원전 108년에 한나라의 낙랑군이 평양 일대에 설치되어 수백 년 동안 존재했다면 그처럼 무덤의 형식 변천과정에서 뚜렷한 차이가 나타날 수 있겠는가 하는 것이다. 평양 일대 낙랑 무덤의 형식 변천과정은 이 고장의 나무곽무덤, 귀틀무덤, 벽돌무덤 등이 중국 한나라의 낙랑군 설치와 직접 관련되었거나 그 영향 하에서 이루어진 것이 아니라 독자적인 것임을 명확히 보여준다.

2) 무덤의 구조를 통해 본 낙랑 무덤의 성격

평양 일대의 낙랑 무덤은 중국의 한나라 때 한식 무덤과 구조형식에서도 다른 특성을 갖고 있다.

① 나무곽무덤 평양 일대의 나무곽무덤과 중국의 나무곽무덤 사이에는 구조형식에서 다섯 가지 차이가 있다. 첫째 평양의 나무곽무덤

에는 규모와 관계없이 모두 무덤길이 없는 반면에 중국의 나무곽무덤의 경우에는 규모가 큰 무덤은 반드시 무덤길이 있으며, 둘째로 평양 일대의 나무곽무덤에는 합장의 경우 무덤무지 밑에 2개의 나무곽이 일정한 간격을 두고 나란히 있는 반면에 중국에서는 그러한 것이 없으며, 셋째 중국의 나무곽무덤에는 앞뒤로 달린 두 칸 세 칸의 무덤이 있으나 평양에서는 그러한 형식이 없으며, 넷째 중국의 나무곽무덤에는 무덤 둘레에 나무기둥을 세우고 지붕을 씌운 살림집 모양의 무덤이 있으나 평양에서는 그러한 무덤이 없으며, 다섯째 중국의 나무곽무덤에는 차마갱이 붙어 있는 무덤이 있으나 평양에는 그러한 무덤이 없다. 이처럼 나무곽무덤이라고 하더라도 평양의 낙랑 무덤과 중국의 한식 무덤은 각자 고유한 민족적 형식과 매장풍습을 담고 있다.

② **귀틀무덤** 평양 귀틀무덤의 구조형식 역시 중국 나무곽무덤과 뚜렷한 차이가 있다. 평양 귀틀무덤은 한두 기를 제외하고 거의 모두 외칸 무덤인데 비해 중국의 나무칸무덤은 앞뒤로 길게 달린 두 칸 세 칸 무덤이 많다. 평양 귀틀무덤 가운데 규모가 큰 무덤의 경우 무덤칸의 평면 윤곽이 모두 방형인데 반해 중국의 나무곽무덤은 규모가 작건 크건 모두 길쭉한 장방형이다. 평양 귀틀무덤에는 무덤 안길과 무덤길이 대부분 없는데 중국의 전한 후기 나무곽무덤에는 거의 대부분 무덤길이 있다. 평양 귀틀무덤에는 귀틀돌무덤이 많은데, 중국에는 이런 것이 전혀 없다. 전한 후기 중국 경내에는 지상건물식 무덤이 출현했는데, 평양에는 이런 것이 없다. 이처럼 평양의 귀틀무덤은 중국

과 달리 고유한 무덤형식을 갖고 있다는 것은 조선 사람의 매장풍습
이 담겨 있는 무덤이라는 것을 보여준다.

③ **벽돌무덤** 평양 일대 벽돌무덤의 구조형식 역시 중국 벽돌무덤의
구조형식과 뚜렷한 차이가 있다. 첫째, 무덤칸 배치에서 차이가 있다.
평양의 벽돌무덤은 외칸 무덤이 압도적 다수로서 기본인데 반해, 중
국 벽돌무덤은 두 칸 무덤과 여러 칸 무덤이 대부분이다. 중국 벽돌무
덤이 여러 칸 무덤이 대부분인 까닭은 피장자가 살아 있을 때에 쓰던
살림집 방 배치를 지하에 재현하려 했기 때문이다. 둘째, 평양 벽돌무
덤 천장은 모두가 궁륭식 천장인 데 비해, 중국의 것은 기차굴식, 무
지개식, 궁륭식 등 여러 가지 있으며, 그 중에서 기차굴식 천장이 큰
비중을 차지하고 있다. 셋째, 평양 벽돌무덤은 무덤칸의 측선이 모두
밖으로 휜 호형인데 비해, 중국의 것은 거의 모두가 곧은 직선이다.
넷째, 벽체의 축조방법에서 차이가 있는데, 평양의 것은 벽돌을 눕히
고 모로 세우는 것을 반복하면서 1~1.5m의 높이까지 수직으로 쌓고
그 위부터 점차 안으로 기울어지게 쌓은 반면, 중국의 것은 거의 모두
가 벽돌을 처음부터 눕혀서 수직으로 올려 쌓았다. 다섯째, 무덤칸의
위치에서도 차이가 나는데, 평양의 것은 모두 반지하에 놓여 있는데,
중국의 것은 거의 모두가 지하에 파묻혀 있다.

이상과 같이 평양의 낙랑 무덤들은 구조형식에서 중국의 한식 무덤
과 뚜렷한 차이를 보이고 있다. 무덤의 구조형식의 차이는 피장자들
이 서로 다른 매장풍습을 가지고 있었다는 것을 보여주는 것이다. 그
리고 매장풍습의 차이는 거기에 묻힌 사람들이 서로 다른 생활풍습과

혈통을 가지고 있기 때문이다. 따라서 평양 일대의 낙랑 무덤을 갖고 한나라 낙랑군이 평양 일대에 있었다고 주장하는 것은 성립될 수 없는 그릇된 견해로서 역사적 사실과 맞지 않는다.

3) 무덤의 유물을 통해 본 낙랑 무덤의 성격

평양 일대의 나무곽무덤, 귀틀무덤, 벽돌무덤 등 낙랑 무덤에서 나온 유물에서도 중국의 것과 차이가 있다. 이러한 차이는 무덤의 성격이 서로 다르다는 것을 실증해준다. 평양의 나무곽무덤, 귀틀무덤, 벽돌무덤에서 출토된 유물들은 세형동검(좁은 놋단검), 좁은 놋창끝, 놋과, 쇠단검, 쇠창끝, 쇠장검, 농공구 형태의 무기, 쇠갑옷, 질그릇, 마구와 수레 부속들이다. 평양의 낙랑 무덤에서 출토된 이러한 유물들은 중국의 한식 무덤에서 출토된 유물들과 그 성격이 근본적으로 달랐다. 한마디로 낙랑 무덤에서 출토된 유물들은 전적으로 고조선의 전통을 계승 발전시킨 조선식 유물들이었다.

구체적으로 살펴보면 세형동검의 경우 중국의 동주식 동검보다 600년 이상 앞서 만들어졌을 뿐 아니라, 그 형태에서도 뚜렷하게 다르다. 중국의 동주식 동검은 검몸, 검자루, 검자루 맞추개가 일체형인데 반해, 세형동검은 후조선 시기의 전형적인 조선식 동검으로서 검몸, 검자루, 검자루 맞추개가 따로따로 제작되어 조립하게 되어 있다. 양자는 무기 제작방법에서 근본적으로 다르다.

평양의 낙랑 무덤에서 이러한 세형동검이 많이 출토되었다는 것은 낙랑 무덤의 조선적 성격을 명확히 보여준다. 평양 일대 낙랑 무덤에서 출토된 쇠단검, 쇠장검의 경우에도 세형동검처럼 검몸, 검자루, 검자루 맞추개를 따로따로 제작해 조립하게 되어 있어, 고조선의 비파형동검과 세형동검의 전통을 이어받은 조선식이라는 것을 한눈에 알수 있다. 반면에 중국의 한나라의 쇠장검, 쇠단검 등은 중국의 동주식동검의 전통을 이어받아 검몸, 검자루, 검자루 맞추개를 일체형으로 제작해 사용했다는 점에서 낙랑 무덤에서 출토된 것들과 본질적으로 달랐다.

또한 평양의 낙랑 무덤에서는 쇠갑옷이 출토되었는데, 중국의 한식 무덤에서는 출토된 사례가 없다. 낙랑 무덤에서는 고조선의 질그릇의 전통을 이어받은 화분형 단지, 배부른 단지, 회백색 단지 들이 주로 출토되고, 중국의 한식 무덤에서 흔히 출토되는 세발솥, 세발그릇, 대, 목긴 굽단지, 함, 관, 모단지 등의 질그릇들은 평양 일대의 낙랑 무덤에서는 출토되지 않았다. 또 평양 일대 낙랑 무덤에서 출토된 마구와 수레 부속 같은 것들은 중국의 한식 무덤에서는 출토된 바 없으며, 마구와 수레 부속의 모양과 형태가 중국의 것들과 달랐고, 수레 제작방법 역시 중국의 것과 달랐다. 이러한 것들은 평양의 낙랑 무덤이 한식 무덤이 아니라 조선식 무덤이라는 것을 명확히 보여준다.

4) 논쟁이 된 유물들

이처럼 평양 일대 낙랑 무덤은 중국의 한식무 덤이 아니라, 고조선의 전통을 계승한 조선식 무덤이라는 것이 명백하다. 하지만 일제의 어용사가들은 몇몇 유물들을 내세워 낙랑 무덤이 한식 무덤이며, 평양지역에 낙랑군이 설치되었다고 강변했다. 따라서 여기에서는 문제로 되는 유물들에 대해 엄밀하게 재검토해보기로 하겠다.

① **효문묘 동종** 1920년대 동평양에서 철도 부설공사를 할 때 귀틀무덤이 드러났는데, 거기에서 효문묘 동종이 나왔다고 한다. 그 동종에는 "효문제의 종묘(사당)에 쓸 청동단지인데 10되들이이고 그 무게는 47근이다. 영광 3년(기원전 41년) 6월에 만들었다"고 새겨져 있다. 일제 어용사가들은 이 효문묘 동종을 가지고 평양 부근에 마치 효문묘가 있었던 것처럼 주장하면서 한나라 낙랑군이 평양에 있었다는 낙랑군 재평양설의 주요한 근거로 삼았다.

과연 그러한가?

효문묘란 무엇인가? 효문묘란 전한 5대 황제 효문제를 기리는 사당을 말하는데, 〈한서〉 위현성열전에는 효문제(재위 기원전 180년~기원전 157년)가 행차한 일이 있는 군국에만 효문묘를 세웠다고 기록되어 있다. 그런데 효문제 재위 당시 평양은 아직 고조선이 망하기 훨씬 이전 시기이므로 한나라의 효문제가 평양에 행차할 일이 없었다. 따라서 효문묘를 세울 하등의 이유가 없었고, 평양에 효문묘가 있을 턱이 없었다. 그렇다면 발굴된 효문묘 동종은 무엇일까? 그 연원은 알 수 없으나, 우리들이 주목할 것은 효문묘 동종이 종묘(사당)에서 출토된 게 아니라 귀틀무덤에서 나왔다는 사실이다. 평양에 사당이 있었다면 사당에서 나와야지 귀틀무덤에서 나온다는 것은 상식적으로 말이 안 된다. 또한 효문묘 동종이 제작된 해는 기원전 41년인데 반해, 귀틀무덤이 조성된 시기는 기원후 1세기 중엽에 해당된다. 이렇게 보는 것은 이 귀틀무덤에서 사신규구경과 연호문경이 나왔는데, 이 거울은 기원후 1세기 중엽에 해당되는 귀틀무덤에서 흔히 나왔기 때문이다. 따라서 효문묘 동종이 만들어진 지 100년이 지난 후에 조성된 무덤에 이

동종이 들어가 있었다는 얘기이다. 그렇기 때문에 이것은 평양에 효문묘가 있었다는 증거로서 내세울 수 없다. 아마도 효문묘와 상관없이 이러저런 사유로 인해 동종이 평양까지 굴러들어왔을 것이다.

② **채엽 무덤에서 나온 나무패쪽** 채엽 무덤은 낙랑토성에서 남쪽으로 약 2km 떨어진 곳에서 발굴된 귀틀무덤이다. 이 귀틀무덤은 평양 일대에서 보기 드문 앞뒤 두 칸으로 된 가장 큰 무덤인데, 귀틀의 축조방법이 벽돌무덤의 축조방법과 같은 것으로 봐 2세기 초에 축조된 것으로 추정된다. 이 무덤에서는 유명한 채엽을 비롯한 많은 유물이 나왔는데, 그 가운데에서 문제로 된 것은 글자가 쓰여 있는 나무패쪽이다. 이 나무패쪽에 쓰여 있는 글자는 "견직물 세 필 옛 속료 조선승 전굉이 삼가 아전을 보내 두 번 절하고 바치며 제사를 지낸다"이다.

발굴보고서 작성자는 옛 속료이며 낙랑군 조선현의 승인 전굉이 자기 부하를 보내 견직물 세 필을 바치고 제사를 지냈으니, 무덤의 주인공은 조선현령쯤 되는 사람이었겠다고 추측했다. 그러므로 낙랑군 조선현의 현령이 평양 낙랑토성 근처에 묻혀 있으니만큼, 당시 평양 일대에는 한나라의 낙랑군이 설치되어 있었다는 논거로 본 것이다.

과연 그러한가?

먼저 언급할 것은 낙랑구역 귀틀무덤 가운데서 가장 큰 무덤이 현령급 인물의 무덤일 가능성은 거의 없다. 그렇기 때문에 조선현령쯤 되는 사람이라는 추측 자체가 그릇된 것이다. 다음으로 나무패쪽에 쓰여 있는 글이 중국 한나라 시대의 장례풍습과 맞지 않는다. 만일 이 무덤이 낙랑군 조선현령의 무덤이라면 나무패쪽의 글도 응당 한나라

시대의 장례풍습대로 쓰여져 있었을 것이 명백하다.

한나라 시대의 장례풍습은 어떠한가? 전한시대 장례풍습에 따르면 무덤 안에 넣어준 죽간과 목간에는 죽은 사람에게 부조로 보낸 물건과 그 수량, 보낸 사람의 이름만 쓰여 있다. 그리고 이것은 그 당시 하나의 관례로 되어 있었다. 그런데 채엽 무덤에서 나온 나무패쪽에는 물건의 수량과 보낸 사람 이름만 쓰여 있는 것이 아니라 사람을 보내 제사를 지낸다는 말까지 쓰여 있는데, 이는 당시 장례풍습에 어긋난다. 그러므로 한나라의 장사풍습이 지배했던 낙랑군에서는 있을 수 없는 현상이다. 또한 평양 일대에 낙랑군이 있었다면, 조선현의 승인 전굉이 자기 옛 상관의 장례가 지척에서 치러지고 있는데 자기가 직접 가지 않고 부하를 보내 견직물 세 필을 바치고 제사하였다고 하는 것은 당시 유교 풍습으로서는 있을 수 없는 일이다. 용납될 수도, 상상할 수도 없는 일이다.

그렇다면 진실은 무엇일까? 자기의 옛 상관의 장례가 평양 근처에서 치러지고 있는데 낙랑군 조선현의 승인 전굉이 직접 가지 않고 부하를 보냈다는 것은, 장례가 치러지고 있는 곳이 자기의 근무지에서 무척 먼 곳이었다는 것을 역설적으로 말해준다. 평양과는 거리가 먼 지역에 조선현이 있었기 때문에 직접 갈 수 없었던 것이다. 이것은 문제의 나무패쪽은 한나라의 낙랑군이 평양 일대에 있었다는 증거가 되는 것이 아니라, 반대로 한나라의 낙랑군이 아니라는 근거가 된다.

③ **왕광 무덤에서 나온 도장** 왕광 무덤(정백리 127호 무덤)은 1932년에 알려진 귀틀무덤이다. 이 무덤은 거기에서 나온 2개의 청동거울로

보아 기원후 1세기 말에 만들어진 것으로 추정된다. 왕광 무덤에서는 남자가 묻힌 서쪽 관에서 2개의 도장이 나왔는데, 그 중 한 개는 양쪽에 글자를 새긴 나무도장이었다고 한다. 그 한쪽에는 '낙랑태수 양광지인'이라고 새겨져 있으며, 다른 쪽에는 '신광'이라고 새겨져 있다고 한다. 이 도장 역시 일제 어용사가들에 의해 한나라의 낙랑군이 평양 일대에 있었다는 낙랑군 재평양설의 유력한 증거로 내세워졌다.

과연 그러한가?

그렇지 않다. 문제는 첫째, 도장의 재질이다. 이 도장의 재질이 한나라 시대의 도장 재료와 맞지 않는다. 한나라 시대에는 옥, 금, 은, 청동으로 도장을 새기게 되어 있는데, 각기 자기 신분에 따라 해당한 자료를 쓰게 되어 있었다. 그렇기 때문에 그 당시에는 나무도장은 있을 수 없었다. 또한 도장의 형식 역시 한나라 시대의 도장제도와 맞지 않는다.

한나라 시대의 도장에는 관인과 사인이 있었다. 관인에는 엄격한 제도가 있어서 거기에는 관직명만 새기게 되어 있었다. 그런데 왕광 무덤의 도장에는 관직명과 함께 사람의 이름까지 새겨져 있어 한나라 시대의 도장제도와 맞지 않는다. 또한 글씨체가 한나라 시대의 도장들에 새겨진 글씨체와 맞지 않는다. 그 당시 도장의 글씨체는 전자체이다. 그러나 왕광 도장의 글씨체는 예서체이다. 또한 도장의 크기가 격에 맞지 않는다. 한나라 시대 관리의 도장은 보통 한 변의 1.5cm인데, 왕광의 도장은 한 변이 2.3cm이다. 이것은 한나라 시대의 관리들의 도장으로서는 있을 수 없는 크기이다. 이와 같이 왕광의 도장은 재질, 형식, 서체, 규격 등에서 한나라의 도장제도와 맞지 않는다. 만약 왕광이 한나라 낙랑군의 관리였다면 당시의 도장제도와 심히 위반되는 그런 도장을 가질 수 없었을 것이다. 따라서 왕광의 도장은 한나라의 낙랑군이 평양에 있었다는 증거가 될 수 없으며, 오히려 평양 일대에 한나라의 관할 밑에 있지 않았다는 근거가 된다.

④ **왕우 무덤에서 나온 도장**　왕우 무덤은 1925년에 알려진 귀틀무덤이다. 이 무덤에서는 건무 21년(기원후 46년), 건무 28년(기원후 53년) 영평 12년(기원후 69년) 등의 기년명이 있는 칠기와 이왕, 이한 등 글자가 있는 칠기들이 나왔다. 그러므로 이 무덤의 주인공은 왕씨와 한씨 부부이며, 무덤은 기원후 1세기 후반기에 만들었다고 볼 수 있다. 왕우 무덤에는 한 개의 양면 나무도장이 나왔다고 한다. 한쪽 면에는 '오관연 왕우인'이라고 새겨져 있고, 다른 쪽 면에는 '왕우인신'이라고 새겨져 있다. 이 도장 역시 왕광의 도장과 마찬가지로 도장의 재질, 형식, 서체, 규격 등에서 한나라 시대의 도장제도와 전혀 맞지 않는다. 따라서 이 도장 역시 한나라 낙랑군이 평양 일대에 있었다는 근거가 될 수 없다.

⑤ **봉니**　봉니란 무엇인가? 그것은 다른 곳에 보내는 문건을 넣은 나무함을 도중에 열어보지 못하도록 노끈 같은 것으로 가로세로 매어 가지고, 그 매듭에 진흙덩이를 붙이고 거기에 군현 책임자의 도장을 찍은 것이다. 그런데 이런 봉니가 해방 전에 낙랑토성에서 200여 개 나왔다는 것이다. 중국에서는 봉니가 전국적으로 몇 개 발굴되지 않았는데, 그것은 진흙덩어리가 수천 년이 지난 오늘날까지 그대로 남

아 있기가 거의 불가능에 가깝기 때문이다. 그야말로 희귀한 유물이 아닐 수 없다. 그런데 그런 봉니가 평양 일대 낙랑토성에서 200여 개나 나왔다는 것이다. 과연 그럴 수 있을까? 문제점을 살펴보자.

첫째, 수량의 문제이다. 그렇게 많은 수량의 봉니가 과연 나올 수 있느냐이다. 봉니를 많이 쓴 중국에서도 그렇게 많은 봉니가 나온 예가 없다. 전국의 서신이 집중된 장안이나 낙양에서도 알려진 봉니가 그렇게 많지 않다. 그리고 해방 이후 북한 학계에서 낙랑토성, 운성리토성, 소라리토성, 청해토성 등을 발굴했지만 단 한 개의 봉니도 나온 예가 없다. 원래 봉니란 자체의 특성상 잘 남아 있을 수 없다. 그렇게나 많은 봉니가 발굴되었다는 것 자체가 위조가 아닌가 하는 의심을 살 수밖에 없다. 해방 전에 봉니를 위조하던 자들의 고백에 의하면 일제 골동상들과 봉니 위조자들이 수많은 봉니를 위조해 팔았다고 한다.

둘째, 봉니에 찍힌 도장의 크기가 당시 도장의 크기와 맞지 않는다는 것이다. 한무제 원수 4년(기원전 119년)에는 관인의 크기를 5푼(1.5cm)으로 규정했다. 그런데 봉니에 찍힌 도장들의 크기는 대부분이 2~2.2cm이다. 그러니 당연히 진품일 리 없다.

셋째, 봉니에 찍힌 군현 명이 오직 낙랑군에만 국한되어 있고, 그것도 도위부 계통의 봉니가 전혀 없다는 것이다. 봉니란 다른 곳에서 보낸 문건을 받아본 곳에서 나오는 것이 정상이다. 따라서 봉니 가운데에는 자기 군 산하의 현들에서 온 것도 있겠지만, 인접 군에서 보내온 것도 있어야 하며, 군보다 위의 것도 있어야 할 것이다. 그리고 중앙의 지시나 편지에 붙였던 봉니도 응당 있는 게 정상이다. 그런데 낙랑

토성에서 나온 봉니는 오직 낙랑군 산하 현들의 것만 있을 뿐이고 중앙은 물론 이웃 군과 군 위의 것은 단 한 개도 없다. 너무 공교롭지 않는가? 중앙의 것이 없고 위조되지 않았다면 그것은 한나라와 상관없는 독자적인 세력이 있었다는 말밖에 안 된다.

넷째, 봉니에 찍힌 관직명 가운데는 당시의 관직제도와 맞지 않는 것이 많다. 그러한 것 중에 대표적인 것이 낙랑대윤장이다. 도장의 크기가 2.05cm, 2.07cm, 2.10cm로서 세 종류의 관인이 있었던 것을 보여준다. 대윤이란 태수를 왕망의 신나라 시기에 그렇게 바꾼 것이다. 그렇다면 그 당시 낙랑군 역시 낙선군으로 고쳤기 때문에 낙랑대윤장 봉니가 진품이라면 당연히 낙선대윤장이라고 되어 있었어야 했다. 그렇지 않다는 것은 이 봉니가 위조품이란 확실한 증거가 된다.

다섯째, 북한 학계에서 점제 봉니를 검증해본 결과 위조품이라는 확증을 찾았다고 한다. 북한 고고학연구소에서 점제 봉니에 대한 화학분석을 해본 결과 그 봉니들이 모두 점제현이 있었다고 주장하는 성현리토성 근방의 흙으로 만든 것이 아니라, 낙랑토성의 흙으로 만든 것으로 확증되었다고 한다.

⑥ **점제현 신사비** 일제강점기인 1913년 일제 어용사가의 대표 격인 이마니시는 당시 행정구역인 평안남도 용강군 해운면 운평동(현재 북한의 행정구역으로는 평안남도 온천군 성현리)에서 점제현 신사비를 발견했다고 공개했다. 그는 1913년에 이것을 발견하고, 〈한서〉 지리지에 낙랑군 땅을 흐르는 열수가 점제현에서 바다로 들어간다고 하였으니, 열수는 대동강이고 낙랑군은 평양에 있었던 것이 틀림없다고 우겼다.

그 후 일제 어용사가들은 이것을 유력한 근거로 내세워 점제현 신사비 곁에 있는 성현리토성을 낙랑군에 소속된 점제현의 소재지라고 주장했다.

점제현 신사비는 움직일 수 없는 낙랑군 재평양설의 증거가 되는가?

그런데 북한의 학자들이 비석 밑을 파보니까 거기에서는 조선시대의 사기조각이 나왔다. 이것은 무엇을 말하는가? 그 비석은 2천 년 전에 세운 것이 아니라 근대에 와서 세운 것이 명백하다. 그렇다면 다른 곳에서 옮겨다 놓고 원래부터 거기에 있었다고 조작한 것이 틀림없다. 다른 곳이란 요동반도 해성 지방일 가능성이 높다. 그 까닭은 1990년대에 북한 학자들이 점제현 신사비에 대한 화학성분을 했는데, 비석의 광물 화학조성과 생성연대로 보아 평양 일대 온천 부근의 화강석이 아니라 요동 해성 지방의 화강석에 가깝다는 사실이 확인되었기 때문이다.

당시의 분석에 따르면 평안남도 온천군 일대의 화강암의 생성연대와 조성성분에서 많은 차이가 있다는 사실이 밝혀졌다고 한다. 생성연대에서는 흑운모를 시료로 핵분열흔적법으로 측정했다. 측정결과를 보면 점제현 신사비의 화강암 생성연대는 1억 2,900만±1,300만 년 전이다. 그런데 온천 화강암의 생성연대는 1억 400만±1,200만 년, 오석산 화강암의 연대는 1억 700만±1,200만 년, 마영 화강암의 생성연대는 1억 700만±1,200만 년 전이다. 이처럼 점제현 신사비의 화강암의 생성연대는 온천과 용강 일대의 화강암의 생성연대보다 2,800만 년~2,200만 년이나 더 오래됐다. 이것이 의미하는 바는 무엇인가? 점제현 신사비의 화강암은 성현리토성 근처의 화강암과는 돌 나이에서 완전히 구별되는 다른 지방의 화강암이라는 것이다.

또 조성성분에서도 차이가 났다. 점제현 신사비의 화강암은 온천군 일대의 화강암에 비해 연은 3배, 니켈, 석, 린은 각각 2배 많으며, 바륨은 10분의 1정도밖에 안 된다. 이처럼 조성성분에서도 너무 많은 차이가 난다. 결론적으로 점제현 신사비의 화강암은 온천과 그 일대의 화강암이 아닌 전혀 다른 지방의 화강암으로 만들어졌다는 것이다. 그 근처에 질 좋은 화강암이 많이 나는데, 일부러 먼 지방의 화강암을 쓸 이유는 전혀 없다. 그렇다면 결론은 뻔하다. 다른 지역에 있었던 점제현 신사비를 옮겨놓은 것이다. 이것은 일제가 낙랑군 재평양설을 조작하기 위해 얼마나 파렴치한 사기행위, 역사 위조행위를 감행했는가를 똑똑히 보여주고 있다.

⑦ **칠기와 청동거울** 평양 일대의 귀틀무덤과 벽돌무덤에서 칠기와 청동거울이 비교적 많이 출토되었다. 그 가운데는 중국에서 만든 것이 명백한 것들이 있는데, 이것 역시 낙랑군 재평양설의 근거로 사용되었다. 해방 이후 북한에서 발굴했을 때에도 중국에서 많든 칠기와 청동거울이 출토되었다. 칠기 가운데서 귀잔에는 그 밑바닥에 바늘 끝 같은 것으로 글자를 새긴 것들이 있는데, 거기에는 전한 또는 후한의 연호와 함께 '촉군서군', '광한군공관'이라고 새긴 것들이 있다. 이런 것들은 분명히 중국에서 만든 것들이다. 또한 거울 가운데에서도 상방작경, 동방작경 등 거울 제작지가 새겨져 있는 것들이 있다. 이런 거울도 중국에서 만들어진 것이 명백하다.

중국에서 만든 칠기와 청동거울이 많이 나왔다고 해서 이것이 평양 일대에 한나라의 낙랑군이 있었다는 증거가 될 수 있을까? 한나라 시대에 만든 청동거울이나 칠기들은 평양에서만 출토된 것이 아니라, 한강 이남 지역에서도 나왔고, 심지어 일본에서도 나왔다. 그렇다면 중국의 유물이 나왔다는 것만으로 이 지역들에 중국의 군현이 있었다고 말할 수 있을까?

칠기나 청동거울 같은 유물들은 흔히 무역교역의 주요 대상들이다. 한나라와 무역을 하는 나라들에서는 이러한 것들이 얼마든지 나올 수 있다. 그렇다면 평양의 낙랑 무덤에서 이런 유물들이 많이 나왔다는 것은 한나라 왕실과 활발한 무역교류를 하는 정치적 집단이 평양 일대에 존재했었다고 해석하는 것이 오히려 합리적이다. 그것은 중국 본토의 한나라 시대 군소재지의 무덤들과 비교해보면 잘 알 수 있다. 평양 일대 낙랑 무덤에서는 한 무덤에서 2개의 거울이 나온 것이 많으며, 호화로운 고급 칠기도 여러 개 나왔다. 반면 중국 본토의 한나라 시대 군소재지에서는 거울이 나온 무덤이 매우 적다. 심지어 후한의 수도였던 낙양의 소구무덤들과 장사지방의 무덤들에서도 청동거울은 매우 드물게 나왔으며, 촉군서공에서 만든 칠기도 평양 일대의 낙랑 무덤에서처럼 그렇게 많이 나오지 않았다.

이것이 의미하는 바는 무엇일까? 평양지방이 한나라 시대의 군소재지와는 성격이 달랐다는 것이다. 한나라 왕실 수공업장에서 만든 고급 칠기나 청동거울 등은 지방관리들로서는 그렇게 많이 갖고 있을 수 없다. 그렇기 때문에 다른 군소재지에서는 그러한 유물들이 나오는 사례가 거의 없을 정도이다. 이러한 고급 유물들이 낙랑 무덤에서 많이 나왔다는 것은 거기에 묻힌 사람들이 단순히 한나라의 관료들이 아니라, 왕실과 직접 교역할 수 있는 그런 독립적인 정치세력이었다는 것을 의미한다. 그렇지 않고 한나라의 낙랑군이었다면 왕실 수공업장에서 만든 물건들을 그렇게 많이 보유하고 있을 수 없다. 그렇기 때문에 이런 것들은 한나라와의 교역의 산물이라고 결론을 내릴 수 있다.

교역의 산물이라고 결론을 내리는 것이 합리적이라는 것은 낙랑 무덤에서 나온 유물 가운데 절대다수는 중국에서 만든 것도 아니며, 중국의 한나라 시대의 무덤의 것과 다르고, 전적으로 독특한 조선적 성격을 띠고 있기 때문이다. 일부 교역품을 가지고 마치 한나라 시대의 한식 무덤이라고 부풀리는 것은 과학적 태도가 아니다.

이상의 검토를 통해 평양에서 나온 유물 가운데서 절대다수는 중국의 한나라 시대의 한식 무덤의 것과는 다르다는 사실을 밝혔다. 그리고 해방 전에 일제 어용사가들이 중국의 것으로 본 유물 가운데에는 위조품이 많으며, 중국에서 만든 유물인 경우에도 한나라와의 교역의 산물이지, 그것이 낙랑군 재평양설의 근거가 될 수 없다는 사실도 알 수 있었다. 평양 일대의 낙랑 무덤은 무덤의 형식변천과 구조, 거기에서 드러난 유물에서 같은 시기 중국 한나라의 것들과는 뚜렷한 차이를 가지고 있으며, 누가 뭐라 해도 조선적 성격이 뚜렷하다. 이 무덤의 주인공들은 중국의 한나라 사람이 아니라, 평양 일대에서 면면히 살아온 조선 사람인 것이다.

그러므로 평양 일대 낙랑 무덤은 그 구조와 형식변천이 한나라 시대의 한식 무덤과 똑같을 뿐 아니라 유물들도 중국의 한나라 시대 유물과 같고, 대부분은 중국에서 가져온 것이라고 단정하면서 그것을 근거로 낙랑군 재평양설을 주장한 일제 어용사가들의 주장은 역사적 사실과 전혀 다른 궤변에 불과하다. 더구나 개탄스러운 것은 명색이 학자라는 사람들이 낙랑군 재평양설을 조작하기 위해 유적유물들을 위조하고 조작하는 범죄적 행위를 서슴지 않았다는 점이다.

4장

우리 민족의 형성과
고조선

·

·

·

우리 민족은 단군을 원시조로 하는 단일민족이다. 이것은 단군조선 시기에 우리 민족의 원형이 형성되었으며, 하나의 핏줄을 이어받은 민족이라는 뜻이다. 하지만 이러한 견해에 대해 수많은 오해와 반발이 나타나고 있다. 무엇보다도 민족이라는 말에 대한 거부감이다. 서구의 역사에서 특히 제국주의 시대에 접어들어 히틀러를 비롯한 독점자본의 대변자들이 민족이라는 이름하에 국내적으로는 노동자 계급에 대한 계급적 착취와 탄압을 정당화하고, 대외적으로는 민족배타주의에 빠져 다른 민족에 대한 침략과 수탈을 정당화했다. 특히 히틀러는 게르만 인종주의를 내세워 유태인을 학살하는 만행을 저질렀다.

이러한 역사적 경험으로 인해 민족이라는 것에 대한 거부감이 강하게 형성되었으며, 특히 민족주의는 곧 민족배타주의로 오해되어 국제주의에 역행하는 것으로 치부되고 있는 실정이다. 이러한 때에 다시 민족이라는 것을 거론하고, 그것도 단일민족이라는 말을 제기하는 것 자체가 엄청난 모험일 수 있다. 그럼에도 불구하고 민족이라는 담론을 제기한다. 왜냐하면 민족을 떠나서는 21세기의 항로를 헤쳐 나갈 수 없기 때문이다.

●── 21세기와 민족문제 ──●

전 세계적으로 민족과 민족주의가 휩쓸었던 시기는 1860~1960년 기간의 백년간이었다. 서구에서는 근대 민족국가 완성의 이념적 기치로 민족주의를 내세웠고 아시아, 아프리카에서는 서구 세력들의 식민지 지배와 수탈에 맞서 나라와 민족의 자주와 독립을 쟁취하는 투쟁의 이념으로 민족주의가 내세워졌다. 민족과 민족주의 이념은 제2차 세계대전 이후 백 수십 개의 아시아, 아프리카 나라들에서 구 식민지 지배체제를 무너뜨리고 민족의 자주와 독립을 쟁취해 나가면서 절정에 달했다. 그 결과 1960년대에 이르게 되면 전 세계 거의 모든 민족들이 독립국가를 세우는 데에 이르렀다.

이후 독립한 아시아, 아프리카 나라들이 경제발전에 집중하면서 계급문제가 부각되고, 전 세계적으로는 동서 냉전체제 하에서 이데올로기 대립문제가 전면에 부각되면서, 민족과 민족주의 담론은 역사의 뒷면으로 물러앉아 있었다. 게다가 1980년부터 신자유주의 이념을 앞세운 자본의 국제화, 세계화 열풍이 전 세계적으로 확산되기 시작해, 1990년대에 이르러 절정에 달했다. 1980년대 말부터 1990년대 초까지 동서 냉전체제가 붕괴되었고, 전 세계적으로 자본주의 단일시장 체제가 확립되었다. 그리고 이제는 신자유주의의 세계화만이 인류가 나갈 유일한 길이라는 환상이 지배했다. 나라와 국경의 장벽을 뛰어넘는 세계화만이 유일한 살길이라는 담론이 지배하였다. 이제 민족은 낡았으므로 버려야 할 단어로 냉대를 받았으며, 민족문제를 얘기하는 사람들은 시대 흐름에 뒤처진 골동품처럼 취급되었다. '이제 국경을 무너뜨리고 세계로 나가자', '나라라는 울타리는 너무 좁다. 좁은 울타리를 걷어내고 모두 세계를 무대로 살아가자'는 흐름이 대세로 자리잡아 갔다.

하지만 21세기에 접어들면서 양상이 바뀌기 시작했다. 국경이라는 울타리를 허물고 나간 세계는 결코 평등하고 평화로운 세계도 아니며, 모든 나라 모든 사람들에게 자유와 행복을 가져다주지도 않는다는 게 점차 현실로 드러나기 시작했다. 국경이라는 울타리를 허물자마자 나라와 민족의 운명과 개개인들의 운명이 하나로 긴밀히 결합되어 있다는 사실이 드러났다. 신자유주의 세계화란 국가를 기본단위로 펼쳐지는 무한경쟁 체제이며, 무한경쟁의 기본단위는 나라와 민족이다. 그리고 그 무한경쟁 체제는 공정하고 평등한 경쟁이 아니라, 불공정하고 불평등한 경쟁체제로 강자에게만 절대적으로 유리한 체제이다. 이 속에서 약자는 강자의 횡포에 눈물을 흘리며, 그들의 요구에 굴종하지 않으면 죽음밖에 남지 않는다는 게 현실로 드러났다.

국가부도 사태가 전 세계를 휩쓸면서 여러 나라들에서 대규모 실업사태와 대중궁핍화 사태가 발생했다. 실업자가 거리를 쏟아져 나오고, 모든 사람들의 삶의 꿈과 미래가 파괴되고, 가난의 공포가 엄습했다. 신자유주의 세계화에 대한 환상은 여기에서 끝났다. 하지만 문제는 여기에서 끝나지 않았다. 인류의 유일한 미래 대안이라고 여겨졌던 신자유주의 경제체제가 더 이상 인류의 미래 대안의 세계가 될 수 없다는 사실이 현실로 폭로되었다. 2008년 미국발 세계금융공황은 신자유주의 경제질서의 모순과 문제점을 적나라하게 드러내 보여주었으며, 이 체제로서는 인류의 미래를 담보할 수 없다는 사실이 입증되었다. 세계경제는 혼란과 침체에 빠져들었고, 수많은 나라들은 국가부도사태에 직면했다. 이러한 현실에서 각 나라와 민족, 그리고 그 속에 살고 있는 민중들은 나라와 민족의 운명과 민중의 운명의 하나이며, 이제는 각자 나라와 민족의 이익에 기초한 새로운 길을 모색해야한다는 자각에 이르게 됐다. 이로 인해 21세기에 접어들어 민족, 민족주의 문제가 새롭게 부각되고 있다.

21세기 민족문제는 다양한 양상으로 나타나고 있는데, 크게 세 가지 양상으로 나눠볼 수 있다. 첫째는 사회주의 국제체제의 붕괴 이후 러시아, 중국에서 나타나고 있는 민족주의적 경향이며, 둘째는 베네수엘라를 비롯한 남미에서 나타나고 있는 탈신자유주의적 대안으로 나라와 민족 단위를 기본으로 한 자주적 발전전략 노선을 추구하는 반제자주적 경향이며, 셋째는 EU(유럽연합) 내부의 균열형태로 나타나고 있다. 중국은 중화민족주의라는 대민족주의 노선을 통해 중화인민의 단결과 국가의 자주적 발전노선을 추구하고 있으며, 러시아의 푸틴은 주권민주주의를 내세워 국가주권의 자주와 독립에 기초한 민주주의를 추구하고 있다. 남미지역 베네수엘라에서는 21세기 사회주의를 내세우고 있다.

이러한 모든 것들은 신자유주의 세계화 질서를 부정하면서 나라와 민족, 국가주권의 자주에 기초한 독자적 발전전략하에서 선택적으로 세계적 범주의 국제경제 체제를 수용하고 있다는 특징을 갖고 있다. 국제화, 세계화의 흐름을 배타적으로 거부하는 것이 아니라, 강대국 중심의 일방적 세계 경제질서를 거부하고 나라와 민족, 국가주권의 자주성에 기초해 나라와 민족의 자주적 이익을 침해받지 않은 국제화, 세계화를 주체적으로 추구해 나간다는 데 있다. 국제화, 세계화가 아무리 진행되어도 사람들의 삶의 기본단위로서 나라와 민족의 절대성은 사라지지 않는다. 나라와 민족의 운명이 개척되지 않는 한 개개인의 운명도 개척될 수 없으며, 세계화가 진행되면 될수록 나라와 민족의 중요성은 더욱 증대된다는 것이 21세기 오늘의 현실이 웅변해주고 있다.

•—— 민족의 개념, 민족과 다른 집단들과의 관계 ——•

사람은 오직 사회적 집단 속에서만 생존하고 발전할 수 있다. 사회적 집단을 벗어나서 사람은 살 수 없다. 사람은 동물계에서 분리되어 사람으로 탄생할 때부터 집단을 이루며 생활했다. 그렇기 때문에 동물과 구별되는 사람의 본질적 특성은 사람은 사회적 존재라는 데 있다. 여기에서 사회적 존재라는 개념은 오로지 사회적 집단 속에서만 살 수 있고, 그 속에서만 발전해 나갈 수 있는 존재라는 뜻이다. 사회적 집단을 떠나서는 사람은 살아갈 수도 없고 존재할 수도 없다. 사회적 집단은 사람들이 생활하고 살아가는 필수적 전제조건인데, 사람의 삶의 기본단위가 되는 사회적 집단은 역사적으로 형성된다.

원시시대에는 원시 무리가 사람들이 생활하고 살아가는 기본적인 사회적 집단이었다. 그러다가 자연을 개조하고 사회관계를 발전시키기 위한 투쟁과정에서 사람들은 점차 씨족, 종족이라는 사회적 집단을 형성하고, 이 속에서 생활하였다. 역사가 발전함에 따라 사람들은 점차 씨족, 종족의 좁은 울타리를 벗어나 보다 복잡하고 다양한 사회적 연계를 맺게 되었다. 이처럼 역사적으로 형성된 여러 가지 사회적 집단 가운데에서 가장 큰 사회적 집단의 하나가 바로 민족이다.

1. 민족이란 무엇인가?

민족은 핏줄과 언어, 문화생활, 지역의 공통성에 기초하여 사회역사적으로 이루어진 사람들의 공고한 집단이다. 민족은 상상의 공동체가 아니라, 사회역사적으로 형성되는 공고한 집단이다. 사람들 사이의 경제문화의 연계가 밀접해지고, 일정한 영토에서 통일적인 정치생활 단위가 형성 발전됨에 따라, 그에 소속된 주민들은 핏줄과 언어, 문화생활과 지역의 공통성을 획득하게 되었으며, 그에 기초해 새로운 사회적 공동체인 민족을 이루게 되었다.

민족이 언제 어떻게 형성되었는가는 매개 나라의 역사발전의 특수성에 따라 차이가 있을 수 있다. 하지만 민족의 형성에는 국가와 같은 통일적인 사회정치 생활 단위의 존재를 전제로 한다. 그러한 조건

하에서만 사람들 사이의 정치, 경제, 문화의 연계가 밀접해질 수 있고, 주민들 사이에서 핏줄과 언어, 문화생활과 지역의 공통성이 형성될 수 있다. 그리고 이러한 공통성이 형성되어야 민족이 생겨나게 된다.

민족은 상상의 공동체가 아니라 사회역사적 실체이다. 베네딕트 앤더슨은 그의 책 〈상상의 공동체〉에서 "민족이란 상상되는 것"이라고 규정했다. 그는 "민족은 상상되는 것이다. 아무리 작은 민족의 구성원이라도 같은 민족 사람들 대다수를 결코 알지 못하고 그들을 만나거나 심지어 그들에 관해 들어본 적도 없지만, 저마다 마음속에는 공동체 이미지가 살아 있기 때문이다"고 주장했다.

물론 앤더슨은 민족을 상상한다고 해서 허구적인 것이라고 보지는 않는다. 왜냐하면 원시적인 수렵채취의 집단상태를 벗어난 모든 공동체는 모두 비슷한 상상행위를 해야 하기 때문이다. 그는 "공동체는 그 공동체가 진짜냐 가짜냐가 아니라, 공동체를 상상하는 방식에 따라 구분된다"고 말한다. 그러면서 민족을 상상하는 데에는 경계, 주권, 공동체라는 세 가지 측면이 있다고 한다. 앤더슨의 상상의 공동체라는 개념은 민족이란 가장 철저하게 파헤쳐서 해체시켜야 할 담론이라는 생각을 유포시켰다. 물론 앤더슨은 민족이 담론일 뿐이라고 주장하지는 않았지만, 상상의 공동체라는 개념 자체가 민족을 제멋대로 상상할 수 있고, 포스트모던 시대의 소비자가 일상용품 고르듯 정체성을 선택할 수 있다는 의미를 함축하고 있다는 것이다.

그러나 민족은 상상하기 때문에 생겨난 것이 아니라, 민족이라는 객관적, 역사적 실체가 존재하기 때문에 상상하는 것이다. 그런데 앤더슨의 상상의 공동체라는 개념에는 이미지나 상징과 무관한 민족의 실체를 부정한다는 점에서 심각한 결함을 갖고 있다. 즉, 민족이란 상상하든(자각하든) 상상하지 못하든 객관적 실체로서 존재하는 것이다. 특히 민족이라는 개념이 만들어지기 전에도 민족은 객관적으로 존재했다. 따라서 민족을 해명하려면 객관적 역사적 실체의 본질을 밝혀야 한다.

기존의 마르크스-레닌주의에서는 언어와 지역, 경제생활과 문화생활의 공통성을 민족의 징표로 규정하고, 그 가운데서 어느 하나라도 없으면 민족이 될 수 없다고 하면서, 그 중에서도 경제생활의 공통성을 우위에 놓았다. 스탈린은 1913년 쓴 글에서 "민족은 역사적으로 형성된 안정적 공동체로서 공통의 언어, 영토, 경제생활과 문화로 표현되는 심리구조를 바탕으로 형성된다"고 정식화했다.

마르크스-레닌주의에서 밝힌 민족에 대한 규정은 민족을 객관적, 역사적 실체로 규정했다는 점에서 주관주의의 한계를 극복했다. 하지만 민족의 징표를 오랜 역사적 과정에서 민족집단 성원들에 의해 공동으로 획득되고 공고화된 특징에서 찾지 않고 민족 밖에서 그 징표를 선정함으로써 객관주의적 제한성을 피할 수 없었다. 예를 들어 민족의 네 가지 징표 가운데 그 어느 것 하나라도 없으면 민족이 될 수 없다고 하면서 경제생활의 공통성이 무너지면 같은 민족이 될 수 없다는 논리에 빠져들고 말았다. 또 민족이 형성된 다음에 다른 나라로 이주한 자기 민족의 성원들까지 배제하는 경향이 나타났다. 또한 민족의 형성을 일정한 시대에 형성된 역사적 범주로 보면서 그것을 자본주의 시대와 결부시켰다. 즉, 자본주의시대에 접어들면서 민족이 형성되기 시작했다고 일반화했다. 그러나 역사는 민족의 형성이 반드시 자본주의 시대에만 형성되지 않고, 그 이전 시대에도 형성될 수 있다는 것을 보여줬다.

이러한 마르크스-레닌주의의 제한성이 집중적으로 표출된 역사적 사례가 동독이다. 동독의 집권당은 서독과 동독은 경제체제가 다르기 때문에 하나의 민족이라고 볼 수 없다고 주장했다. 그리고 동독 주민들은 사회주의적 민족으로 서독 주민들과 다른 민족이라고 주장하면서 민족통일 문제를 외면하는 중대한 오류를 범했는데, 이는 마르크스-레닌주의 민족이론의 한계로부터 기인된 것이다.

민족은 상상의 공동체도 아니며, 경제생활의 공통성이 무너지면 해체되는 그러한 존재도 아니다. 민족은 역사적으로 형성된 공고한 집단이다. 자연을 개조하고 사회관계를 발전시키기 위한 투쟁과정에서 사람들은 점차 씨족, 종족의 좁은 울타리를 벗어나 보다 복잡하고 다양한 사회적 연계를 맺게 되었다. 사람들 사이의 경제적 및 문화적 연계가 밀접해지고 일정한 영토에서 하나의 통일적인 정치생활 단위가 형성 발전되는 데 따라, 주민들은 핏줄과 언어, 문화생활과 지역의 공통성을 갖게 되었으며, 그에 기초해서 새로운 사회적 공동체인 민족을 이루게 되었다. 매개 나라 역사발전의 특수성에 따라 차이가 있지만, 일반적으로 하나의 정치생활 단위가 형성되고 그 안에서 경제적 연계가 밀접해지면서 문화생활이 통일되고 영토의 계선이 확정되며, 그 지역 안에 사는 사람들의 언어가 하나로 통일되면 하나의 민족으로 발전해 나가는 것이 합법칙적인 사회적 현상이며, 역사발전 과정이다.

사람들을 하나의 민족이라는 공고한 사회적 집단으로 결합시키는 공통성 가운데에서 기본적이고 본질적인 것은 핏줄과 언어, 문화생활 및 지역의 공통성이다. 그 중에서도 가장 중요한 공통성은 핏줄과 언어의 공통성이다. 같은 지역 내에 살아도 핏줄과 언어가 다르면 하나의 민족이라고 말할 수 없다. 사람들은 서로 같은 지역에 오랫동안 살아오는 과정에 하나의 핏줄로 이어지고 같은 언어를 가진 공고한 집단으로 결합되게 된다.

민족을 특징짓는 기본 징표의 하나는 핏줄의 공통성이다. 이것은 민족 형성에서 근원이 되는 발생학적 의의를 가지며, 혈연관계에 기초하여 하나의 겨레라는 동족감정을 일으키는 근본 바탕이 된다. 민족에는 원래부터 하나의 핏줄을 이어받은 민족도 있으며, 혈통이 다른 사람들이 오랜 역사적 과정에서 핏줄의 공통성을 이룩한 민족도 있다.

민족을 특징짓는 기본 징표의 다른 하나는 언어의 공통성이다. 언어의 공통성은 민족의 공동생활을 보장하기 위한 근본조건으로서, 민족의 가장 중요한 징표의 하나이다. 통일적인 언어가 없이는 사람들이 하나의 민족으로 결합되어 공동생활을 할 수 없으며, 자주적인 민족으로 공고히 발전되어 나갈 수 없다. 씨족이나 종족, 그리고 족(겨레)도 자기의 고유한 언어를 갖고 있기 때문에 언어의 공통성이라 할 때 그것은 언제나 민족어를 말한다. 언어는 의사표현의 수단, 사회적 교제의 수단으로서의 기능을 수행할 뿐 아니라, 사람들 사이의 단합을 실현하는 데서도 중요한 역할을 한다. 이러한 기능을 민족어가 수행하는데, 민족어는 민족 성원들 사이에서 생활적 요구와 이해관계를 교환하고 서로의 의사를 소통시켜 민족의 공통의 생활적 요구와 이해관계에 기초해 형성된 민족적 이념을 갖게 한다. 이 민족적 이념으로 사람들은 하나의 공고한 사회적 집단민족을 이루게 된다. 그리고 민족어는 사람들 사이의 자유로운 의사교환과 정치적·경제적·문화적 연계를 원만하게 보장해줌으로써 사람들을 하나의 민족으로 통합시키는 요인의 하나로 작용한다.

민족을 특징짓는 기본 징표의 다른 하나는 문화생활의 공통성이다. 문화생활의 공통성이 민족을 특징짓는 기본 징표의 하나가 되는 것은 민족문화마다에 그 민족의 고유한 민족정신이 깃들어 있고 또 역사적으로 형성된 그 민족의 고유한 풍습과 생활양식, 민족심리의 특성이 반영되어 있다는 데 있다. 그것으로 하여 사람들은 접촉과 교류에서 동질감을 느끼게 되며, 이 동질감으로 하여 사람들은 하나의 민족으로 뭉치게 된다.

민족을 특징짓는 기본 징표의 다른 하나는 지역의 공통성이다. 지역의 공통성은 사람들이 공고한 사회적 집단인 민족을 이룰 수 있게 하는 필수적 조건의 하나이다. 지역의 공통성이 민족을 특징짓는 기본 징표가 되는 것은 그것이 핏줄과 언어의 공통성을 이룩할 수 있는 전제가 된다는 데 있다. 사람들은 서로 같은 지역에서 오랫동안 살아오는 과정에 호상 접촉과 교제를 통하여 하나의 핏줄로 이어지고 같은 언어를 쓰는 공고한 집단으로 결합된다. 이처럼 지역의 공통성이 없다면 민족이 형성될 수도 발전할 수도 없다. 지역은 민족의 형성 발전의 터전이 된다.

이처럼 민족은 핏줄, 언어, 문화, 지역의 공통성에 기초해서 오랜 역사적 기간에 걸쳐 사회역사적으로 형성된 사람들의 공고한 집단이다. 그리고 사람들의 운명을 직접적으로 규정해주는 가장 폭넓은 사회적 집단이다. 민족의 운명이 곧 개인의 운명이 된다. 이것은 최근에 중동의 혼란 속에서 나타나고 있는 수많은 난민들의 운명을 통해서도 잘 알 수 있다. 민족의 운명이 흔들리는데, 그에 속한 개인의 운명이 흔들리지 않을 수 없다. 또한 민족은 한 번 형성되기까지 수천년의 역사적 과정이 요구되며, 한 번 민족이 형성되면 매우 공고성을 갖기 때문에 쉽사리 해체되거나 어떤 개인들이 민족으로부터 벗어날 수 없다.

2. 민족과 다른 집단들과의 관계

민족의 개념을 명확히 하려면 다른 사회생활 단위 및 사람들의 공고한 집단들과 어떻게 구별되는지를 규명해야 한다. 민족이 씨족이나 종족들과 어떻게 다른지, 민족과 족의 상호관계는 어떻게 되는지, 민족과 인종은 어떻게 다른지가 명확히 규명되어야 한다. 씨족과 종족은 민족에 선행한 원시적 사회집단으로, 양자는 시대적인 선후관계에 있다. 또한 씨족이나 종족과 민족은 그 크기에서도 차이가 있다.

(1) 민족과 인종

민족과 다른 사회적 집단의 관계 문제를 검토할 때 항상 주의해야 할 점은 민족과 인종의 관계 문제이다. 결론적으로 인종과 민족은 전혀 다른 개념이다. 인종은 민족과 달리 철저히 생물학적 요인에 의해 형성되었다. 인종은 기원의 공통성으로 하여 피부나 머리칼의 색깔,

얼굴 모습과 같은 형태학적 특징에서 유사성을 띠고 있다. 인류 역사의 여명기에 사람들은 자연지리적 환경조건하에서 집단적으로 생활했다. 이 과정에서 자연지리적 자연환경의 영향을 받으면서 산 결과 적도 지방 사람들은 검은색의 피부를 가지게 되는 등 서로 다른 외형적 특징을 가지게 되었으며, 큰 산맥이나 강과 같은 자연지리적 장벽으로 접촉이 제한됨으로써 한 지역에 속한 사람들은 유전학적으로 더 가깝게 되고 다른 지역에 속한 사람들은 친연관계가 멀어지게 되었다. 이러한 과정이 계속되면서 인종적 공통성과 차이점이 더욱 뚜렷해지고 마침내 자연적 유대에 의해 결합된 인종이 형성되었다. 민족은 지역을 기반으로 사회정치적 생활과정에서 역사적으로 형성되었으며, 인종은 자연적 유대에 의해 생물학적으로 형성되었다.

하지만 인종과 민족은 지역이라는 공통의 요소에 의해 형성되기 때문에 많은 사람들이 혼동할 수 있으며, 민족 형성의 한 요소인 핏줄의 공통성의 형성과정에서 생물학적 요인이 작용하기 때문에 일정한 연관성이 있게 된다. 이로 인해 민족과 인종에 대한 혼란이 발생하고 민족주의와 인종주의의 혼동이 발생한다. 그러나 미국에 사는 흑인들은 인종이지 민족이 아니라는 점을 상기하면, 민족과 인종의 차이를 쉽게 이해할 수 있다. 민족주의는 민족의 존엄과 자주적 이익을 옹호하고 민족을 사랑하는 이념이며, 민족적 차별과 지배를 옹호하는 이념이 아니다. 서구에서 부르주아 민족주의가 민족배타주의로 변질되고, 민족적 침략과 지배를 옹호하는 데로 굴러 떨어지게 된 것은 민족주의에 대한 역사적 왜곡이며, 참민족주의라고 말할 수 없다. 다른 민족에 대한 침략과 수탈, 지배는 자기 민족의 이익을 옹호하는 행위라 볼 수 없으며, 단지 독점자본가들의 배만 채워줄 뿐이다. 다른 민족의 존엄과 자주권을 인정할 때에만 자기 민족의 존엄과 이익을 실현할 수 있다. 변질된 민족배타주의의 경험을 앞세워 민족주의를 반대하는 행위는 민족배타주의자들의 침략과 수탈, 지배에 대한 저항의 무기를 내려놓는 행위로 된다.

더구나 게르만 민족주의처럼 민족주의라는 이름만 붙인 인종주의는 민족주의와 전혀 인연이 없다. 민족주의는 인종의 우월성을 주장하지 않는다. 민족주의는 우월한 민족과 열등한 민족이 있다고 보지 않는다. 모든 민족들은 스스로의 힘으로 발전시켜 온 자체의 민족적 우수성과 긍지를 갖고 있다. 이 자체의 민족적 긍지와 우수성은 민족의 자주적 발전의 토양으로 되며, 이것을 살려 나가는 것이 민족주의가 추구하는 길이다.

(2) 민족과 족(겨레)

민족과의 관계에서 가장 구별하기 어렵고 중요한 대상이 되는 사회적 집단은 족이다. 민족과 족은 엄연히 구별된다. 그럼에도 불구하고 같은 개념으로 쓰는 경우가 적지 않다. 특히 우리나라와 같이 하나의 족에 기초해 민족이 형성된 경우 양자는 서로 구별하지 않고 같이 사용하기도 한다. 그렇지만 민족과 족은 뚜렷이 구별되는 개념으로 양자를 반드시 가려 보아야 한다.

그렇다면 족이란 무엇인가? 족은 그리스어에 기원을 둔 에트노스라고도 하며, 우리나라에서는 겨레, 동족이라고도 부르는데, 일정한 지역에서 세대교체의 오랜 역사적 과정을 통하여 하나의 핏줄을 이어 형성된 사람들의 공고한 집단을 지칭하는 개념이며, 민족 형성의 혈연적 기초가 된 집단을 지칭하는 개념이다. 족을 특징짓는 징표에는 언어, 문화, 동족이라는 자의식을 포함한 심리적 특성 등 여러 가지 사회적 공통성이 포함되지만 여기에서 기본은 어디까지나 직접적인 혈연관계에 기초하여 결합된 친족집단들인 같은 갈래의 씨족 및 종족의 핏줄을 직접 계승하여 이루어졌다는 것을 의미하는 핏줄의 공통성, 기원의 공통성이다. 이렇게 얘기하면 민족과 족의 차별성이 명확히 이해되지 않는다. 따라서 양자의 차별성에 대한 설명이 좀 더 필요하다.

민족과 족의 차이는 먼저 핏줄의 공통성에서 나타난다. 민족과 족양자는 모두 핏줄의 공통성에 기초해 형성되는 사회적 집단이지만, 그 내용에서는 큰 차이가 있다. 족의 경우 핏줄의 공통성이라고 할 때예외 없이 기원의 공통성을 반영한 같은 갈래의 집단이라는 것을 의미하지만, 민족의 경우 우리처럼 하나의 족으로 형성되는 경우는 거의 없고 대체로 이주의 결과 핏줄의 기원을 달리하는 서로 다른 갈래의 인종집단들이 섞여 살면서 점차 융화되고 동화되는 세대교체의 오랜 역사적 과정을 통해 이루어지는 혼혈집단인 것이다. 즉, 민족의 경우 서로 다른 기원을 가진 핏줄들이 모여 역사적으로 핏줄의 공통성을 형성한다.

예를 들어 프랑스 민족의 경우 갈리아인, 로마인, 브리텐인, 게르만인 등 여러 갈래의 집단들이 결합되어 형성되었는데 그 민족의 혈연적 기초는 북부 프랑스족과 프로방스족이다. 그런데 이 두 개의 족은 인종적으로 뚜렷이 구별된다. 북부 프랑스족은 프로방스족보다 키가 크고 머리칼과 눈동자의 색깔이 더 밝다. 따라서 프랑스민족은 그 민족의 혈연적 기초가 된 이 두 개의 족과 직접적인 유전학적 관계에 있다고 말할 수 없다.

민족과 족의 차이는 다음으로 지역의 공통성에서 나타난다. 민족을 특징짓는 중요한 징표의 하나인 지역의 공통성은 국가의 형성과 더불어 더욱 뚜렷이 나타난다. 국가는 일반적으로 민족의 분포 범위를 명확히 경계지어준다. 국경으로 경계되는 민족의 분포범위에 의하여 지역의 공통성이 이루어진다. 그렇지만 족은 많은 경우에 지역의 공통성이 명확하게 이루어지지 않는다. 국경이 아니라 일정한 유형의 문화가 분포되어 있는 지역이 족의 분포영역이 되는 경우가 많기 때문에 그 분포의 경계가 더욱 뚜렷하지 않으며, 또 이 분포영역 안으로 다른 종족집단들의 이주, 이동이 엄격하게 제한되지 않기 때문에 지역적 공통성이 뚜렷하지 않다. 민족의 존엄을 담보하는 중요한 바탕의 하나인 지역의 공통성은 핏줄의 공통성을 이루게 하는 필수적 전제이고 언어와 문화의 공통성을 이룩할 수 있게 하는 객관적 조건의 하나로 된다.

●── 우리 겨레의 형성과정 ──●

1. 우리 겨레의 형성과정에 대한 왜곡된 견해 비판

어느 민족이나 다 그러하듯이, 우리 민족 역시 조상숭배에 대한 관념이 높으며 그것을 중요한 미풍양속의 하나로 여기고 있다. 따라서 선조의 기원문제를 민족의 존엄문제로 보고 매우 중요시했다. 우리의 민족 자주의식을 말살해야 식민지 지배를 영구히 할 수 있다고 생각한 일제는 우리 민족을 뿌리 없는 민족으로 만들어 민족 존엄의식을 약화시키기 위해 우리 겨레의 기원문제를 심각하게 왜곡해놓았다.

그들은 인류 역사의 여명기에 해당되는 아득한 먼 옛날에는 한반도에 사람이 살지 않았고, 시베리아 등지에서 구석기시대를 살았던 고아시아족들이 신석기시대에 들어서야 한반도에 몰려와 살기 시작했으며, 청동기시대에 접어들어 퉁구스 족들이 고아시아 족들을 몰아내고 한반도의 주인이 되었고, 이후 여러 종족 집단들이 한반도에 들어왔으며, 그 결과 현대 한반도 인들은 혼혈집단이라는 설을 조작해냈다. 예를 들어 예맥의 언어에는 많은 양의 퉁구스어와 약간의 몽골어가 혼입되어 있다는 억설을 꾸며내고 이에 기초해 예맥족은 퉁구스를 골자로 하고 거기에 몽골족이 섞여들어 형성된 혈족이라고 주장했다. 또한 일부 사람들은 우리겨레가 퉁구스족과 중국족들의 혼혈인종이라고 왜곡하면서, 퉁구스족의 한 갈래인 북부지역의 예맥족과 남부지역의 한족이 결합되어 우리 겨레를 형성했다는 등 여러 가지 형태로 왜곡했다.

그런데 문제는 일제가 만들어낸 이러한 왜곡이 해방 이후에도 여전히 해결되지 않고 반복적으로 재생산되고 있다는 점이다. 우리 민족의 기원에 관한 일제의 주장은 해방 이후 고고학과 인류학의 발전, 수많은 원시시대 유적유물의 발굴에 의해 낱낱이 깨졌다. 그럼에도 불구하고 아직까지 우리 겨레의 뿌리에 대해 올바른 견해가 확립되지 못하고 있다. 많은 학자들은 여전히 외부기원론, 복합민족론에 매달리고 있으며, 광범한 대중들 역시 이러한 견해에서 벗어나지 못하고 있다. 아직까지 우리 겨레의 기원문제에 대해 왜곡된 견해들이 다양하게 쏟아져 나오고 있다.

예를 들어 보면 "우리 민족의 구성요소는 원시 퉁구스족을 비롯해 몽골인, 한인, 터키인, 왜인 및 남방계통과 소수의 백인종이 포함되어 있다"고 하거나, "아시아 대륙 북쪽으로부터 남쪽으로 이동하여 내려온 종족, 중국의 요하 서쪽 일대로부터 동쪽으로 압록강을 건너 온 종족, 중국 산동반도로부터 바다를 건너 한반도 서해안으로 이동한 종족, 중앙아시아로부터 이동해 온 종족들의 혼혈로 이루어졌다"고 하거나, "북방민족과 남방민족이 혼혈민족"이라는 주장들이 쏟아지고 있다.

그런데 이러한 주장들은 새로운 증거를 제시하지도 못하고 있으며, 일제시대의 낡은 주장들을 약간 변형시켜 되풀이하고 있을 뿐이다. 그러면 왜 그처럼 외부기원설, 복합민족설을 주장하고 있을까 하는 의구심이 든다. 원래 한반도에서 태어난 민족이라고 하면 뭔가 촌스럽다고 느끼는 것은 아닐까? 그렇다면 우리 땅과 겨레에 대한 지독한 자기멸시에 빠져 있는 것은 아닐까? 그렇다면 가치관이 전도되어 있어도 심하게 뒤틀려 있다고 봐야 할 것이다. 본래 자기 것은 뭔가 어설프고 촌스럽고 창피하며, 외부로부터 들어온 것들은 폼 나고, 선진적이며, 우쭐거릴 만하다는 사고방식에 빠져 있는 것은 아닐까? 우리 민족의 학자들이나 사람들이 우리 겨레의 뿌리를 우리 땅에서 찾으려는 노력을 하지 않고 외부에서 찾으려고만 하는 것이야말로 창피한 일이며, 주체성이 없으며, 사대주의에 빠져 있는 것이 아닐까?

우리 겨레의 기원에 대한 왜곡된 견해는 이미 과학적으로 충분히 논박되었다. 외부기원론의 뿌리는 한반도에는 구석기시대에 사람이 살고 있지 않았다는 전제에서 출발했다. 그런데 이미 한반도 구석기 유적과 유물들은 차고 넘치게 많이 발견되었으며, 전기구석기, 중기 구석기, 후기구석기 유적유물들이 계통적으로 발굴되었고, 지역적으로도 한반도 북쪽 끝으로부터 제주도에 이르기까지 전국 각지에서 수백 곳 이상 발굴되었다. 이로써 한반도에는 사람이 살고 있지 않았던 지역이나 빈 공간이 전혀 없었다는 것이 명백히 입증되었다. 그러므로 사람이 살고 있지 않았다는 전제에서 출발한 외부유입론은 폐기처분되었어야 했다.

그런데도 여전히 그 변종들이 사라지지 않고 있으니 그 까닭이 참으로 이상스럽다. 구석기시대 유적이 수없이 밝혀진 2000년대 초까지도 우리나라 학계에서는 한반도 신석기인들의 외부유입론이 학계의 정설처럼 굳어져 왔고, 아직까지 그 잔재가 해결되지 않고 대중들의 머릿속을 지배하고 있다. 대표적으로 2002년 국립중앙박물관 도록을 보면 "한반도 신석기문화는 기원전 8000년 시베리아 여러 곳에 흩어져 살던 고아시아족(고시베리아족)들이 중국 동북지방과 연해주 지역을 거쳐 한반도로 이주해 오면서부터다. 빗살무늬를 비롯한 출토유물은 내몽고, 바이칼호 주변에서 출토되는 유물과 연관관계를 갖고 있고, 우리나라 신석기문화의 뿌리를 연구하는 데도 중요한 단서가 된다"고 나와 있다. 전형적인 시베리아 고아시아인 이주설로, 일제시대 일본인들이 제기한 시베리아 전래설을 70여 년 동안 금과옥조로 삼고 있었다.

그러나 이러한 주장들은 이제 설 땅을 잃게 됐다. 한반도 구석기문화와 신석기문화의 직접적 계승성이 밝혀지고 있고, 한반도 신석기문화가 시베리아 신석기문화보다 시기적으로 앞섰으며, 한반도 신석기문화의 대표적 유물인 새김무늬그릇(빗살무늬토기)과 시베리아 등지의 빗살무늬토기와 다르며 독창적 문화양태라는 것이 밝혀졌다. 수만년 전부터 한반도에 살고 있었던 원주민들인 한반도 구석기인들이 독창적인 신석기문화를 창조하면서 한반도 신석기인으로 발전해 왔다.

제주도 고산 신석기 유적지, 강원도 고성 문암리 신석기 유적지, 강원도 양양 오산 신석기 유적지들을 비롯한 수많은 신석기 유적지들이 발굴되었으며, 그 연대도 기원전 10000년까지 올라감으로써 구석기시대 문화의 직접적 계승관계가 밝혀지고 있다. 또한 우리나라 새김무늬그릇과 시베리아 토기와는 제작방법, 문양의 구성방법 등 세부적인 면에서 전혀 다르며, 방사성 탄소연대 측정치가 연해주보다 더 오래된 연대를 보이고 있다. 그 결과 국립중앙박물관 도록(2005년)에도 "신석기인들은 처음엔 가까운 지역과 필요한 물자를 교류하다가 점차 일본 열도, 중국 동북지역, 러시아 연해주 등으로 범위를 넓혀 갔다. 빗살무늬토기는 약 6,500년 전 중서부 지역을 중심으로 나타난 포탄 모양이다"고 밝힘으로써 한반도 신석기문화의 자생성과 독창성을 인정하고 있다. 한반도의 독창적인 신석기문화를 창조했던 옛 유형(신석기시대)의 한반도인들은 인류학적 유형에서 하나의 핏줄을 이어받은 동족집단으로서, 한반도와 중국 동북지역(만주지역), 연해주에 걸쳐 넓게 흩어져 살면서 독창적인 신석기문화를 창조해냈다.

2. 우리 겨레 형성과정

겨레(족, ethnos)이란 일정한 지역에서 세대교체의 오랜 역사적 과정을 통해 하나의 핏줄을 이어 형성된 사람들의 공고한 집단이라고 말할 수 있다. 즉, 다시 말하여 겨레는 오랜 역사적 과정을 통하여 형성된다. 처음에 집단의 통일이 이루어지고 통일성이 보장된 집단이 증대되고 분화되는 동시에 집단들 사이의 접촉과 교제를 통해서나 또는 여러 집단들이 어느 한 집단을 중심으로 거기에 통합되고 융합되며, 동화되는 과정을 통하여 혈연적으로 동질성이 이루어지고 문화와 언어의 공통성이 이룩되는 역사적 과정을 거쳐 겨레가 형성된다.

겨레의 형성과정은 크게 세 단계를 거치게 된다. 그 첫 단계는 겨레의 맹아가 싹트고 형성되는 단계이다. 이 단계에서는 겨레의 시원이 움터 자란다. 주로 구석기시대가 그 단계에 해당된다고 말할 수 있다. 그 둘째 단계는 겨레가 형성되는 단계이다. 이 단계에서는 겨레의 첫 시조가 형성된 후 혈연적 공통성을 비롯하여 겨레를 특징짓는 징표들이 일정한 지역적 특성을 가지면서 형성되고 통일되는 과정이 진행된다. 많은 경우에 신석기시대가 이 단계에 해당된다고 본다. 그 셋째 단계는 겨레가 완성되는 단계이다. 이 단계에서 겨레의 형성이 끝난다. 따라서 민족 형성의 직전 단계를 겨레가 완성되는 단계라고 한다. 여러 갈래의 겨레에 기초하여 민족이 형성된 나라들에서는 이 단계의 계선과 특성이 명백하다. 민족 형성 시기가 나라마다 서로 다르기 때문에 겨레의 완성단계는 같지 않다. 그리고 겨레가 오랜 역사적 시기를 거치는 복잡한 과정을 통하여 형성되고 완성되는 것만큼 그 형성단계를 구분하는 것은 합리적이지만 그것은 어디까지나 조건적이다.

(1) 겨레의 맹아가 싹트고 형성되는 단계

인류 역사는 인간집단의 사회적 활동에 의해 이루어진다. 인간집단의 사회적 활동은 공동행동과 상호협력을 전제로 하는데, 집단의 통일성이 보장되어야만 가능해진다. 인간집단의 사회적 활동을 가능케하는 집단의 통일성은 인류 역사 첫 시기부터 이루어지지 시작한다. 인류의 최초 사회적 집단은 구석기시대 원시인간 무리이다. 따라서 집단의 통일성이 이 시기부터 시작된다. 그러나 전기구석기시대의 사회적 집단은 아주 유동적이고 공고하지 못했다. 그렇기 때문에 문화의 지역적 차이가 아직 불명료하고 애매할 뿐 아니라, 아직은 맹아단계에 머물렀다. 우리나라의 경우에도 전기구석기시대에 겨레의 맹아가 싹텄다고 볼 수 있다. 맹아라고는 하지만 이 시기에는 아주 불완전하고 무정형 상태이기 때문에 어느 겨레의 맹아인가 하는 것을 단정하기 어렵다.

중기구석기시대에 이르면 노동도구가 개선되고 주거지가 출현하는 등 거주생활에서 새로운 전진이 이룩되고, 정서미학적, 종교신앙적 관념이 처음으로 나타났으며, 석기 제작에서 지역적 특성이 나타났다. 이로부터 문화의 공통성과 차이점이 명백해지고, 그에 따라 문화의 전통과 갈래가 뚜렷해지면서 서로 구별되는 특색 있는 집단으로 전환하였다. 이것은 집단의 통일성을 강화하고 집단을 공고히 발전시켰다. 일정한 짐승만을 사냥하게 된 것과 관련하여 토템숭배의 종교신앙적 관념이 발생하였고, 자기 집단의 죽은 성원들에 대한 관심과 배려의 표시로 무덤이 출현하였다. 그리고 중기구석기인들은 그 누구나 어느 한 집단의 고정성원으로 생활하게 되었고, 그 집단에서 한 생을 보내게 되었다. 석기 제작기술의 발전과 불의 발명으로 인구가 확대되고 분포영역이 확대되었다. 그렇지만 아직까지 겨레의 맹아가 형성되었다고 말하기 어렵다.

겨레의 맹아가 형성되는 데서 가장 획기적인 전환의 계기는 씨족 및 종족과 같은 새로운 사회조직의 출현이다. 그 중에서도 씨족보다 종족이 더 큰 의의를 갖고 있는데, 그것은 겨레의 맹아가 종족의 범위에서 더 뚜렷하게 나기 때문이다. 종족은 족외혼 관계에 있는 같은 갈래의 씨족으로 형성되는데, 종족을 단위로 문화적 공통성이 형성된다. 종족이 언제 발생했는가는 아직 완벽히 규명되지 못했지만, 후기구석기시대에 형성되었다고 보는 게 타당하다. 이것은 지역적으로 뚜렷이 구분되는 고고학적 문화가 대체로 후기구석기시대에 형성되었으며, 족외혼과 관련된 두 씨족 사이의 집단결혼이 이 시기에 생겨났기 때문이다. 서로 결혼관계에 있는 2개의 씨족이 존재한다는 것은 이 두 씨족을 포괄하는 종족이 발생했다는 것을 의미한다. 이렇게 후기구석기시대에 이르러 종족이 발생함으로써 겨레의 맹아가 특징적으로 형성되기 시작했다. 특히 넓은 영역을 포괄하는 지역마다 특색 있는 겨레의 맹아가 종족을 단위로 하여 형성되었다.

겨레의 맹아 형성에서 중석기시대는 특별한 중요성을 갖는다. 중석기시대가 도래하면서 겨레의 형성과정에서 하나의 거대한 전환이 이루어지게 된다. 이미 후기구석기시대 말엽에 우리나라와 유럽의 넓은 지역에서 대형 동물들이 멸종되었거나 그 수가 대폭 줄어들었다. 우리나라의 만달리 유적에서도 털코끼리, 털코뿔소, 큰뿔사슴을 비롯한 대형 동물들이 보이지 않는다. 대형 동물들을 사냥해서 먹고 살던 후기구석기인들은 중석기시대에 들어와 대형 동물 멸종이라는 생활조건의 변화에 적응하지 않을 수 없었다. 이제는 대형 짐승이 아니라 작은 짐승들을 사냥해서 생계를 유지하지 않을 수 없게 됐다. 작은 짐승 사냥을 위해서는 넓은 지역을 수없이 떠돌아다니면서 짐승을 사냥하는 식으로 생업활동 방식을 바꾸지 않을 수 없었다.

후기구석기시대에 한 지역에 대체로 머물면서 생활하던 사람들이 중석기시대에 들어서면서 떠돌아다니면서 살지 않을 수 없었고, 이에 따라 떠돌이 살이 생활을 하는 사냥꾼 및 채집자의 크지 않은 집단이 생겨났다. 이것은 사회적 집단의 통일성을 강화 발전시켜 나가는 데 부정적 영향을 미쳤다. 하지만 겨레의 형성에서 꼭 부정적 영향만 있었던 것은 아니다. 부정적 영향이 적지 않게 있었지만, 그 대신 겨레의 범위를 종족들 사이로 넓혀 나갈 수 있는 계기를 마련해주었다. 즉, 중석기시대 이전 대형 동물을 사냥하던 시대에는 예를 들어 500명 규모의 하나의 종족집단이 대체로 한 지역에 머물면서 생활하였기 때문에 종족 내부의 집단통일성을 높여 나가기에 유리했다. 하지만 중석기에 들어와서 그 종족집단 내부에서 25~30명 규모로 떠돌이 생활을 하게 되자, 그 종족의 집단적 통일성을 강화 발전시켜 나가는 데 부정적 작용을 미쳤다. 반면에 이들 떠돌이 생활을 하는 소규모 집단들이 이곳저곳을 다니면서 같은 갈래의 친연적인 집단들과 의사를 교환하고 문화를 교류하고 언어적 소통을 강화할 수 있는 기회를 자주 갖게 되면서 서로 다른 친연적인 종족들 사이의 소통과 연계가 강화되면서 겨레의 형성의 중요한 계기를 제공해주었다.

중석기시대에는 맹아적인 상태이긴 하지만 겨레의 공통성이 하나의 종족 범위를 벗어나기 시작하였기 때문에 이때에는 맹아적으로 형성되는 겨레의 공통성이 이웃해 살고 있으면서 하나의 방언으로 의사를 교환하고 공통적인 문화의 특성을 많이 가지고 있는 친연적인 종족집단들에서 이루어졌다. 이러한 친연적인 종족들을 같은 계열의 종족이라고 부르기로 한다. 같은 계열의 종족들에 기초하여 겨레의 형성과정이 진행되기 시작하는 것이 중석기시대의 기본특징이다. 같은 계열의 종족들이 많아지는 데 따라 겨레의 규모가 더욱더 커진다. 그리고 같은 계열의 종족들이 바로 동족인 만큼, 신석기시대에 형성된 동족의 맹아가 중석기시대에 생겨나기 시작하였다. 이처럼 같은 계열의 종족들에 기초해서 겨레가 형성되기 시작하는 것이 중석기시대의 중요 특징이다.

(2) 겨레가 형성되는 단계

겨레의 형성과정의 둘째 단계는 신석기시대부터 시작된다. 이 단계의 기본특징은 겨레의 맹아가 싹트고 형성된 데 기초하여 동족이 생겨난 데 있다. 동족이란 핏줄의 시원을 같이하는 하나의 종족 또는 두 개 이상의 종족들이 결합되어 혈연적·언어적·문화적·지역적 공통성에 기초해 동족의식을 가진 인류학적 집단을 지칭하며, 흔히 겨레, 에트노스라고도 불린다. 종족과 동족의 차이는 크기의 차이에 있는 게 아니라, 내용에서 차이가 난다. 종족은 자기 집단 내부의 통일성을 고수 유지하려는 입장에서 다른 종족을 멀리하고 배척한다. 반면에 동족 집단은 겨레의 범위를 넓히려는 미래지향적 입장에서 다른 종족과 겨레의 성원들을 받아들여 포섭하고 동화시키려 한다.

겨레의 원시조는 구석기시대에 형성되고 겨레의 공통성은 신석기시대에 이루어져 종족들이 동족으로 통일된다. 신석기시대에는 종족이 더욱 공고히 발전된다. 그것은 종족이 점차적으로 사회적 권능의 기능을 수행할 수 있는 조직체계(씨족평의회, 종족평의회)를 가지게 된 것과 관련된다. 종족이 새롭게 획득한 사회적 권능의 기능은 겨레의 형성과정에 새로운 영향을 미쳤을 뿐 아니라 종족이 가지고 있는 사회적 구조의 유형도 일정하게 규정하였다. 특히 사회적 권능의 구조는 이미 형성된 겨레의 공통성이 일정한 범위(예로 종족이나 친연적인 종족들의 범위)에 국한되어 공고히 발전되도록 함으로써 그 공통성의 농도를 더욱더 진하게 해주었다. 그리고 분산과 집중의 모순적인 과정이 통일적으로 진행되는 사회적 현상 속에서 겨레의 형성과정이 촉진되었다. 형성되기 시작한 겨레의 공통성은 깊어지면서 넓어지고, 넓어지면서 깊어졌다.

신석기시대에 가장 중요한 특징의 하나는 농업의 발생이다. 농업의 발생은 획득경리로부터 생산경리로의 전환을 가져왔고, 인류의 삶의 방식에 혁명적 변화를 초래했다. 이를 가리켜 신석기 농업혁명이라 부른다. 신석기 농업혁명은 인구의 급격한 증가를 가져왔다. 인구혁명이라 부를 정도로 인구가 급격하게 증가함에 따라 종족의 규모가 커져 갔고, 종족 규모의 확대에 따라 종족들 사이를 분리시켰던 지역적 공간이 작아졌다. 즉, 종족들 사이의 공간적 거리가 가까워짐에 따라 종족들 사이에서는 자연스럽게 상호접촉과 교류가 활발하게 이루어졌다. 그리고 큰 규모의 종족들은 종족을 나누어 새로운 종족으로 분화되기도 했다. 이렇게 분화된 종족들은 서로 친연관계에 있는 종족들이 되었다. 항구적 정착생활은 급격한 인구증가를 초래함과 동시에 악성 전염병도 만연시켰다. 악성 전염병으로 멸종상태에 이른 종족들은 다른 종족들에 양자로 포섭되거나 통합될 수밖에 없었다. 신석기시대에는 이런 식으로 종족집단의 분화와 통합과정이 부단히 진행되었고, 이 과정에서 같은 갈래의 종족들이 동족으로 전환되었다. 겨레의 형성과정에서 신석기시대의 기본특징은 동족의 형성 시기에 해당된다.

같은 갈래의 종족들이 동족으로 발전하는 과정에서, 같은 갈래는 아니지만 이웃에 살고 있는 사람들도 겨레를 특징짓는 공통성을 가질 수 있는 가능성이 생겨났다. 그 종족뿐 아니라 그 종족 밖에서 이웃해 살고 있는 사람들도 종족 성원들과 문화적 공통성뿐 아니라 그 종족의 성원들과 같은 핏줄을 타고난 같은 선조의 후예라는 겨레의 감정도 가지게 된다. 그 결과 어느 한 종족의 범위를 벗어나는 겨레의 집단으로서 동족이 생겨나게 된 것이다. 그 종족과 친연관계에 있는 종족들도 방언에 기초한 언어적 공통성, 문화적 유사성, 기원의 공통성에 기초한 겨레의 감정들을 가지게 됨에 따라 점차 하나의 겨레로 묶어지면서 동족으로 되었다. 이렇게 동족은 하나의 종족에 기초하여 생겨나기도 하며, 친연적인 여러 개의 종족들에 기초하여 형성되기도 하였다.

우리나라에서도 신석기시대에 겨레가 형성되었다. 신석기시대의 동족 형성과정은 고고학적 자료를 통해 잘 알 수 있다. 신석기시대 문화유형이 종족에 대응한다고 볼 때 우리나라에는 궁산문화, 암사동 유적, 서포항 유적, 동삼동 유적 등 여러 지역적 문화유형이 존재했다.

각각의 신석기 문화유형들은 서로 뚜렷이 구별되는 지역적 차이가 존재한 것으로 볼 때, 각 지역에는 서로 다른 종족들이 살고 있었다고 볼 수 있다. 하지만 모든 지역의 주민들은 서로 친연관계에 있는 종족에 속하는 주민들이었다고 말할 수 있다. 왜냐하면 지역적 차이가 뚜렷하게 존재함에도 불구하고 모든 지역의 문화가 서로 통하는 공통적인 특징을 가지고 있기 때문이다. 그것은 바로 새김무늬질그릇을 썼다는 데 있다.

새김무늬질그릇은 신석기시대 우리나라 사람들의 문화를 특징짓는 대표적인 유물이다. 새김무늬질그릇을 우리나라에서는 일반적으로 빗살무늬토기로 부르고, 시베리아 지역의 빗살무늬토기와 문화적으로 동일시하는 경향이 있는데, 이는 잘못이다. 우리나라 빗살무늬토기는 시베리아 빗살무늬토기와 질그릇의 제작방법이나 문양의 구성방법 등에서 매우 다르다. 그리고 무엇보다도 우리나라 신석기시대의 출발이 시베리아 지역보다도 앞섰다. 따라서 시베리아 신석기문화가 전래되었다는 전제 자체가 성립되지 않는다. 이러한 혼란을 피하기 위해서 우리나라 빗살무늬토기를 새김무늬질그릇으로 부르는 게 적절하다. 그리고 이것은 우리 겨레가 살고 있던 지역만의 독특한 문화현상이었다.

그런데 같은 새김무늬질그릇을 쓴 것으로 하여 서로 친연적인 종족들에 속해 있었던 우리나라 신석기시대 주민들의 문화는 후기로 갈수록 지역적 특색들이 더욱더 강해지면서 다양해지고 풍부해졌지만, 문화전통을 표현하는 질그릇의 특징에서는 전기나 중기의 경우보다 더욱 단일해지는 경향이 나타난다. 대동강 유역의 궁산문화와 우리나라 동북부 지역의 서포항 유적의 경우를 예로 들어보자. 질그릇 갖춤새에서 궁산문화는 둥근밑그릇이 특징이고, 서포항 유적은 납작밑그릇이 대부분이었다. 또 궁산문화에 속하는 질그릇에서는 바탕흙에 석면이나 활석 부스러기를 섞은 것이 많고, 서포항 유적의 질그릇에서는 바탕흙에 흔한 모래를 섞거나 부드러운 진흙을 그대로 바탕흙으로 쓴 것이 많았다. 두 지역의 신석기시대의 문화가 후기에는 지역적 특색이 더욱 강해지면서 다양해지고 풍부해졌지만, 문화전통을 반영하는 질그릇의 특징은 전기나 중기보다 후기에 갈수록 더욱더 단일해지는 경향이 나타났다. 두 지역 모두 신석기시대 후기에는 무늬 없는 갈색 민그릇이 급속히 늘어나고 새김무늬그릇은 상대적으로 퇴화하면서 갈색 민그릇으로 일색화되는 경향이 동시에 나타났다.

이것이 의미하는 바는 무엇인가? 양 지역의 주민들은 다양한 지역적 차이가 있는 신석기문화를 창조하는 서로 다른 종족에 속했지만, 신석기시대 문화적 전통을 드러내주는 질그릇에서만큼은 공통성과 단일성이 증대되었다는 것은 서로 전혀 이질적인 종족이 아니라 친연적인 종족들이라는 것을 말해준다. 또한 서로 친연관계에 있던 두 지역 종족들이 역사적으로 접촉과 교제를 진행해 오다가 후기에 이를수록 더욱더 밀접해지고 활발하게 접촉하면서 문화적 교류와 연계를 강화해 마침내 하나의 동족으로 통일되었다는 것을 보여주는 것이라고 말할 수 있다.

신석기시대에는 사회조직의 변화에서뿐 아니라 문화의 발전에서도 구석기시대나 중석기시대에 비할 바 없는 획기적인 전진이 이룩되었다. 사회조직의 변화는 겨레의 형성과정에서 새로운 단계가 되는 동족을 탄생시켰고 문화의 새로운 발전은 갓 형성된 겨레의 공통성을 동족의 범위에서 공고히 발전시켰을 뿐 아니라 동족의 포괄범위도 더욱더 넓혀 나갈 수 있게 하였다. 또한 원시농업의 발생도 겨레의 형성에 커다란 영향을 미쳤다. 원시농업이 가져다준 항구적 정착생활, 발전의 불균등성, 포괄범위의 확대는 겨레의 형성에 적지 않은 영향을 미쳤다. 항구적인 정착생활은 겨레의 중요한 징표, 중요한 공통성의 하나인 지역적 공통성이 형성될 전제를 처음으로 마련하였다. 항구적인 정착생활에 기초하여서만 지역적 공통성이 이루어질 수 있는 것이다. 겨레의 형성과정은 통합과 분화 두 방식에 따라 진행되었는데 신석기시대에는 분화의 경향도 있었지만 통합의 경향이 더 우세한 결과 동족이 형성될 수 있었다. 종족들 사이의 통합이 이루어져 여러 종족들이 하나의 겨레로 통일되는 과정에 동족이 출현하였던 것이다.

우리나라에서 신석기시대에 동족이 형성되었다는 것은 두 가지 측면에서 나타난다. 그 하나는 이웃 지역 다른 갈래의 문화와 뚜렷이 구별되는 문화의 공통성, 단일성이 한반도를 중심으로 하는 아시아 대륙 동쪽의 넓은 지역에서 형성되었다는 데 있으며, 다른 하나는 신석기시대에 동족이 형성되었다는 것을 반영하여 그 전기로부터 중기를 거쳐 후기로 오면서 문화적 공통성이 더욱 뚜렷해진다는 데 있다. 우리나라에서 신석기시대에 동족이 형성되었다는 것을 보여주는 문화적 공통성은 질그릇의 형태와 무늬에서 잘 나타난다. 후세의 화분 또는 바리 모양의 통이 깊은 독특한 형태의 질그릇, 간결하면서도 아담한 느낌의 고유한 정서가 풍기는 새김무늬로 통일되어 있는 질그릇 갖춤새는 한반도를 중심으로 하는 요하 이동, 송화강 이남, 남연해주에 이르는 아시아 대륙 동쪽의 넓은 지역에 분포되어 있다.

이것은 질그릇 아가리와 손잡이를 사람, 짐승으로 형상하여 만듦으로써 그릇 형태에 복잡한 변화를 준 중국 등 이웃나라 질그릇과 구별되게 간결하면서도 조화롭게 균형이 잘 잡힌 미적 요구를 충족시켜 주고 있다든가, 또 겉면장식이 지나치게 복잡하거나 채색을 기본으로 하면서 거기에 사람 얼굴, 짐승, 물고기 등을 그려서 장식한 이웃나라 질그릇과 달리 간결하면서도 맵시 있고 산뜻한 정서 미학적 느낌을 주고 있는 측면에서 고유한 특성을 나타내고 있다. 이러한 문화적 공통성은 신석기시대에 동족이 형성되었으며 하나로 통일된 겨레가 이루어졌다는 것을 의미한다. 우리나라에서 신석기시대 문화를 창조한 사람들을 '옛 유형 한반도인'이라고 한다. 이들은 겨레라는 입장에서 보면 동족이라고 말할 수 있다.

3. 겨레의 혈연적 공통성의 형성

혈연적 공통성은 겨레를 특징짓는 가장 중요한 징표 중의 하나이다. 민족이 탄생하려면 그 이전 단계인 겨레의 완성과정에서 혈연적 공통성이 이루어져야 한다. 우리 겨레는 신석기시대에 완성되었다고 할 수 있으며, 이는 신석기시대에 혈연의 공통성이 형성되었다는 것을 뜻한다. 앞에서 언급했듯이 하나의 겨레는 핏줄의 기원을 달리하는 종족들이 오랜 기간 함께 생활하면서 혈연적 공통성을 형성한 경우도 있고, 핏줄의 기원을 같이하는 종족들이 결합해 혈연적 공통성을 형성하는 경우도 있다. 그런데 우리 겨레는 핏줄의 기원을 같이하는 종족들이 결합해 하나의 동족으로 혈연적 공통성을 형성한 경우이다. 따라서 혈연적 공통성이 보다 짧은 기간에 이룩될 수 있었다.

여기에서 혈연적 공통성이라고 할 때 그것은 동일한 성질을 갖고 있으면서 불가분리적으로 하나의 통일체를 이루고 있다는 것을 의미한다. 즉, 유사성과 통일성을 갖고 있다는 것이다. 이 공통성은 표현형식에서 동시적일 뿐 아니라 비동시적이라는 데 그 특성이 있다. 동시적이라고 말할 때 주어진 시간에서 횡적으로 표현되는 사람이나 집단들 사이의 공통성을 의미하며, 그것이 비동시적이라고 할 때 시간적으로 선후관계에 있는 사람이나 집단들 사이의 공통성을 말한다. 전자는 공간적으로 나타난 공통성이며, 후자는 시간적으로 표현되는 공통성이다. 따라서 전자는 연관관계, 후자는 계승관계를 반영한 공통성이라고 볼 수 있다.

겨레의 형성에서 핏줄의 공통성을 말할 때 그것은 기본적으로 생물학적 요인에 의해 이루어진 인종집단의 계보학적 관계를 표시한다. 핏줄의 공통성은 유전학적 친연관계를 반영하는 것이지만, 그러한 친연관계는 주로 사회적 요인의 작용에 의해 형성된다. 핏줄의 공통성은 집단 안에서 혼인을 수없이 반복해서 유전학적 단일성이 보장되는 과정을 통해서 뿐만 아니라 집단들 사이에서의 접촉과정에서 혼혈을 통해 유전학적 동일성, 공통성이 이룩되는 과정을 통해 달성된다. 여기에서 혼인이나 집단의 교제와 접촉은 모두 사회적으로만 진행되는 사회적 과정이다. 그러므로 친연관계 그 자체는 생물학적인 것이지만 친연관계가 이루어지게 되는 것은 전적으로 사회적 요인의 작용 결과이다.

혈연관계는 객관적으로는 생물학적인 것이지만 혈연적 유대를 공고히 유지 강화하고 조상 전래로 이어 온 핏줄을 따르려는 지향과 요구를 낳으며, 이것은 생활과정에 구현된다. 그리고 이 과정에서 겨레의 고유한 특성도 형성된다. 혈연적 공통성은 주로 사람들의 모습에서 유사성으로 표현되는데, 그것은 겨레의 동족감정을 가지게 하는 사회심리적 요인의 객관적 기초가 된다. 이 겨레의 감정에 기초하여 사람들은 친근감을 가지게 되며, 동족에 대한 애착심을 느끼고 동족의 핏줄의 공통성을 고수한다.

동족 겨레에 대한 사상감정 형성에서 중요한 것은 동족의 한 성원이라는 자각이다. 사람은 본질적으로 집단적 존재로서, 지구상에 태어난 이래 처음부터 집단생활과 공동활동을 벌여 왔다. 이 과정에 집단의 한 성원이라는 자각이 생겨나고 자기 집단에 대한 자의식을 갖게 됐다. 이것은 자기 집단의 혈연적 유대를 공고하게 발전시키려는 지향을 낳았으며, 이 지향은 자기 집단의 혈통, 동족의 통일성을 고수하려는 사상감정을 낳았다. 그리고 그 사상감정에 기초해 핏줄이 공통성을 유지하고 공고하게 발전시키기 위한 투쟁을 벌이게 됐다. 이렇게 혈통, 핏줄의 공통성에 대한 문제는 유전학적인 친연성과 직접 관련된 문제이면서 동시에 사회적 요인의 작용을 떠나서는 전혀 생각할 수 없는 사회적 문제의 하나이다.

우리 민족은 핏줄의 공통성을 이룩한 하나의 겨레에 기초해 형성되었다. 핏줄의 공통성은 집단의 인류학적 구성에도 반영되는데, 여기에는 단혈성 기원이냐 혼혈성 기원이냐 따라 인류학적 특성에서 많은 차이가 난다. 단혈성 기원일 경우 인종징표가 대체로 고르게 나타나나, 혼혈성 기원일 경우 인종징표가 여러 형태로 나타나며 개별적 차이가 매우 크다. 보통 혈연적 공통성을 반영하는 인류학적 단일성은 그 징표의 분산도와 정규분포, 징표들의 상관관계와 다른 인종 갈래의 인종 요소의 존재 유무, 그리고 인종징표의 지역적 특성을 통해 표현된다. 여기에서 혈연적으로 단일한 하나의 겨레는 한 갈래의 인류학적 유형으로 구성되어 있으며 하나의 인종적 특징으로 통일되어 있다. 그리고 그 집단을 이루고 있는 사람들의 인종징표가 대체로 고르며 대체로 서로 비슷한 모습을 지니게 된다. 따라서 그들의 인종징표는 그 집단의 평균치에 가까운 특징을 가지게 된다.

반면 혼혈성 집단은 인종징표들이 고르지 못하며, 그 집단의 많은 징표들은 인종적으로 구별되는 특징을 가지게 된다. 이러한 원칙에서 우리 겨레의 인류학적 특징을 분석해본 바에 따르면 인종구성이 단일하고 인류학적 특징이 하나로 통일되어 있는 전형적인 집단에 속한다. 우리나라 사람들은 인종징표에서 지역적 차이도 전혀 없다. 인류학적 연구보고에 따르면 우리 겨레는 인종적으로 한 갈래에서 유래한 인류학적 특징을 갖고 있으며, 하나의 핏줄에서 기원한 이래로 그 한 가닥의 핏줄만을 줄기차게 이어 오면서 혈연적 공통성을 공고히 발전시켜 온 단혈성 기원의 집단이다.

우리 겨레의 고유한 인류학적 특징은 한반도와 중국 동북지방(만주)및 러시아 연해주 일대에서 자기의 고유한 원시문화를 창조한 옛 유형 한반도인들이 신석기시대로부터 시작해 우리나라 사람의 고유한 체질유형과 문화전통을 이룩한 고대에 이르는 오랜 기간을 통해 형성되었으며, 그 후 계속 공고하게 발전되었다. 우리나라 사람들은 알맞은 색깔의 피부, 얼마간 연한 눈 빛깔, 곧고 빳빳한 검은 머리칼, 적게 나온 수염과 몸털, 중간 정도로 크고 넙적한 얼굴, 중간형의 코와 밋밋한 턱, 발달된 눈코 주름, 두텁지 않은 입술, 곧은 이마, 전형적인 짧은 머리형과 현저히 높은 머리형을 가지고 있는데, 이렇게 고유한 모습으로 통일되어 있는 혈연적 단일성을 나타내면서 이웃 지역의 족들이나 인종집단들과 뚜렷이 구별되는 독특한 인종적 특징을 갖고 있다. 우리나라 사람은 역사적으로 한족(중국), 퉁구스족, 고아시아족, 몽골족, 일본족 등과 이웃해 있으면서 자기의 고유한 인종적 특징을 형성하고 공고히 발전시켜 왔다. 우리나라의 서쪽에 사는 한족은 인류학적으로 북중국 사람과 남중국 사람으로 구분되며, 퉁구스족은 바이칼 인종에 속하고 고아시아족은 북극 인종의 주류를 이루며 몽골족은 중앙아시아 인종에 속한다. 일본족은 동남아시아 인종집단의 한 갈래이다.

한반도에서 신석기시대와 청동기시대의 문화를 창조한 옛 유형 한반도인들은 이웃 지역의 시초유형들과 뚜렷이 구별되면서 현대 한반도인과 유전학적으로 계승관계가 이어진다. 옛 유형 한반도인들은 동부아시아의 시초유형들로 알려져 있는 중국 앙소문화의 주민인 반파유형이나 시베리아 일대의 신석기시대 문화를 남긴 바이칼 및 자바이칼 유형, 일본 사람의 전신이라고 보는 조몬문화의 창조자 쯔구모 유형과 형태학적으로 뚜렷이 구별되는 단일한 유형이었다.

고대 이전 시대의 두개골에 대한 근래의 연구결과를 보면 우리나라에서 출토된 것과 주변 것의 평균관계편차는 중국 황하 유역 사람은 0.81, 일본 쯔구모 사람은 2.51, 연바이칼 사람은 1.65, 자바이칼 사람은 0.79로 나타났다. 평균관계편차가 0.4보다 클 때는 통계학적으로 본질적 차이가 있다고 본다. 이처럼 이웃 지역의 시초유형들과 뚜렷이 구별되는 옛 유형 한반도인의 고유한 특징은 그가 이웃 지역의 어느 한 시초유형의 지역적 변종이 아니라 이 나라, 이 땅에서 자체로 발생한 독자적인 시초유형의 하나였다는 것을 의미한다.

이들은 이 땅에서 형성된 이래 세대와 세기를 이어 우리 민족의 자랑찬 역사와 우수한 문화전통을 창조하면서 현대 한반도인에 이르게 되었다. 그것은 시대적으로 선후관계에 있는 두 집단이 유전학적으로 계승관계에 있다는 사실로 설명된다. 시대를 달라하는 두 집단인 현대 한반도인과 옛 유형의 한반도인은 머리뼈가 각각 해당 시기 동부아시아에서 가장 높으며 유형학적으로 다 같이 높은 머리형에 속한다. 턱은 다 같이 밋밋하거나 들어간 형인데, 얼굴 각에서는 1도, 얼굴돌출지수에서는 1.4 정도의 작은 차이가 있을 뿐이다. 얼굴은 예나 지금이나 다름없이 넓적하며, 코는 다 같이 중간형이고, 눈확은 아주 높은 것으로 하여 시대를 달리하는 두 집단이 유형학적으로 이어진다. 이것은 옛 유형 한반도인과 현대 한반도인이 유전학적으로 직접적인 계승관계에 있다는 것을 의미한다.

4. 겨레의 문화적 공통성의 형성

민족의 징표 중에는 문화적 공통성이 포함된다. 문화에는 사람들의 심리와 정서, 감정 등이 직접적으로 표현되어 있다. 문화는 집단의식 형성의 매개수단이자, 집단의식의 직접적 표현이다. 민족의 발생 및 발전과 더불어 문화는 민족적 성격을 띠게 되며 민족적 형식을 취하게 된다. 역사적으로 형성되고 공고화된 민족 고유의 심리정서적 특징과 감정은 민족문화에 반영되며, 민족전통을 이룬다. 그리고 그것을 표현하는 문화의 민족적 형식은 민족이 존재하는 한 고유한 것으로 살아 있게 된다.

문화는 민족 이전 단계인 겨레를 특징짓는 가장 중요한 징표 중의 하나로도 된다. 하나의 겨레는 유구한 역사를 통해 형성된 하나의 공통적인 문화를 갖게 된다. 이것은 문화가 겨레형성에 중요한 작용을 한다는 것을 뜻하는 동시에, 족들을 감별하는 중요 징표로도 된다는 것을 말해준다. 민족과 마찬가지로 민족이 형성되기 이전 시기의 문화도 그 문화의 형식에 역사적으로 형성되고 공고화된 겨레의 고유한 특성이 깃들어 있다.

원시시대에는 정신문화와 물질문화가 명확히 나뉘지 않던 시기이기 때문에 문화라 지칭할 때 매우 폭넓은 개념을 사용할 필요가 있다. 원시사회에서 정신문화에는 정서미학적 감정과 취미, 도덕윤리적 확신, 종교신앙과 그와 관련된 예식풍습, 자연과 사회현상에 대한 지식과 표상, 관습과 습관 등이 속하며, 물질문화에는 노동도구, 무기, 운수수단, 주택시설, 복식, 재배식물과 집짐승, 여러 가지 치레거리를 비롯한 수공업 제품 등이 속한다.

하지만 정신문화와 물질문화의 구분은 상대적이며, 원시시대로 올라갈수록 더욱 그 구분이 명확하지 않다. 그 어떤 정신문화의 구성요소도 물체화되어 객관화될 수 있으며 물질적인 현상 속에 체현되어 그 특성을 나타내고 있다. 그런데다가 유물로 오늘까지 전해지는 것은 물질문화뿐이다. 그러므로 신석기시대에 해당하는 원시시대의 문화의 특성을 유적유물로 전해주는 고고학적 자료에 기초하여 추리해 볼 수밖에 없다.

물질문화 형태로 전해지고 있는 원시시대 고고학적 자료 중에서 사람들의 정신문화를 잘 담고 있는 유물들이 있다면, 그것은 장신구들과 질그릇이다. 그 중에서도 질그릇은 원시시대의 문화를 살펴볼 수 있는 대표적 유물이다. 신석기시대의 질그릇 가운데는 그릇 형태도 세련되고 그것을 여러 가지 무늬도안으로 장식함으로써 그야말로 하나의 공예품으로 볼 수 있는 것이 적지 않다. 신석기시대 사람들은 질그릇을 이러한 하나의 공예품으로 볼 수 있을 정도로 공들여 만들었는데, 그것은 일정한 예술적 재능과 솜씨를 가지고 있어야 할 수 있는 일이었다. 질그릇은 생활필수품의 하나이면서 공예품과 같은 특성을 가지고 있기 때문에 물질문화에 속하면서 동시에 정신문화의 특성이 그대로 깃들어 있는 대상이라고 할 수 있다. 따라서 문화의 특성이 가장 잘 나타나는 원시유물의 하나라고 말할 수 있다.

그 중에서도 내용과 관련된 측면은 주로 실용적 경제적 측면이 주로 반영되며, 겨레의 형성과정에 직접 작용하며 겨레의 고유한 정신 심리적 특성을 반영한 것은 주로 형식과 관련된 측면이다. 내용은 형식을 통해 자기를 드러낸다. 어떤 사물현상이나 그 내용의 존재방식을 이루고 있으며, 그 내용의 존재를 가능하게 하는 형식을 갖고 있다. 마찬가지로 아무리 의의 있는 실용적인 물건, 물질적 재부라고 하더라도 관습과 전통을 반영한 일정한 구조와 형태, 장식수법 등으로 그 존재양식을 표현하지 못하고 거기에 미적 요구와 사상감정 및 취미가 반영되어 있지 못하면 문화로서의 특성은 살지 못한다. 이처럼 내용적인 측면은 실용적인 것과 관계되어 있지만 형식적인 측면은 그것을 창조한 사람들의 미적 요구와 감정, 취미와 기호가 깃들어 있기 때문에 정서미학적인 것이라고 말할 수 있다. 바로 정서미학적 측면과 관련된 형식이 전통과 관습으로 고정되고 공고화되어 종족이나 겨레마다 문화의 고유한 특성을 가지게 한다.

　신석기시대의 우리 동족이 창조한 원시문화의 공통성은 질그릇 갖춤새에서 아주 잘 나타난다. 그 가운데서도 동족의 고유한 취미와 세련된 솜씨가 하나의 전통적인 수법으로 굳어져 그들의 정서미학적 특성을 가장 잘 반영하고 있는 것은 질그릇의 생김새와 겉면장식이다. 우리나라 신석기시대 주민들(옛 유형의 한반도인)은 한반도와 중국 동북부, 연해주 방면의 넓은 지역에서 살면서 지역적 특성이 뚜렷한 궁산 유형, 동삼동 유형, 암사동 유형, 서포항 유형 등 여러 형태의 다양한 신석기문화를 창조해냈다. 이러한 다양한 문화들은 신석기시대 한반도와 중국 동북지역, 연해주 지역 등지에 같은 갈래의 서로 다른 종족들이 살고 있었으며, 각 문화유형의 차이는 종족의 특성을 반영한 것이라고 볼 수 있다.

　그것은 질그릇 형태에서 그릇 밑창이 납작한 것과 둥근 것, 굽이 있는 것과 없는 것, 그릇의 목과 어깨가 있는 것과 없는 것, 통이 깊은 것과 얇은 것, 그리고 크기가 각이한 데서 표현된다. 또한 질그릇의 겉면장식에서도 우리나라 신석기 문화유형들 사이에는 일정한 차이가 나타나고 있다. 하지만 종족적 특성, 지역적 차이만 존재하는 게 아니라 일괄하여 그것을 하나로 결합시키는 문화적 공통성, 고유한 문화의 특성이 존재하였으며, 그것이 겨레의 문화적 공통성으로 발전했다. 그렇기 때문에 신석기시대 각 지역 사이의 문화적 차이만을 앞세우는 것은 잘못이다. 다른 지역의 신석기인들과 구별되는 우리 겨레의 문화적 공통성을 찾고, 그것의 발전과정에서 겨레의 문화적 공통성이 형성되어 가는 과정을 밝혀내야 한다.

질그릇 갖춤새에서 우리 겨레의 문화적 공통성, 고유한 특성은 먼저 그릇 형태에서 나타난다. 한반도 신석기인들은 여러 가지 용도에 따라 다양한 크기의 질그릇을 만들어 사용했지만 그릇 몸체 전체의 윤곽선, 즉 그릇의 생긴 모양이 같은 것들이 많다. 신석기시대의 여러 시기에 걸쳐 쓴 통이 깊은 그릇들에는 그릇 형태가 비교적 단순함에도 불구하고 그릇 아가리와 몸체 및 밑창의 직경과 그릇 높이의 비율이 잘 조화되어 안정감이 있으며 세련되고 아담한 모습을 보여준다.

예를 들어 궁산문화의 키 높은 그릇은 달걀의 한쪽 끝을 잘라버린 것과 같은 생김새를 가진 둥근밑그릇이고 서포항문화와 미송문화의 키 높은 그릇들은 모두 화분형에 가까운 생김새를 가진 납작밑그릇으로, 밑창부의 생김새가 서로 달라 그것이 신석기시대 지역적 문화를 분류하는 중요 징표가 되고 있다. 하지만 양자는 모두 아가리 직경에 비해 높이가 더 큰 통이 깊숙한 질그릇들일 뿐 아니라 질그릇 몸체의 윤곽에서 공통적인 특징이 나타난다. 그것은 아가리에서 밑창에 이르는 몸체의 윤곽선이 밋밋한 호선을 이루는 간결하고 세련된 느낌을 주는 형태라는 공통성이 있다. 그래서 밑창의 형태만을 좀 변형시킨다면 같은 생김새의 그릇이 될 수 있게 되어 있다. 따라서 키 높은 둥근밑그릇과 납작밑의 화분형 그릇은 공통적인 생김새의 특징을 많이 가지고 있는 그릇들이라고 말할 수 있다. 우리나라 신석기시대 질그릇들은 전반적으로 보아 형태가 복잡하지 않고 간결하면서도 아담한 느낌을 주는 것이 특징이다.

질그릇 갖춤새에서 문화의 공통성, 고유한 특성은 다음으로 겉면장식 수법에서 나타난다. 우리나라 신석기문화를 하나로 통일시키는 문화의 공통성, 이웃 지역의 신석기문화와 구별되게 하는 문화의 독자성은 무엇인가? 그것은 질그릇의 겉면장식에서는 새김무늬그릇이 기본을 이루고 있는 점이며, 또한 새김무늬에 점선 또는 사선의 띠무늬, 전나무잎 무늬, 삼각형 구획 안에 점이나 선을 채워 넣은 도안이 있는 것이다. 지금까지 알려진 우리나라 신석기시대 유적들에서는 새김무늬그릇과 그 조각이 빠짐없이 나왔다. 이것은 옛 유형의 한반도인들이 수천 년에 걸친 신석기시대 대부분의 기간에 새김무늬를 즐겨 썼다는 것을 말해준다.

우리나라에서 신석기문화는 시간이 흐르는 데 따라 다양하고 다채롭게 발전하면서 문화의 내용은 더욱더 풍부해졌지만 겨레의 고유한 문화적 특성, 겨레마다에 특징적인 문화의 공통성은 공고히 발전되어 정서미학적 측면에서 단일한 경향이 확고하게 보존 강화되었다. 그것은 질그릇 겉면장식 수법에서나 질그릇의 형태, 질그릇의 바탕흙 등 질그릇 갖춤새의 모든 요소들에서 나타났다. 이렇게 동족을 이루는 옛 유형 한반도 사람들이 신석기시대에 우리 강토에서 창조한 원시문화는 이웃과 구별되는 고유한 특징으로 하나의 겨레에 속하는 문화적 공통성을 이루고 있다. 이것은 우리 민족 고유한 심리적 특성이 신석기시대에 이미 형성되기 시작했다는 것을 말해준다.

대표적으로 우리 민족은 우아하고 점잖은 예술적 취향과 미감을 갖고 있다. 선율도 굴곡이 심하지 않아 부르기 쉽고 순탄한 선율을 좋아하며, 진하고 무거운 것보다도 연하고 부드러운 느낌을 주는 것을 좋아하는데, 이것은 우아하고 점잖으며 유순한 것을 좋아하는 미적 정서와 하나로 통일되어 있다. 색감도 시원하고 맑은 느낌을 주는 연하고 가벼운 것을 좋아한다. 또한 간결하면서도 섬세한 것을 즐기는 미적 감정도 갖고 있다. 이러한 민족적 정서는 고려자기에 잘 표현되어 있다.

이러한 민족적 정서와 심리의 하나를 이루는 미감의 연원을 거슬러 올라가면 신석기시대의 질그릇에 이르게 된다. 이웃 나라들의 신석기시대 질그릇들은 그 형태와 모양에서 질그릇 아가리와 손잡이를 사람이나 짐승으로 형상화해 심한 굴곡을 조성하고 복잡한 변화를 줌으로써 조잡한 느낌을 갖게 하며, 겉면장식에서도 지나치게 복잡하게 하거나 채색을 기본으로 하고 거기에 사람, 짐승, 물고기 등 생물체를 형상함으로서 장식효과를 복잡하고 진하며 무거운 감을 가지도록 만들었다. 하지만 우리 겨레가 남긴 신석기시대 질그릇은 형태를 비교적 단조롭게 만들고 직경과 높이의 비례를 안정감을 가지게 조화시켜 세련되고 간결하고도 우아한 감을 주게 만들고, 겉면장식에서도 간결하고 선명하게 함으로써 연하며 담담하고도 아담한 느낌을 준다.

신석기시대에서는 우리 강토에 몇 개의 종족이 있었는가 하는 문제는 문화유형에 대한 연구를 통하여 심화시켜야 할 앞으로의 과업이지만, 문화의 공통성이 보여주는 바와 같이 우리 강토에 있던 종족들이 친연관계를 가진 같은 겨레의 종족들이었으며 하나의 겨레, 동족을 이루고 있었다는 것은 의심할 바 없다. 즉, 신석기시대에 이미 우리 겨레의 문화적 공통성이 이루어졌다고 확언할 수 있다.

5. 겨레의 언어적 공통성의 형성

이미 신석기시대에 혈연적·문화적 공통성뿐 아니라 언어적 공통성도 형성되었다. 신석기시대의 언어적 자료는 남아 있지 않아 그 전모를 밝힐 수 없지만 언어적 공통성이 혈연적·문화적 공통성과 그 형성 시기나 내용에서 밀접한 관계를 갖고 있다는 점에서 볼 때 신석기시대에 언어적 공통성이 형성되었다고 봐야 한다. 우리 겨레의 기원과 겨레말의 형성은 서로 다른 문제이지만, 유기적으로 연관되어 있는 한 과정의 두 측면이다.

우리 겨레와 말은 하나의 통일적 과정에서 동시에 형성되었다. 사람을 떠난 언어를 생각할 수 없고 언어를 떠난 사람에 대해 말할 수 없다. 이와 마찬가지로 겨레는 겨레마다 고유한 자체의 언어를 갖고 있다. 여러 종족이 하나의 겨레로 통일된 근저에는 언제나 언어의 공통성이 놓여 있다. 언어가 의사교환과 표현의 수단인 것만큼 통일적인 하나의 언어가 형성되지 않고서는 사람들 사이의 교제도 의사소통도 이루어질 수 없으며, 하나의 집단으로 결속될 수도 또 여러 집단들이 하나의 더 큰 집단으로 통일될 수도 없다. 그러므로 언어는 원시시대의 종족들을 하나의 겨레로 결합시키는 중요한 요인의 하나로 작용한다.

신석기시대의 원시종족들이 하나의 겨레로 결속되어 통일적인 하나의 문화를 창조한 것은 언어의 공통성이 이루어졌기 때문에 가능한 것이었다. 종족마다에 특정적인 방언은 존재하였지만 그 방언을 하나로 통일시킨 공동의 언어가 형성되어 있었기 때문에 이미 신석기시대에 우리 겨레는 고유하고 통일적인 문화를 창조할 수 있었으며, 대를 이어 독특한 풍습과 전통을 계속 간직해 올 수 있었다. 우리말은 우리 겨레의 형성 시기와 동일하게 신석기시대에 이미 확고하게 형성되었으며, 지역적으로는 한반도를 중심으로 한 동북아시아의 넓은 지역에서 형성되었다. 이것은 우리 겨레와 마찬가지로 우리말도 알타이산맥 저쪽에서 형성되어 온 것이 아니라, 처음부터 이 땅에서 발생해서 뿌리내린 언어라는 것을 뜻한다. 또한 우리말의 형성을 살펴볼 때 그 구성상 하나의 갈래로 이루어진 단일한 언어였다는 특징을 갖고 있다. 우리나라 사람이 우리 땅에서 형성된 이래 옛 유형 한반도인이 하나의 핏줄을 이은 한 갈래의 사람이었던 것과 마찬가지로 언어 또한 혼성어가 아니라 단일한 구성으로 이루어진 하나의 조선말이었다.

우리말이 구성상 단일한 한 갈래의 언어였으며, 그것이 형성된 신석기시대부터 우리 강토에서는 언어적 공통성이 이루어져 있었다. 우리나라의 경우에도 씨족이나 종족마다에 특정적인 씨족어나 종족어가 있었다. 그런데 그 씨족이나 종족이 혈연적으로 한 갈래에서 기원한 사람들이었기 때문에 그들의 언어에서 지역적 특성, 방언적 차이는 크지 않았다고 볼 수 있다. 겨레의 형성은 흔히 여러 종족들의 교차와 융합을 동반한다. 원시시대 말경에는 전쟁과 충돌에서 승리한 종족을 중심으로 하여 겨레가 형성되는데, 이에 맞게 언어의 통합이 이루어지고 겨레의 통일적인 언어가 형성된다.

겨레의 성격과 갈래가 뚜렷해지는 것은 신석기시대부터이다. 신석기시대에는 일정한 지역을 포괄하는 문화적 공통성이 형성되고 그 문화를 창조한 사람들이 유사한 모습을 지닌 하나의 인류학적 유형으로 묶여진다. 인종적 특징이 형성되면서 사람들은 인류학적 유형으로 구분되는데 여기에는 오랜 역사적 과정에 이룩된 문화적 및 정신심리적 공통성뿐 아니라 언어적 공통성이 포함되어 있다. 이러한 것들은 신석기시대의 언어적 자료가 남아 있지 않기 때문에 이후 고대 시기 종족들의 언어적 자료를 통해 언어적 공통성이 이루어진 정형을 추산해 볼 수밖에 없는데, 이를 종합적으로 검토해 볼 때, 우리 겨레를 형성한 종족들은 언어학적으로 크게 구별되지 않는 종족들이었기 때문에 겨레의 공통적인 언어가 다른 지역보다도 쉽게 이루어졌고 또 언어적 공통성도 보다 공고하였겠다고 볼 수 있다.

── 고조선과 우리 민족의 형성 ──

1. 민족의 형성과정

우리 민족의 형성 시점을 둘러싸고 여러 가지 견해가 존재하며, 아직까지 확고하게 정립되어 있지 못한 상태이다. 과거에는 서구에서 만들어진 민족형성이론을 기계적으로 받아들여, 자본주의 체제 수립과 결부시켜 민족 형성을 논했었다. 서구에서 만들어진 민족형성이론은 민족의 형성을 자본주의와 결부시켜 해명해놓았다.

대표적으로 마르크스-레닌주의에서는 민족을 자본주의 시대에 발생한 역사적 범주로 보면서, 인류 역사에서 처음으로 형성된 민족을 부르주아 민족이라고 봤다. 민족의 기본 징표가 자본주의 시대 이전부터 점차 형성되기 시작했지만 그것은 어디까지나 맹아적 형태에 불과했고, 장차 일정한 조건이 성숙될 때 민족을 형성할 수 있는 가능성에 지나지 않는다고 봤다. 그리고 지방적 폐쇄성이 극복되고, 하나로 통합된 자본주의적 시장이 형성되고, 경제문화적 중심지가 생겨나는 자본주의 시대에 와서야 비로소 민족 형성의 가능성이 현실성으로 전화될 수 있었다고 봤다.

이러한 견해는 서유럽의 경우에는 들어맞는 이론이다. 서유럽의 경우에는 여러 가지 이유로 인해 자본주의 시대에 접어들어서야 비로소 민족이 형성되게 된 것이다. 첫째는, 그리스나 로마와 같은 고대국가는 중앙집권적인 통일국가가 형성되지 못하고, 아테네, 스파르타와 같은 여러 개의 도시국가들로 분리되어 있음으로 인해서 신석기시대에 형성된 족(에트노스)들이 민족으로 발전할 수 없었다. 둘째로, 중세기에 접어들면서 4세기부터 11세기에 걸쳐 소위 민족대이동이 있었다. 이 과정에서 여러 족들이 하나의 지역에 함께 거주해 살게 되었기 때문에 혼혈민족, 복합민족의 형태로 민족이 형성되지 않을 수 없게 됨으로써 민족 형성의 시기가 늦어지게 되었다. 셋째로, 폐쇄적이고 분산적인 유럽 봉건체제로 인해 민족이 형성될 수 있는 조건이 갖추어지지 못했다.

이러한 유럽의 경험은 보편적이라기보다 유럽의 특수한 경우이며, 따라서 유럽의 경험을 일반화시켜 그것을 보편적인 민족이론으로 정립하는 것은 잘못이다. 역사적 경험은 우리나라와 같이 하나의 겨레가 하나의 민족으로 발전한 단일민족의 경우에는 적용되지 않으며, 고대·중세 시기 중앙집권적이고 통일적인 국가를 갖추었던 아시아 지역의 경우에도 적용될 수 없다.

유럽의 경우에는 민족의 형성이 자본주의 등장과 함께 이루어졌다. 하지만 민족의 형성 시기는 반드시 자본주의 등장과 연결되는 것은 아니다. 일반적으로 하나의 족이 하나의 민족으로 발전하는 단일민족의 경우에는 민족 형성의 시기가 빠르며, 여러 족이 모여 하나의 민족을 형성하는 복합민족, 혼혈민족의 경우에는 민족 형성의 시기가 늦다. 단일민족의 경우 하나의 족에 기초해 민족이 형성되는 것을 말하는데, 그럴 경우 혈연적·언어적·문화적 공통성이 이미 이루어져 있고, 또 그 족의 분포영역이 확정되어 있었기 때문에 민족 형성의 계기만 주어지면 곧바로 민족으로 발전해 나간다. 우리 민족 같은 경우가 대표적이다. 반면 복합민족의 경우는 여러 족들이 뒤엉켜 새로 이루어지기 때문에 민족 형성의 계기가 주어질 때 비로소 민족의 기본 징표가 되는 공통성이 형성되기 시작한다. 서로 다른 족들이 새롭게 혈연적·언어적·문화적 공통성을 형성하는 과정은 꽤 오랜 시간이 요구된다. 그렇기 때문에 이럴 경우 단일민족의 경우보다 민족 형성의 시기가 늦어지기 마련이다.

서구에서는 대다수의 나라들에서 자본주의의 등장과 함께 민족 형성의 계기가 주어질 수밖에 없었다. 앞에서 언급했듯이 신석기시대에 형성되었던 족(에트노스)이 민족으로 발전할 수 있는 계기를 갖지 못한 채 고대와 중세 시기를 거쳤으며, 특히 인구대이동으로 인해 여러 족들이 한 지역에서 함께 살면서 민족 형성의 계기를 잡지 못했다. 특히 서구 중세 봉건사회의 지독한 지역적 분산성과 폐쇄성으로 인해 더더욱 민족 형성의 길이 막혀 있었다.

　서구에서는 막혀 있던 민족 형성의 길이 자본주의의 성장발전과 함께 비로소 열리게 됐다. 자본주의가 성장발전하려면 값싼 노동력을 손쉽게 구매할 수 있고 공장에서 생산된 상품을 판매할 수 있는 넓은 시장이 요구되었다. 이러한 시대적 요구에 따라 각 나라에서는 지역적 분산성과 폐쇄성을 극복하고 중앙집권적 국민국가 형성으로 나아갔다. 자본주의 발전의 요구에 따라 형성되기 시작한 중앙집권적인 국민국가 형성이 서구에서 민족 형성의 정치적 계기를 제공했다. 중앙집권적 국민국가 형성과정에서 민족단위로 국민국가가 형성되었고, 이 과정에서 민족의 형성이 완성되게 됐다. 그러다 보니 서구에서는 민족이라는 개념과 국민이라는 개념의 차이가 거의 없이 사용되고 있다.

　서구의 민족 형성이 자본주의와 결부되어 진행되다 보니, 서구 민족이론에서는 민족을 자본주의의 산물로 봤다. 즉, 민족 형성과 자본주의를 이론적으로 결부시켜놓았다. 하지만 이러한 이론은 서구의 경험을 일반화, 절대화한 것으로 전 세계적으로 보편적으로 적용될 수 없다. 민족의 형성이 반드시 자본주의와 결부되어 있다고 보는 견해는 현실에 비추어서 들어맞지 않는다. 겨레에서 민족으로 발전해 나갈 수 있는 정치적 계기가 자본주의 이전에도 주어질 수 있고, 자본주의 이전에도 민족이 형성된 사례가 있다. 바로 우리나라가 그 대표적인 사례이다.

　우리나라에서는 신석기시대에 겨레가 완성되었으며, 동아시아 최

초의 고대국가인 고조선이 성립되어 중앙집권적 고대국가가 형성됨
으로써 민족 형성의 정치적 계기가 만들어졌다. 그 결과 우리 민족은
고조선 시기에 겨레에서 민족으로 발전해 우리 민족의 원형이 만들어
졌고, 중세 시기에 민족 형성이 기본적으로 완성되었다. 이처럼 겨레
의 단계에서 민족으로 발전해 나갈 수 있는 정치적 계기가 언제 어떻
게 주어지느냐에 따라 민족 형성의 시기가 결정되는 것이지, 꼭 자본
주의와만 결부되어 있는 것이 아니다.

이처럼 세계에는 오직 복합민족만 있는 것이 아니라 우리나라와 같
이 단일민족도 엄연히 존재한다. 그렇기 때문에 민족을 구성상의 특
성에 따라 하나의 겨레, 족에 기초해 형성된 단일민족과 여러 개의 겨
레, 족들의 혼혈로 형성된 복합민족이라는 두 가지 유형으로 나눠야
한다. 단일민족의 전형적인 사례는 우리 민족이다.

우리 민족은 하나의 겨레에 기초하여 형성되었기 때문에 혈연적으
로뿐 아니라 인종적으로도 통일되어 있다. 반면에 유럽 민족들은 거
의 다 복합민족이다. 이탈리아 민족이나 프랑스 민족, 영국 민족이나
독일 민족은 모두 복합민족이다. 이탈리아 민족의 경우 로마인, 게르
만인, 그리스인, 에트루리아인, 아라비아인 등과 같은 여러 갈래의 족
들이 서로 혼혈되어 이루어졌다. 그들은 하나의 민족을 이루었기 때
문에 혈연적 공통성이 형성되긴 했다. 하지만 여러 갈래 족들의 혼혈
이기 때문에 이탈리아의 북부지역 주민들은 남부지역 주민들보다 키
가 훨씬 크고 머리는 짧으며 눈동자의 색깔과 머리칼의 색깔이 한결
더 밝은 등 지역적 차이가 명백히 드러난다. 이탈리아처럼 혼혈로 이
루어진 복합민족의 경우는 전통적인 혈통이 뚜렷하지 않으며, 민족의

선조도 명백하지 않다.

단일민족과 복합민족은 민족 형성 시기와 민족 징표의 공고성에 의해서도 구별된다. 양자는 우선 민족의 형성 시기가 다르다. 단일민족의 경우 하나의 족에 기초해 그 민족이 형성되기 때문에 이미 족의 범위에서 혈연적 · 언어적 · 문화적 공통성이 이루어져 있기 때문에 민족 형성의 계기가 마련되기만 하면 그 족이 바로 민족으로 전환될 수 있다. 반면에 복합민족은 여러 갈래의 족들이 뒤섞여 새로 이루어진 것이기 때문에 민족 형성의 계기가 조성된 이후에 비로소 민족의 기본 징표가 되는 공통성이 형성되기 시작한다.

서로 다른 배경을 가진 족들이 새로 조성된 민족 형성의 계기에 따라 혼혈되는 역사적 과정을 통하여 새로운 혈연적 · 언어적 · 문화적 공통성이 이룩되어 가고, 따라서 하나의 민족으로 통일된다. 그러므로 복합민족의 경우에는 단일민족의 경우와 달리 민족 형성 이전에는 그 어떠한 통일적인 혈연적 · 언어적 · 문화적 · 영토적 공통성도 가질 수 없으며, 민족 형성의 계기가 마련된 이후에 민족의 공통성이 갖추어지기 시작한다.

그렇기 때문에 단일민족의 형성이 완성될 때 복합민족의 형성이 비로소 시작된다. 또한 단일민족은 하나의 족에 기초해 형성된 민족이기 때문에 족과 민족 간의 차이가 크지 않으며, 양자 사이에는 혁신보다 계승의 측면이 우세한 법이다. 하지만 복합민족의 여러 족에 기초해 형성된 민족이기 때문에 족과 민족 사이에는 엄연한 질적 차이가 존재하고, 양자 사이에는 계승보다 혁신의 측면이 우세한 법이다.

또한 단일민족과 복합민족은 민족 징표의 공고성이 서로 다르다.

단일민족은 민족 징표가 비할 바 없이 공고하고 민족성도 강하게 이루어지지만, 복합민족의 경우 민족을 구성하고 있는 족들이 민족 형성 단계에 들어서서 비로소 새로운 민족적 공통성을 형성하기 시작하기 때문에 상대적으로 공고하지 못하며 민족성도 강하지 못하다. 혈연적 공통성의 경우 서유럽 민족들은 민족으로서 가지게 되는 혈연적 공통성은 이루어져 있지만 복합민족이기 때문에 인류학적 특징은 단일하지 않으며, 그 민족을 이룬 족들의 인종적 특징이 반영되어 지역적으로 구별되고 여러 인류학적 유형으로 구분된다. 영국에서는 동부 주민들과 서부 주민은 같은 민족을 이루고 있지만 인류학적으로 구별된다. 또한 독일에서는 하나의 민족을 이루고 있는 사람들이 5개의 지방 유형으로 구분된다. 폴란드도 동부와 서부 주민들이 인류학적으로 구분된다.

또한 민족 형성과정에서도 양자는 차이가 난다. 유럽과 같은 복합민족의 경우 자본주의의 발생발전과 함께 비로소 민족의 형성이 시작될 수 있었다. 민족이 형성되려면 혈연적 · 언어적 · 문화적 공통성이 형성되어야 하는데, 이것은 일정한 조건과 계기가 필요하다. 민족을 포괄하는 지역적 범위에서 밀접한 교류와 소통, 공동생활이 이루어져야 하는데, 유럽의 경우 중세 시기 지역적 분산성과 폐쇄성이 심한 봉건체제가 오랫동안 계속되었기 때문에 민족 형성의 조건과 계기가 주어지지 않았고, 자본주의적 생산양식의 발생발전과 함께 하나로 통합된 단일한 주민시장이 형성되고 경제적 · 문화적 중심지가 생겨났으며, 중앙집권적 국가가 형성되면서 비로소 그 조건과 계기가 마련되었다.

그 결과 서구에서는 민족 형성과 자본주의 제도의 확립을 결부시키는 이론이 만들어진 것이다. 반면에 단일민족의 경우에는 하나의 족에 기초하여 그 민족이 형성되기 때문에 이미 족의 범위에서 혈연적·언어적·문화적 공통성이 이루어져 있었고, 또 그 족의 분포영역이 확정되어 있었기 때문에 민족 형성의 계기가 마련되기만 하면 그 족이 곧 민족으로 전환될 수 있었다. 우리나라에서 민족 형성의 계기가 마련된 것은 바로 고조선의 건국이다.

2. 고조선의 건국과 우리 민족 형성

우리나라에서는 단군이 고조선을 건립한 것과 때를 같이하여 민족 형성이 시작되었다. 고조선의 건국은 신석기시대에 완성된 겨레가 민족의 단계로 발전해 나갈 수 있는 정치적 계기를 제공해주었다. 겨레(동족)와 민족은 혈연, 언어, 문화, 지역의 공통성에 기초해서 형성된 사회적 집단이라는 공통성을 갖는다. 하지만 겨레는 민족 형성의 전 단계로서 사회적 집단의 공고성에서 질적인 차이를 갖는다. 그리고 하나의 겨레가 하나의 민족으로 발전하는 경우도 있지만, 그렇지 못하고 여러 개의 겨레들이 혼혈의 과정을 거쳐 복합민족, 혼혈민족으로 발전해 나가는 경우가 많다.

그렇다면 어떤 요인의 작용에 의해 그 경로가 달라지는가? 그것은 바로 겨레가 민족으로 발전할 수 있는 정치적 계기가 어떻게 주어지는가에 따라 달라진다. 겨레가 민족으로 발전할 수 있는 정치적 계기가 될 수 있는 것은 중앙집권적 국가체제의 존재 유무이다.

국가는 민족 형성에 결정적 계기를 제공한다. 국가는 사람들을 하나의 사회정치적 공동체로 결속시키는 역할을 함으로써 민족의 기본 징표인 혈연적·언어적·문화적 공통성이 형성될 수 있는 바탕을 만들어준다. 그런데 이 중 그 어느 것도 사람들 사이의 접촉과 교제가 이루어지지 않고서는 이룩될 수 없다는 것은 자명하다. 그런데 국가는 일정한 영토를 차지하고 있기 때문에 공고한 지역적 공통성을 이룩할 수 있게 한다. 일정한 영토로 표현되는 지역적 공통성은 사람들 사이의 접촉과 교제가 이루어질 수 있게 하는 터전을 마련하며, 그 접촉과 교제의 범위를 확정한다. 일정한 영토는 사람들로 하여금 하나의 생활공동체를 이루고 공동으로 살 수 있게 하는 물질적 기초가 된다. 따라서 영토가 민족을 이루게 하고 그 존립을 담보하는 중요한 바탕이 된다.

일정한 영토는 핏줄의 공통성을 이루게 하는 필수적 전제가 된다. 사람들은 같은 지역에서 오랫동안 함께 살게 되면서 핏줄의 공통성을 간직하게 되었다. 일정한 영토는 언어의 공통성을 이루게 하는 객관적 조건이 된다. 사람들은 같은 지역에서 함께 살며 일하는 과정에 같은 뜻으로 이해되는 언어를 창조하였으며, 그것으로 의사소통을 하고 노동경험을 교환하면서 공동활동과 집단생활을 영위하였다. 일정한 영토는 문화의 공통성을 이루게 한 중요한 요인의 하나로 작용하였다. 사람들의 생활풍습과 활동방식, 외부세계에 대한 심리정서적 체험방식은 일정한 영역에 의하여 이루어진 사람들 사이의 접촉과 교제를 통하여 통일되며, 또 그들이 사는 자연지리적 환경과 깊은 연관을 가진다.

이처럼 국가는 민족 형성의 결정적 계기를 마련해준다. 그런데 왜 동서양을 막론하고 많은 고대국가들이 형성되었는데도 불구하고, 서유럽에서는 민족 형성의 계기가 되지 못한 채 자본주의 시대에 접어들어서야 비로소 민족이 형성되었는가? 서유럽에서는 빈번한 전쟁으로 국가들이 흥망성쇠를 반복했기 때문에 국가의 영역이 일정하지 않았고 국가의 주민구성이 계속 변했기 때문이다. 이런 경우 비록 국가가 건립되었더라도 그것이 혈연적 · 언어적 · 문화적 공통성을 이룩할 수 있게 하는 터전이 될 수 없다.

물론 국경이 자주 변한다 하더라도 주민구성이 일정한 경우에는 그 국가가 혈연적 · 언어적 · 문화적 공통성을 이룩할 수 있는 바탕이 되지만, 국가의 흥망성쇠와 국경의 변화가 주민구성의 교체를 가져오는 경우에는 민족 형성의 계기가 되지 못한다. 유럽에서는 4~7세기경에 게르만족, 슬라브족, 사르마트족 등이 로마제국 영역에로 대규모적인 침입을 단행하였으며, 이 침입과 관련하여 주민의 대이동이 시작되었다. 이렇게 국가가 안정된 영역을 가지지 못하여 영토의 공통성을 오랫동안 보장하지 못하는 경우에는 민족 형성의 계기를 마련하지 못하며, 더욱이 산지사방에서 밀려든 여러 갈래의 종족들로 이루어진 복잡한 주민구성을 가진 유럽의 경우에는 부르주아 문명을 확립한 근대사회에 들어서서 국가를 단위로 하는 혈연적 · 언어적 · 문화적 · 지역적 공통성이 이루어져 부르주아 민족으로 결합될 수 있었던 것이다.

반면에 단군조선의 건국은 우리 민족 형성에서 중요한 정치적 계기가 될 수 있었다. 그것은 단군조선이 하나의 겨레에 기초해서 세워졌고, 천여 년 이상 계속되었기 때문이다. 장구한 원시시대의 역사적 과정을 통해 혈연적으로나 언어·문화적으로 통일적인 발전의 길을 걸어오면서 하나의 겨레에 결속되어 동족을 이룬 주민에 기초해 국가가 세워짐으로써 그 국가는 이미 이룩되어 오던 공통성을 더욱 공고하게 발전시켜 그것을 민족의 높이까지 이르게 만들었다. 그 결과 단군조선 시기에 겨레의 단계에 있던 우리 겨레가 민족의 단계로 발전하면서 우리 민족이 형성되게 된 것이다.

우리 강토에서 첫 고대국가인 고조선의 건국이 우리 민족 형성에서 중요한 계기가, 민족 형성의 담보를 마련하는 역사적 사변의 하나가 된 것은 무엇 때문일까? 그것은 그 국가가 중앙집권적 권력에 기초한 국가였기 때문이다. 중앙집권적 권력은 사람들을 하나의 사회정치 생활 단위로 결속시킨다. 또한 수도를 중심으로 하는 경제와 문화 발전의 중심지가 생겨나고, 그것을 거점으로 통일적인 발전을 이룩하고 하나의 국가주권 밑에서 모든 사람들이 상호 긴밀한 관계를 갖고 생활하게 한다. 바로 이것이 형성되어 가던 그들의 혈연적·언어적·문화적 공통성을 한층 강화할 수 있게 하였으며, 그에 기초하여 하나의 공고한 사회적 집단인 민족으로 발전하여 나갈 수 있는 계기가 마련된 것이다.

중세 유럽의 경우와 같이 절대군주제에 기초한 중앙집권적인 통치체제를 세우지 못하고 분권주의가 특징적인 국가에서는 오히려 형성되어 가던 혈연적·언어적·문화적 공통성조차도 지역의 통일적인 발전의 터전이 마련되지 못하여 도리어 새롭게 분화되는 경향도 나타나게 된다. 국가가 그 영역 안의 모든 종족집단들을 중앙집권적인 지휘체계에 망라시키고, 통일적이고 중앙집권적인 사회적 관리기능을 수행하는 포괄적인 정치조직으로 강화 발전됨으로써만 동족과 지역의 통일성을 실현하는 결정적인 사회역사적 계기와 객관적 조건을 마련해준다.

단군은 기원전 30세기 초 평양을 중심으로 첫 고대국가를 세우고 한반도 서북지방을 포함한 넓은 지역을 고조선의 국가영역으로 삼았다. 또 왕을 중심으로 하는 정연한 국가 관리기구를 세우고 무려 1,500년 동안 나라를 통일적으로 통치하였다. 단군은 정연한 중앙관리기구와 지방통치체제를 세워 나라를 통일적으로 지배했다. 단군조선의 영역 안에는 직할지와 후국뿐 아니라 각기 다른 발전단계에 있는 소국들도 있었으며, 기본 영역 밖에는 넓은 지역을 차지하는 속령들도 있었다. 이처럼 다양한 형태의 지배체제가 상존했지만 왕권의 영향은 전체에 미쳤다.

이렇게 정연한 조직체제를 가진 중앙정치기구와 지방통치기구를 통해 왕을 비롯한 통치계급의 의사를 통일적으로 관철해 나가는 과정을 거쳐 민족적 공통성을 더욱더 공고히 발전시켜 나갈 수 있었다. 단군조선 시기 이후 후조선 시기에는 부여, 구려, 진국 등 여러 고대국가들이 형성되었지만, 나라들 사이의 경제적, 문화적 연계가 강화됨에 따라 고대국가 주민들 속에서는 종전부터 전해져 오는 같은 겨레, 동족이라는 자의식을 더욱 깊이 간직할 수 있게 되었으며, 시간이 경과하는 데 따라 그들 모두가 점차 고조선의 주도적인 역할에 의하여 하나의 단일민족으로 공고히 발전하게 되었다.

단군은 우리 강토의 첫 고대국가 고조선을 건립함으로써 우리 민족 형성에서 중요한 계기를 마련하고 단일민족 형성의 시원을 열어놓았다. 그리고 1,500여 년에 걸친 단군조선의 존속은 우리 민족 형성사에서 거대한 업적을 남겼다. 그것은 단군조선의 유구한 역사를 통하여 우리 민족이 형성될 수 있는 기틀이 기본적으로 마련되었다는 데 있다. 단군조선의 성립과 그 존속은 단일민족 형성의 기틀을 마련하였을 뿐 아니라 우리나라 사람이 기본적으로 하나의 단일민족으로 결속될 수 있는 전제가 되었다.

단군조선 시기의 우리 선조들은 민족 형성의 터전이 된 조국강토에 그 어떠한 외래종족이나 이민족도 침입해 들어와 정착해 살지 못하도록 민족적 자주권을 굳건히 고수하여 주민구성의 단일성, 단혈성을 확고히 보장하였다. 단군조선은 원래 단일한 주민집단을 하나의 민족으로 결합시키고 왕을 비롯한 지배계급의 의사관철을 통일적으로 조직동원하여, 다른 종족이나 민족의 침입을 막고 자기의 민족의 자주성을 옹호하기 위하여 민족적 자각을 높여 국토를 튼튼히 지켜냈다. 단군조선은 북방계 외적의 침입과 이주가 그야말로 빈번하던 고대 전기간에 걸쳐 막강한 국력으로 영토의 안정을 보장함으로써 원시시대부터 우리 강토에서는 하나의 겨레로 형성되어 민족 형성 단계에 들어선 사람들이 혈연적 단일성을 고수하고 단일민족으로 발전할 수 있게 하였다.

이와 같이 단군조선의 성립을 계기로 우리 민족이 형성되었으며 단군조선이 건립됨으로써 우리 민족이 단일민족으로 공고히 발전할 수 있는 실제적인 담보가 마련되었다. 그렇기 때문에 우리 겨레는 예로부터 고조선을 세운 단군을 우리 민족의 원시조로 칭송하고 숭배하였다. 단군은 우리 민족 형성의 시원을 열어놓았고, 우리 민족에게 선진

문명을 가져다주었으며, 우리 민족을 빛낸 위대한 인물이었다. 세계가 거의 다 원시상태에 머물러 있을 때 단군은 동아시아에서 최초로 고대국가인 고조선을 건국했고, 그것을 선진문명국으로 발전시켰다. 단군은 고대 시기 우리 겨레를 대표하는 가장 걸출한 역사적 인물이었다.

단군은 고조선을 건립한 후 정연한 통치체계를 세우고 경제와 문화를 발전시켜 강대한 고조선 국가의 기초를 튼튼히 다져놓았다. 단군조선은 국력이 강화되자 요동, 요서 등 북방과 한반도 남쪽의 광활한 지대로 영토를 확장하였으며, 이웃에 살던 겨레들에게 정치·경제·문화적 영향을 주어 그들의 사회발전을 촉진시켰다. 그리하여 선진적인 고조선의 영향 아래 부여, 구려, 진국 등 고대국가들이 연이어 서게 되었다. 이 나라들에 대한 고조선의 결정적인 영향에 대하여서는 우리 민족의 조상들이 살던 모든 지역에서 고조선의 특징적인 비파형동검 문화와 좁은 놋단검 문화, 고인돌 무덤, 돌관무덤 문화가 널리 보급되었던 사실이 그것을 충분히 입증해준다고 말할 수 있다.

또한 고조선은 조선 고대국가들의 앞장에 서서 대외적으로 민족의 위세를 떨쳤으며 외래침략자들로부터 겨레와 강토를 보위하는 성새의 역할을 담당 수행하였다. 바로 그렇기 때문에 고대 이후 우리 조상들은 한결같이 고조선의 창건자 단군을 원시조로 내세우고 숭배하였으며, 그것이 그대로 전통화되어 우리 겨레의 민족감정으로, 민족 자의식으로 굳어졌다.

3. 우리 민족의 형성 발전과정

우리 민족은 단일민족으로 고조선 시기에 형성되었다. 단군조선의 성립으로 겨레의 단계로부터 민족의 단계로 발전하기 시작한 우리 민족은 단군조선 1,500년 동안에 민족의 원형이 완성되었다. 단군조선은 우리 겨레가 살고 있던 한반도와 중국 동북부, 연해주 지역을 포괄하는 거대한 고대국가로 발전함에 따라 우리 겨레가 살고 있던 전 지역을 자신의 영토로 포괄했다. 그 결과 우리 겨레는 하나의 국가권력, 통일된 영토 하에서 혈연적 공통성, 언어적 공통성, 문화적 공통성, 지역의 공통성을 민족의 단계로까지 강화 발전시켜 나감으로써 민족의 징표를 완성시켜 나갔다.

하지만 단군조선 시기에 우리 민족이 형성되었다고 해서 민족의 형성이 완성된 것은 아니었다. 겨레가 민족의 단계로 발전했다고 해도 아직은 민족의 원형이 창조된 데 불과하며, 민족적 정체성과 민족의식은 아직은 유아적 단계에 불과했다. 민족의 원형이 창조되었다는 것은 민족으로서 갖추어야 할 혈연적 공통성, 언어적 공통성, 문화적 공통성, 지역적 공통성이라는 기본 징표를 갖추고, 민족적 생활양식과 자의식이 형성되었으며, 하나의 공고한 사회역사적 공동체로서 확립되었다는 것을 뜻한다. 하지만 막 형성된 민족이기 때문에 그것이 갖는 공고성은 아직 취약했다.

그런데 단군조선 이후 후조선 시기에 접어들면서 우리 민족이 살았던 단군조선 영토 위에 후조선, 구려, 부여, 진국 등 여러 고대국가들이 성립해 분립된 상태가 계속되었고, 이후에도 고려의 성립 때까지 여러 국가들이 분립된 상태가 지속되었다. 이러한 분립상태는 막 형성된 우리 민족의 성장발전에 매우 부정적인 영향을 초래했다. 그럼에도 불구하고 우리 민족은 민족으로서의 정체성을 잃어버리지 않고 우리 강토를 지켜내, 고려시대에 들어와 통일 민족국가를 형성하기에 이르렀다. 후조선 만조선 시기, 삼국시대, 남북국시대(후기신라 발해 병립시기) 등 국가 분립상태에도 불구하고 민족으로서의 정체성을 고수하며 발전시켜 올 수 있었던 까닭은 무엇일까?

단군조선 시기에 형성된 민족적 자의식이 매우 높았으며, 단군조선 이후 후조선과 고구려, 발해가 우리 민족의 북방지역을 지켜 다른 민족의 침략으로부터 지켜주었기 때문이다. 만약에 후조선, 고구려, 발해가 한반도 북부지역을 튼튼히 지켜주지 못했다면 한반도 지역으로 다른 민족이나 이족들이 대규모로 난입해 단군조선 시기에 형성된 우리 민족의 강토를 지키지 못했을 것이며, 우리 민족의 혈연적·문화적·언어적 공통성을 유지 발전시켜 나가지 못함으로써 민족으로서의 발전이 가로막혔을 것이다. 그러나 무엇보다도 민족의 정체성이 고수될 수 있었던 데에는 우리 민족은 단군조선을 원시조로 하는 단일민족이라는 민족 자의식이 매우 강했던 데에 있다.

우리 민족은 민족의 원시조에 대한 숭배관념이 유난히 높았다. 세계 어느 나라의 역사에서나 자기의 시조 왕을 신격화하고 첫 국가의 창립과정을 신화처럼 엮는 것은 일반적 경향이라고 말할 수 있다. 하지만 민족의 시조의 묘를 그처럼 소중하게 관리하고 보존해 온 민족은 없다. 평양의 단군릉은 우리 민족성의 집중적 표현이자, 민족의 긍지이고 자랑이다. 민족의 원시조에 대한 높은 숭배관념으로부터 우리 겨레들 속에서는 단군에 대한 의례풍습이 생겨났다. 그 대표적인 것이 단군 제사이다. 단군 관련 제사풍습은 원시조에 대한 숭배관념과 관련되어 있다. 고조선 사람들은 첫 고대국가를 건립하고 그것을 강화 발전시키는 데서 커다란 업적을 쌓은 시조왕 단군을 찬양하고 신비화하였다.

우리 민족은 역대로 단군을 원시조로 하는 단일민족이라는 자각이 높았다. 고조선은 물론 그 밖의 고대국가들인 구려나 부여, 진국의 주민들과 그 후의 역대 중세국가 주민들도 단군이 원시조라는 동족관념이 짙었고, 그것을 긍지로 여겼다. 이러한 민족 자의식은 단군조선의 직접적인 영향 아래 우리나라의 다른 고대국가들이 생겨났고, 단군조선의 주도적인 역할에 의하여 다른 고대국가들이 정치, 경제, 문화의 발전을 이룩할 수 있었다는 역사적 사실에 기초한 것이었다. 그러므로 우리나라 사람들 속에서는 예로부터 우리나라 고대국가들의 건국자들도 모두 단군의 후손이고, 봉건국가들의 시조들도 다 단군의 후예라고 하는 설화가 발생하여 전해 내려오게 되었다. 〈삼국유사〉 단군기에서 부여왕 해부루와 고구려왕 고주몽을 단군의 직계후손인 해모수의 아들이라고 묘사한 것, 그리고 〈제왕운기〉에서 시라(신라), 고례(구려), 부여, 예, 맥, 옥저 등이 모두 단군의 후예들이었다고 한 것 등은 이러한 역사적 사실을 반영한 것이라고 말할 수 있다.

고조선이 성립된 후 오랜 세월이 흐르는 과정에 우리 겨레들이 차지하고 있던 한반도를 중심으로 하는 중국 동북부, 연해주 지역에서는 고조선 밖에 부여, 구려, 진국 등 고대국가들이 생겨났으며, 고대국가들이 멸망한 다음에는 고구려, 백제, 신라, 가야, 후부여 등 중세국가들이 출현했다. 그런데 이 국가들은 모두 고조선에서 갈라져 나왔거나 고조선을 계승한 국가들이었다. 그런고로 모든 나라들에서 단군을 민족의 시조로 추앙하고 국가적 차원에서 단군에 대한 숭배의식을 거행했고, 고구려에서는 단군릉을 국가적 차원에서 체계적으로 관리 보존했다.

특히 고구려는 단군조선과 구려를 직접 계승한 중세 봉건국가로서 강대한 외래 침략세력들을 반대하는 치열한 투쟁을 벌여 고조선의 영역과 주민들을 되찾음으로써 고조선의 지위와 역할을 계승한 정통국가가 되었다. 고구려는 건국 이후 일정한 기간 고조선과 병존했고 기원전 108년 고조선이 한나라에 의해 멸망한 다음에는 고조선 유민들과 함께 옛 고조선의 판도를 회복하기 위한 투쟁을 줄기차게 벌여 고조선의 주민들과 영토를 전부 되찾았다. 이처럼 고구려 사람들은 단군을 원시조로 숭배했고, 주민구성이나 영토상으로 봐도 단군조선을 계승한 국가였다.

고구려가 고조선의 계승자라고 하는 것은 〈삼국유사〉 고구려조에 인용한 단군에 관한 가장 오랜 기록인 〈단군지〉 또는 〈단군고기〉가 전해준다. 이 기록에 의하면 부여나 고구려 사람들은 자기의 건국시조 고주몽이 단군의 아들이라고 하면서 단군을 자기의 원시조로 인정했다. 〈제왕운기〉에도 고구려 사람들은 단군의 아들이라고 기록되어 있다. 여기에서 단군의 아들이라는 것은 단군의 후손이라는 것을 의미한 것으로, 고주몽이 단군의 후손이라는 고구려 사람들의 인식을 반영한 것이다. 그런데 이것은 전혀 무근거한 것이 아니다. 실제로 고구려 사람들이 자기 나라 건국자인 고주몽을 단군의 후손으로 생각할 만한 충분한 역사적 근거를 갖고 있다. 그것은 고구려라는 나라 자체가 고조선의 계승국이라는 것과 고구려의 건국시조 고주몽이 단군의 후손이었다는 사실이다.

고구려는 단군조선의 후국이었다가 분립한 구려국에 뒤이은 나라였다. 그러므로 고구려의 판도와 그 주민들은 원래 단군조선의 통치하에 있었다. 그리고 고주몽은 부여 출신인데, 부여라는 나라도 이전에 단군조선의 후국이었다가 분립된 나라였으며 부여 왕실은 자신들을 단군의 후손으로 자부하였다. 고구려 왕실의 성씨는 해씨인데, 부여 왕실의 성씨와 같다. 이것은 고구려를 세운 통치집단이 부여 왕실에서 갈라져 나온 세력이라는 것을 말한다. 그런데 부여 왕실이 단군의 후손이므로 고구려 왕실 역시 단군의 후손이 된다. 그러므로 부여 왕실에서 갈라져 나온 고구려 왕실 역시 그 계보를 단군에서 찾지 않을 수 없다.

고구려 사람들이 고조선의 건국시조 단군을 원시조로 이해하면서 자기 나라를 고조선의 계승국으로 내세웠기 때문에 중국에서도 고구려를 고조선의 계승국으로 인정하였던 것이다. 고구려가 망한 후 당나라는 고구려의 마지막 왕이었던 보장왕을 조선왕이라고 했으며, 그의 손자 보원을 조선군왕이라고 불렀다. 이것은 고구려를 고조선과 동일한 나라로, 고조선의 계승국으로 보고 있었다는 것을 말해준다. 고구려 사람들이 단군을 민족의 원시조로 숭상했다는 것은 고구려 시기 단군릉을 고구려 양식으로 개축하고, 단군에 대한 제사를 국가적 차원에서 지낸 것으로도 잘 알 수 있다.

백제와 신라 역시 고조선을 계승하였고, 고조선의 경제와 문화를 이어받은 나라들이었다. 백제는 고조선을 계승한 고구려에서 갈라져 나왔을 뿐 아니라, 진국 당시 준왕 등 고조선 사람들이 대거 이주해 왔던 곳으로, 고조선과 고구려의 강한 영향을 받으면서 성장했다. 신라 역시 고조선의 유민집단에 의해 만들어진 나라이다. 남쪽에 있던 신라와 가야를 세운 세력이 고조선 유민 집단 또는 북방에서 이주해 온 사람들이었다는 것은 이 나라들의 성립과 발전에서 고조선과 고구려의 영향이 매우 컸다는 것을 말해준다. 〈삼국사기〉 신라본기의 첫 부분에는 "고조선의 유민들이 여섯 마을을 이루고 살고 있었는데, 그것이 진한 6부로 되었으며 후에 신라로 되었다"는 기록이 있다. 또한 신라의 유명한 화가 솔거가 단군의 초상화를 1천 장 이상이나 그렸다는 이야기도 전해져 오는데, 이는 신라 사람들이 자신들을 단군의 후예로 자처했다는 것을 말해준다.

고구려가 종말을 고한 이후 고구려의 옛 땅과 주민의 대부분을 망라한 발해가 서게 됨으로써 발해는 고조선과 고구려를 계승한 국가로 역시 민족을 대표하는 나라가 되었다. 발해가 고구려를 계승한 나라라는 것은 당시 국내외적으로 발해국을 가리켜 고구려, 고려라는 옛 이름을 그대로 부르는 경우가 많았던 것에서 잘 드러난다. 실례로 758년 발해 사신이 일본왕에게 자기 나라 왕의 인사를 전하면서 고려 국왕의 인사를 전한다고 했다. 일본왕들 역시 발해왕에게 보낸 편지에서 자주 고구려왕이라고 썼다. 이것은 발해 자신이 스스로 고구려의 계승국가라고 자임하고 있었다는 것을 말해주며, 다른 나라도 역시 발해를 고구려의 계승국이라고 인정했다는 것을 뜻한다. 고구려를 계승한 발해가 고구려와 같이 단군을 민족의 시조로 숭상했다는 것은 자명하다. 실례로 발해는 건국 초부터 국가적 차원에서 〈단군봉장기

년〉, 〈단기고사〉, 〈조대기〉 등의 단군조선 관계 역사책을 편찬했다. 이것은 발해가 고구려를 계승한 국가이자 고조선을 계승한 국가라고 스스로 여기고 있었다는 것을 말해준다.

이처럼 단군조선 이후 우리 민족이 여러 나라로 갈라져 있었지만, 단군조선 시기에 형성 발전된 민족적 정체성이 훼손되지 않고 유지될 수 있었다. 이것은 단군조선 이후 우리 민족들이 세운 모든 나라들에서 단군을 민족의 시조로 내세우고, 국가적 차원에서 단군을 숭배하는 의식과 제사들을 통해 민족적 자의식을 고취했기 때문이다.

우리 민족의 형성 발전에서 중요한 계기가 만들어진 것은 고려의 성립이다. 고려는 단군조선의 뒤를 이은 고구려를 계승한 국가로서, 단군조선 이후 우리 민족의 첫 통일국가이다. 고려는 건국 이후 10세기 초에 발해 영역의 남부와 수많은 발해 사람들을 통합 포괄함으로써 우리 민족의 첫 통일국가로 등장했다. 첫 통일국가가 된 고려가 성립되자 우리 민족은 처음으로 하나의 주권국가의 통치 밑에서 살게 되었다. 이것은 우리 민족의 성장발전에 획기적 계기로 작용했다. 하나의 주권국가의 통치 아래에 살면서 민족성이 더욱 강화되고, 민족적 자의식이 획기적으로 높아지게 되면서, 민족 형성의 높은 단계로 올라서게 되었다.

우리 민족 형성의 이러한 역사적 과정을 놓고 볼 때 우리 민족은 단군조선 건국 시기에 형성되기 시작해, 단군조선 시기에 민족의 원형이 갖추어졌으며, 이후 첫 통일국가 고려의 성립으로 민족 형성의 높은 단계로 올라서게 되었다고 결론을 내릴 수 있다.

참고서적

고대조선, 끝나지 않은 논쟁	이도상	둘메나무	2015년 3월
고대조선과 예맥	박대재	경인문화사	2013년 10월
고조선 연구(상·하)	윤내현	만권당	2015년 10월
고조선사의 전개	박준형	서경문화사	2014년 10월
고조선 국가형성의 사회사	신용하	지식산업사	2010년 8월
고조선, 사라진 역사	성삼제	동아일보사	2005년 10월
고조선 력사개관	사회과학출판사	중심출판사	2001년 3월
과학으로 증명된 한국인의 뿌리	이종호	과학사랑	2016년 11월
단군과 고조선	이형구	살림터	1999년 3월
단군릉 발굴과정과 유골감정	장우진 외	백산자료원	2008년 11월
되찾은 고조선	심백강	바른역사	2014년 8월
새로운 한국사 길잡이(상)	한국사연구회 편	지식산업사	2008년 2월
조선 상고사	신채호	비봉출판사	2006년 11월
조선의 고인돌 무덤 연구	석광준	중심출판사	2002년 5월
평양일대 락랑무덤에 대한 연구	사회과학원	중심출판사	2001년 4월
한반도의 고인돌 사회와 고분문화	지건길	사회평론	2014년 6월
한국 원민족 형성과 역사적 전통	신용하	나남출판	2005년 1월
한사군은 중국에 있었다	문성재	우리역사연구재단	2016년 6월